游仙年鉴

YOUXIAN YEARBOOK

2021

绵阳市游仙区人民政府　主办

中共绵阳市游仙区委党史研究室（绵阳市游仙区地方志办公室）　编

方志出版社

Publishing House of Local Records

图书在版编目（CIP）数据

游仙年鉴. 2021 / 中共绵阳市游仙区委党史研究室（绵阳市游仙区地方志办公室）编. ——北京：方志出版社，2021.11
ISBN 978-7-5144-5019-4

Ⅰ.①游… Ⅱ. ①中… Ⅲ. ①区（城市）-绵阳-2021-年鉴 Ⅳ.①Z527.13

中国版本图书馆CIP数据核字(2021第265525号

游仙年鉴（2021）

编　　者：中共绵阳市游仙区委党史研究室（绵阳市游仙区地方志办公室）
责任编辑：罗　滔

出 版 者：方志出版社
地　　址：北京市朝阳区潘家园东里 9 号（国家方志馆4层）
邮　　编：100021
网　　址：http://www.zgfzcb.cn
发　　行：方志出版社图书经销中心
电　　话：（010）67110500
经　　销：各地新华书店
设　　计：四川合美映画文化传媒有限公司
印　　刷：绵阳瑞祥印务有限公司

开　　本：889×1194　1/16
印　　张：23.5
字　　数：644千字
版　　次：2021年11月第1版　2021年11月第1次印刷
印　　数：001～300册

ISBN 978-7-5144-5019-4　　定　价：268.00元

编辑说明

《游仙年鉴（2021）》（以下简称本年鉴）以马克思列宁主义、毛泽东思想、邓小平理论、“三个代表”重要思想、科学发展观、习近平新时代中国特色社会主义思想为指导，坚持辩证唯物主义和历史唯物主义的立场、观点和方法。全面记述中共绵阳市游仙区委、绵阳市游仙区人民政府带领全区人民加快建设更高质量“五个游仙”的新部署、新举措、新成果，充分展现2020年全区经济社会事业发展新貌，为科学发展、加快发展提供决策依据和借鉴，为广大读者了解和研究游仙提供资料和信息。

二、本年鉴记载时限为2020年1月1日到2020年12月31日。为保持事件的连续性，部分内容有所上溯和下延。

三、本年鉴采用分类编辑，主体由类目、分目、条目组成。设特载，大事记，专题纪事，区情概览，园区建设，中共绵阳市游仙区委员会，绵阳市游仙区人民代表大会，绵阳市游仙区人民政府，政协绵阳市游仙区委员会，纪律检查与行政监察，民主党派·工商联，人民团体，法治·军事，农业与农村，工业产业，商贸，金融，综合监管，城乡建设，交通运输，科学技术，文化·旅游，教育·体育，卫生与健康，社会民生，镇、街道，人物和先进共27个类目。

四、本年鉴条目标题统一用黑体字加【】表示，“简略语”随条目注释；在排版上，双页书眉为书名，单页书眉为类目标题。书中单位名称、法律法规名称第一次出现时用全称，再次出现用简称，部分单位机构名称采用简称。

五、本年鉴所载游仙区2020年党政群团机关及工作部门领导名录，由中共绵阳市游仙区委组织部提供。本年鉴收录的2020年度获绵阳市级及以上表彰的先进集体和个人，主要由游仙区委目标绩效办公室和各单位提供。

六、本年鉴文字资料、正文图片及数据均由各党政机关、企事业单位、园区、街道、乡镇提供，所用统计资料主要由区统计局提供，由于统计口径等原因，有关部门单位所用个别数据与统计资料中的数据不尽一致，引用时请以《游仙统计年鉴（2021）》为准。

七、本年鉴数字用法、标点符号、计量单位分别执行国家标准《出版物上数字用法》（GB/T 15835—2011）、《标点符号用法》（GB/T 15834—2011）、《国际单位制及其应用》（GB 3100—1993）和《有关量、单位、符号的一般原则》（GB 3101—1993。考虑到社会使用习惯，全书中亩不统一换算。

游仙区行政区划图

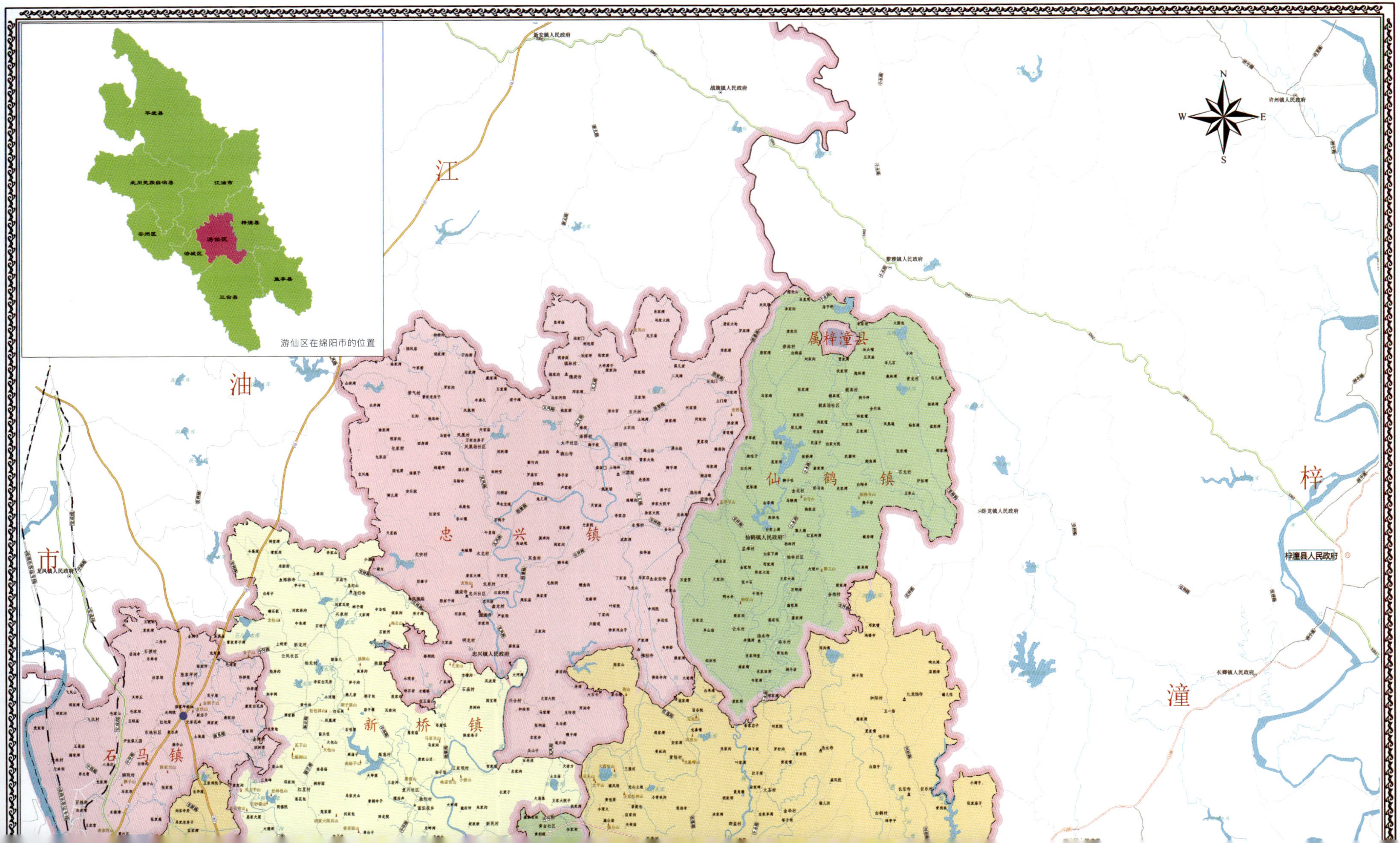

N
S
W
E
游仙区在绵阳市的位置
忠兴镇
仙鹤镇
新桥镇
石马镇
属梓潼县
江油市
梓潼
仙鹤镇人民政府
忠兴镇人民政府
梓潼县人民政府

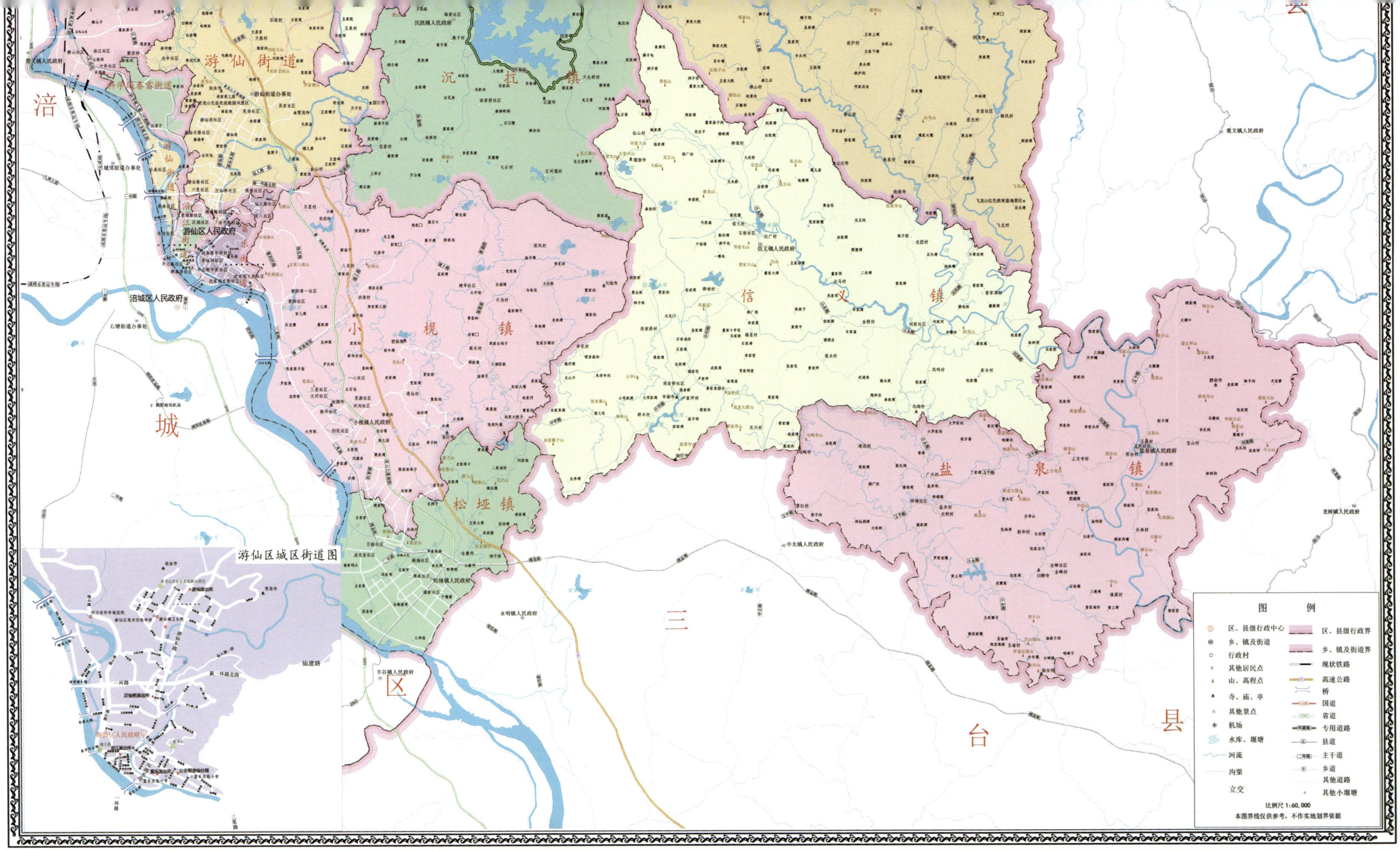

绵阳市游仙区民政局监制

2020年11月

审图号：川S〔2021〕06008号　　2021年12月17日　　绵阳市自然资源和规划局制

游仙
YOUXIAN

数说游仙2020

行政区划面积：1018平方千米

常住人口：56.14万人

户籍总人口：466961人

地区生产总值（GDP）：376.38亿元

空气质量优良天数率：93.5%

森林覆盖率：31.19%

城镇居民人均可支配收入：46584元

农村居民人均可支配收入：20628元

一般公共预算收入：10.75亿元

全社会固定资产投资：204亿元

规模以上工业企业：129户

社会消费品零售总额：129.01亿元

旅游总收入：76.3亿元

国内省外招商引资履约项目：45个

协议引资：175.37亿元

到位资金：101.26亿元

金融机构人民币各项存款余额：343.53亿元

金融机构人民币各项贷款余额：287.68亿元

国家高新技术企业认定：50家

各级各类医疗卫生机构：401个

全区参加基本医疗保险人数：405024人

沈家坝东津路

今日游仙

沈家坝的变迁

绿满华胜村

依山傍水新游仙

二环路石马立交

↑ 2020年11月25日，省委常委、政法委书记邓勇（前排居中）到新桥镇调研综治中心规范化建设工作

↑ 2020年4月22日，省委常委、组织部部长王正谱（前排左二）到新桥镇调研村级建制调整改革工作

↑ 2020年10月27日，民建中央副主席、民建四川省委会主委、四川省人大常委会副主任陈文华（左一）到游仙区调研魅力基层组织建设工作

↑ 2020年4月20日，省住房和城乡建设厅党组书记、厅长张正红（前排右二）到游仙区调研老旧小区改造工作

↑ 2020年10月19日，绵阳市委书记刘超（前排右一）到游仙区参观考察现代农业园区建设工作

↑ 2020年8月6日，绵阳市委副书记、市长元方（前排居中）到游仙区调研公安派出所基层基础建设工作

↑ 2020年5月26日，绵阳市人大常委会党组书记、主任付康（右二）到游仙区调研优化营商环境工作

↑ 2020年6月17日，绵阳市政协党组书记、主席李亚莲（右二）到游仙区调研基层民主协商平台建设工作

↑ 2020年11月20日，区委书记江彬（居中）到魏城镇调研乡村振兴及村（社区）换届选举工作

↑ 2020年1月2日，区委副书记、区长陈华斌（居中）到新桥镇调研先进材料中小微产业园项目建设工作

↑ 2020年9月28日，区人大常委会主任何守君（前排右二）到剑南路东段社区调研城市社区治理工作

↑ 2020年8月11日，区政协主席姜曦（右二）到四川物科光学精密机械有限公司调研科技型企业

↑ 2020年12月15日，中国（绵阳）科技城激光产业基地重大项目签约暨集中开工仪式在游仙区举行

↑ 2020年5月30日，西部半导体集成电路高科技产业园项目开工仪式在游仙区举行

↑ 2020年11月20日，中广核技（绵阳）医用同位素生产基地项目签约仪式在游仙区举行

↑ 2020年11月27日，重庆市新材料产业联合会与游仙区签署《新型功能材料跨区域战略合作协议》

↑ 2020年9月27日，绵阳市推动制造业高质量发展现场会参会代表到游仙高新技术产业园区展览馆参观

↑ 2020年12月22日，绵阳市游仙区科研院所“地方经济特殊贡献”颁奖仪式现场

↑ 游仙高新技术产业园区展览馆

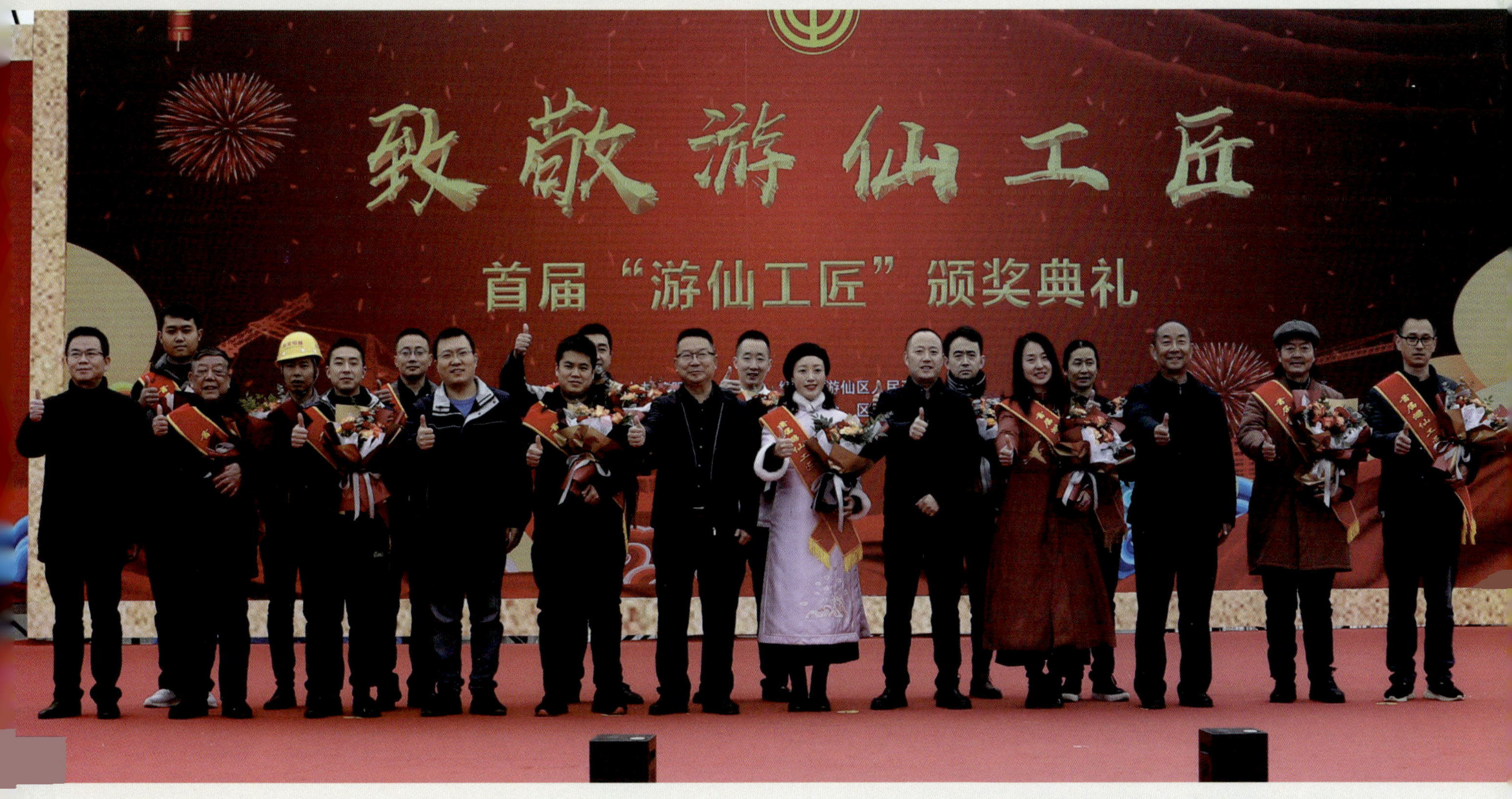

↑ 2020年12月25日，游仙区举行首届“游仙工匠”颁奖典礼

↑ 绵阳市游仙区科技创新产业园

↑ 移柯智创生产车间

↑ 科莱电梯生产车间

↑ 太极制药厂生产车间

↑ 宇琦服装生产车间

↑ 游仙区仙鹤镇振兴乡村新面貌

↑ 美“画”新村

↑ 游仙区村容村貌提升改造

↑ 忠兴镇鑫隆村猕猴桃丰收

↑ 石马镇麦冬丰收

↑ 忠兴镇花庙村丹参丰收

↑ 仙鹤镇水稻丰收

↑ 小枧镇遇仙村柑橘丰收

↑ 仙鹤镇洛水村生态葡萄产业园丰收

↑ 2020年9月21日，魏城镇永乐村村规民约宣讲大会召开

↑ 2020年9月21日，魏城镇永乐村召开村规民约表决宣讲大会

↑ 铁炉村夯土建筑

↑ 2020年4月，魏城镇铁炉村被命名为“2019年度四川省实施乡村振兴战略工作示范村”

↑ 铁炉村电商体验店

↑ 2020年11月16日，游仙区举行农村乡土人才创新创业比赛

↑ 游仙区特色农产品

↑ 机械化耕作

↑ 2020年11月14日，游仙区小小讲解员决赛在越王楼举行

↑ 2020年1月10日，绵阳市“三下乡”活动在新桥镇举行

↑ 2020年9月30日，游仙区举行迎中秋庆国庆群众广场舞展演暨第六届“幸福游仙”广场舞大赛

↑ 2020年4月29日，游仙街道开展“耍嗨五一·玩转游仙”“五一”黄金周促消费活动

↑ 2020年1月19日，游仙区新桥镇举行“迎新春 促和谐 谋振兴”文艺会演

↑ 2020年1月19日，富乐街道李杜祠社区开展迎新春文艺会演活动

↑ 2020年9月30日，游仙区扶贫促销暨美食购物节现场

↑ 2020年10月23日，游仙区福利中心开展重阳节文艺会演活动

↑ 鹤林绿洲

总目录

GENERAL CONTENTS

类 目	目录页码

目录

CONTENTS

特 载

大事记

专题纪事

区情概览

园区建设

中共绵阳市游仙区委员会

绵阳市游仙区人民代表大会

绵阳市游仙区人民政府

政协绵阳市游仙区委员会

纪律检查与行政监察

民主党派·工商联

人民团体

法治·军事

农业与农村

工业产业

商 贸

金 融

综合监管

城乡建设

交通运输

科学技术

文化·旅游

教育·体育

卫生与健康

社会民生

镇、街道

人物和先进

特载

中共绵阳市游仙区委常务委员会工作报告

——在中共绵阳市游仙区委六届九次全会第一次全体会议上

中共绵阳市游仙区委书记 陈华斌

2021年1月15日

2020年是极不平常的一年，面对艰巨繁重的改革发展稳定任务，特别是突如其来的新冠肺炎疫情和特大暴雨洪涝灾害，区委常委会坚定以习近平新时代中国特色社会主义思想为指导，深入学习贯彻党的十九大和十九届二中、三中、四中、五中全会，以及省委十一届七次、八次全会和市委七届九次、十次全会精神，全面落实上级各项决策部署，紧扣全面建成小康社会目标任务，深度参与成渝地区双城经济圈建设，深入实施“四大兴区战略”，紧紧依靠和团结带领全区人民，大力发扬实事求是、担当奉献的优良作风，在改革创新上求突破、项目建设上求突破、开放合作上求突破，统筹推进疫情防控和经济社会发展，“十三五”规划目标任务即将全面胜利完成，人民群众幸福感日益增强，更高质量的“五个游仙”建设取得新的重大进展。

一年来，区委常委会坚持观大势、谋大事，以非常之举应对非常之时、用非常之力推进非常之事，在危机中育先机、于变局中开新局，重点抓了以下几件大事。

一是全力抗击新冠肺炎疫情和特大暴雨洪涝灾害。扎实开展新冠肺炎疫情联防联控，正月初二即号召组织在绵阳的1200余名机关干部投入疫情防控中。积极探索推行“村落物业化”防控模式，跨区域创新建立“新冠肺炎联防联控临时联合党支部”15个，疫情防控取得重大成果，全区累计报告确诊病例2例（本地病例1例、输入病例1例），2月5日之后再未出现确诊病例，在全省率先进入低风险区。创新实施“5+1”服务，探索“党员外卖”“红色货郎”等志愿服务配送模式，切实保障群众日常生活需求。抓早抓好复工复产，分产业领域召开复工复产座谈会，建立“控疫情、保运转、稳增长”重点企业服务专班45个和“用工联络员”制度，实行“一企一策”定点服务，助力企业复工复产。抢抓疫情期间国家、省扶持政策出台窗口期，选派28名干部组建驻北京、成都对上争取工作专班，从2月至12月底，共争取落实项目资金37.99亿元，创历年新高，其中22.97亿元都是无偿资金。面对因连续暴雨影响导致的全区性洪涝地质灾害，全力做好防汛抢险，加强统筹协调，动员抢险队伍232支、干部群众近万人次参与抢险救灾，累计安全转移搬迁群众4000余人，未出现一例伤亡失踪事件。

二是强力推动成渝地区双城经济圈建设。深入落实省、市区域协同发展战略部署，主动融入“一带一路”“长江经济带”“成渝地区双城经济圈”，成立推进区域协同发展对接工作专班，围绕教育、科研、农业等方面加强与重庆市北碚区、西南大学合作，与科创园区签订战略合作协议，被列为全省9个成渝地区双城经济圈县域集成改革试点单位之一，成功承办全省成渝地区双城经济圈建设县域集成改革试点推进会议。召开区委六届八次全会专题研究相关重大问题并作出《关于深入贯彻习近平总书记重要讲话精神深度参与成渝地区双城经济圈建设的决定》，结合游仙发展基础和特色优势，确定了建设“融合示范区”、建设“先进制造示范区”、建设“城乡融合示范区”、建设“集成改革示范区”四个主攻方向，对大力实施深度参与成渝地区双城经济圈建设的七大行动予以安排部署，加快把国家战略势能转化为游仙发展动能。

三是做深做实镇村建制调整改革“后半篇”文章。着力推动基层组织体系重构，顺利完成乡镇行政区划调整和村级建制调整改革，56%的乡镇和49%的村被撤并，全市减幅最高，改革全程未发生一起信访事件。坚持规划引领发展，第一时间启动建制调整后镇、村规划编制工作，实现规划全覆盖，1个村、1个社区的规划成为村级建制调整改革后全省首批通过审查并备案的村级规划。创新实施“放权赋能强镇”改革，首批向乡镇（街道）下放148项管理服务权限，出台“吹哨、报到”考核办法，受到国务院“放管服”改革协调小组肯定评价，建成全省首个镇级“基层社会治理调度平台”。扎实开展全省村（社区）“两委”换届整县试点，选出“根在农村、家在农村、产业在农村”党组织带头人81名，全区172个村（社区）党组织书记平均年龄45岁、比上届下降2.5岁。全面启动村规民约（居民公约）修订完善试点，112个村全部完成。按照党组织、经济组织、社会组织三个“三分之一”原则，重新优化使用村级组织活动场所。充分发挥“网格员”“河（湖）长”等人员作用，聚焦养老、文化、培训、公益等领域提供高质量社会服务，“电管家＋网协员”工作受到彭清华书记和王正谱部长肯定性批示。

四是积极争创省级实施乡村振兴战略先进区。深入推进“山湾农庄”建设，新建成示范农庄10个、达到50个，鹤林绿洲成功入选全国森林康养基地试点单位，原创小品《山湾农庄的笑声》获四川省2020年乡村艺术节群众文艺作品大赛戏曲类第三名。扎实推进农村集体产权制度改革，全面清理出农村集体资产12.7亿元，确认农村集体经济组织成员33.8万人，建立农村集体经济组织2282个。深化农村宅基地“三权分置”改革，试点镇累计腾退宅基地202亩，整理集体建设用地511亩，解决产业发展用地84.5亩，为集体增收870万元，相关做法得到尧斯丹副省长充分肯定，经验材料在省委农办《三农要情》刊发并推荐上报农业农村部。聚焦农村生活垃圾治理、污水治理、“厕所革命”、村容村貌提升“四大工程”，组织动员全体区级领导、部门深入镇村开展农村环境大整治志愿服务活动，112个行政村的生活垃圾得到有效处置、93%的行政村生活污水得到有效处理、户用卫生厕所普及率达95%、秸秆综合利用率达100%，成功创建国家级生态乡镇1个、省级生态乡镇15个，“美丽四川·宜居乡村”实现全覆盖培育。完善全区乡村公共文化服务体系，在各镇（街道）全面推进文化馆、图书馆总分馆制建设，新桥镇被列为省委宣传部两项改革“后半篇”文章公共文化服务提质增效试点镇。

五是系统谋划全区“十四五”时期工作。召开区委常委会会议、区委理论学习中心组专题学习会，认真学习贯彻党的十九届五中全会、省委十一届八次全会、市委七届十次全会精神，分层分类开展宣讲，迅速掀起学习贯彻热潮。准确把握中央、省委、市委关于“十四五”时期经济社会发展新的重大判断和部署要求，全面评估全区“十三五”规划完成情况，启动实施“十四五”规划编制前期重大课题研究，高质量推进“十四五”规划编制工作。坚持开门问策、集思广益，加强与国、省、市“十四五”规划及专项规划全面对接，先后邀请省、市专家到游仙实地指导“十四五”规划编制工作3次，召开区“十四五”规划编制各界代表座谈会，通过互联网、新媒体广泛征求社会各界意见。经多次修改，形成提交这次全会审议的建议稿。

一年来，区委常委会在抓好上述大事的同时，始终保持战略定力，抢抓发展机遇，扎实做好“六稳”工作、全面落实“六保”任务，奋力夺取疫情防控和经济社会发展双胜利，主要做了以下工作。

第一，坚决贯彻落实新发展理念，区域经济实力迈上新台阶。全年预计实现区属地区生产总值增长5.7%，规上工业增加值增长7.2%，全社会固定资产投资增长15.2%，税收占一般预算收入比重达79.1%，农村和城镇居民人均可支配收入分别增长8%和4.6%。融合纵深推进，认真落实融合“三张清单”制度，对接服务保障国防科研院所125次，解决院所需求30个，实现本地配套21项，在本地企业转化科技成果14个，22家企业纳入融合企业培育计划，融合产值预计超过120亿元。先进制造业集群集聚，投资21.8亿元的激光产业基地项目完成签约并集中开工，中广核技、先通医药等一批核医疗健康产业园项目签约落地。新材料、节能环保、电子信息、智能制造产业产值占规上工业总产值比重达90%，全年培育4亿元以上企业3家、达31家。农业产业提质增效，依托园区发展“三品一标”农产品131个，培育农业企业223家、专合社430家、家庭农场293家、种养大户455家，游仙土地托管做法成功入选全国农业社会化服务典型案例。现代服务业加快发展，占GDP比重超过50%。“宵夜江湖”风情街和“拾光里”步行街等项目规划建设加快推进，芙蓉花溪乡村振兴综合体项目基本建成，科技型服务业占比达31.59%，服务业内部结构明显优化。顺利通过省级电子商务产业发展示范县验收，先后被省市评为“促进服务业发展工作先进单位”。招商引资成效显著，全年深入京津冀、江浙沪、粤港澳大湾区等地洽谈对接50余次，新签约招商项目45个，协议引资180亿元，其中5亿元以上项目9个。

第二，全力打好污染防治攻坚战，绿色生态的发展底板更加坚实。牢固树立绿水青山就是金山银山的理念，认真落实中央、省环保督察及“回头看”整改工作，全面完成反馈整改件91件。大气环境质量持续改善，建成并投入使用空气质量监测微站45个，落实抓好春秋秸秆禁烧、夏季臭氧污染防治、秋冬PM2.5污染防治、重点时段禁燃禁放文明祭祀等工作，全区优良天数294天、优良率达93.3%，环境空气质量综合指数4个城区国控点排名第一。“水美游仙”启动建设，全面落实河（湖）长制，创新开展公共秩序大整治、家庭卫生大扫除、个人言行好习惯“两大一好”爱国卫生运动，市考断面水质优良率100%，城市集中式饮用水水源达标率100%，乡镇集中式饮用水水源达标率90%，无劣Ⅴ类水体，

2020年“县域节水型社会达标建设”工作顺利通过水利部和省水利厅评估验收。

第三，加快提升基层治理能力和水平，社会大局始终和谐稳定。深入推进法治游仙建设，开展“法治周周行”活动20余次，“七五”普法全面完成，被省委确定为14个全面依法治县示范试点县之一。着力完善共建共治共享的公共法律服务体系，小枧司法所被确定为全省首批“枫桥式司法所”试点创建单位，12个司法所全部被评为“省级规范化司法所”，“游仙融合法律服务机制的探索和实践”“法治化营商环境视野下的‘法治体检’游仙模式探索”分别入选2020年和2021年《四川法治蓝皮书》。完善矛盾纠纷多元化解机制，建立“1+3+N”“三色”预警处置等工作机制，成功化解信访积案23件，信访总量同比下降11.2%，“防新案、化积案、攻难案”工作入选2020年全国百个“创新社会治理典型案例”。纵深推进扫黑除恶专项斗争，智慧平安小区、山湾平安联盟建设持续推进，推广实施“慧眼工程”，平安游仙建设不断深化。全力推进中物院周边重点点位环境安全应急处置，全面完成管控区域内1667户建筑物及人员的排查，“8·20”专项任务全面完成并通过中央和省级验收。

第四，大力保障和改善民生，人民群众的获得感幸福感持续提升。民生支出占一般公共预算支出比重一直稳定在70%以上。坚持教育优先发展，教育综合目标考核连续6年居全市第一，游仙职业技术学校成功创建四川省“双示范”中职学校和绵阳市第一所职教名校。深化医疗体制改革，“八区三中心”区域医疗中心建设稳步推进，完成智慧健康养老服务云平台二期项目建设，顺利迎接“全国健康促进县（区）创建工作”考评。高质量通过全国文明城市复查测评，新时代文明实践中心试点经验全省推广，创建全国和省级文明单位3个，2人被评为“四川好人”。城乡基础设施进一步完善，完成老旧小区改造任务10个，S205绕城改线游仙段全线贯通，九绵高速、绵苍高速、G5成绵扩容、G108改线、绵广复线等项目顺利推进，新改建县乡道82.4千米、村道342.4千米，客运车站点实现建制村全覆盖。社会救助、脱贫攻坚、食品药品安全等民生事业全面提升，全区城镇新增就业6250人，前三季度城镇居民人均可支配收入完成36219元，同比增幅5.8%。安全生产形势稳中向好，区、镇、村三级应急物资储备体系、应急调度平台、综合性应急预案等亮点工作在全市推广，全年未发生较大以上安全生产事故。

第五，始终坚持从严管党治党，党的建设全面进步。牢牢把握意识形态领导权和话语权，围绕深度参与成渝地区双城经济圈建设、加快绵阳科技城建设等主题，开展区委理论学习中心组学习集中研讨6次，形成中心工作全面部署、统筹推进的思想合力。鲜明“重实干勇担当”选人用人导向，健全人事相宜智能评价系统，选优配强全区科级领导班子，全区新提拔重用干部85%来自急难险重任务一线。实行基层党组织的活动阵地按党群组织、经济组织、社会组织各三分之一进行空间布局，建设红色物业党群服务中心，相关工作被人民日报、学习强国等多家媒体宣传报道。抓实正风肃纪，持续开展“反四风破四小”作风建设，贯通运用阳光监督平台、财经纪律监管“三级联审”、基层听音等方式打好监督“组合拳”，严肃查处群众身边不正之风和腐败问题127件127人，累计颁发鸵鸟奖、蜗牛奖、刺猬奖“三大负面奖项”48个单位（集体），游仙首创的院坝问廉在全市推广。发挥巡视巡察利剑作用，高标准严要求开展政治巡察并实现“全覆盖”，顺利完成省委第七巡视组巡视、省任期经济责任暨自然资源资产离任（任中）审计。运用好监督执纪“四种形态”，第一种形态占比始终保持在50%以上，抓早抓小抓苗头，让咬耳扯袖、红脸出汗成为常态，纪律建设的约束作用日益显现。深入推进基层民主政治建设，人大代表助力复工复产受到各界好评，基层协商“五议工作法”被人民政协报报道。爱国统一战线不断壮大，民族宗教工作取得新进展，群团组织作用充分发挥，党管武装、国防后备力量建设和“双拥”工作成效显著，党校分类改革有序推进，党委系统各项工作取得新成绩。

一年来，我们在疫情冲击、经济下行、矛盾叠加的复杂形势下，经受了重大考验、克服了艰难险阻、闯出了突围之路、取得了显著成绩，这是以习近平同志为核心的党中央和省委、市委坚强领导的结果，是全区各级党组织和党员干部拼搏实干的结果，是全区广大人民群众团结奋进的结果。特别是在座各位同志在各自岗位辛勤工作、奋勇担当、积极作为，对区委常委会工作给予了大力支持，对游仙各项事业发展做出了重要贡献。在此，我代表六届区委常委会，向同志们表示衷心的感谢！

在总结工作的同时，区委常委会清醒地认识到工作中存在的问题和不足。一是稳增长压力突显，项目投资后劲不足，消费全面恢复尚需时日，现代服务业发展任重道远。二是制约融合深度发展的体制性障碍、结构性矛盾、政策性问题尚未有效破除，创新活力有待进一步激发。**三是**民生领域还有不少短板，城市服务功能不健全，群众在就业、教育、医疗等方面还有不少难题。四是党风廉政建设和反腐败斗争形势依然严峻复杂，不正之风和腐败现象时有发生，一些党员干部担当精神不足，不作为、不善为问题仍然存在。对于这些问题和不足，区委常委会将高度重视、认真对待，采取有力措施，切实加以解决。

绵阳市游仙区人民代表大会常务委员会工作报告

——在绵阳市游仙区第六届人民代表大会第七次会议上

绵阳市游仙区人大常委会主任 何守君

2021年4月28日

2020年主要工作

2020年，是游仙发展历程中极不平凡的一年。一年来，在区委的坚强领导和市人大关心指导下，区人大常委会坚持以习近平新时代中国特色社会主义思想为指导，深入学习贯彻党的十九大、十九届四中、五中全会精神和习近平总书记关于人民代表大会制度的重要思想，认真落实区委六届五次党代会决策部署，始终坚持党的领导、人民当家做主和依法治国有机统一，认真履行宪法和法律赋予的各项职责。全年召开常委会会议7次、主任会议18次，视察、执法检查26次，调研38次，听取和审议“一府两院”专项工作报告19项，依法作出决议、决定9项，提出审议意见86条，依法选举及任免国家机关工作人员57人，制定和完善人大常委会党组会议、规范性文件备案审查、干部学习等各类规章制度8项，为谱写更高质量的“五个游仙”新篇章、为全面建成小康社会和“十三五”规划圆满收官做出积极贡献。

一、坚持党的领导 坚定正确政治方向

认真贯彻落实区委决策部署，依法依规做好重大决定和人事任免。自觉把党的领导贯穿于人大工作各方面，严格遵守政治纪律和政治规矩，及时向区委请示报告重大问题、重大事项和重大活动。围绕区委中心工作，依法行使监督权，支持和推动“一府一委两院”开展工作。2020年5月，成功召开游仙区第六届人民代表大会第六次会议，审查、批准有关报告，票决出民生实事项目，顺利实现选举事项。围绕经济社会发展的重大事项，依法作出批准决算、预算调整、计划调整、补充代表资格审查委员会成员等决议、决定9项。坚持党管干部和人大依法任免相统一，六次人代会以来，任命国家机关工作人员31人次，免职26人次，接受辞职2名，组织任前法律知识考试28人次。加强任后监督，对任命的区民政局、商务局等8名政府组成部门主要负责人和1名区人民法院副院长，由常委会副主任分别带队全面开展述职测评工作，有效督促任命的国家机关工作人员履职尽责。

助力疫情防控和经济社会发展“双胜利”，在大考中展现人大作为。2020年1月，新冠肺炎疫情发生后，区人大常委会主动作为、勇于担当，积极倡议全区各级人大代表、人大干部挺身而出，模范履职尽责，立足本职岗位，发挥代表优势，拧成一股绳，搏尽一份力，以实际行动彰显担当作为，贡献人大力量。2月7日开始，区人大常委会班子领导带头到疾控中心、中医院、社区服务中心、社区医院、乡镇卫生院、复工企业等地督导疫情防控工作；2月10日开始，全区各级人大代表积极响应区人大常委会倡议，积极投身抗疫一线，参与病员救治，踊跃捐款捐物，先后累计捐赠现金和防疫物资达400余万元。2月18日，召开区六届人大常委会第56次主任会议及时学习并传达《市人大常委会关于依法做好当前新型冠状病毒肺炎疫情防控工作决定》有关精神，进一步安排落实相关防控工作。6月，听取区人民政府贯彻落实《绵阳市人民代表大会常务委员会关于依法做好当前新型冠状病毒肺炎疫情防控工作的决定》情况的报告，针对存在的问题提出意见建议。7月，对区人民政府贯彻落实《中华人民共和国传染病防治法》情况进行执法检查，听取和审议疫情常态化防控专项工作报告。

二、围绕重点领域 开展精准有效监督

服务中心大局，推动经济高质量发展。一是推动全区项目投资工作。按照市人大常委会对政府项目投资工作开展联动监督的工作要求，区人大常委会对建小路市政道路工程、海天瑞府项目、融合产业园道路及配套设施等重点项目进行调研，促进项目用地保障、招商引资后续推动、新冠疫情负面影响等问题的有效解决。二是推进财经审查监督。认真组织财经咨询专家在区人民代表大会前对预算草案依法进行初步审查，保证预算的合法性、合规性、可操作性。听取《区人民政府关于2019年度国有资产管理情况的报告》，听取和审议《区人民政府2020年上半年国民经济和社会发展计划执行情况的报告》等6个报告，提出审议意见。审议和批准《区人民政府2019年财政决算、本年度区人民政府地方债务限额的报告》，听取和批准《区人民政府关于2020年财政预算调整情况的报告》。扎实开展同级财政预算执行审计监督工作，使审计查出的各类问题得到整改和落实，增强监督实效。三是推动营商环境持续优化。根据市人大常委会关于对人民政府执行《绵阳市人大常委会关于优化营商环境的决议》情况开展联动监督的工作要求，区人大常委会对区级部门、部分镇（街道）和辖区企业进行营商环境建设专题调研，促进解决政务服务信息化程度不高、融资难融资贵等问题。四是推进工业经济发展。区人大常委会同区政协组成联合调研组，深入开元磁材、太极制药、仙特米业等20余家企业，对当前游仙区工业经济发展情况及存在的问题进行深入调研，针对存在的疫情影响依然存在、融资难等突出问题，提出建议并形成专题调研报告。五是推进民营企业发展。对全区民营企业发展情况进行专项视察，听取《区人民政府关于民营企业发展情况的报告》，促进解决科技创新能力弱、民营企业层次较低、专业技术人才引进较难等问题。六是推进商贸流通企业发展。深入辖区紫金广场、海上海水晶酒店等企业实地走访，召开相关企业代表和区级部门座谈会，全面解全区限额以上商贸流通企业经营情况，促进解决产业发展规模偏小、品牌特色亟须提升、政策扶持较为单一、发展要素保障不够等问题。七是推进科技型企业培育工作。成立调研组，对全区科技型企业培育工作进行专题调研，进一步激发创新能力，提高现代治理能力，着力解决发展空间问题。八是推进区属国有企业发展。深入惠东公司、城东公司实地查看区属国有企业部分在建项目实施情况，对两家区属国有企业的资产管理及经营情况进行专题调研。对企业国有资产管理力量较弱、国有资产整体效益不高、经营管理水平有待提升、企业债务风险增大等问题，提出意见建议。

聚焦脱贫攻坚，助推乡村振兴战略实施。一是推进脱贫攻坚工作。听取和审议《区人民政府关于决战决胜脱贫攻坚情况的报告》，提出审议意见。积极开展“脱贫攻坚——人大代表再行动”、人大代表联系群众“五个一”等活动，区人大常委会领导带头深入各镇、街道，跟踪督促指导各地脱贫攻坚工作的落实。7月，组成工作组到壤塘县、红原县开展对口援建活动，通过实地走访和座谈，进一步加强合作交流，完善援建措施，提升援建质量，巩固脱贫攻坚成果。认真做好人大常委会机关联系帮扶新桥镇玉泉村、双桥村和游仙区开元路社区的脱贫攻坚和扶贫解困工作。二是推进全域旅游发展。成立调研组，对全区全域旅游推进工作进行专题调研。针对管理体制、基础设施、项目落地等具体问题，提出加强县域合作、落实空间布局方案、大力发展特色文旅项目、制定相关招商扶持奖励政策等意见建议。三是推进农村宅基地“三权分置”改革试点。

区人大常委会对全区农村宅基地“三权分置”改革试点工作进行专项视察。听取《区人民政府关于农村宅基地“三权分置”改革试点工作推进情况的报告》，针对存在的区、镇工作队伍薄弱，资金筹集难到位，规划整理乏力等问题，提出加强协调、凝聚部门工作合力，加快验收、推广经验协调数据，加快推动、开展“房地”确权登记，统筹谋划、启动全区资源整理等意见建议。四是积极参与乡镇行政区划调整“后半篇”文章工作。区人大常委会紧紧围绕区委中心工作和统一部署，积极参与乡镇行政区划调整后半篇文章，深入群众、解群众，聚焦改善基础设施、发展产业、构建公正法治的社会基层治理体系，为乡村振兴打好基础，得到广泛好评。

关注生态环境，助力生态优先建设。一是积极推进环境保护治理。区人大常委会听取《区人民政府关于2019年度环境状况和环境保护目标完成情况的报告》，针对存在的臭氧污染治理效果不明显、水环境质量不稳定、全区环境监测站规范化建设滞后等问题，提出始终保持抓好环境保护定力、始终保持建设环保项目动力、始终保持环保执法震慑力等审议意见。二是积极推进农村人居环境治理。区人大常委会成立调研组，对农村人居环境治理工作推进情况进行专题调研并形成调研报告。提出把可持续发展、绿色发展作为农村人居环境治理工作的思想引领，把整治“脏、乱、差、污”作为农村人居环境整治工作的重要抓手，把美化环境、改善民生福祉作为农村人居环境整治工作的重要目标，把高位推动、“一把手”亲自抓作为农村人居环境整治工作的重要保障等意见建议。

回应社会关切，促进民生事业持续改善。一是扎实监督民生实事票决项目。2020年5月，在区六届人大六次会议上，区人大代表票决出8项民生实事项目，标志着区、镇票决制工作实现全覆盖。区人大常委会制发《绵阳市游仙区人大常委会2020年度区级民生实事票决项目监督工作方案》，由区人大常委会领导牵头对票决出的8项民生实事项目进行全程监督，有效推进民生实事票决项目的实施。目前，区人大代表票决出的8项民生实事项目已全部完成，实际投资7698万元，经区六届人大常委会第33次会议对实施情况进行满意度测评，结果均为满意。区融媒体《向人民报告》的专题片引起广泛关注，得到各位代表的良好反响。二是推进危旧房棚户区改造。区人大常委会成立调研组，对群众意见较大、推进迟缓的东兴路8号危旧房棚户区改造项目工作进行专项调研，并形成调研报告，得到区委充分肯定。听取《区人民政府关于东兴路8号危旧房棚户区改造项目工作开展情况的报告》，针对存在的领导力量、工作力量、部门协调配合，以及规划、土地、拆迁等具体困难和问题，提出切实加强组织领导、加快推进相关工作、严格考核落实奖惩等审议意见。三是推进农村留守、困境儿童关爱保障工作。区人大常委会成立调研组，对全区农村留守、困境儿童关爱保障工作情况进行专题调研，形成调研报告。对组织领导、部门协作、工作平衡发展等问题，提出统一思想、提高认识、完善机制，加强领导、强化统筹、精准施策，强化落实、落实考核、保持领先等意见建议。四是推进全区基层公共文化阵地建设。区人大常委会成立视察组，对全区基层公共文化阵地建设工作进行专项视察，听取《区人民政府关于全区基层公共文化阵地建设情况的报告》。对阵地硬件建设、艺术专业人才、公共文化资金投入等方面，提出推动项目建设，努力创作文化精品，加大资金投入，大力推进“公共文化服务场馆法人治理结构改革”等意见建议。五是推进城市社区治理。区人大常委会成立调研组，对城市社区治理情况进行专题调研，形成调研报告。对社区队伍建设、社区阵地建设、社区职能定位和社区自治等一系列问题，提出加强城市社区队伍建设、提升干部队伍素质，加强城市社区阵地建设、实施“补短板”专项工程，加强统筹协调开拓创新，形成城市社区治理游仙经验等意见建议。六是做好群众来信来访工作。区人大常委会对群众的来信来访，依据法律政策做深入细致的解释疏导回复工作，对上级交办和群众急需解决的重大疑难信访件，常委会责成有关单位及时办理。2020年，区人大常委会共受理人民群众来信来访32件、116人次，做到事事有结果、件件有回复，切实维护社会稳定。

致力公平正义，推进法治游仙建设。一是促进行政机关依法行政。区人大常委会按照制定的《绵阳市游仙区人民代表大会常务委员会执法检查办法》，对区人民政府贯彻执行《中华人民共和国禁毒法》《中华人民共和国水土保持法》《中华人民共和国传染病防治法》3部法律法规情况开展执法检查。按照市人大常委会对稳就业、保就业工作开展联动监督的工作要求，区人大常委会听取区人民政府贯彻实施《中华人民共和国就业促进法》情况的报告，提出审议意见。严格执行《绵阳市游仙区人大常委会规范性文件备案审查办法》，2020年对区人民政府报备的12件规范性文件，各镇报备的20件规范性文件依法进行备案登记。二是促进司法机关公正司法。区人大常委会对区人民检察院贯彻落实《中华人民共和国刑事诉讼法》关于认罪认罚从宽制度情况进行专题调研，形成调研报告。对司法机关职能转变、社会宣传等一系列问题，提出高度重视、深入领会适用认罪认罚从宽制度的重大法治意义，进一步健全和完善贯彻执行制度的工作机制，加大认罪认罚从宽制度的宣传力度，司法部门要自觉接受法律监督和社会监督等意见建议。三是协助市人大开展立法调研。区人大常委会积极协助省、市人大开展《绵阳市文明行为促进条例（草案）》《四川省传统村落保护条例（草案）》《四川省质量促进条例（草案）》《四川省通用航空促进条例（草案）》等立法调研，为我市相关法律法规的顺利颁布提出合理化意见建议。

三、发挥主体作用　不断提升代表工作水平

加强代表履职能力建设。区人大常委会持续用力拓展代表履职平台，抓实代表阵地运用，提高区人大常委会机关“市人大代表之家”，各镇、街道“人大代表之家”使用率，指导延伸到村（社区）建立起代表联络站等工作平台259个，实现“人大代表联系人民群众工作平台”建设全覆盖。先后组织区人大代表、人大干部到三岔湖、广州、深圳等地开展异地业务培训；2020年10月，举办各镇（经济试验区、街道）党（工）委书记、区六届人大代表、区人大常委会委员等共计250余人参加的区人大代表履职能力提升集中专题培训班，提升新时期人大代表及干部的履职能力。

不断深化代表履职活动。切实做好人大代表走访企业、走访群众专项工作，让“双走访”工作安排部署有广度、督促指导有力度、具体工作有深度、联系走访有温度，共组织省、市、区、镇四级人大代表1341人次，累计走访企业460家，走访群众3864户，收集各类问题和建议816条，处理问题和建议474条。邀请代表列席常委会会议和参加视察调研、执法检查等活动75人次，进一步扩大代表对常委会工作的参与度。扎实开展市人大代表视察调研和代表小组活动，形成调研报告5篇。

加强代表建议意见办理。区六届人大六次会议期间，代表共提出建议110件。常委会多次组织组成人员和人大代表就建议办理情况进行调研视察，听取和审议《区人民政府关于区六届人大六次会议期间代表建议、批评和意见办理情况的报告》。在区人大常委会会议上对游仙区人民代表大会代表建议、批评和意见办理情况开展工作评议。“关于加强对物业管理工作指导监督的建议”等8件重点督办建议全部及时书面回复代表，一批社会关注、群众关切的热点、难点问题得到解决。

四、坚持守正创新　加强人大自身建设

持续提升人大常委会工作效能。坚持“当下改”与“长久立”，制定完善《党组中心组会议制度》《中心组学习规定》等相关规章制度9项，全面加强人大常委会机关政治、思想、组织、作风、纪律建设，不断提高机关服务效能。统筹安排调研活动，深入基层开展调查研究，推动调研成果转化，常委会及人大常委会机关的开拓创新意识、服务大局意识和以新发展理念指导人大工作的能力不断增强。

持续加强思想政治和作风建设。区人大常委会深入学习贯彻党的十九届四中、五中全会精神和习近平新时代中国特色社会主义思想，常态化开展“两学一做”学习教育。认真贯彻落实中央、省委、市委和区委关于党风廉政建设、意识形态领域各项规定，从严从实抓好机关党员干部学习教育管理工作。通过建立健全预防和惩治腐败体系，构建廉政风险防控机制，不断加强班子成员和干部职工的理想信念教育，筑牢反腐倡廉的思想道德防线，增强干部职工拒腐防变能力，树立常委会及机关干部的良好形象。认真抓好省委巡视、区委巡察反馈问题整改落实工作，强化党组在人大工作中的领导核心作用。

各位代表，过去一年人大常委会各项工作取得的成绩，得益于区委的坚强领导、得益于区人大常委会组成人员的共同努力、得益于“一府一委两院”和各级人大代表的大力支持、得益于部门和镇（街道）的通力协作。在此，我代表区人大常委会，向关心、支持人大工作的所有同志和各界人士表示衷心的感谢！

成绩来之不易，经验弥足珍贵。回顾这些来的人大工作，我们深刻体会到做好新时代游仙人大工作：必须始终坚持党的全面领导这个根本保证，深入学习贯彻习近平总书记关于坚持和完善人民代表大会制度的重要思想，确保人大工作正确政治方向；必须始终坚持人民至上这个根本理念，忠实践行以人民为中心的发展思想，切实把实现好、维护好、发展好最广大人民群众的根本利益作为一切工作的出发点和落脚点；必须始终坚持依法行使人大职权这个根本抓手，增强人大监督工作实效；必须始终坚持加强同人大代表、人民群众密切联系这个重要路径，更好发挥代表主体作用；必须始终坚持“深度融入中心、全方位服务大局”这个工作取向，紧扣区委中心大局和人民群众关切期盼谋划和推进人大工作，确保省委、市委、区委决策部署落地落实。

在肯定成绩、总结经验的同时，我们也清醒地认识到，人大常委会工作与形势发展的要求和人民群众的期盼还存在一定差距，主要表现在：监督工作的针对性和实效性有待进一步增强，存在未能及时跟踪问效的情况；人大代表的履职意识和能力有待进一步提高，人大代表建议意见办理的质量还不够高，效果也还不明显，办理结果与代表的要求还有一定差距等。对此，我们将坚持问题导向，在今后工作中认真研究并加以改进。

2021年工作安排

2021年，是建党100周年，也是全面开启第二个百年新征程、实施“十四五”规划的开局之年。区人大常委会将坚持以习近平新时代中国特色社会主义思想为指导，全面贯彻习近平总书记关于坚持和完善人民代表大会制度的重要思想和党的十九届五中全会精神，在区委的坚强领导和市人大的有力指导下，认真履行宪法和法律赋予的各项职责，奋发有为、积极进取，努力把人民代表大会的制度优势转化为实实在在的监督实效，为谱写更高质量的“五个游仙”新篇章做出新的贡献！

一、在坚持党的领导上更加坚定自觉

坚定维护党中央权威和集中统一领导，常态化、长效化、系统化学习贯彻习近平新时代中国特色社会主义思想和关于坚持和完善人民代表大会制度的重要思想，认真开展党史学习教育，不断提高政治判断力、政治领悟力、政治执行力，把提高政治站位、坚定正确方向落实到人大各项工作中。通过广泛的民主和法定程序，把区委的主张转变为全区人民的共同意志，使人大工作与区委的思路合拍，与“一府一委两院”的工作合力，与人民群众的意愿合心。学深悟透党的十九届五中全会精神，科学把握新发展阶段，深入贯彻新发展理念，加快融入新发展格局，立足人大职能找准切入点，发挥人大制度优势、职能优势、工作优势，做实监督、科学决定、依法任免，

切实发挥代表作用，以实干实绩奋斗“十四五”、奋进新征程。

二、在依法开展监督上更加务实有效

围绕“十四五”规划、国民经济、计划执行、城市建设、乡村振兴、基层治理等事项，充分发挥人大的职能优势和工作优势，推动“四大兴区战略”实施，加快“五个游仙”建设。通过运用预算审查监督网络监督的方式，加强对财政预决算、国有资产管理、审计查出的突出问题的审查监督，保障经济平稳运行。强化对招商引资项目建设、营商环境、园区建设、乡村振兴、生态环境保护、旅游环线建设等工作的监督，保障区委重大决策部署的贯彻落实。围绕重点民生实事项目、基础设施建设、社会保障、教育卫生事业发展、应急管理体系建设等事项，推动民生改善和社会事业改革发展；围绕法治政府建设、普法工作、规范性文件备案审查等事项，推动法治游仙建设。按照市人大安排，上下联动开展重点工作监督。完善区人大常委会讨论决定重大事项制度，依法有效行使重大事项决定权，为全区经济社会发展提供有力支撑。

三、在区镇人大换届选举中依法履职

2021年是区镇人大换届选举之年。区人大常委会将按照市人大和区委的统一安排，坚持党的领导、充分发扬民主、严格依法办事，扎实做好区镇人大换届选举工作。认真贯彻落实新修正的选举法，扎实开展工作调研，深入研究新形势下游仙区换届选举工作面临的新情况、新问题；依法确定区镇两级人大代表名额，适当提高基层代表比例，严格把握人选标准，做好提名推荐工作，把好代表政治关、素质关、结构关；依法做好选举组织工作，加强宣传发动，举办业务培训，合理划分选区，开展选民登记，组织好选民投票，加强代表资格审查，严肃换届纪律，确保区镇两级人大换届选举方向正确、风清气正，选举结果人民满意。

四、在加强代表履职上更加有为有力

加强代表培训，创新培训形式，增强代表的政治意识和服务意识，提高代表依法履职的能力。组织市、区、镇人大代表列席常委会会议，让更多熟悉相关行业专业的代表参与执法检查、调研视察和重点督办等活动。依托“代表之家”、代表联络站及微信公众平台，丰富代表活动，提升代表履职能力，真正做到民有所呼，我有所应。持续强化代表建议督办工作机制，注重对代表议案建议的大数据分析，把代表和群众特别关注的重点问题作为常委会督办的主要指向。强化代表履职的管理监督，继续落实各级代表在选举单位或选区述职工作。

五、在加强自身建设上更加从严从实

坚持用习近平新时代中国特色社会主义思想武装头脑，指导实践，不断完善制度体系建设，推进人大工作的法治化、规范化、制度化。全面履行从严治党主体责任，严格落实中央八项规定精神，支持派驻纪检监察组依法履职，持之以恒纠正“四风”、改进作风。持续抓好巡察整改工作，巩固巡察整改工作成效，提升人大工作水平。深入开展调查研究，注重实践锻炼，巩固党史学习教育成果，增强改革创新、依法履职的本领，激发人大干部工作活力，开创人大工作新局面。加强宣传引导，深化理论研究。加强对乡镇、街道人大工作指导，召开乡镇、街道人大工作会，促进工作交流，提升基层人大工作水平。

绵阳市游仙区人民政府工作报告

——在绵阳市游仙区第六届人民代表大会第七次会议上

绵阳市游仙区人民政府区长 陈华斌

2021年4月28日

建设2020年及“十三五”工作回顾

一年来，我们坚定以习近平新时代中国特色社会主义思想为指导，在省委省政府、市委市政府和区委的坚强领导下，在区人大、区政协的监督支持下，扎实做好“六稳”工作，全面落实“六保”任务，经济社会高质量发展取得明显成效。区属地区生产总值增长4.2%，规上工业增加值增长3.4%，服务业增加值增长4.5%，一产增加值增长5.4%，地方一般公共预算收入增长2.45%，城乡居民人均可支配收入分别增长6%、9%。

一、防疫抗洪双战获胜。面对突如其来的新冠疫情，迅速调拨防疫经费1894万元，落实5处集中隔离场所、300间隔离病房，摸排来游返游人员2.4万人，52天实现2例确诊病例、3例疑似病例全部清零；疫情转缓后，第一时间组建45个复工复产服务专班，落实补贴补助资金1457万元，为企业协调贷款35亿元、解决用工1239人，2月28日前全区规上工业企业全部复工复产，3月中旬前全区重点项目和限上规上服务业企业全部复工复市，用最短时间恢复经济社会发展秩序。面对历史罕见的暴雨汛情，迅速出动232支抢险队伍、动员1万多名干部群众奔赴一线，盯死看牢3处涉险河段、27个防汛隐患点、109个山洪灾害点，有序转移、妥善安置群众4107人，成功处置芙蓉溪开元场河堤等重大险情，未出现一例伤亡失踪事件；迅速启动恢复重建，争取中央和省级资金5348万元，实施武引灌区渠道、高标准农田等恢复重建项目23个，重建农房419户、加固维修171户。

二、产业发展齐头并进。围绕“3+3+1”产业体系，推动先进制造业集聚发展，新型功能材料产业功能区加快建设，湖山电器、开元磁材入选国家第二批专精特新“小巨人”企业，开元磁材入围中国电子元件百强企业，东材科技、兴事发门窗上榜四川制造业100强，新增规上工业企业11家，游仙高新区被评为全省优秀开发区，中核二四公司晋升建筑工程施工总承包特级资质。围绕“6+4+N”发展主线，推动现代服务业上档升级，培育入库限上规上服务业企业31家，科技城大数据中心启动建设，科技型服务业增加值占比达32.2%，实现社会消费品零售总额129亿元，通过省级电商示范县验收，先后被评为省、市促进服务业发展工作先进单位。围绕“一带两河四片”总体布局，推动现代农业蓬勃发展，培育省级农民合作社4家、市级现代农业园区1个、市级示范家庭农场10家，新增“三品一标”农产品13个，建成高标准农田2.3万亩，粮食总产突破24万吨，出栏生猪18.3万头，优质蔬菜种业园区被纳入省级现代种业园区培育项目。

三、改革创新成果丰硕。新增高新技术企业15家，认定国家级科技型中小企业81家，企业研发经费投入2.94亿元、增长13.6%，每万人发明专利拥有量居全市第一，高分通过国家知识产权强县工程示范区复核。成功入选成渝地区双城经济圈建设县域集成改革试点单位，5项国省重点改革全面完成，农村集体产权制度改革试点、政府购买社会服务、扩权赋能强镇等一批改革经验在全国全省推广。营商环境持续优化，完成减税降费1.42亿元，164项行政许可、行政执法权限直接下放到镇和街道，1487个政务服务事项全部实现“一网通办”。民营经济健康发展，新增市场主体5459家，培育“四上”企业45家。

四、项目投资强势增长。全社会固定资产投资增长15.2%、高于全市平均水平5.2个百分点，一产投资增长73.1%，二产投资增长55.1%，三产投资占全区投资总量的56.8%，72个省市区重点项目实现投资82.15亿元、投资完成率107%。抢抓疫情期间国家、省扶持政策出台窗口期，累计争取项目资金37.99亿元、完成年度目标135.7%，其中新增专项债券、一般债券和抗疫特别国债资金15.02亿元。深挖辖区国防科研院所配套资源，探索“签约即开工”高效模式，招引激光产业基地、中广核技、先通医药、一飞智控等优质项目45个，实现国内省外到位资金101.26亿元、完成年度目标126.58%，项目履约率100%、开工率57.8%、资金到位率37%。

五、城乡面貌绽焕新颜。90个城建攻坚、交通攻坚项目加速推进，中经路等57个重要点位、重要路段改造提升工程全面竣工，建小路、城市运动公园（一期）主体完工，省道205绕城改线工程、九绵高速游仙段建成通车，成绵高速扩容、绵苍高速、国道108改线工程开工建设，6个棚改项目稳步实施，整治违法用地问题6宗，清理闲置土地1781.75亩。成功创建省级实施乡村振兴战略工作先进区，仙鹤镇云水村等3个村获评示范村，“美丽四川·宜居乡村”实现全域覆盖，“芙蓉花溪”乡村振兴综合项目道路全线贯通，编制村庄规划21个，提档升级山湾农庄10个，新（改）建污水管网154.1千米、农村公路146.3千米。完成上级环保督察反馈问题销号备案6件，全年城区环境空气质量优良天数率达93.5%，PM2.5、PM10浓度分别下降13.2%、10.2%，城市集中式饮用水水源达标率100%，土壤环境质量总体保持稳定。

六、民生保障坚强有力。62件民生实事全部完成，民生支出占财政支出比重达70.54%。城镇新增就业6528人，城镇登记失业率2.49%。发放城乡低保、特困人员供养、残疾人两项补贴等各类扶助资金3824万元，困难群众重特大疾病医疗救助覆盖率100%。持续巩固脱贫攻坚成果，无一户一人返贫致贫。改造农村危房和土坯房1249户、城市老旧小区10个，3000多户群众直接受益。新建学校3所，新增学位4580个，如期完成消除“大班额”年度任务、学前教育“80·50”攻坚任务，教育体育综合评价连续7年全市第一。为群众减少药品负担6000余万元，顺利通过全国健康促进区考评、全省慢性病综合防控示范区验收，红十字会首次成功组织捐献造血干细胞。区图书馆、区文化馆和24个基层文化站全部免费开放，新增非物质文化遗产代表性传承人2人、代表性项目2项，建成农民健身工程项目83个。

七、社会治理纵深推进。“两项改革”顺利完成，乡镇（街道）、建制村、村民小组数量分别减少51.7%、49.5%、28.8%；两项改革“后半篇”文章扎实推进，16项年度任务高标准完成，24项中长期任务高质量推进。圆满完成第十一届村（居）民委员会换届选举。双拥共建持续深化，连续7年被评为全省双拥模范区。“七五”普法顺利完成，被列为全省全面依法治区示范试点。扫黑除恶专项斗争圆满收官，社会治安持续好转，刑事和治安案件发案率分别下降4.3%、8.2%，游仙派出所被命名为全省首批“枫桥式公安派出所”。安全生产专项整治三年行动扎实有力，整治安全隐患1583个，事故起数、死亡人数分别下降78%、75.6%。信访维稳工作成效显著，成功化解信访积案23件，芙蓉世纪阳光、汇川汉城等5个“老大难”涉房问题取得突破性进展。高质量完成游仙区第三次全国土地调查、第七次全国人口普查工作。与此同时，民族宗教、决策咨询、慈善、残疾人、妇女儿童、老龄、供销、电力、烟草、物价、国防动员、民兵预备役等工作都取得新进步。

一年来，我们全面加强政府自身，坚持把政治建设摆在首位，深入学习贯彻习近平新时代中国特色社会主义思想，增强“四个意识”、坚定“四个自信”、做到“两个维护”。自觉接受区人大及其常委会的法律监督和工作监督、区政协的民主监督，定期向区人大报告、向区政协通报重要工作和重大事项，全面完成8件民生实事人大代表票决项目，高质量办理人大代表建议110件、政协委员提案111件，办结率均达100%。扎实抓好省委巡视和省审计反馈问题整改。严格落实党风廉政建设责任制，驰而不息纠正“四风”，政风建设取得新成效。开展会前说纪讲法15次，报请区人大常委会备案规范性文件6件，行政复议与应诉有序推进。主动公开政府信息1.47万条。强化审计监督、财政评审，节约财政资金2.28亿元。

2020年是全面建成小康社会和“十三五”规划收官之年。面对防疫抗洪的艰巨任务，全区上下勠力同心、共克时艰、苦干实干，为“十三五”画上圆满句号，经济社会发展硕果累累。

“十三五”期间，经济实力全面跃升，产业结构持续优化。区属地区生产总值三年连跨两个百亿量级，在全省排名从2016年的68位升至2019年的32位。三次产业结构由13.2∶56.7∶30.1调整优化为9.8∶36.2∶54。规上工业增加值、服务业增加值年均增速分别达11.5%、11%，地方一般公共预算收入、全社会固定资产投资较2015年分别增长51.2%、63.5%。游仙经济开发区升级为省级高新技术产业园区，主营业务收入突破千亿元大关。

“十三五”期间，院地协同全面发力，改革开放持续深化。实现科技成果转移转化23项。重要领域和关键环节改革取得突破性进展，承担改革任务1164项，智慧医疗、河湖管理体制等改革经验在国家、省级层面交流推广。“放管服”推动营商环境全面优化，行政审批事项平均提速91.9%，市场主体突破3万户。招商引资成效显著，招引5亿元以上项目66个，协议引资419.6亿元。

“十三五”期间，基础设施全面完善，生态环境持续改善。一环顺利重构、二环全面贯通，新（改）建县乡村道路482.6千米，公共交通畅达所有镇村，改造城市危旧房棚户区2482套、农村危房904户，治理老旧小区64个，打造山湾农庄50个，城镇化率提升7.2个百分点。关闭“散乱污”企业63家，森林覆盖率、环境空气质量优良率分别提高3.19和9.7个百分点；新建污水处理厂（站）11座，辖区流域断面水质达标率提升21个百分点，劣Ⅴ类水质全面清零；建成生活垃圾分类收集点6488个，生活垃圾无害化处置率、行政村生活垃圾有效治理率分别达98%、100%。

“十三五”期间，社会事业全面进步，人民生活更加美好。城乡居民人均可支配收入较2015年分别增长45.5%、56.1%。城镇登记失业率由3.82%下降至2.49%，回引272名优秀农民工返乡创业。区级认定的10866名贫困人口全部脱贫、65个贫困村全面退出，贫困发生率由2.9%下降为0。城乡养老和医疗保险、基本公共卫生服务实现全覆盖，新（扩）建学校25所，改造提升村（社区）文化活动室279个。社会大局保持稳定，未发生较大以上安全事故，没有出现系统性风险。

在看到成绩的同时，我们也清醒地认识到，经济社会发展中还存在一些困难。发展方式有待进一步转变，产业配套不完善、核心竞争力不强，融合不充分、创新活力不足，开放程度不够深、大项目储备不足等问题仍然存在；民生改善有待进一步加强，补齐民生领域短板、防范化解重大风险、生态环境保护等任务依然繁重。特别是2020年突发新冠疫情、叠加洪涝灾情，经济社会发展遭遇较大冲击，区属地区生产总值、规上工业增加值、服务业增加值、社会消费品零售总额、城镇居民人均可支配收入等5项指标增速未能实现区六届人大六次会议既定目标。我们将在接下来的工作中，直面问题、鼓足干劲、克难攻坚，保持经济平稳健康运行，不辜负人民群众的期望和重托！

“十四五”发展的主要考虑和二〇三五年远景目标

“十四五”时期是我国开启全面建设社会主义现代化国家新征程、向第二个百年奋斗目标进军的第一个五年。区委六届九次全会审议通过《关于制定国民经济和社会发展第十四个五年规划和二〇三五年远景目标的建议》。区政府认真落实区委决策部署，组织编制《绵阳市游仙区国民经济和社会发展第十四个五年规划和二〇三五年远景目标纲要（草案）》（以下简称《纲要（草案）》），共十一篇四十二章。展望2035年，游仙将与全省、全市同步基本实现社会主义现代化。面向“十四五”，明确“两个高于”的目标：区属地区生产总值年均增长8.5%、高于全市平均水平，居民收入增长与经济增长基本同步、城乡居民人均可支配收入增速高于全市。《纲要（草案）》对“十四五”国民经济发展指标进行量化，提出五大类27个主要指标，并对“十四五”时期重点任务进行系统谋划和安排。

各位代表，站在新的历史起点，我们坚信，在区委的坚强领导下，全区上下团结一心、砥砺奋进、笃定前行，一定能够将“十四五”规划的美好蓝图变为现实。

2021年工作安排

做好今年政府工作的总体要求是：坚定以习近平新时代中国特色社会主义思想为指导，深入贯彻党的十九大和十九届二中、三中、四中、五中全会精神，以及习近平总书记对四川工作系列重要指示特别是对绵阳工作重要指示精神，全面落实省委、市委、区委全会精神，坚持稳中求进工作总基调，立足新发展阶段、贯彻新发展理念、融入新发展格局，以推动高质量发展为主题，以深化供给侧结构性改革为主线，以改革创新为根本动力，以满足人民日益增长的美好生活需要为根本目的，坚持系统观念，巩固拓展疫情防控和经济社会发展成果，更好统筹安全和发展，扎实做好“六稳”工作、全面落实“六保”任务，按照“借势发展、主动融入”工作思路，深度参与成渝地区双城经济圈建设，围绕“四个主攻方向”，实施“七大行动”，保持经济持续健康发展和社会大局稳定，为“十四五”开好局、起好步奠定坚实基础。

今年全区经济社会发展主要预期目标是：区属地区生产总值增长8%以上、整体高于全市平均水平，全社会固定资产投资增长10%以上，一产增加值增长3%以上，规上工业增加值增长8.5%以上，服务业增加值增长9.5%以上，社会消费品零售总额增长10%以上，地方一般公共预算收入与经济发展趋势基本一致，城镇登记失业率控制在4%以内，城乡居民人均可支配收入分别增长8.1%、8.5%，常住人口城镇化率提高1.3个百分点，节能减排和环境保护指标完成市下达任务。

我们将重点抓好以下工作。

一、在稳定经济增长上聚焦用力，强化高质量发展新支撑。统筹抓好疫情防控和经济社会发展，把稳增长作为紧迫任务，以投资为关键、项目为抓手、企业为主体，推动经济强势回升。

常态抓好疫情防控。继续抓实抓牢“外防输入、内防反弹”“人物同防”各项工作，完善联防联控长效机制，严格落实“五有一网格”防控措施，加强人员流动服务管理、入境人员全流程闭环管理，强化进口货物全链条防控，按规定频次开展重点人群核酸检测，有序推进疫苗接种，持续巩固拓展疫情防控良好态势。深入开展爱国卫生运动，强化防控知识宣传教育，完善疫情防控应急预案，提高应对突发公共卫生事件能力，为经济社会发展创造有利条件、提供坚实保障。

努力扩大有效投资。突出抓存量和增量并举，持续开展大规模技术改造，确保技改投资增长20%，制造业投资稳步提升。深化基础设施重点领域补短板三年行动，实施一批水利、道路、通讯、市政等基础设施项目。加快推进67个新一轮城建攻坚、交通攻坚项目建设，确保完成投资37亿元。激发社会资本投资潜力，力争民间投资增长10%以上。

持续强化项目建设。综合运用“五个一”、“红黑榜”、调度会等机制和“三自一监督”工作法，加强土地、资金等要素保障，采取农村集体建设用地整理、城乡建设用地增减挂钩等方式破解用地瓶颈，抓好经营性建设用地出让，支持区属国有企业发展壮大、增强造血能力，加大向上争取力度，多方筹集发展资金，加快征地拆迁安置、前期要件办理等基础工作，全力推动80个项目尽快开工，促进49个项目加快建设，确保16个项目建成投用，保障62个省市区重点项目按计划顺利实施。

发展壮大市场主体。积极落实企业上市“钻石工程”计划，做好湖山电器、中久大光等4家企业上市服务保障。积极支持一批大企业大集团增强实力、中小企业做大规模，新增产值4亿元以上工业企业3家、产值1亿元以上建筑业企业2家、年出栏生猪1万头以上农业企业6家，培育“专精特新”中小企业2家、高成长型中小企业2家、行业“小巨人”企业1家，新增市场主体3500户。

二、在产业转型升级上聚焦用力，蓄足高质量发展新动能。把着力点放在实体经济上，大力推动先进制造业、现代服务业、现代农业高质量发展，不断提升经济质量效益和核心竞争力。

优先发展先进制造业。着力构建“一二三”现代工业产业体系，推动高达科技、五洲新春等7个项目加快建设，全力促进仙特米业等28个项目投产达效，新增8家规上工业企业，培育15家高新技术企业、100家国家级科技型企业。抢抓科技城新区建设契机，筹建超精密制造产业园，加快建设先进材料中小微企业产业园、魏城工业园，推动游仙高新区南、北、东三区协同发展。

加快发展现代服务业。深度融入全市“8+1”现代服务业体系，实施好23个服务业项目，做活做强红星美凯龙、芙蓉汉城等服务业商圈，实施消费升级行动计划，完成社会消费品零售总额、新增限上规上企业市级下达目标。高水平建设科技城大数据中心，推动大数据共享应用试点示范，促进数字经济与实体经济融合发展。加快建设科技城电子信息配套物流园、科技服务业集聚区，提升生产服务水平。拓展山湾农庄经营业态，支持仙山植物园打造国家AAAA级旅游景区，争创省级全域旅游示范区。

大力发展现代农业。主动融入全市“6+10”现代农业产业体系，实施好23个农业项目，建设2.17万亩高标准农田，支持优质蔬菜种业园区、现代林业园区创建省级现代农业产业园区，培育1个市级现代农业产业园区，新增5个“三品一标”农产品，高标准推进城乡融合发展试验区建设。坚决遏制耕地“非农化”、防止“非粮化”，加强“两区”建设和管护，稳定粮食和重要农产品种植面积，持续做好非洲猪瘟等重大动植物疫病防控，坚决完成粮食和生猪生产任务。

三、在加速改革创新上聚焦用力，激发高质量发展新活力。坚持创新驱动和改革开放“双轮驱动”，全面提高经济整体竞争力，为高质量发展注入强劲动力。

深化院地协同创新。（略）

加快重点领域改革。扎实做好成渝地区双城经济圈建设县域集成改革试点，深度参与成渝地区双城经济圈和科技创新先行示范区建设。做实两项改革“后半篇”文章，探索壮大农村集体经济新模式，建成信义、忠兴、盐泉乡镇干部周转房。全面落实减税降费政策，切实降低企业生产要素成本。进一步优化营商环境，深化“放管服”改革，力争不动产登记等1176个高频事项当日办结，企业审批提交资料减少30%、审批时间比法定时间减少50%。

扩大对外开放水平。加强与成渝西、北上深两个“金三角”跨区域交流合作，共同探索人才技术互补、政策项目共享、配套服务统一的“双飞地”模式。充分借助西博会、科博会等省市重大平台，扩大开放合作“朋友圈”。实施招商质效提升行动，聚焦朝阳片区、芙蓉汉城片区、越王楼片区等城市更新，开展百亿量级项目招商。聚焦果满山川、川菜硅谷现代农业产业园，开展新经济新业态招商。力争招引5亿元以上项目9个，实现国内省外到位资金85亿元以上。

四、在统筹城乡发展上聚焦用力，擦亮高质量发展新名片。以协调推进乡村振兴战略和新型城镇化战略为举措，提升基础设施支撑能力，加快建设城乡融合示范区。

着力提升城市品质。高质量编制“十四五”国土空间规划，加快科技城大道二期、科技城涪江大桥等重点工程建设，启动改造8个老旧小区，加速实施6个棚改攻坚项目，开工建设六里片区背街小巷治理提升等市政工程，综合整治游仙东路芙蓉金城路口等5个城市内涝点，充分履行城管、环卫、绿化等下放职能，提高城市管理和建设水平。坚持“房住不炒”定位，促进房地产市场平稳健康发展。做好省道210线、省道416线建设前期工作，保障绵苍高速、成绵扩容、绵广扩容、国道108改线工程顺利建设。支持魏城建设游仙经济副中心，启动编制新桥国土空间和控制性详细规划，改造提升仙鹤、忠兴、小枧场镇基础设施，支持魏城、新桥创建省级百强中心镇。

*全面推进乡村振兴。*做好巩固拓展脱贫攻坚成果同乡村振兴有效衔接，严格落实“四个不摘”要求，坚决防止规模性返贫现象发生。用好用活省级实施乡村振兴战略工作先进区政策优势，深化“三权分置”等农业农村改革，培育一批新型农业经营主体，力争创建省级先进镇1个、示范村5个。大力实施乡村建设行动，完成8个村庄规划编制，新（改）建生活垃圾分类收集点2100个，改造农村厕所400户以上，全区94%的行政村生活污水得到有效治理，建成“芙蓉花溪”乡村振兴综合项目，实施联合水库等18座小型水库治理工程，新（改）建农村公路105千米，整治危桥12座，争创省级“四好农村路”示范县、乡村振兴交通先行样板县。

*持续改善生态环境。*坚决打赢污染防治“三大战役”，强力开展大气污染源治理，大力提升污水和垃圾处理能力，切实加强固体废物、危险废物精细化管理，有效治理农村面源污染，确保完成优良天数率考核指标，2个市考断面优良水体比例达100%，土壤环境质量总体保持稳定。认真落实碳达峰、碳中和部署，广泛倡导绿色低碳生活方式，做优做强节能环保产业，继续实施大规模绿化游仙行动，争创国家生态文明示范区。严格执行长江十年禁渔举措，全面落实河湖长制，抓好芙蓉溪、魏城河等重点流域综合治理。全面完成中央、省环保督察及“回头看”反馈问题销号，做好迎接中央第二轮环保督察准备工作。

五、在补齐民生短板上聚焦用力，共享高质量发展新成果。始终坚持以人民为中心的发展思想，把保障和改善民生摆在更加突出的位置，使改革发展成果更多更公平惠及全区人民。

*让人民群众幸福感更加充实。*坚持就业优先战略，实施返乡人员创业行动，扩大公益性岗位安置，帮扶残疾人、零就业家庭成员就业，实现城镇新增就业5500人，动态消除零就业家庭。健全完善多层次社保体系，落实基本养老保险、基本医疗保险待遇，健全重大疾病医疗保险和救助制度，发展普惠型养老服务和互助性养老，完善农村留守儿童、妇女关爱服务和社会救助体系，健全残疾人帮扶制度，切实兜住民生底线。

*让人民群众获得感更可持续。*坚持教育优先发展，加快游仙二中等5所学校建设，建成开元中学和五里路小学综合楼，持续巩固富乐教育品牌。实施健康游仙行动，加快老年医学中心、公共卫生医疗中心、婴幼儿托育服务中心、妇女儿童医院建设，确保高标准通过国家卫生城市复审验收。繁荣发展文化事业，突出建党100周年主题开展精品文化作品创作，加强文物和文化遗产保护，完善图书馆、文化馆等基本公共文化服务设施。

*让人民群众安全感更有保障。*落实总体国家安全观，坚定维护国家政权安全、制度安全、意识形态安全。周密制定并认真落实防范化解重大风险方案，坚决守住安全发展底线。实施历史遗留问题化解攻坚行动，全面完成化解任务。深入推进“八五”普法，深化法治示范区创建。发展新时代“枫桥经验”，扎实开展“治理重复信访、化解信访积案”专项行动，维护社会和谐稳定。加强应急管理体系和能力建设，持续推进安全生产专项整治三年行动，全力抓好森林防灭火工作，有效防范生产安全事故。

各位代表，面对发展的重任、群众的期盼，我们将始终在思想上政治上行动上同以习近平同志为核心的党中央保持高度一致，增强“四个意识”、坚定“四个自信”、做到“两个维护”，扎实开展党史学习教育，学史明理、学史增信、学史崇德、学史力行，不断提高政治判断力、政治领悟力、政治执行力。我们将依法接受区人大及其常委会的法律监督和工作监督，自觉接受区政协的民主监督，主动接受社会监督，不断提高依法行政能力。我们将严格落实全面从严治党要求，深入推进党风廉政建设和反腐败斗争，持续整治不正之风和腐败问题。我们将持续抓好省委巡视和省审计反馈问题整改，加强“三公”经费管理，强化政务公开，推进审计监督全覆盖。我们将始终坚持为民办实事，保持民生支出占财政支出比重在70%以上，全力完成民生实事人大代表票决项目，加快建设人民满意的服务型政府。

中国人民政治协商会议
绵阳市游仙区委员会常务委员会工作报告

——在政协绵阳市游仙区第六届委员会第六次会议上

政协绵阳市游仙区委主席 姜 曦

2021年4月26日

2020年工作回顾

2020年是新中国历史上极不平凡的一年。区政协在中共游仙区委的坚强领导下，在市政协的指导支持下，高举中国特色社会主义思想伟大旗帜，深入学习贯彻中共十九届四中、五中全会精神，深入贯彻省、市、区委全会精神和对新时期政协工作的要求，坚持团结和民主两大主题，全力助推新冠肺炎疫情防控和经济社会发展，决胜脱贫攻坚，引导动员全区政协各参加单位、广大政协委员，履职尽责，扎实工作，为奋力谱写更高质量的“五个游仙”新篇章做出积极贡献，具体表现在以下方面。

一年来，我们强化思想政治引领，坚决把牢正确政治方向。毫不动摇地坚持党的领导，为政协更好履职提供坚强的思想和组织保证。一是加强理论教育，坚定思想意识。坚持把学习贯彻习近平新时代中国特色社会主义思想作为首要政治任务，与学习中共十九大和十九届二中、三中、四中、五中全会精神结合起来，与学习习近平总书记关于加强和改进人民政协工作的重要思想结合起来，不断增强“四个意识”，坚定“四个自信”，做到“两个维护”，巩固共同思想政治基础。二是夯实党建基础，强化战斗堡垒。中共游仙区委全面加强对政协的领导，听取政协党组汇报，及时研究解决政协工作中的重大问题。区委主要领导给区政协出题目、交任务，带头出席区政协重要活动，为区政协工作指明着力重点、创造良好条件。区政协党组切实履行把方向、管大局、保落实的政治责任，严格落实党建、意识形态工作责任制，确保政协履职与全区工作大局同心同向、同频共振。三是持续正风肃纪，筑牢廉政底线。扎实开展省委第七巡视组反馈意见的整改落实，根据工作需要调整党组成员和主席会议成员分工，制定《党组落实全面从严治党主体责任清单》，引导党员牢记党的宗旨，推动政协履职的思想政治保障更加坚强有力。

一年来，我们始终牢记初心使命，在关键时刻勇于担当作为。始终要求广大委员和各参加单位牢记初心使命，切实发挥优势和专长为全区稳定繁荣作贡献。一是广泛参与疫情防控。疫情发生后，广大委员和各参加单位参与疫情防控，通过捐赠协调防疫物资，捐款捐物达379.55万元，为武汉、游仙等地疫情防控工作做出积极贡献。二是全力参与复工复产。按照省市政协要求，以委员小组为单位，通过实地察看、座谈等方式，走访企业64家、群众38户，通过与区农民工服务中心、区退役军人事务局、信义镇等有关单位沟通协调，解决企业招工用工、贷款融资、扩产征地方面的问题18个，反映《关于加大“非瘟”后复养支持力度尽快恢复游仙区生猪生产的建议》《关于加大对困难民办幼儿园扶持力度的建议》等社情民意4件，向区委、区政府提交《绵阳市游仙区餐饮业协会及会员单位复工复产困难的调研报告》。三是积极参与抗洪抢险。按照统一安排，组织机关干部冒雨前往沈家坝北街社区，及时疏散靠近富乐山后山有泥石流隐患的居民，将他们安置在集中安置点，采取轮流值班的方式对有隐患的居民楼进行值守，保证群众生命安全。

一年来，我们切实发挥协商专长，在完善社会治理体系中展现优势。认真落实中央、省、市、区委对新时期政协工作的要求，不断探索政协参与基层治理的有效形式。一是建立工作机制。建立区政协领导班子、各委室及委员小组对口基层协商点的联系制度，加强对基层协商民主工作的指导，带领委员广泛参与基层协商活动，切实助推政协履职向基层延伸。二是发挥委员主体作用。8个基层协商示范点初见成效，通过委员参与各镇（街道）基层协商会议，建立完善开展基层协商的有效机制，通过协商解决一些征地拆迁、土地流转、集体项目建设、社会治理信息平台多网融合等事项，促进基层社会治理现代化建设。三是及时总结形成经验。牵头召开全区基层协商民主工作推进会议，及时总结各地开展基层协商方式方法，将“五议工作法”“仙鹤夜话”“山湾心语”等协商模式在全区推广。

一年来，我们积极参与扶贫帮困，在脱贫攻坚中助力决战决胜。2020年是脱贫攻坚决胜年，区政协切实发挥委员主体作用和各界别的专长和优势，广泛凝聚社会各界力量投身脱贫攻坚主战场，为全区脱贫攻坚任务完成提供坚实力量。一是持续开展“我为扶贫攻坚做件事”活动。区政协广大委员及各民主党派、工商联通过捐赠资金、协调项目资金、慰问贫困群众、以购代捐等形式向区内和壤塘困难群众捐款捐物（价值）共计466万元。二是深入开展脱贫攻坚专题调研。按照区委安排，深入全区8个镇的30余个村组，对贫困户住房安全保障、因病致贫返贫等情况进行调研，对调研中发现的问题提出建议意见，受到区委主要领导肯定性签批。三是积极开展对口帮扶工作。两次到壤塘开展对口帮扶工作，慰问南木达镇困难儿童，与壤塘政协签订结对帮扶协议，向壤塘政协捐款10万元。四是认真抓实抓好联系村帮扶工作。协调有关单位为信义镇落实14万元危房改造帮扶资金。细化帮扶措施，安排16名科级干部继续在忠兴镇凤凰村、木龙村开展结对帮扶工作，累计投入资金6万余元，所联系的6户脱贫户通过养殖家禽家畜和外出务工实现增收。

2020年，区政协常委会全面履职，统筹推进政治协商、民主监督、参政议政，开展以下主要工作。

一、紧扣中心建言资政，自觉服务经济社会发展。紧密围绕区委中心工作和重点任务，充分发挥人民政协专门协商机构作用，组织开展调研视察，广泛凝聚思想共识，助推全区高质量发展。一是助推农业品牌建设。组织调研涪城、成都、眉山、遂宁等地农业品牌建设工作，提出做强基地、做实品质、做优服务等方面的14条建议，助力游仙区农产品提档升级。考察借鉴广元、南充、广安等地农业园区创建经验，围绕现代农业园区建设开展界别协商，形成《关于游仙区现代农业园区建设的调研报告》，所提意见建议被区农业农村局、区城乡融合发展试验区吸收采纳。二是助推工业园区发展。组织委员、区内各民主党派代表、区级相关部门认真调研，考察学习射洪、自贡现代工业园区建设经验和做法，召开议政性常委会，提交《加快游仙东区工业园建设推进游仙工业经济发展的调研报告》，为东区工业发展提出高质量参考意见。三是助推服务业发展。开展生产性、生活性服务业“回头看”专题协商，及时跟进2019年对服务发展提出的意见建议采纳情况，在促进履职成果转化的同时，进一步在服务业提质集聚发展、重点项目规划建设、促进企业做大做强等方面提出针对性建议。四是助推科技创新发展。深入辖区科技企业和科研单位实地调研，赴重庆学习科技型中小微企业培育及国家大学科技园运营经验，向区委、区政府提交《科技型中小微企业培育和发展协商报告》，为科技企业培育、高端人才引进、建设大学科技园等工作提供有效参考。

二、践行履职为民理念，助推民生事业不断改善。始终坚持把履职为民作为工作的出发点和落脚点，不断增强人民群众的获得感、幸福感和满意度。一是助力公共卫生防疫体系建设。组织部分政协委员、区级相关部门深入区内医疗卫生机构深入调研，召开界别协商会议对健全基层公共卫生体系、人才培养、防疫保障、提升全民健康素养等方面存在的困难与问题提出针对性建议。二是助力基础教育事业发展。组织委员对普惠性幼儿园建设工作进行视察，对相关政策的落实提出建议。与民进游仙区基层委员会联合撰写的社情民意《关于改进疫情防控期间线上教学模式的建议》被全国政协采用。三是助力基础设施建设。深入中核建绵阳退养服务中心等棚户区改造项目实地调研，形成的调研报告受到区委高度重视，被区委常委会专题研究，并安排区级相关领导牵头办理。对违法建设整治情况开展监督性视察，并提出针对性建议。四是助力法律服务发展。组织委员及相关法律专家在疫情发生后开展“送法律进企业”活动，设立“法治诊断员”，为企业复工复产提供法律援助；对全区公益诉讼工作进行专项视察，提出进一步加大宣传营造氛围、完善机制提供保障、抓实监督减少损失等方面的建议，促进公益诉讼工作有效开展。五是助力农村人居环境改善。对“厕所革命”、生活垃圾处理、生活污水治理、畜禽粪污资源化利用、村容村貌提升和小流域水环境治理进行综合性调研视察，通过提案和社情民意提出的意见建议被相关镇、部门采纳，有效助推乡村振兴战略的实施。

三、不断深化合作联谊，全面展示游仙良好形象。始终把开放合作作为促进政协事业不断进步的重要抓手，强化社会各界人士交流，推动形成大团结大联谊格局。一是加强对上协作联动。协助做好省政协到绵阳调研工作，在市政协常委会上作支持游仙区融合和智能制造发展的发言；开展市区政协同题调研，编撰完成《状元苏易简家风故事》，积极向省政协争取，专题汇报历史文化名人苏易简的有关情况，状元故里在古盐泉（今盐泉镇）这一史实得到省、市领导及有关专家的一致认同。二是广泛凝聚社会各界力量。通过认真筹备，成立游仙区在外人才成渝西联谊会，积极为成渝西在外人才回乡创业、考察投资、深化合作牵线搭桥，成为游仙深度参与成渝地区双城经济圈建设的重要纽带。三是加强文史编纂工作。编印《游仙区国家级传统村落文化丛书》《钟灵毓秀上方寺》，指导魏城镇、信义镇编印完成《龙溪遗韵——魏城古镇记忆》《源远流长信义镇》。召开游仙区文化品牌建设专题调研协商会议，提出把“仙圣之乡”作为文化主题的建议，得到区级领导及相关部门的肯定和采纳。四是动员民主党派倾力作为。团结动员区内各民主党派基层组织积极参与重大活动和调研协商，凝心聚力为游仙经济社会发展做出应有贡献。民建游仙基层委员会荣获民建四川省委先进集体、魅力基层组织；民进游仙区基层委员会荣获民进四川省组织建设先进集体；农工党游仙区基层委员会荣获农工党四川省委“庆祝中国农工民主党成立90周年”优秀组织；致公党游仙区基层委员会荣获致公党四川省委“不忘合作初心,继续携手前进”主题教育活动先进基层组织；民革游仙总支二支部被评为省级示范支部；九三学社绵阳市游仙委员会筹备组荣获九三学社四川省委“庆祝九三学社创建75周年”优秀基层组织。

四、切实加强自身建设，不断夯实政协履职基础。着眼政协事业长远发展，主动把握政协工作规律，以改革思维、创新理念、务实举措，全面加强政协自身建设。一是提高协商议政质量。出台《政协绵阳市游仙区委员会协商议政质量评价工作办法（试行）》，使协商议政活动全过程置于规则和监督之下，促进政协工作质量全面提升。二是创新委员管理。制定委员管理规则，加强委员管理考核，细化完善考核管理办法，增强委员履职的自觉性、主动性、积极性，通过评选优秀政协委员和通报履职不达标委员，双向提升委员履职的积极性。三是严格机关管理。按照中央和省、市、区有关最新要求，结合政协工作实际，在广泛征求意见的基础上，完善《党组工作规则》《机关党组工作规则》，进一步促进工作程序的规范化、岗位责任的明晰化、管理方法的科学化，有效形成按制度办事、靠制度管人的工作机制。四是提升提案办理实效。继续推行提案办理协商工作，加强与提案办理单位沟通面商，坚持重点提案督办制度，由主席会议成员督办重点提案办理情况，增强提案办理单位的责任意识，推动提案成果转化。五是完善档案工作。在区档案馆的指导下，由各专委会负责，对换届以来的档案资料进行整理完善，为本届政协工作的经验总结和资料移交做好准备。

去年以来，区政协多篇调研报告受到市政协领导和区委主要领导肯定性批示，连续3年被省政协评为全省政协新闻宣传先进单位，《游仙民俗》《鎏金叠翠曾家垭》等6项文史成果荣获省第十九次社科奖，自市政协开展“创先争优”综合考评以来，排名始终位居各区市县前列。被市政协评为反映社情民意信息先进集体、调研视察先进单位、政协委员走访困难企业和群众活动先进单位、信息宣传先进单位，《钟灵毓秀上方寺》被市政协表彰为优秀文史作品。这些成绩的取得，得益于区委的坚强领导，得益于区人大、区政府和社会各界的大力支持，得益于政协各参加单位、广大委员和政协机关干部的共同奋斗。在此，我谨代表区政协常委会向大家表示衷心的感谢！

2021年主要任务

2021年是“十四五”开局之年。区政协工作的总体要求是：坚持以习近平新时代中国特色社会主义思想为指导，深入学习贯彻中共十九大和十九届二中、三中、四中、五中全会精神，全面贯彻习近平总书记关于加强和改进人民政协工作的重要思想，深入贯彻落实中央、省委、市委政协工作会议精神，以学习贯彻区委六届九次全会决策部署为统揽，聚焦立足新发展阶段、贯彻新发展理念、融入新发展格局、推动高质量发展建言资政、凝聚共识，更好发挥专门协商机构作用，为“十四五”开局之年的各项工作做出新贡献。

一、加强思想政治建设，广泛凝聚社会各界共识。扭住加强思想政治引领、广泛凝聚共识这个履职的中心环节，通过政协制度的有效运行和民主程序把党的主张转化为社会各界的思想共识和行动自觉。加强理论武装和思想政治工作，健全以党组理论中心组学习为引领的学习制度体系，深入开展党史学习教育，改进新闻宣传工作，深化宣传阐释，积极开展“书香政协”活动，引导各参加单位和广大政协委员深入学习习近平新时代中国特色社会主义思想。

二、聚焦党政中心任务，助力全区高质量发展。紧紧围绕区委、区政府重大战略部署和中心任务，有序开展各类协商，为推动游仙深度参与成渝地区双城经济圈建设和“十四五”规划开局起步广聚众智、广纳良策。坚持科学选题，围绕落实区委六届九次全会决策部署，把高质量发展、科技创新、产业转型升级、融合、城乡融合、法治建设等方面重大问题作为选题重点，围绕新型功能材料产业发展、现代种业发展、山湾农庄建设等方面工作广泛开展协商议政，助推发展方式转变，加快现代产业体系建设。聚焦大主题，找准小切口，围绕新时代文明实践中心建设、未成年人心理健康建设开展协商，针对红色物业管理工作、文化品牌建设、村级“小微权力”规范运行、医保资金管理进行视察和调研，确保议题选得准，尺度把得稳。加快“有事来协商”平台建设，围绕就业、教育、医疗、社会保障等群众生产生活难点、社会治理焦点开展小微协商，为提升群众获得感、幸福感、安全感聚智聚力。关注常态化疫情防控背景下的经济运行情况，围绕解决中小企业生产经营困难、加快投资项目进度、稳定就业保障民生等问题，运用提案、社情民意信息等形式多献务实之策。

三、增强改革创新意识，推动政协协商和基层协商有效衔接。按照中央和省、市、区委对新时期政协工作的要求，立足游仙实际，探索推动政协协商和基层协商有效衔接，建立广泛多层的基层协商体系。依托现有的政协镇（街道）工委、政协委员联络站、委员小组、“委员之家”等资源，在镇（街道）、村（社区）和企事业单位搭建常态化协商议事平台，分层级建立协商议事机制，不断丰富“有事好商量、众人的事情由众人商量”的工作实践，为基层社会治理贡献政协力量。

四、强化责任担当，加强政协自身建设。担起新时代政协工作高质量发展的使命责任，牢固树立质量导向，积极探求方式方法。注重履职创新，围绕发挥专门协商机构作用和强化凝聚共识功能，推动人才库建设。强化调查研究，全面实行质量评价管理，推动信息化赋能，实现委员管理和提案提交等履职工作全面线上进行。加大委员管理力度，强化委员服务，完善履职考评，提高委员履职本领，严格廉洁自律，让广大委员在本职岗位上建功立业、在界别群众中示范引领。

大事记

1月

2日 区委书记江彬主持召开游仙区服务业发展工作座谈会，共商全区服务业发展大计。区委常委、统战部部长、区总工会主席陈政，区人民政府副区长张明东，副区长林檬出席会议，辖区12家服务业骨干企业代表参加并发言。

同日 区委副书记、区长陈华斌带队到新桥镇和石马镇调研部分重点项目推进情况并且进行现场办公。区委副书记何守君，区委常委、常务副区长杨守贵，副区长张欣参加调研。

3日 区人大常委会主任袁玉国带领调研组对游仙区乡镇行政区划调整后各镇整体工作运行情况进行调研。区委常委、组织部部长唐兴万参加。

6日 游仙区蜀留香家庭农场、蒋崇伦家庭农场、龙顶家庭农场、荆桃家庭农场、村农家庭农场被命名为四川省第五批家庭农场省级示范场。

7日 市委常委、市人民政府副市长丁国旗，共青团绵阳市委书记胡段钦一行到游仙区剑南路东段社区慰问贫困居民。

同日 区政协主席姜曦带队到富乐街道办和沈家坝北街社区调研基层协商工作情况。

9日 游仙区组织召开储备补充耕地核查暨“大棚房”另案处理违法违规问题整改工作推进

2020年1月2日，游仙区服务业发展工作座谈会召开

会，陈华斌、张欣出席会议。

12日 宜宾市翠屏区委书记何永宏带领翠屏区党政代表团到游仙区考察。区领导陈华斌、袁玉国、姜曦等参加。

17日 四川省司法厅二级巡视员陈久明到游仙区督查社区矫正中心规范化建设情况，并召开贯彻落实《中华人民共和国社区矫正法》座谈会。市司法局机关党委书记李政，游仙区司法局党组书记、局长李昶陪同调研。

20日 游仙区新组建的8个镇选举产生镇第一届人大代表548名，并补选产生14名区第六届人大代表。

同日 游仙区商会举行“勠力同心、砥砺前行”为主题的2019年度年会。区委书记江彬致辞。市委统战部副部长、市工商联党组书记、常务副主席易显云，市工商联党组成员、秘书长黄莉，壤塘县委常委、常务副县长唐志强，壤塘县委常委、副县长邹大世出席。区领导袁玉国、姜曦、蔡顺利、陈政、徐丽娟、张明东等参加。

同日 游仙区组织召开春节期间大气污染防治专题工作会，张明东参加会议并提出要求，区纪委监委、区委目标绩效办、区委宣传部、区政府办、区公安分局、游仙生态环境局、区应急管理局等15个部门分管负责人及重点区域乡镇、街道、园区有关负责人参加会议。

同日 区委组织部组织召开“不忘初心、砥砺前行，争做合格的新时代奋斗者”选调生专题座谈会。

同日 游仙区在富乐长途汽车站开展以“健康人生、绿色无毒、平安出行”为主题的“岁末公共文化娱乐场所禁毒暨2020年度新春返乡人员禁毒集中宣传活动”。

21日 区委书记江彬带队前往交警岗亭、社区警务室、医院等地，看望一线值守工作人员，检查疫情防控及节日安全工作。区领导杨守贵，区委常委、宣传部部长陈晓霖，副区长李彦君参加。

同日 “不忘初心、牢记使命”游仙区新时代文明实践系列活动科技、文化、卫生、法律“四下乡”暨关爱农民工乡村行走进石马镇。

2月

6日 区委书记江彬带领相关部门负责人到经济试验区绵阳开磁科技有限公司、创梦中小企业孵化管理有限公司调研指导企业疫情防控和复工生产情况。区委常委副区长杨守贵、区委常委姚军、试验区党工委书记王定富陪同调研。

10日 区委常委、统战部部长、区总工会主席陈政到游仙经开区、小枧镇、魏城镇、仙鹤镇等地，指导疫情防控期间企业复工复产和督查宗教团体及宗教活动场所疫情防控工作。

13日 绵阳市游仙生态环境综合行政执法大队、绵阳市游仙生态环境监测站举行挂牌仪式。

21日 市退役军人事务局党组书记、局长苏杰，党组成员、副局长陈勇一行，到游仙区调研退役军人创办企业复工复产情况，并为企业送上口罩、酒精、消毒液等防疫物资。游仙区副区长李万庆，游仙区退役军人事务局主要负责人等参加调研。

24日 市委常委、宣传部部长张学民到游仙区慈济实验学校调研新冠肺炎疫情防控工作。区

2020年1月21日，游仙区“四下乡”走进涪江街道

领导陈晓霖参加调研。

3月

4日 区委书记江彬深入游仙区中小微科技型企业调研复工复产及疫情防控工作。区领导何守君，林檬参加调研。

同日 游仙区召开服务业企业服务专班和复工复产工作会议，区委常委、统战部部长、区总工会主席陈政、副区长张明东出席会议，区纪委、区委组织部、区商务局、市场监管局、卫健局、各镇（街道）主要负责人等30余人参加会议。

5日 仙海区党工委委员、管委会副主任董文彦带队到游仙区对接游仙——仙海文化旅游区域协同发展相关事宜，李万庆出席会议，游仙区文广旅局、仙海区旅发中心相关负责人参加会议。

10日 全区154家入统（工业、建筑业和服务业）企业填报研发经费投入（R&D）报送率100%，研发经费投入填报累计达4.27亿元，比2018年（3.41亿元）增长25%，连续两年保持全市县区第一。

26日 省农业农村厅种业发展处处长杨春国一行到游仙区蔬菜种业园区调研园区建设工作。市农业农村局总畜牧师倪敏、区农业农村局局长吴先强、区城乡融合发展试验区管委会副主任卢云等陪同调研。

同日 区委书记江彬带队到科创园区就区域协同发展工作进行交流，双方就进一步深化产业协作，促进科技成果转化和文旅产业发展等进行探讨。科创园区党工委书记周钰、党工委副书记雍波、游仙区委副书记何守君、游仙高新区党工委书记蔡顺利及两地相关部门负责人等参加座谈。

同日 游仙智能制造产业园开工建设，该项目投资42.5亿元，总占地面积约2000亩，建设周期3年。

27日 区委书记江彬带队到新桥镇调研“味蜀吴”生态火锅城项目推进情况。区领导杨守贵、姚军、张欣参加调研。

同日 区委副书记、区长陈华斌带队调研辖区发展空间拓展情况。副区长张欣参加。

30日 区委书记江彬到科技馆调研游仙区新时代文明实践中心新址建设工作。区委常委、宣传部部长陈晓霖参加调研。

同日 区委副书记、区长陈华斌带队调研先进材料中小微企业产业园建设推进情况。区领导姚军、张欣参加调研。

4月

2日 市退役军人事务局党组书记、局长苏杰带队，深入游仙辖区退役军人创办企业、退役军人职业技能培训站点调研指导就业创业有关工作。市退役军人事务局副局长陈勇，区委常委、政法委书记肖龙明，以及市区两级有关负责同志参加调研。

3日 市统计局党组成员、总统计师廖进带队到游仙调研国家针对疫情出台的相关政策，对游仙区经济发展的对冲分析及游仙区推动行业经济发展采取的措施并展开座谈。区领导陈华斌、姚军出席会议。

8日 区委副书记、区长陈华斌带队调研游仙区产业园项目建设推进情况，游仙高新区领导蔡顺利参加调研。

9日 市人大常委会副主任代顺兴带领部分常委会组成人员和市人大代表，对游仙区民营经济发展情况进行专题调研。市人大常委会副秘书长张鹏、财经委主任委员刘加勇、社会委主任委员季代双、人代工委主任王涛，区人大常委会主任袁玉国、副主任陈勇等参加。

14日 绵阳市首个城市“党建大联盟”在游仙成立。

16日 绵阳市委统战部副部长、市民宗局副局长康玉波到游仙区专题调研民族团结进步工作。

同日 省卫健委领导、专家一行到游仙区经济试验区社区卫生服务中心调研智慧健康养老综合服务云平台工作。

21日 区委书记江彬带领区发改、财政、自然资源、目标绩效管理办公室等部门负责人一行，前往游仙高新区南区、北区，督导重点项目推进工作。区领导何守君、姚军，蔡顺利、罗鉴明参加调研。

22日 游仙区城乡融合发展

2020年4月22日，绵阳市游仙区市场监督管理局知识产权服务工作站正式揭牌成立

试验区举行授牌仪式。区领导江彬、陈华斌、唐兴万、林檬出席。

同日 绵阳市游仙区市场监督管理局知识产权服务工作站正式揭牌成立。

27日 市委常委、组织部部长、党校校长岳勇到游仙区委党校调研党校分类建设工作。

28日 区委常委、统战部部长、区总工会主席陈政主持召开游仙区全域结对帮扶壤塘县2020年第二次联席会议暨工作推进会，壤塘县委副书记胡明久，壤塘县委常委、副县长、绵阳援建指挥部指挥长邹大世，区人大常委会副主任王宗华，区政协副主席赵长兴参加会议。

29日 全市“两活动一制度”工作推进现场会举行。市退役军人事务局党组书记、局长苏杰率全市退役军人系统领导干部到游仙参观交流。市退役军人事务局副局长王洪发、陈勇、胡璐、侯安邦，区人大常委会副主任徐丽娟，全市各县市区（园区）退役军人事务局局长、退役军人服务中心主任等参加参观交流。

同日 富乐街道在海悦银河城广场举行“玩转游仙——美食美刻富乐风”黄金周活动启动仪式。

5月

7日 游仙区创建省级电子商务产业发展示范县通过绵阳市商务局和财政局组织的有关专家组验收。

同日 绵阳市首个可持续垃圾分类示范项目签约仪式在经济试验区举行，该项目也是经济试验区践行游仙区“花开游仙·爱满家园”新时代文明的一项重要举措。

8日 四川省农业农村厅农机监理总站杨榆副站长、农机化处二处冯蓉调研员、省农机化技术推广总站站长张小军一行到游仙区开展农机报废更新工作调研。

同日 市政务服务监督管理局党组书记、局长陈松柏，市公共资源交易服务中心主任左代武等一行到游仙区调研优化营商环境及行政审批工作。

12日 四川省退役军人事务厅副厅长温建带队深入游仙区退役军人服务中心、镇级退役军人服务站、退役军人创办企业，调研游仙区“两活动一制度”工作推进情况。

同日 区委书记江彬带领区委组织部、区民政局等部门负责人到游仙区部分乡镇调研村级建制调整改革工作。区领导唐兴万参加调研。

18日 区委书记江彬带领游仙党政代表团成员一行，前往安州区考察学习基础设施建设、重大产业项目、园区建设等工作。安州区委书记姚永红等四套班子领导陪同考察并介绍相关工作开展情况。游仙区领导何守君、姜曦、杨守贵、张明东，游仙高新区领导蔡顺利、罗鉴明以及区级相关部门、镇（街道）负责人等参加考察学习。

19日 区委书记江彬带领游仙党政代表团一行，前往涪城区、高新区考察学习基础设施建设、重大产业项目、园区建设等工作。涪城区委书记郑志恒、高新区党工委书记谭岗陪同考察并介绍相关工作开展情况。区领导何守君、姜曦、杨守贵、游仙高新区领导蔡顺利、罗鉴明以及区级相关部门负责人等参加考察学习。

20日 游仙区社会福利院正式开展对外养老、托老有偿服务。

21日 四川省普查中心主任黄

志贵、绵阳市普查中心主任梁贵忠一行到游仙区，与区统计局及相关部门开展座谈，并实地调研“四经普”资料开发应用省级试点工作。

22日 游仙区富乐街道举行“街巷长制”启动仪式，仪式后，举行街巷长制试点工作业务培训会。

同日 游仙区召开2020年农村工作暨创建省级实施乡村振兴战略先进县工作会议，对全区创建省级实施乡村振兴战略先进县工作进行动员部署。

25日 游仙区与科创区签订《区域协同发展战略合作协议》，科创区党工委书记周钰，区党工委副书记、管委会主任李哲，区党工委副书记雍波；游仙区领导江彬、陈华斌、袁玉国、杨守贵、蔡顺利等出席签约仪式。

26日 四川省人大常委会委员、社会建设委员会主任委员郑树全一行莅临游仙区调研残疾人康复工作。绵阳市人大社会委主任委员季代双，市残联党组成员、副理事长曾明波，区人大常委会副主任徐丽娟，区残联主要负责人陪同调研。

同日 四川省教育厅副厅长崔昌宏到游仙区慈济实验学校调研，区领导陈华斌、陈晓霖等参加。

同日 市人大常委会主任付康带队到游仙区专题调研优化营商环境工作开展情况。区领导江彬、何守君、杨守贵、罗鉴明一同参加调研。

27日 四川省人社厅就业管理局失业保险处副处长袁勇和团省委有关人员一行到游仙区指导就业创业工作。

28日 游仙区召开年轻干部城乡基层治理实践培训专题座谈会。区委书记江彬出席会议并讲话，唐兴万主持座谈会。

30日 总投资80.26亿元的西部半导体集成电路高科技产业园项目开工仪式在绵阳游仙高新区（南区）举行。四川省科技厅一级巡视员吴成，省经信厅副厅长皮亦鸣，市委副书记、市长元方，副市长廖雪梅，市政协副主席胡安虎等省、市领导及游仙区四套班子和游仙高新区领导等出席活动。

2020年5月22日，游仙区富乐街道举行街巷长制启动仪式

6月

1日 游仙区人社综合柜员制业务正式上线运行，人社35大项业务实现“一窗办理、一表通办”，可以为办事群众节约30%的时间。

同日 区委书记江彬深入忠兴镇太平博爱学校，看望慰问留守儿童，并向他们及全区少年儿童送上节日的祝福。陈政一同参加慰问。

同日 区委副书记、区长陈华斌率队调研仙鹤镇项目投资工作，区委副书记杨守贵陪同调研。

3日 四川省退役军人事务厅数据中心主任高燕一行到游仙区专题调研“两活动一制度”工作推进情况。市退役军人事务局党组成员、副局长胡璐，市、区退役军人系统有关负责人陪同调研。

8日 市委常委、政法委书记荣全到游仙区法院、新桥镇和韩家脊社区，调研指导市域社会治理现代化试点工作。

10日 生态环境厅党组成员、副厅长彭勇、科财处处长谭驰一行到游仙区调研2020年生态环保专题资金项目培训工作。绵阳市副市长罗蒙、市生态环境局局长冯中兵、游仙区人民政府副区长张明东一同调研。

2020年6月11日，游仙区首届创业创新大赛召开

11日 游仙区举办首届创业创新大赛。评选出一等奖2个、二等奖3个、三等奖5个，优胜奖5个。此次大赛决出的优秀项目将推荐逐级参加“中国创翼”创业创新大赛市、省选拔赛。

12日 重庆市北碚区民政局党组书记、局长安锋一行到游仙对社会组织培育发展及参与社区治理工作进行调研。市民政局党组书记、局长胡科，游仙区委常委、组织部部长唐兴万陪同调研。

同日 市退役军人事务局党组书记、局长苏杰带队，深入游仙辖区富乐街道、新桥镇、忠兴镇等地，调研指导镇街退役军人服务站建设工作。市退役军人服务中心副主任何德波（主持工作），区退役军人事务局及有关镇（街道）负责人陪同调研。

14日 游仙区农产品质量安全检测中心通过“双认证”考核现场评审。

15日 游仙区国家级传统村落文化丛书之《钟灵毓秀上方寺》文史资料编纂工作推进会在盐泉镇召开，区政协党组副书记、副主席赵长兴出席会议，区政协文化文史和学习委、区住建局、盐泉镇、盐泉镇上方寺村及四川民间文化普及基地相关负责同志参加会议。

同日 游仙区政务服务中心不动产登记窗口创建成为绵阳市“巾帼文明岗”。

16日 四川省高级人民法院，对全省30个中基层法院进行奖励，游仙法院荣记集体二等功。

17日 游仙区组织召开大气监管网格员培训会，区住建局、交通运输局、农业农村局、综合行政执法局、游仙高新区环安中心、重点区域镇（街道）分管领导及45名大气网格员参加培训。

19日 四川省审计厅组织召开“2020年全省县乡党政主要领导干部自然资源资产离任（任中）审计视频培训会”，游仙区《乡镇（街道）领导干部自然资源资产管理离任（任中）审计评价指标体系》作为培训内容之一进行经验交流。会议由自然资源与生态环境审计处处长张忠主持，在省审计厅设主会场，17个

2020年6月19日，全省农村能源助推成渝现代高效特色农业带建设现场会在游仙区召开

地市州、183个县（区）审计局设分会场转播，近2000人参会。

同日 全省农村能源助推成渝现代高效特色农业建设现场会在游仙区召开，省农业农村厅副厅长杨波，省农业农村厅二级巡视员周南华、绵阳市委常委、副市长经大忠、游仙区委副书记、区长陈华斌等领导及全省21个市州、部分农能建设重点县农业农村局及农村能源部门负责人共130余人参加会议。

23日 忠兴小学获首届川渝“庆六一”线上亲子运动会二等奖，此次运动会有重庆、四川共计596所参赛单位参赛。

28日 游仙区48个不通或“通返不通”客车的建制村开通客车，完成省交通运输厅和市交通运输局下达的脱贫攻坚建制村100%通客车任务。

7月

1日 游仙区组织召开农村集中式饮用水水源地保护区规范化建设专题工作会，强调加强农村集中式饮用水水源地保护，切实保障让老百姓喝上干净水、放心水。

同日 游仙区委党校举办全区首个党校公开课。

3日 省委全面深化改革委员会审议通过《成渝地区双城经济圈建设县域集成改革试点方案》。游仙区入选首批试点名单。

14日 游仙区空气质量网格化监测管控系统项目通过专家验收，该项目落地标志着游仙区重点区域高密度空气质量监测网络的建成。

2020年7月14日，游仙区空气质量网格化监测管控系统项目通过专家验收

23日 省委农办主任、省农业农村厅厅长杨秀彬带队到游仙区调研农业农村工作，市委常委、统战部部长经大忠，区领导江彬、林檬参加调研。

30日 游仙区组织召开专家委员会议，审议通过《绵阳市游仙区养老服务发展规划（2019—2035年）》，标志游仙区率先在全市出台养老服务发展规划。

同日 省发改委发布2020年四川省开发区综合评价考核结果，游仙高新区技术产业园区被评为省级开发区。

31日 游仙区富乐街道办与重庆市北碚区天生街道办结对仪式在重庆市北碚区西南大学产业技术研究院举行，两地将在社区治理上取长补短，推动两地社区治理共同进步。

8月

14日 游仙区公共资源交易中心举行首个国有建设用地使用权挂牌出让活动，出让位于新桥镇双桥村五社出让地块编号为1号的地块。

同日 游仙区欧子瑶、徐晨洋、张语桐、胡茜、刘懿萱5名红十字青少年会员荣获四川省“优秀红十字青少年会员”光荣称号，刘明军荣获“学校红十字会先进工作者光荣称号”。

17日 区委书记江彬到涪江、芙蓉溪沿线考察水情并现场指导排险除危工作。

同日 区委副书记、区长陈华斌带队调研工业和农业企业受灾情况。

18日　区委书记江彬主持召开会议，专题研究《成渝地区双城经济圈建设绵阳市游仙区集成改革试点实施方案》编制工作。区领导杨守贵、姚军、林檬参加会议。

24日　区委书记江彬在涪江街道韩家脊社区“爱社区大学堂”宣讲省委十一届七次全会和市委七届九次全会精神。区委常委、组织部部长唐兴万主持会议。全区近郊乡镇、街道、园区党（工）委书记，分管党建副书记，辖区社区党组织书记等聆听宣讲报告。

27—28日　由省退役军人厅等9部门联合举办的“四川省退役军人创业创新大赛省级决赛”在中国西部博览城成功举办。游仙区的中科国兴（绵阳）科技有限公司荣获现代农业组第一名。

9月

1日　游仙区召开文明城市建设工作视频调度会，分析工作中存在的薄弱环节和突出问题，安排部署文明城市建设相关工作。江彬出席会议并讲话，区领导陈晓霖、李彦君、张明东、薛清泉以及区级相关部门、各镇（街道）负责人等参加会议。

2日　中国共产党绵阳市游仙区第六届委员会第八次全体会议暨区委读书班在区机关会议厅举行。31名六届区委委员出席全会；不是党员的相关区级领导，不是区委委员的相关部门主要负责同志列席会议。全会由区委常委会主持。区委书记江彬作《中共绵阳市游仙区委关于深入贯彻习近平总书记重要讲话精神深度参与成渝地区双城经济圈建设的决定（讨论稿）》的起草说明。

8日　省发展改革委党组成员、副主任邢涛带领省发改委、经信厅调研组一行到游仙调研重点产业发展情况。副市长赵迎春，区领导江彬、薛清泉、罗鉴明及省、市、区级相关部门负责人参加调研。

同日　游仙区举行庆祝第36个教师节座谈会，一批教育工作先进集体和个人受到表彰。区四套班子领导江彬、陈华斌、何守君、姜曦等出席座谈会。

9日　区委副书记、区长陈华斌带队调研石马特色小镇、中广核技核医学产业基地等项目建设情况。区人大常委会主任何守君参加。

11日　全国深化“放管服”改革优化营商环境电视电话会议召开，区领导陈华斌、罗鉴明、姚军、杨新铭、李万庆在游仙分会场参加会议。

14日　区委书记江彬深入城区部分综合市场、背街小巷、居民小区以及区新时代文明实践中心，调研督导文明城市建设暨新时代文明实践中心建设工作开展情况。陈晓霖以及区级相关部门、街道负责人等一同参加。

16日　区委书记江彬主持召开游仙区参加第八届科技博览会筹备工作会议，专题听取科博会期间游仙区相关前期筹备工作情况，部署下一阶段筹备工作。区领导陈华斌、陈晓霖、陈政、杨新铭、薛清泉，游仙高新区领导蔡顺利及相关部门负责人等参加会议。

同日　区委书记江彬主持召开镇村建制调整改革“后半篇”文章工作领导小组第二次会议，听取各专项工作组牵头部门工作推进情况汇报，研究部署两项改革“后半篇”文章相关事项。区委副书记、区长陈华斌出席会议。

17日　全省农作物秸秆综合利用重点县建设工作推进会在游仙召开，省农业农村厅党组成员、副厅长薛学深、绵阳市人民政府副市长郑志恒、省农业科学

2020年9月29日，游仙区村（社区）“两委”换届工作会议召开

院机关党委书记段晓明、省农业农村厅科技教育处处长陈开勇、省农村能源办公室主任向淼，省农业机械研究设计院院长邱云桥、绵阳市农业农村局局长贾友忠、绵阳市农业科学院院长王秀全、游仙区人民政府副区长林檬等领导及14个市州、18个综合利用重点县的农业农村部门分管负责人共70余人参加会议。

同日 四川省“植保无人飞机”操作技能竞赛绵阳选拔赛在游仙区魏城镇举行。来自各县市区的18支代表队参加选拔，参赛选手均来自农业生产一线，有农机合作社、植保社会化服务组织等成员，他们是服务农业一线的农机生产与使用的“土专家”。

18日 2020年游仙区“金秋助学”活动助学金发放仪式在区机关会议厅举行，区领导江彬、陈政、陈勇，李万庆、高红梅出席仪式并为受助学生代表发放助学金。确定222名困难学子为2020年的助学帮扶对象，发放资金共计58.4万元。

22日 区委副书记、区长陈华斌到小枧镇，专题调研太乙仙山植物园建设运营情况，协调解决园区后期建设及项目运营相关事项，区委常委姚军、区委常委李万庆以及区财政局、区自然资源局、区文广旅局等相关部门主要负责人参加。

24日 省委网信办副主任、省互联网行业党委副书记黎召阳带领全省互联网企业党建工作标准化体系化建设推进会各市（州）、县（市、区）相关部门及企业参会人员到游仙参观中国科技城绵阳电商谷互联网企业党建工作。区领导陈晓霖参加参观活动。

29日 游仙区召开2020年村（社区）“两委”换届工作会，安排部署相关工作。区委书记、区村（社区）“两委”换届选举工作领导小组组长江彬，区委副书记、区长、区村（社区）“两委”换届选举工作领导小组组长陈华斌，区领导、区村（社区）“两委”换届选举工作领导小组副组长杨守贵、陈晓霖、唐兴万、姚军、陈勇、李彦君、李万庆等参加会议。

同日 游仙区被省委确定为14个全面依法治县示范试点县之一。

30日 游仙区在魏城镇东宣场飞龙山公祭广场举行烈士公祭活动。何守君、姜曦等区四套班子领导以及全区300余名各级党政机关干部、群众、军警代表等参加活动。

10月

15日 2020年全国大众创业万众创新活动周绵阳分会场在游仙区正式启动，来自成渝绵三地的广大创客朋友齐聚绵阳职业技术学院学术报告厅，共话“大众创业、万众创新”。

同日 国家统计局到游仙调研指导“第七次全国人口普查”工作，实地查看基层普查工作开展情况。

16日 由市发改委（市粮食和物资储备局）联合市农业农村局等多部门主办，游仙区发改委（区粮食和物资储备局）联合区农业农村局等多部门承办的“端牢中国饭碗共筑全球粮安”世界粮食日主题宣传活动在海悦银河城拉开帷幕。区政协副主席崙金玲参加活动。

19日 全市现代农业园区建设现场会召开，市委书记刘超率

2020年10月31日，游仙区在外人才成渝西联谊会成立大会在西安召开

2020年11月5日，成渝地区双城经济圈集成改革试点推进会议在游仙区召开

与会代表到游仙参观考察现代农业园区建设情况，区委书记江彬参加考察。

21日 省委统战部副部长、省民宗委党组书记张富国一行到仙鹤镇对宗教场所秋冬季疫情防控和消防安全工作进行调研指导，市委统战部副部长、市民宗局局长安兴，区领导陈政及相关部门负责人陪同调研。

23日 游仙区组织“向英雄楷模学习暨纪念抗美援朝70周年”活动在游仙区青年之家举行。陈政出席活动。区委组织部、宣传部、统战部等相关部门负责人，抗战老兵、退休老干部、抗击疫情优秀医护人员及志愿者代表、少先队员等100余人参加活动。

27日 小枧镇遇仙村荣获“四川省特色产业品牌示范村”，为四川省唯一。

27日、29日、30日 游仙区在外人才成渝西联谊会成立大会先后在重庆、成都、西安召开。

11月

5日 成渝地区双城经济圈建设县域集成改革试点推进会议在绵阳市游仙区召开。省委常委、秘书长、省委改革办主任王一宏出席会议并讲话。省委副秘书长、政研室主任、省委改革办常务副主任唐文金介绍开展成渝地区双城经济圈建设县域集成改革试点的相关考虑。受市委书记刘超委托，市委副书记、市委改革办主任刘光强致辞。游仙区委书记江彬作相关汇报。

12日 全国公共资源交易平台整合高峰论坛暨首届全国公共资源交易百强县评选活动在广西桂林举行，游仙区荣获2020年度首届全国公共资源交易百强县称号。

13日 涪城区委书记邓辉带领涪城区党政代表团到游仙高新技术产业园区南区、北区，参观考察园区规划建设及产业发展情况。游仙区领导江彬、陈华斌、何守君、姜曦、杨守贵，游仙高新区领导蔡顺利、罗鉴明陪同考察。

同日 “璀璨非遗谱新篇·携手奋进奔小康”2020年“绵阳市非遗传承人技艺大赛”中，游仙区参赛作品文昌年画获得“传承创新奖”，聋派指画获得“创意设计奖”，翡翠凉粉获得“优秀作品奖”。翡翠凉粉被评为“绵阳市第二批市级非遗扶贫就业工坊”，绵阳市富乐实验中学、绵阳富乐国际学校获得“第四批绵阳市非物质文化遗产传习基地”称号。

18日 绵阳市游仙区广大新时代文明实践志愿者走进乡镇街道村社院落，开展农村环境治理志愿服务活动。区领导何守君、姜曦、杨守贵、陈晓霖、唐兴万、陈政、邓海涛、杨新铭、林檬等参加志愿者服务活动。

19日 学习贯彻中共十九届五中全会精神四川省委宣讲团新时代文明实践青年宣讲分团在游仙区新时代文明实践中心进行宣讲。区委常委、宣传部部长陈晓霖参加宣讲活动。

20日 区委书记江彬到魏城镇、忠兴镇，调研乡村振兴及村（社区）党组织换届选举工作。

25日 省委常委、政法委书记邓勇到游仙法院调研诉源治理工作，绵阳市委书记刘超，市委常委、政法委书记荣全陪同调研，市中院党组书记、院长马泽波，游仙区委书记江彬参加调研。

2020年11月26日，游仙区与四川省农业科学院举行战略合作协议签约仪式

26日 游仙区与四川省农科院举行战略合作签约仪式。四川省农科院党委书记吕火明、区委书记江彬见证签约并讲话，区委常委、组织部部长唐兴万主持签约仪式。

27日 绵阳市新型功能材料产业功能区现场会暨成渝绵新材料产业对接会在游仙举行。重庆市经信委原常务副主任、教授级高级工程师蔡永生，绵阳市人民政府副秘书长赵琳出席活动并致辞，游仙区领导陈华斌、蔡顺利、罗鉴明、薛清泉出席活动。

12月

4日 由四川省住房和城乡建设厅、四川新闻网传媒集团四川手机报共同发起的“寻找四川最亮眼村居”活动颁奖典礼在成都市举行，魏城镇铁炉村荣获“四川最亮眼村居”荣誉称号。

8日 绵阳市暨游仙区应对冬春季新冠肺炎疫情大规模核酸检测应急演练在游仙区科学家公园举行。副市长蒋丽英，市卫健委主任元承军，区领导陈华斌、陈晓霖、李万庆参加演练。

15日 中国（绵阳）科技城激光产业基地重大项目签约暨集中开工仪式在游仙高新区北区举行，市委书记刘超宣布开工。市委副书记、市长元方，中国工程物理研究院副院长周劼，中国工程物理研究院战略技术装备发展中心主任、中国久远高新技术装备公司董事长蒋道建出席。

21日 游仙区疾病预防控制中心陆朝卫荣获四川省医学会、四川省医师协会、四川省护理学会、四川省医院协会、四川省预防医学会、四川省女医师协会授予的“四川省卫生健康从业50年荣誉奖章”。

22日 游仙区举行绵州英才荟——中国科技城（游仙）精英人才“华山论剑英雄会”。对“‘富乐名医’暨疫情防控和医疗救治人才”“科研院所地方经济特殊贡献人才”“创新创业之星”“‘菁英团队’扶持计划项目（人才团队）”进行嘉奖，表彰人才团队15个，资助资金230万元；表彰各类人才24名，奖励资金116.8万元。发布2项科技成果

2020年12月22日，游仙区举行绵州英才荟——中国科技城(游仙)精英人才“华山论剑英雄会”

转化项目以及2020年游仙区“揭榜挂帅”的完整榜单。

24日 省发改委和省精神文明办联合开展的四川省“诚信之星”暨“诚信社区”评选中，游仙区5个社区获“诚信社区”称号，1名个人获“诚信之星”称号。

同日 富乐街道第二届微公益创投项目总结暨表彰会在富乐街道二楼大会议室举行，富乐街道相关领导干部、各社区党组织书记、公益创投项目工作人员、第二届微公益创投大赛实施团队负责人、居民代表等40余人参会。

25日 游仙区举行首届“游仙工匠”颁奖典礼，来自全区不同行业的14名技能人才荣获首届“游仙工匠”荣誉称号。

28日 四川省精神文明建设表彰大会在成都隆重召开，对新一届四川省（最佳）文明单位、文明家庭和文明校园进行表彰，游仙法院荣获四川省最佳文明单位荣誉称号。七一剑南路小学荣获“四川省文明校园”称号。

31日 游仙东路社区获评第五批四川省民族团结进步示范社区。

游仙区“十三五”成就回眸

“十三五”时期，游仙区坚持以习近平新时代中国特色社会主义思想为指导，坚决贯彻党的基本理论、基本路线、基本方略，深入贯彻落实习近平总书记对四川工作系列重要指示精神特别是对绵阳工作重要指示精神，统筹推进“五位一体”总体布局，协调推进“四个全面”战略布局，深入推进省委“一干多支，五区协同”、市委“一核两翼，三区协同”等战略部署，深入实施“四大兴区战略”，经济社会发展取得重大突破，“十三五”规划目标任务圆满收官，决胜全面建成小康社会取得决定性成就。

经济实力显著增强。区属地区生产总值连越两个百亿台阶，由2015年的168.99亿元增加到2020年的376.38亿元，是2015年年末的2.23倍，按照可比价计算，年均增长率达7.7%，超出省平均水平0.8个百分点。“十三五”末，城镇居民和农村居民人均可支配收入分别达46584元、20628元，分别居绵阳市各县市区第1位、第2位，城乡居民收入差距由“十二五”末的2.42∶1进一步收窄至2.26∶1；地方公共财政预算收入10.75亿元，是“十二五”末的1.51倍，年均增长8.62%，和经济发展趋势基本一致；社会消费品零售总额129.01亿元，是“十二五”末的1.55倍，年均增长9.12%；固定资产投资204.01亿元，是“十二五”末的1.64倍。

城乡面貌深刻变化。城市骨架路网不断拓展，省道205线绵阳绕城改线、一环路南段东沿线、一环路北段东延线、二环路四期竣工通车，游仙高新区与外部区域的联动加强，产城融合发展，城市发展空间进一步拓宽，常住人口城镇化率接近全国平均水平。城镇建设扎实推进，新桥镇、忠兴镇入选省级“百镇建设试点镇”。乡村振兴示范试点成效明显，被评为四川省实施乡村振兴战略工作先进区。

产业质效稳步提升。三次产业结构由13.2∶56.7∶30.1优化到9.8∶36.2∶54。2020年研发经费投入占比达6.52%，研发支出强度长期处于全市领先地位。高新技术企业总数达51家。先进制造业集群集聚，基本形成以新型功能材料、电子信息、节能环保、激光技术应用、核医疗健康及高精密装备制造等优势产业为支撑的现代工业体系，2017年被评为四川省工业强县示范区。规上工业企业总数达129户，工业增加值增速等多项指标长期名列全市前茅。游仙经济开发区升级为省级高新技术产业园区，建成千亿级园区。服务业蓬勃发展。仓储物流、市场升级改造、商业综合体等服务业重大项目建设加快推进，金融服务、信息服务、房地产等现代服务业发展迅猛，文化创意、服务外包、电子商务、健康养老等新兴服务业态在探索中发展。2020年顺利通过省级电子商务产业发展示范县验收，先后被省、市评为“促进服务业发展工作先进单位”。2020年服务业增加值达203.36亿元，是“十二五”期末的3.65倍。现代农业加快发展。现代农业园区建设加快，特色产业雏形初具，“优质粮油、优质蔬菜、花卉林果、优质蚕桑、生态养殖”五大产业优势突出，“十三五”末，实现农林牧渔业总产值66.72亿元、增加值40.73亿元。被评为西南唯一蔬菜育种基地、特色优势农产品区。

重点领域改革不断深化。承接国家、省、市级改革试点任务49项，出台专项改革方案523个。先后获得国家知识产权强县示范区、四川省农村集体产权制度改革突出单位等荣誉，乡镇行政区划调整和村级建制调整改革、全省村（社区）“两委”换届整县试点等改革任务完成。国地税联合办税、河湖长制、农业水价改革等一批游仙经验在全国推广。投资审计“三个转变”“村网共建”“扩权赋能强镇”等改革经验在全省、全市推广。被列为全省9个成渝地区双城经济圈建设县域集成改革试点之一。对外开放水平不断提升。签约项目235个，协议引资1572.25亿元，招引中广核技、激光产业基地、一飞智控等一批效益好、科技含量高、带

游仙高新技术产业园区

动性强的项目。“放管服”推动营商环境全面优化，行政审批工作全面提速，市场主体突破3万户。1487个政务服务事项实现“一网通办”，荣获首届全国公共资源交易百强县。

融合程度不断提升。院地沟通协调机制更加健全。常态化开展“院地青年联谊”“星期六工程师”学术研讨交流、互派干部挂职等多种形式的院地联谊活动，全力做好院所周边环境整治，院地合作更加紧密。建立健全支持融合深度发展政策体系，出台《游仙区加快推进融合产业发展十条扶持政策》等10余项扶持政策。实施“科研项目创新激励”计划，设立科研自主创新奖励资金。跨区域搭建专利技术“二次研发”平台，融合形成“产学研”共同体，提升游仙区融合品牌和影响力。建成四川首个地方融合专业孵化器，初步形成“科研成果+创客空间+孵化器+加速器+产业园”的链条式、一体化融合协同创新发展模式。成功获评全省首批融合高技术产业基地，认定融合企业达103家，融合产业园基础设施基本完成、产业布局初步成形。

民生福祉显著改善。救助城乡低保对象74.95万人次，发放资金1.73亿元。建成城乡社区日间照料中心160个，各类养老机构29个，养老设施建成覆盖率达到72%。养老床位达3183张，每千名老人拥有床位数31.5张，养老服务质量居全市首位。教育事业加快发展，新建各阶段学校25所（含幼儿园），新增学位8000余个，义务教育综合目标考核连续5年位居全市第一，基本实现初中毕业学生全部升入高一级学校就读和职业学校毕业学生全部就业的“双百”目标。公共卫生服务全面加强，公共文化设施全面免费开放。社会保险制度体系全面建成，社会救助、住房保障、食品药品安全等民生事业全面提升，残疾人康复健身体育器械进社区工作经验在全国推广。城镇就业累计新增35297人，城镇登记失业率从3.82%下降到2.49%。脱贫攻坚成效显著，全面落实“两不愁三保障”，累计帮扶10866人脱贫，65个区定贫困村退出，全区贫困发生率由2.9%下降到0%。住房保障工作取得显著成效，累计完成危旧房棚户区改造2482套，对64个老旧小区进行治理，农村危房改造904户。基础设施不断完善。绵西高速、九绵高速游仙段、省道205线游仙段全线贯通。完成农村公路建设投资16.76亿元，乡村旅游环线公路部分基本建成。完成芙蓉溪、魏城河河道综合治理16.3千米，新建堤防护岸18.6千米。农村供水工程巩固提升项目顺利实施，农村人口饮水安全问题切实解决。节水型社会重点县项目、高效节水灌溉项目顺利实施，建成高效节水灌面1.66万亩。

社会治理成效显著。坚持依法行政，获评全国“七五”普法中期先进区、四川省第二批法治示范区，被省委确定为14个全面依法治县示范试点县之一。坚持发展“枫桥经验”，创新建立矛盾纠纷“1+3+N”工作机制、“三色”预警处置机制和责任追究机制，矛盾纠纷多元化解、市域社会治理、铁路护路等多项工作经验在全国、省、市交流推广。矛盾不上交试点工作受到司法部通报表扬。高质量、高标准完成“雪亮工程”、综治中心规范化建设“两项”省级试点工作，共建成区、镇、村三级综治中心185个，平安建设群众满意度居全省第一方阵，先后3年被省委、省政府表彰为“平安建设先进区”。打掉涉恶团伙2个、恶势力集团1个，查处“保护伞”4人，问责党员干部5人，整治软弱涣散村党组织50个，清理不合格村（社区）“两委”干部8人。应急管理体系加快构建，安全生产形势保持稳定向好，亿元地区生产总值安全事故死亡率较“十二五”末降低30%，较大事故起数控制到0。乡风文明和“信义游仙”建设经验被中央文明办宣传推广，“花开游仙·爱满家园”文明小区创评活动获中央文明委肯定，高质高分通过第六届全国文明城市复查验收。

生态环境明显改善。扎实开展大规模绿化游仙行动，森林覆盖率达31.19%，主城区空气优良天数比例提升至93.3%、高于全市平均水平，PM2.5累计均值浓度下降到25.5 $\mu g/m^3$。河（湖）长制有效落实，全面消除轻微污染水体和劣V类断面，市考断面水质优良率达100%，城市集中式饮用水源地水质达标率100%。在各镇共建成8座污水处理厂并投入运营，城乡污染治理能力大幅提升。积极开展重点行业企业用地污染状况基础信息采集工作，土壤环境质量总体稳定。生态保护工作持续加强，完成生态保护红线划定。

表1 游仙区“十三五”规划主要指标完成情况表

指 标	单 位	2015年	2020年规划目标	年均增长目标(%)	2020年完成数
地区生产总值(辖区)	亿元	188.25	>285	>8.5	402.42
地区生产总值(区属)	亿元	168.99	>260	>8.5	376.38
人均地区生产总值（辖区）	亿元	36175	53000	>8.5	*72933
三次产业调整比例		13.2：56.7：30.1	12.5：54.5：33	—	9.8 ：36.2：54.0
规模以上工业总产值	亿元	320	700	17	437.48
规模以上工业增加值增速	%	—	—	11.5	3.4%
财政总收入	亿元	17.74	25	7	26.91
公共财政收入	亿元	7.11	10	7	10.75
全社会固定资产投资	亿元	124.77	179	7.5	204.01
城镇化率	%	50.1	58.5	1.5	*57.32
社会消费品零售总额	亿元	83.38	132	12	129.01
服务业增加值	亿元	50.83	85.8	11	203.36
城镇居民人均可支配收入	元	32020	44909	7	46584
农民人均可支配收入	元	13213	20329	9	20628
单位GDP能源消耗降低率	%	以市下达目标为准	以市下达目标为准	—	1.52
城镇登记失业率	%	3.82	<4	—	2.49
城镇职工基本养老保险参保人数	万人	8.02	8.5	增加960人	10.18

续表1

指 标	单 位	2015年	2020年规划目标	年均增长目标(%)	2020年完成数
城镇居民医疗保险参保人数	万人	5.88	6	—	36.04
城乡居民社会养老保险参保人数	万人	19.32	17.07	—	19.49
学前三年教育毛入学率	%	94.5	96	1.5	100
高中阶段毛入学率	%	93.5	94.5	1	97.06
辖区总人口	万人	56.19	58	—	*55.44
人口自然增长率	‰	2	≤5	—	1.79
城镇污水集中处理率	%	60	65	1	65.87
森林覆盖率	%	29.34	31.34	—	30.89
主要污染物排放量：化学需氧量（COD）排放强度	千克/万元(GDP)	<4.5	<4.5	—	达标
主要污染物排放量：二氧化硫（SO_2）排放强度	千克/万元(GDP)	<4.5	<4.5	—	达标
耕地保有量	公顷	38476	36111	—	—

说明：*为2019年数，其他为2020年快报或预计数，后期可能进行调整

村级建制调整改革

按照省、市统一安排部署，游仙区结合实际，在村级建制调整改革过程中，坚持村改“五项原则”，加强党的领导，提高领导决策效率，着重排查不稳定因素，化解矛盾，以优化空间布局、整合发展资源、增强服务功能、巩固基层基础、降低运行成本为主攻方向，顺利完成村级建制调整改革工作。

基本情况

改革前，游仙区有222个建制村、57个社区。村平均辖区面积3.93平方千米，平均户籍人口1351人。此轮村级建制调整改革，调减110个村，减幅49.55%，超额完成市领导小组下达的目标任务。全区有201个村涉改，其中有95个因产业相融合并为44个、73个因地缘相亲合并为36个、24个因历史沿革合并为11个、合并到社区6个、村改居3个。改革后设置112个建制村，其中二合一的81个、三合一的10个、不涉改村21个；平均辖区面积7.56平方

千米，平均户籍人口2572人。

工作做法

一是成立领导小组，加强对村改工作领导。为进一步加强村级建制调整改革工作的领导，游仙区成立以区委书记任组长，区委副书记、区长等11位区级领导任副组长，21个部门主要负责人为成员的游仙区村级建制调整改革领导小组。领导小组办公室设在区民政局，负责全区村级建制调整改革工作的联络协调和业务指导，办公室主任由刘新生同志兼任。

二是充实领导力量，确保领导决策高效。游仙区专门为村级建制调整工作成立区人大常委会主任、区纪委书记、区委组织部部长和区政府分管副区长的4人工作领导小组，负责日常事务的决策工作，小组直接对区委书记负责，确保领导决策高效。

三是注重部门协调，充分发挥部门职能作用。2020年1月，领导小组办公室对改革任务进行分解，成立7个专项工作组，领导小组负责《实施方案》的起草，区委组织部、区农业农村局分别起草改革的干部配置、待遇和“三资”清理的改革配套文件。区公安分局、区政法委、区司法局分别对提供基础数据以及方案的合法性审查以及维稳工作，相关部门各司其职，对改革工作形成合力。

四是认真领会省市精神，结合实际突出游仙实践。游仙区在起草《实施方案》意见过程中，充分领会省市文件精神，结合实际，突出游仙改革的特色，在坚强“两委”班子上，突出“好人治村”向“能人治村”的转变。在“三资”的问题上突出利用农村的闲置资源，通过对农村“三资”放权赋能、颁证赋码，赋予农村“资产、资源、资金”的市场价值，增强融资能力。

2020年5月10日，信义镇龙王沟村村级建制调整改革方案表决大会召开

五是提前谋划分析，排查化解问题和矛盾。按照省委常委、组织部部长王正谱在川东北片区村级建制调整改革工作座谈会上提出“要强化风险防控，妥善处理与群众利益直接相关的各种问题”的工作要求，游仙区把做好群众工作作为改革核心，做到“四个坚持”，从离职村干部面子问题、各方利益问题、信息不对称问题着手，梳理排查潜在风险，有的放矢做好防控化解，确保改革平稳有序推进。首先，坚持以人为本、全员安置，着力化解人的风险；其次，坚持尊重民意、着眼将来，着力化解事的风险；再其次，坚持规范程序、优中选优，着力化解政策的风险；最后，坚持教育引导、鲜明导向，着力化解宣传的风险。截至目前，共反馈意见建议4条，其中3条关于村名和办公地址的选择，1条提出强弱村不能合并，均已得到妥善及时的处置。

工作成效

一是改革整体平稳和谐，为产业新城建设注入强劲的动力。充分尊重群众主体地位，坚持农民享受的政策不变，农村山地、林地、草地、水利、资源等权属不变，农业经济利益关系不变。实现强村带弱村、大村带小村。例如：石马镇原天坪村、解放村，游仙街道原龙王村等涉及重大建设项目拆迁安置的建制村实现并入社区，为各地发展转型、产业新城建设关键期下的社区治理打下坚实基础。

二是破除制衡壁垒，实现区域

内的产业互融互补。改革破除原有建制村辖区面积小、人口少、资源分散的制衡壁垒。例如：新桥镇原岳家村、回龙村和九洞村合并为胜利村；石马镇原金子山、团树村合并为金树村，当地将重点发展绿色果蔬产业，依托山水资源、生态农业景观和生态农产品，打造具有城市近郊、高品质的“山湾农庄”，争创1—2个市级以上现代乡村振兴（城乡融合）示范点，为游仙区产城融合、乡村振兴提供有力支撑。

三是建强村级党组织，增强党员干部队伍战斗力。本次改革，我们坚持宁缺毋滥，树立鲜明导向，通过研判调研，加强村级党员干部选拔培养，抓实抓好干部分流。新成立91个村临时党组织，共有村临时党组织书记87人，由临时党组织副书记主持工作4人，73人为继任、14人为新任。从性别结构来看，男性80人，占87.9%，女性11人，占12.1%；从年龄结构来看，平均年龄46.9岁，较改革前降低3岁，35岁（含）以下12人，占13.2%，36—50岁(含)39人，占42.8%，51—59岁40人，占44%；从文化水平结构来看，大专以上49人，占53.8%，高中（中专）学历29人，占31.8%，初中学历13人，占14.4%。村常职干部核定职数602人，已经配备570人。从性别结构来看，男性367人，占64.4%，女性203人，占35.6%；从年龄结构来看，平均年龄46.3岁，40岁以下150人，占比26.3%；41—55岁316人，占比55.4%；56岁以上104人，占比18.3%；从文化水平结构来看，大专以上175人，占30.7%；高中（中专）学历192人，占33.7%；初中及以下203人，占35.6%。实现选优配强村“两委”班子，稳步推进“一肩挑”和村级“两委”班子成员交叉任职，推动“好人治村”向“能人治村”的转变。特别是干部融合很快、精气神更足、效率更高，更好更快地推进各项工作。

区情概览

基本区情

【概况】 游仙区于1992年10月经国务院批准成立，是中国科技城核心区、绵阳市主城区，辖区面积1018平方千米，辖1个省级高新技术产业园区、1个经济试验区、3个街道、8个镇、172个村（社区），常住人口56.14万人。2020年区属实现地区生产总值（GDP）376.38亿元，同比增长4.2%。区人民政府办公地位于绵阳市一环路东段139号。

【人文底蕴】 辖区内既有承载三国蜀汉文化的富乐山、唐代四大名楼之一的越王楼、全国唯一的李白和杜甫合祀的李杜祠、中国唯一的“两弹一星”博物馆，又有属于全国重点文物保护单位的平阳府君阙、碧水寺、鱼泉寺、马鞍寺以及历经百年沧桑的天主教堂，针灸始祖涪翁在此悬壶济世，一代状元苏易简名动天下。

越王楼

【区位优势】游仙地处成德绵发展轴、成渝西“黄金三角”重要节点及成绵乐、绵雅资遂发展环线，成西客运专线、成绵乐城际铁路、宝成铁路跨境而过，绵遂内、成兰等铁路和G5成绵扩容、绵苍等高速公路建成后，辖区及周边将形成至少包括5条快速铁路、8条高速公路、9条快速通道、41个通航城市在内的进出境立体大通道。全区公路通车里程达2300千米，串联17个现代农业观光园的“芙蓉花溪”乡村旅游环线26.61千米车行道基本建成，辖区所有乡镇已全面开通城市公交线路。

【科技资源】辖区内有以中国工程物理研究院为代表的国家级科研院所3家、省部级及以上重点实验室7个、省级工程实验室5个、高等院校3所。全区各类人才总量9万余人，吸引高层次人才90余名，拥有市级及以上院士（专家）工作站5个、博士后创新实践基地2个、博士后科研工作站3个、博士后科研流动站1个、省级及以上工程技术研究中心10个、省级及以上企业技术中心12个，拥有国家级众创空间、国家技术转移示范机构、国家高新技术创业服务中心、省军转民技术转移基地、省级孵化器、省级中小企业创业示范基地各1个，省级众创空间2个。

【生态环境】游仙区全境四季分明，气候温润，2020年空气质量优良天数率93.5%，森林覆盖率31.19%，城市人均公园绿地面积18.65平方米，乡镇建成人均公共绿地面积14.78平方米。全区水域总面积近70平方千米，水资源总量为3.74亿立方米，有涪江、芙蓉溪、魏城河3条主要河流，被水利部评为节水型社会建设达标区，正在加快建设“水美游仙”，“美丽四川•宜居乡村”实现全覆盖培育。

【人口】2020年年末，全区户籍总数171834户，总人口466961人，平均每户2.718人。总人口中男性235819人，占总人口数的50.5%；女性231142人，占总人口数的49.5%，性别比为1.02。非农业人口249241人，占总人口数的53.4%；农业人口217720人，占总人口数的46.6%。18岁以下人口74105人，占总人口数的15.9%；18—34岁人口86221人，占总人口数的18.4%；35—59岁人口205478人，占总人口的44%；60岁以上人口101157人，占总人口数的21.7%。因2020年四川省人口统计不再将松垭镇和沉抗镇人口总数纳入游仙区，2020年全区实际总人口比2019年增加82人，人口增长率为1.8‰。

【民族】2020年年末，游仙区绝大部分人口为汉族，全区共有羌族、回族、藏族等36个少数民族5000余人，其中城市社区少数民族常住人口3600余人，属于少数民族散杂居。（李明益）

自然环境

【位置面积】游仙区位于四川盆地西北部边缘丘陵地带，地处嘉陵江一级支流——涪江中游的东郊，东接梓潼县，南邻三台县，西界绵阳市涪城区，北靠江油市。地理位置坐标为北纬30°20′44″—31°43′21″、东经

科学家公园

104° 40′ 42″—105° 9′ 06″，南北宽42千米，东西长43千米，辖区面积1018平方千米，是中国（绵阳）科技城的重要组成部分。

【地形地貌】游仙区位于四川盆地西北边缘，按区域大地构造格局属地台区，地表主要出露白垩系岩层，境内由云凤场向斜、五根松向斜、通兴场向斜、周家大梁北向斜组成一个向东散开西收缩的似帚状构造。全区地势向东南倾斜，一般海拔500米左右，最高海拔728米（仙鹤镇境内旱山庙），最低海拔419米（盐泉镇境内魏刘河出口处）。

全区境内山丘连绵，丘谷起伏，是典型的丘陵地貌。根据丘陵形态、高程和丘间谷地的宽窄又区分为鸡爪中丘—中谷地貌、条状中深丘—宽谷地貌、深中丘—窄谷地貌3种地貌类型。

鸡爪中丘—中谷地貌　涪江左岸，小枧镇、小枧镇建华场至信义镇观太场，砂岩层增多，山丘连续侧横浅丘，形似鸡爪，海拔470—600米，高差50—150米，其内有槽型洼地，由于砂岩层增加，新形成的土壤质地偏轻。

条状中深丘—宽谷地貌　从游仙街道至魏城镇徐家场，南北向的中深丘间夹宽阔的小坝，海拔480—650米，高差5—150米，谷宽500—5000米，坝有浅圆丘相间。

深中丘—窄谷地貌　新桥镇云凤场—忠兴镇太平场一带，岗梁沟谷相间，海拔500—680米，高差100—200米，谷宽20—100米。

【气候】游仙区属中国东部亚热带季风气候类型，年平均气温16.6℃，年均降水量858.9毫米以上，相对湿度77%。由于区境所处纬度位置以及季风的影响使得冬夏季风更迭和降水量年季不均等地带性气候特征十分明显；又因区境地处秦岭南侧的四川盆地西北部，东北部有剑门山脉，西北部有龙门山脉作为屏障，阻挡来自西北方向的寒冷气流，使得区境气候又带有明显的地域性特点，即冬长而无严寒，夏热而无酷暑。综合气候的地带性特征和地域性特点，形成区境夏热冬温、四季分明、雨量充沛、雨热同季、终年风小、无霜期长的气候基本特征。

【环境质量】2020年，全区空气优良天数优良率达93.5%，PM2.5同比下降13.2%，PM10同比下降10.2%，环境空气质量综合指数在4个城区国控点排名第一。仙鱼桥市考断面水质优良率100%，城市集中式饮用水（仙鹤湖水库）水源达标率100%。土壤环境质量总体保持稳定，辐射环境质量总体较好，声环境质量总体稳定。

自然资源

【水文水资源】游仙区境内除涪江外，共有一、二、三级支流10条，一级支流有白圣河、芙蓉溪、孙家河、小枧沟和贾家沟5条；流出区境再注入涪江的有二级支流魏刘河、一级支流水磨河2条。此外，二级支流观太沟注入水磨河，三级支流青溪、石板河注入魏刘河。这些溪河除涪江发源于龙门山区，源远流长、水量丰富外，其余都发源于区境内外的丘陵地域，均属流程短、流量小、旱季常断流的雨源型河流。游仙区地表水资源流量主要来自大气降水，全区多年平均降雨量为9.8亿立方米，地表径流量为2.64亿立方米，一般水质良好，适宜于工农业用水和人畜生活用水。游仙区地下水资源较为缺乏，全区地下水资源总量（地下水天然补给量）为3500万立方米，其中可开采量为189万立方米，占总量的5.4%。孔隙水为未来开发的重点，但由于城市、工矿生产及生活污水的排放，孔隙水已受到不同程度的污染。全区水面主要由河流水面、水库水面、塘坑水构成，水域总面积近70平方千米，有各类养殖水面5500公顷，以水库、山坪塘为主，占全区养殖水面的85%。全区过境水资源主要是涪江自区境外流经游仙区，客水资源虽较丰富，但70%集中于汛期，且由于地形、地势和经济技术条件，客水利用率不高。游仙区水能资源蕴藏量主要以涪江为主，其他河流如魏刘河、芙蓉溪均发源于北部丘陵地区，比降平缓、流程短、流量小、水量主要集中于汛期，

仙鹤湖水库（胜利水库）

枯水期断流，理论蕴藏量小，开发价值不大。

【主要河流水库】涪江。发源于四川省松潘县与九寨沟县之间的岷山主峰雪宝顶，是嘉陵江的支流，长江的二级支流，属省、市级河流。游仙区位于涪江左岸，涪江在游仙区内起点为石马镇飞凤村，终点为松垭镇福新社区，最后流入三台县。境内全长约36.7千米，流经3个镇（石马镇、小枧镇、松垭镇）、1个经济试验区、2个街道办（涪江街道、富乐街道），共3个行政村、19个社区、51个社，涉及区域内人口约20余万人，流域面积约1015平方千米，涪江流域小（1）型水库1座，小（2）型水库6座。涪江游仙段沿线共2名省级河长、2名市级河长、2名区级河长、14名镇级河长、23名村级河长、58名社级河长。

连心水库。位于小枧镇，水库于1977年动工修建，1978年建成。水库集雨面积1.74平方千米，最大坝高12米，坝顶长169米，宽2.8米，灌溉面积1766亩。

小（2）型水库6座：石马镇柏羊水库、塔子水库、五一水库、幸福水库，松垭镇宝塔水库，小枧镇五一水库。

芙蓉溪。系涪江二级支流，起源于江油，西源杜家河、东源战旗河，在游仙区忠兴镇五兴村交汇形成芙蓉溪，左岸起点为忠兴镇五星村，止点为涪江街道韩家脊社区；右岸起点为忠兴镇南桥村，止点为涪江街道治平路社区。境内全长约61千米，流域面积约64平方千米，流经2个镇（忠兴镇、新桥镇），1个经济试验区，3个街道办（富乐街道、涪江街道、游仙街道），途经19个行政村、16个社区、86个社。区内芙蓉溪流域中型水库1座，小（1）型水库5座，小（2）型水库25座。芙蓉溪游仙段沿线共2名市级河长、2名区级河长、23名镇级河长、36名村级河长、75名社级河长。

胜利水库。位于游仙街道办文胜村，原为小（2）型水库，1995年扩建为小（1）型水库，最大坝高26米，坝顶长375米，坝顶宽5米，集雨面积11.44平方千米，胜利水库现在是自来水公司的饮用水源。

龙珠水库。位于游仙区忠兴镇，水库于1957年动工修建，1958年建成。水库自然集雨面积4.37平方千米，最大坝高18.48米，坝顶长189.6米，宽3.2米，灌溉面积2500亩。

和平水库。位于游仙区新桥镇，水库于1958年扩建为小（2）型水库，1977年续建成小（1）型水库，水库自然集雨面积1.2平方米，最大坝高24.4米，坝顶长175米，宽5米，灌溉面积5583亩。

清洁沟水库。位于游仙区忠兴镇，水库于1956年动工修建，1957年建成，水库自然集雨面积4.18平方千米，最大坝高16.5米，坝顶长82米，宽12米，灌溉面积3000亩。

金花水库。位于游仙区新桥镇，水库于1956年动工修建，1957年建成，水库自然集雨面积12.09平方千米，最大坝高18.6米，坝顶长240米，宽6米，灌溉面积9300亩。

小（2）型水库25座：沉抗镇丁字桥水库、丰收水库、群众水库、三要水库、铜瓦铺水库、团结水库、文胜水库、五八水库、五七水库、劲松水库、回龙水库，云凤镇干湾水库、七五水库、柿子水库、土桥水库、五八（1）水库、五八（2）水库，新桥镇新跃水库，太平镇劳武水库、麻柳水库、批修水库，忠兴镇龙泉水库、胜利水库，游仙镇七五水库、前进水库。

魏城河。系涪江支流，起源于游仙区仙鹤镇崇林村帽盒山，起点为仙鹤镇崇林村，左岸区内终点为盐泉镇长林村，流入三台县；右岸区内终点为盐泉镇清溪村，流入三台县。境内全长约82.4千米，流经4个镇(仙鹤镇、魏城镇、信义镇、盐泉镇)，22个行政村，5个社区，84个社，流域面积约417平方千米。魏城河流域小（1）型水库4座，小（2）型水库27座。魏城河游仙段沿线共1名区级河长、14名镇级河长、27名村级河长、114名社级河长。

战备水库。位于游仙区仙鹤镇，水库于1970年动工修建，1971年建成。水库自然集雨面积8.35平方千米，最大坝高14.5米，坝顶长130米，宽2.5米，灌溉面积2900亩，同时承担着仙鹤镇场镇的生活用水。

三八水库。位于游仙区仙鹤镇，水库于1958年动工修建，1959年建成，水库自然集雨面积11.325平方千米，最大坝高13.6米，坝顶长180米，宽4米，灌溉面积5000亩。

龙江水库。位于游仙区仙鹤镇，水库于1973年动工修建，1974年建成，水库自然集雨面积1.25平方千米，最大坝高10米，坝顶长294米，宽3米，灌溉面积4000亩。

前进水库。位于游仙区魏城镇，水库于1958年动工修建，1966年建成，水库自然集雨面积1.3平方千米，最大坝高10.1米，坝顶长225米，宽4米，灌溉面积3200亩。

小（2）型水库27座：仙鹤镇崇林水库、马鞍水库、先锋水库、园林水库、毛蜡水库、七一水库、四云水库，魏城镇和平水库、红岩水库、猫儿沟水库、七里水库、青林沟水库、青山水库、群益水库、四五水库、铁炉水库、新胜水库、先锋水库、玉珠水库、紫金水库、马头山水库，盐泉镇红星水库、利民水库、马鸣寺水库、四清水库、涌泉水库、雨台水库。

水磨河。起源于游仙区小枧镇雨凤村红星水库，系涪江二级支流，区内起点为小枧镇雨凤村，终点为松垭镇水磨村，流入三台县永明镇两河口汇入涪江。境内全长约19.3千米，流域面积为49.66平方千米。区内流经3个镇（小枧镇、信义镇、松垭镇），4个行政村、2个社区，31个社。水磨河流域小（1）型水库1座，小（2）型水库12座。水磨河游仙段沿线共1名区级河长、6名镇级河长、6名村级河长、31名社级河长。

段家桥水库。位于信义镇段家桥村，1965年扩建成小（2）型水库，1976年又扩建为小（1）型水库，1978年4月完工，大坝长161米，坝高20.95米，坝顶宽4米。集雨面积1.9平方千米，灌溉面积3500亩。

小（2）型水库12座：小枧镇工农水库、红星水库、极乐水库、吕家湾水库、群力水库、天池水库、战备水库、四清水库，信义镇反帝水库、反修水库、旱湾水库、胜利水库。

小芙蓉溪。系芙蓉溪支流，发源于绵阳市江油，由江油流入游仙区新桥镇新龙村，流回江油，经江油又流入游仙区忠兴镇乜家村，由忠兴镇忠兴社区汇入芙蓉溪。途经我区2个镇（忠兴镇、新桥镇）、6个行政村、1个社区、14个社，区内全长约13千米，流域面积约6平方千米。区内起点为新桥镇新龙村，区内止点为忠兴镇忠兴社区，直接汇入芙蓉溪。小芙蓉溪流域小（2）型水库3座。小芙蓉溪游仙段沿线共2名区级河长、4名镇级河长、7名村级河长、13名社级河长。

小（2）型水库3座：凤凰乡马鞍水库、南河水库、紫气水库。

杜家河。起源于江油，流入游仙区忠兴镇，流经忠兴镇福林村、南桥村2个村，6个社，杜家河全长15千米，区内长约3.7千米，流域面积约6平方千米，区内起点为忠兴镇福林村，止点为忠兴镇南桥村。杜家河流域小（2）型水库2座：太平镇红旗水库、五星水库。杜家河游仙段沿线共2名区级河长、2名镇级河长、2名村级河长、2名社级河长。

石刘河。系魏城河支流（该河流在沉抗镇段俗名桃花沟），发源沉抗镇铜瓦铺水库，流经信义镇，汇于魏城河。全长约24.9千米，流域面积约88.6平方千米，年平均流量约1立方米/秒，流经2个镇（沉抗镇、信义镇）、9个行政村、1个社区、23个社。区内起点为沉抗镇的铜瓦村，止点为信义镇凤鸣村，流入魏城河。石刘河流域小（2）型水库10座。石刘河游仙段沿线共1名区级河长、4名镇级河长、10名村级河长、23名社级河长。

小（2）型水库10座：信义镇肥猪堰水库、龙王沟水库、桃子园水库、广济水库、红光水库、联合水库、人民水库、森柏水库、五八水库、跃进水库。

白蝉寺河。系涪江三级支流，发源于三台县，途径游仙区盐泉镇圣谕祠村、清溪村，共2个行政村，9个社。区内全长约11.6千米，流域面积约4平方千米。区内起点为盐泉镇圣谕祠村，止点为盐泉镇清溪村，汇入魏城河。白蝉寺河流域小（2）型水库1座：白蝉镇老鹰窝水库。白禅寺河游仙段沿线共1名区级河长、1名镇级河长、2名村级河长、9名社级河长。

徐家沟河。系涪江三级支流，发源于梓潼县，区内全长约39千米，流域面积约53平方千米。流经2个镇（魏城镇、信义镇）、8个行政村、1个社区、44个社。起点为魏城镇安乐村，止点为信义镇曾家垭村，流入魏城河。徐家沟河流域小（1）型水库1座，小（2）型水库10座。徐家沟河游仙段沿线共2名区级河长、10名镇级河长、9名村级河长、44名社级河长。

飞跃水库。位于游仙区魏城镇，水库于1969年动工修建，1971年建成，水库自然集雨面积1.15平方千米，最大坝高12.6米，坝顶长359米、宽10.8米，灌溉面积3250亩。

小（2）型水库10座：魏城镇安家湾水库、红旗水库、七〇水库、沙石包水库、长道沟水库、李河沟水库、七一水库、胜利水库、太平水库、向阳水库。（郑春平）

【动物资源】游仙区境内大型野生动物早已绝迹，只有少数中、小型动物余存，由于使用农药和人为捕捉，导致野生动物资源损害严重。全区已知有高等动物26目68科242种，其中鸟类17目37科157种；兽类4目17科47种；两栖类2目8科22种；爬行类3目7科16种；鸟类中湿地鸟类57种，约占全省50%、全国25%。动物种类中，属国家Ⅱ级保护动物的有15种：鸳鸯、鸢、苍鹰、雀鹰、普通鵟、红隼、红脚隼、长耳鸮、短耳鸮、斑头鸺鹠、领角鸮、黄喉貂、红腹锦鸡、水獭、斑林狸、大鲵等；省级保护动物有小䴙䴘、黑颈䴙䴘、凤头䴙䴘、鸬鹚等16种。属我国特有动物有红腹锦鸡、灰胸竹鸡、领雀嘴鹎、白头鸭、画眉、橙翅噪鹛、棕头鸦雀、白领凤鹛、黄腹小雀、大蹼铃蟾、疣刺齿蟾、川北齿蟾、大齿蟾、平武齿突蟾等。区内除少数几种冬候鸟和旅鸟外，绝大多数种类都在保护区繁殖。

【植物资源】游仙区境内原始森林早已不存，现有林木大部分均为人工种植。全区有乔木树种57科、109属、187种。乔木树种主要有松柏、桤木、栎属、杨属、柳属、桉树属、梧桐、槐、榆、黄连木等；灌木主要有马桑、黄荆、紫惠槐等；经济树种主要有油桐、乌桕、桑树及多种果橘类树木；此外，在农村住宅周围，人工栽培有竹林，以大茎竹林为主，以丛生慈竹为最多，散生的有楠竹、斑竹、水竹等。

【矿产资源】游仙区境地层构造变型微弱，出露地层单一，因而矿产类型不多且全为外生矿，已发现的有砖瓦用页岩、石灰石、沙、砾和卵石、石材、天然气等。现已开发利用的有天然气、水泥生产辅助材料、砖瓦用页岩等。（王君）

经济环境

【概况】2020年，实现区属地区生产总值（GDP）376.38亿元，同比增长4.2%。其中:第一产业增加值36.74亿元，同比增长5.4%；第二产业增加值136.29亿元，同比增长3.7%；第三产业增加值203.36亿元，同比增长4.5%。三次产业结构比为9.8∶36.2∶54.0。全社会固定资产投资204亿元，同比增长15.2%。其中：工业投资同比增长55.2%；技改投资同比下降18.7%；民间投资同比增长13.6%。城镇居民人均可支配收入46584元，同比增长6.0%；农村居民人均可支配收入20628元，同比增长9.0%。公共财政收入10.75亿元，同比增长2.5%。

【新冠肺炎疫情防控】全力释放调运应急物资保障能力，累计发放棉大衣、救灾帐篷、发电机等应急物资10903件，价值114.2万元。帮助企业代购14万只口罩、240把额温枪以及消毒药水等防疫物资。利用线上就业服务平台推送岗位需求2900余个，鼓励和引导本地无法返工农民工就近就业，为171家企业解决用工1239人。征召客车50台、货运车辆20台成立复工运输保障特勤队，对重点项目和企业物资运输车辆实行“一证通关”，并给予最高50%的物流补贴。针对企业成本增加、资金周转困难等问题，从减免税费、无费担保、贷款贴息、租金减免补贴等方面全方位给予支持，协调金融机构放贷2.6亿元。每月向全区1.3万余名低收入群众发放价格临时补贴，累计发放827.75万元。实施《绵阳市游仙区有效应对疫情支持经济运行19条政策措施（试行）》，为企业恢复生产助力。2020年8月，全区356家企业全部完成复工复产。

【项目备案】2020年，共办理辖区内审批及告知性备案共618件，其中企业投资项目告知性备案270件，政府投资项目审批348件，涉及总投资达1073亿元。

【重点项目】2020年，游仙区省、市、区重点项目共计72个，总投资615.97亿元，年度计划投资76.76亿元，项目完成投资82.15亿元，年度计划投资完成率达107.02%，超过时间进度7.02个百分点。15个省市重点新开工项目已全部实现开工。

【对上争取】2020年，游仙区共争取中央、省、市上级资金37.99亿元，完成年度目标任务28亿元的135.70%。申请地方政府专项债券项目30个，通过审核16个，发行地方政府专项债券34.115亿元。申报中央、省预算内投资项目21个，14个项目争取中央预算内资金1.15亿元，7个项目争取省预算内资金0.635亿元。申请新增六大领域中央投资储备项目55个，33个通过市发改委审核，23个项目通过省发改委审核，总投资17.5亿元。储备“十四五”规划八大领域和产业类项目453个，项目总投资1638.75亿元。

【区域协同】2020年，游仙区与科创园区签订优势互补、深度融合、一体化发展战略合作协议。成立7个推进区域协同发展对接工作专班，制定区域协同工作方案和具体实施合作推进事项，确保各项合作事项落到实处。组织游仙高新区、惠东公司等相关园区平台公司与624所技术部、科学城办事处就成立产业园区进行对接沟通。

【信用体系】2020年，游仙区社会信用体系建设工作在全市各县市中排名第一。持续完善“信用绵阳（游仙区）”门户网站建设，方便社会了解各类市场主体信用状况，收集“双公示”信息8167条，其中：行政许可信息7541条，行政处罚626条。上传信用动态1430篇，图片新闻88份，通知公告37条，政策法规信息2条，红（黑）榜10条。组织67家接受行政处罚的企业进行修复培训，其中60家企业顺利拿到信用修复培训证。

【供给侧结构性改革】游仙区以“三去一降一补”为抓手，通过“一提一创一培”，着力提高供给体系质量和效率，改造提升传统动能、培育发展新动能，实现由低水平供需平衡向高水平供需平衡跃升。坚持“工业强区”不动摇，全力推进重点工业项目建设，大力引进高新技术企业，实施创新驱动发展战略，全区规模以上工业企业达129户，新型功能性材料产业企业及关联企业48户，其中亿元产值企业达59户，工业GDP增速位居全市前2位，召开全省制造业高质量发展现场会，成为全省样板。提速融合发展，加快推进中国科技城激光产业园、核技术应用产业园等项目建设，着力推动融合创新中心、融合加速器建设等载体投入使用，高标准打造融合高技术产业基地。改造升级传统服务业，创新培育消费需求，大力发展夜间经济，持续推进电子商务，实施全域旅游，服务业产值居全市前茅。大力实施乡村振兴战略，进行农业供给侧结构性改革，加强7个现代化农业园区建设，有效推进"川菜硅谷"被列入省级现代农业园区培育名录，2020年，游仙区作为绵阳唯一被市委、市政府推荐争创省级实施乡村振兴战略先进区。

【成本监审】2020年，共完成辖区内3所普惠性幼儿园的成本监审工作。2020年度企业报送总成本1137.58万元，核定总成本895.13万元，核减金额112.31万元，核减率9.87%。

【价格认证】2020年，游仙区价格认证中心共完成各类价格认证案件178件，涉及金额约12421.23万元。其中：涉案物品价格认证122件，涉及金额279.68万元；拆迁安置补偿价格认证17件，涉及金额6436.91万元；捐赠物资价格认证3件，涉及金额33.04万元；涉税财务价格认证33件，涉及金额2629.96万元；其他价格认证3件，涉及金额3041.64万元。

【粮食调控】2020年，组织实施救灾物资的储备、轮换和日常管理，完成区储备粮轮换。游仙区纳入统计的粮食加工企业共收购小麦106404吨，生产者购进小麦57240吨，2020年夏粮收购小麦品质大部分地区在3—4级，部分未受影响地区小麦品质基本达3级以上，较2019年提升一个等级，收购稻谷37901吨，生产者购进稻谷17656吨。因新型冠状病毒感染肺炎疫情影响，小麦收购价1.3元/斤左右，稻谷收购价上涨至1.5元/斤左右。（杜景璇）

游仙区2020年国民经济和社会发展统计公报

2020年，面对严峻复杂的国内外形势，特别是新冠肺炎疫情的严重冲击，全区上下坚定以习近平新时代中国特色社会主义思想为指导，全面贯彻中共十九大和十九届二中、三中、四中、五中全会精神，按照高质量发展要求，统筹推进疫情防控和经济社会发展，扎实做好"六稳"工作，全面落实"六保"任务，经济运行稳定恢复、好于预期，发展目标任务全面完成，"十三五"规划圆满收官，全面建成小康社会胜利在望。

综 合

【国民经济】2020年，区属实现地区生产总值（GDP）376.38亿元，同比增长4.2%，其中：第一产业增加值36.74亿元，增长5.4%，贡献率为9.6%；第二产业增加值136.29亿元，增长3.7%，贡献率为43.6%；第三产业增加值203.36亿元，增长4.5%，贡献率为46.8%。三次产业结构为9.8∶36.2∶54.0。民营经济实现增加值237.96亿元，增长2.9%，占全区地区生产总值的比重为63.2%，比上年提高0.9个百分点。

【基本单位】2020年年末，全区共有基本单位6205个，比上年增加440个，增长7.6%。其中，法人单位5276个，比上年增加493个，增长10.3%。"四上"企业法人单位357个，分专业看，规模以上工业企业129个，资质内建筑业企业56个，限额以上商贸企业86个，房地产企业43个，规模以上服务业企业43个。

农 业

【农产品产量】2020年农作物总播种面积96.32万亩，同比增长0.3%。其中：粮食播种面积57.85万亩，增长0.3%；油料作物播种面积26.58万亩，下降0.1%。全年粮食总产量24.0万吨，增长0.4%，单产415.4公斤/亩，增长0.4%。其中：大春粮食产量18.7万吨，增长0.5%；小春粮食产量5.3万吨，持平。水稻产量12.6万吨，持平；小麦产量4.8万吨，持平；油料作物产量4.89万吨，增长4.3%；蔬菜及食用菌产量19.95万吨，增长3.4%。

【畜牧业】2020年生猪出栏180033头，增长6.9%。生猪存栏123402头，同比增长45.9%。全年猪、牛、羊禽肉类总产量25192吨，同比下降2.4%。其中，猪肉产量12435吨，增长0.4%；禽蛋产量10268吨，增长7.9%；牛奶产量1656吨，下降52.0%。

【林业】2020年年末，全区实有森林管护面积达6231公顷；森林覆盖率为31.19%；区内有自然保护区1个，自然保护区面积11073公顷；全年零星植树60万株；2020年全区合计森林蓄积采伐量5153.14立方米（包括限额指标内采伐2057.36立方米、工程征占等不占限额指标采伐3095.78立方米）、折合木材出材量2140.53立方米；竹材产量261吨。

【渔业】2020年全区淡水养殖面积达3005公顷，全年水产品产量13180吨，比上年下降0.2%。其中，淡水养殖13180吨。

工业和建筑业

【工业生产】2020年，区属规模以上工业增加值同比增长3.4%。全年规模以上工业企业实现主营业务收入379.0亿元，增长17.9%。利润总额23.28亿元，增长15.0%；其中：国有企业0.04亿元，下降82%；股份制企业15.90亿元，增长6.6%；外商及港澳台商投资企业5.06亿元，增长8.9%。

【建筑业】2020年建筑业增加值29.98亿元，比上年增长4.6%。区属资质以上总承包和专业承包建筑企业56个，其中：有工作量的52个。房屋建筑施工面积1163.97万平方米，增长2.6%；房屋建筑竣工面积159.17万平方米，增长0.3%，其中住宅竣工面积80.56万平方米，下降10.17%。

固定资产投资

【固定资产投资】2020年区属全社会固定资产投资同比增长15.2%。其中：建安工程投资增长6.5%；设备工器具购置投资增长48.7%；其他费用投资增长154.7%。分产业看：第一产业投资增长73.1%；第二产业投资增长55.1%；第三产业投资下降4.2%。

【房地产】2020年房地产开发投资增长51.2%。商品房施工面积增长9.7%；商品房竣工面积增长214.3%；商品房销售面积增长18.5%。

国内贸易和旅游

【消费品市场】2020年社会消费品零售总额129.01亿元，同比下降1.5%。按经营地分：城镇市场实现零售额83.17亿元，下降2.8%；乡村市场实现零售额45.84亿元，增长1.0%。按行业分：批发业实现零售额37.3亿元，下降3.4%；零售业实现零售额64.38亿元，增长1.9%；住宿业实现零售额11.41亿元，下降8.1%；餐饮业实现零售额15.92亿元，下降4.9%。在限额以上企业（单位）中，通过互联网实现的商品零售额1.40亿元，增长56.4%。

【旅游】2020年实现旅游总收入76.3亿元，同比下降11.2%。其中：国内旅游收入76.3亿元，下降11.2%；旅游外汇收入3.06万美元，下降91.1%。接待游客7.52万人次，下降18.1%。其中：国内游客7.51万人次，下降17.8%。

招商引资和对外贸易

【招商引资】2020年年末，全区国内省外招商引资履约项目45个，协议引资175.37亿元，到位资金101.26亿元。全年全区直接利用外资3427万美元。

【对外贸易】2020年，全区完成外贸进出口总额3.10亿元，同比增长2.6%，其中：出口1.67亿元，进口1.42亿元。

交通和电信

【交通】2020年年末，全区公路总里程为1888.04千米，其中：高速公路40.39千米，一级公路52.66千米，三级公路81.61千米，四级公路1710.15千米。

【邮电业务】2020年完成电信业务总量75.69亿元，比上年增长35.3%，固定电话用户26.09万户，移动电话用户103.69万户，互联网宽带用户33.77万户。

财政、金融和保险业

【财政】2020年完成地方一般公共预算收入10.75亿元。其中：税收收入完成8.54元，非税收入2.21亿元。

【金融】2020年年末，全区金融机构人民币各项存款余额343.53亿元，同比增长39.6%，比年初增加11.17亿元。其中：住户存款267.54亿元，比年初增加8.09亿元。人民币各项贷款余额287.68亿元，增长46.6%，比年初增加37.45亿元。

【保险】2020年年末，全区共有保险公司9家，其中：产险公司7家，寿险公司2家。全年各类保险保费收入6.04亿元，增长12.5%。其中：财产险3.01亿元，增长13.6%；人身险3.03亿元，增长11.0%。各类保险赔款及期满给付支出6.09亿元，其中：财产险2.99亿元，人身险3.10亿元。

教育和科学技术

【教育】2020年年末，全区有普通高中4所，在校学生数4731人，专任教师数301人；职业高中5所，在校学生数9269人，专任教师数330人；初中15所，在校学生数26744人，专任教师数1714人；小学33所，在校学生数32840人，专任教师数1895人；幼儿园100所，在校学生数16311人，专任教师数915人。2020年全区小学学龄人口净入学率为100%，小学六年巩固率为124.45%，小学毕业生升学率为100%。普通初中学龄人口净入学率为100%，初中三年巩固率为99.68%，初中毕业生升学率为96.6%。

【科学技术】2020年，全区共组织企业申报成功的省、市级科技项目69个，申报项目资金3622.55万元。全区已通过国家高新技术企业认定50家，有国家级工程技术研究中心4家、省级工程技术研究中心5家。年底拥有科技孵化器6个。其中：国家级2个，省级3个。全年共申请专利2203件，专利授权1459件。其中：发明专利申请量995件，授权411件。

文化和卫生

【文化事业】2020年年末，全区有公共图书馆1个、文化馆1个、乡镇综合文化站22个，城市社区（街道）文化中心2个，博物馆纪念馆1个。全区广播覆盖率100%，电视覆盖率100%，城区数字电视转换率100%。

【卫生】2020年年底，游仙区共有各级各类医疗卫生机构401个。其中：区级公立医疗机构4个；其他公立医院2个，4个社区卫生服务中心、8家中心卫生院，卫生院分院13家，社区卫生服务站14个，公立医疗机构门诊部3个，200个村卫生室；学校及事业单位医务室（卫生所）6个，民营医疗机构147个，包括：民营综合医院3个，民营综合门诊部7个，中医门诊部1个，口腔门诊部2个，诊所134个。

环境保护和安全生产

【环境保护】2020年环境空气质量优良率93.5%；PM2.5浓度为每立方米26.9微克，同比下降13.2%；PM10浓度为每立方米42.1微克，同比下降10.2%。芙蓉溪仙鱼桥市考断面水质优良率100%，城市集中式饮用水（仙鹤湖水库）水源达标率100%。全面完成市上下达的主要污染物总量削减、碳排放强度、重金属减排指标任务。

【安全生产】2020年，全区发生各类生产安全事故17起、死亡4人、受伤21人。其中：道路交通14起，死亡1人，受伤21人；建筑施工行业2起，死亡2人；工贸行业1起，死亡1人；未发生较大及以上生产安全事故。

人民生活和社会保障

【城乡居民收支】2020年，全区城镇居民人均可支配收入46584元，同比增长6.0%。城镇居民人均消费支出29757元，增长0.9%。其中：食品烟酒支出9571元。农村居民人均可支配收入20628元，增长9.0%。农村居民人均消费支出16028元，增长7.9%。其中：食品烟酒支出5514元。

【就业和再就业】全区城镇新增就业人员6528人，失业保险参保人数25105人。年末城镇登记失业人员2059人，城镇登记失业率为2.49%。全区有1145名失业人员实现再就业。失业保险金标准为1320元/月，最低工资标准1650元/月。

【社会保障】2020年年末，全区参加基本医疗保险人数405024人，与2019年相比增加2493人。其中，参加职工基本医疗保险人数44390人（在职38723人、退休5667人），增加3034人，职工医保基金缴费收入20885万元；参加城乡居民基本医疗保险人数360634人，与2019年相比减少541人，城乡居民基本医疗保险个人缴费（含代缴）9016万元。

2020年年末，全区参加城镇职工基本养老保险人数101789人（在职70500人、退休31289人），比上年年末减少8549人；参加城乡居民养老保险人数192194人，减少1324人。参加失业保险人数25105人，增加2657人。参加工伤保险人数3.6万人，增加0.2万人。参加生育保险人数28913人，增加2400人。

城镇最低生活保障标准为610元/月，享受最低生活保障补助的城镇居民累计13320人次；农村最低生活保障标准为410元/月，享受最低生活保障补助的农村居民累计61056人次。

（张茜茜）

备注：

1. 部分数据因四舍五入的原因，存在着总计与分项合计不等的情况。

2. 公报中地区生产总值、各产业增加值绝对数按当年价格计算，增长速度按可比价格计算。地区生产总值核算执行国家统计局新的《三次产业划分规定》，即第一产业是指农、林、牧、渔业（不含农、林、牧、渔服务业）；第二产业是指工业（不含开采辅助活动，金属制品、机械和设备修理业）和建筑业；第三产业即服务业，是指除第一产业、第二产业以外的其他行业。2016年以来地区生产总值数据为核算方法改革后的数据。

3. 行业数据由相关部门提供。

园区建设

游仙高新技术产业园区

【概况】游仙高新技术产业园区于2010年5月经绵阳市人民政府批准成立，2013年4月经省政府批准升级为省级经济园区；2018年3月被省政府认定为省级高新技术产业园区。游仙高新技术产业园区规划面积36.88平方千米，以新一代电子信息、节能环保、新型功能性材料为主导产业。园区先后被评为国家循环经济教育示范园区、全省创先争优先进基层党组织、省级循环经济示范园区、四川最具投资价值产业园区、省级知识产权试点园区、四川省模范劳动关系和谐工业园区、四川省院士（专家）产业园。2020年园区有国家级重点实验室3个，国家高新技术企业39个，国家级博士后科研流动工作站1个，省级技术中心8个，市级技术中心17个，院士专家产业园1个，院士专家工作站4个，产学研用合作技术创新组织4个，获国家级、省级科技进步奖项目8个。中国驰名商标4个，四川省著名商标17个。园区内现有规上工业企业113家。

【主要经济指标】2020年，园区完成主营业收入1005亿元，同比增长21.82%；全年入库税收7.1亿元；实现固定资产投资136亿元；实现规模工业总产值270亿元；实现工业（含技改）投资70亿元，同比增长48.9%；实现招商引资到位资金81.04亿元，同比增长33.4%。

【项目建设】园区已形成以东材科技、鸿琪科技为代表的新材料产业和以光联科技、移柯物联网为代表的电子信息产业。2020年，南区共实施16个省市区重点产业项目，年度计划投资13.88亿元，全年完成投资13.97亿元，投资完成率100.61%。特锐祥陶瓷电容器、三本金属材料综合利用2个项目新建厂房竣工投产；达创高分子材料项目、五洲新春工业园项目和二十一世纪新能源生态科技示范园项目正在进行厂房修建；移柯物联网智慧产业园项目完成场平、环评、规划设计等前期工作，进入全面施工阶段；久远高功率激光器、太极制药2个项目按照计划稳步推进。北区共实施9个省市区重点产业项目，年度计划投资14.8亿元，完成投资15.2亿元，投资完成率103.1%。已完成MG新材料智能食材净化系统集成、核心信息设备及配套系统装备产业化2个项目过渡厂房、研发办公楼外立面装修；中尚能源、福天下、一百医疗、凯利祥、同人精工、金虎精工等签约项目已在过渡期厂房投入生产；高达科技等项目正在进行厂房修建和装修；中国兵器装备集团自动化研究所、世诺科技、一诺科技、中尚能源生产基地等4个用地项目完成地勘、打围、场平和总评设计等前期工作，启动供地流程。

【基础设施建设】南区实施基础设施项目24个，完成投资4.8亿元。新建成东环路B段、学院路、建小路等道路和路基约8.2千米，铺设雨污水管网约8千米，完成绿化建设约6万平方米，土地场平720亩，完成水、强电、弱电、燃气迁改项目12个共30余千米，完成统建房三期两批次项目共226套统建安置房建设，建成山地公园启动区，城市运动公园春节前实现建成开放。北区实施基础设施建设项目8个，完成投资17.26亿元。启动科技城大道二期项目施工建设，完成市政道路及基础配套设施项目（一期）的19条道路碎石基层铺筑，完成45个地块共计2070亩场平工程；完成创新中心及企业加速器厂房主体建设；完成水磨河综合治理项目河道左右侧河堤防护挡墙、宝成铁路边坡治理工程。省道205线（园区段）全面建成通车。

【招商引资】2020年南区招商引资到位资金48.1亿元，新引进金视美LED屏项目、一飞智控绵阳无人机基地项目、高频变压器智能自动生产线项目、中外风影项目等工商注册入园企业64户，完成全年目标任务的256%。签约四川小我科技有限公司高频变压器智能自动生产线项目、太极集团绵阳制药公司搬迁技改项目等各类重点产业项目18个，协议总投资26.2亿元。其中，投资额5亿元及以上重大项目2个，总投资11.6亿元；投资额1亿元以上项目5个，总投资10.5亿元。北区2020年招商引资到位资金37.06亿元，新增工商注册入园企业8家。协办四川省重大项目集中开工仪式、中国（绵阳）科技城激光产业基地重大项目签约暨集中开工仪式。签约固瑞德科技、恒创锐通、咸阳光电等14个项目，协议投资56.2亿元；新增东林人居环境改善、巨亿智能、电子信息物流园、大功率LED特种照明器材研发与生产线基地建设项目等6个入库项目，总投资46.8亿元。

【拆迁安置】2020年园区南区全年完成拆迁项目9个，包含省道205线、惠支路、笔架路、安国寺桥、安国寺支路、学院路、9号地块、河沟村、彩虹路的清点丈量和整体拆迁工作。全年清点丈量689户，拆迁农房273户、企业2家，迁坟317座，拆迁面积1100余亩，组织清运建筑垃圾5万余立方米，支付征拆资金2.85亿元。2020年北区完成科技城大道二期项目农房及园区项目新增范围内52户农房拆迁工作，完成倒青1500余亩。完成“桃李春风小镇”项目、中物院预留用地区域、统建房二期项目、科技城大道二期项目的清点丈量工作。启动新增4个批次的人员社保安置工作，上缴预存社保资金4400余万元，完成社保安置人员确认678名，共计支付征拆资金1.22亿元。

【园区重点企业介绍】四川凯越投资集团有限公司 凯越集团成立于2010年3月，是一家综合性集团企业，经营业务涵盖房地产开发、市政基础设施建设、教育产业、物业服务，道路桥梁设计、施工、监理、工程试验检测，交通设施标志制造、安装等多个领域。公司资产超过20亿元，2020年有职工1000余名，其中，各种专业技术人员410余人，中高级职称工程技术和工程管理人员310余人，初级技术管理人员100余人。凯越集团积极参与园区规划建设，按照“统一规划、统一土地一级开发、统一建设、统一招商、统一管理”的开发模式，对游仙高新区南区进行整体打造，完成各项投资20余亿元，涉及市政绿化及市政道路建设、工业园区场平、油坊河河堤工程、统建安置房建设等基础设施项目以及商品房、公园、酒店、学校等配套项目。

四川奥格莱能源科技有限公司

四川兴事发集团有限公司　四川兴事发集团有限公司是集门窗建材生产、房地产开发、工程建设、智能设备生产销售为一体的综合性集团企业。2020年公司有员工2000余人，资产总额达15亿元，全年实现产值14.9亿元，上缴税收2642万元。兴事发现代科技产业园区由四川兴事发集团有限公司投资建设。项目总投资约6.5亿元，占地150亩，总建筑面积20万平方米，其中新建生产厂房及办公科研用房建筑面积17万平方米。园区内新建智能高档门、智能安防门禁、智能中控、智能家居自动生产线和全自动数控钣金线、自动化运输线，达到年产15万樘智能家居、年产100万樘安全门、年产1万樘红外智慧测温门的生产能力。形成集生产、研发、设计服务、远程运行维护为一体的智慧家居产业园，项目建成后预计年产值9.6亿元。

四川移柯物联网公司　四川移柯物联网公司专业提供无线通信模组产品以及相关物联网应用方案等增值服务，公司团队拥有超过8年的无线通信产品开发经验，公司拟自主研发LYNQ品牌无线通信模组，三大IOT系列模组产品已广泛应用于车载/车联网、智慧城市、移动支付、智能表计、安防监控、工业控制、智慧农业/畜牧业、智慧医疗等众多领域。公司投资30.5亿元建设的四川移柯物联网智慧产业园项目，包含通信产品模块的技术开发、生产、销售、服务等业务。项目分两期建设，项目一期租用8000平方米标准厂房，已建成投产4条表面贴装技术（SMT）生产线、10条测试生产线、3条装配（ASSY）生产线，2020年产值3亿元，纳税600余万元。项目二期征地148亩，建设6万平方米生产厂房、2万平方米研发中心大楼和1.6万平方米办公大楼。

新材料产业园

四川奥格莱能源科技有限公司

四川奥格莱能源科技有限公司成立于2017年，公司厂房面积1.1万余平方米，是集壁挂炉用热交换器设计、研发、生产和营销为一体的新型现代化企业，其热交换器研发生产能力位居全国前列。

四川特锐祥科技股份有限公司生产车间

公司注册资本2000万元人民币，现有员工86人，是中国热交换器行业理事单位，ISO9001质量管理体系认证企业，中国土木工程学会燃气分会燃气供热委员会会员单位。2020年公司现有壁挂炉用热交换器生产线2条，全年产值1.2亿元，销售收入8000余万元，研发投入400万元。

四川特锐祥科技股份有限公司

四川特锐祥科技股份有限公司是一家集研发、生产、销售于一体的电容器专业企业，拥有全自动化的电脑控制生产设备、精密的检测仪器和完善的生产制造工艺。公司主要生产SMD、SMC、SMB等系列插件产品，产品具有超薄化、空间集约化、背贴设计、自动表贴、可靠性高等特色。产品目前替代日本村田贴片安规电容器，当前在SMD-Y-CAP全球销量领先。公司在全球范围内取得CQC、UL、VDE、ENEC、KC等行业认证，拥有贴片卧式封装陶瓷和卧式圆片陶瓷电容器两项国家专利。公司长期供货国内视源、OPPO、TCL、天宝、长虹、九州、伊戈尔、兆驰、冠德电子、佳士电子、中国台湾康舒、美国Jabli及韩国SOLUM、Hansol等知名企业。该项目于2020年8月竣工投产，已上马10条生产线，全部达产后，预计可实现年产值8亿元，上缴税收5000万元，解决就业600余人。（李享）

游仙经济试验区

【概况】游仙经济试验区（以下简称试验区）是1993年8月成立的开发区，2012年3月根据游仙区整体规划定位为游仙经济开发区东区，驻地位于游仙区龙山街90号。辖区南起仙人桥，北至石门垭，东至绵阳师院公路，西至中国工程物理研究院地界，规划面积3平方千米，市人民政府批准的控制性详细规划为5平方千米。辖六里、游仙东路、汉城、汉仙桥、小岛、桑林、民安、游仙路8个社区居委会和51个居民组。户籍人口43252人，常住人口145376人。2020年，试验区保持战略定力，紧紧围绕建设“生态、美丽、繁荣、宜居城市新中

经济试验区游仙东路片区

心”总体目标，牢牢抓住“项目建设”和“作风建设”两个抓手，大力实施“产业兴城、生态立城、品质塑城”三大战略，深入推动“党建引领、产业发展、城市建设、社会治理”四大工程，统筹推进疫情防控和经济社会发展，奋力推动更高质量“五个游仙”建设再上新台阶。

【主要经济指标】2020年，实现规模工业总产值106亿元，同比增长3.6%。财政总收入9897.6万元，其中，地方财政收入6910.8万元，税收收入1.7277亿元。全社会固定资产投资21.96亿元，工业性投资5.26亿元，同比增长289.6%。社会消费品零售总额6.5亿元，同比增长51.2%。新增规模工业企业2家，新增限额以上社消零企业7家，招引科技型中小企业2家。

【项目建设】2020年新增入库项目9个，总投资额17.36亿元，分别是投资7亿元的海天瑞府房产项目、投资3.5亿元的兴发御府花园房产项目、投资3.79亿元的绵阳南500千伏输变电工程项目游仙段、投资9800万元的兴发红外智慧测温门智能生产线项目、投资6000万元的5G领域高频低损耗锰锌铁氧体磁芯项目、投资5746万元的游仙供电公司2020年第一批综合计划项目、投资5120万元的嘉泰工业设计中心改造提升项目、投资2510万元的老龙山高位水池至游仙坝片区给水管网改迁工程和投资1600万元的太极绵药应急中成药及消毒酒精生产产能扩建项目。投资6亿元的立宇国际家居建材综合体二期•龙山景苑建设项目、投资3.5亿元的时代龙城房产项目建成并按期交房，投资5.50亿元的兴发孔雀城房产项目、投资5.12亿元的六里尚城商业综合体一期建设项目稳步推进中。

【基础设施建设】一环路北段东延线和省道205线竣工通车。科学城560高位水池至148片区给水管网复线（老龙山段）迁改工程，投资240万元，通过竣工验收并投入使用。东路社区路灯改造工程，投资780万元，通过竣工验收并投入使用。一环路北段东延线弱电迁改工程，工程造价3100万元，已完成工程进度100%。省道205线试验区段综合管线迁改项目，工程造价2300万元，已完成工程进度100%。游仙城区试验区片区城市道路改造提升工程，项目总投资3.62亿元，二标段已完成投资额的95%。

【生态环境建设】建设11个大气监测微站，积极开展臭氧污染防治工作。持续深入开展环境卫生综合治理，整治卫生死角200余处，清理各类垃圾2000余吨，清理和规范流动商贩及越门占道经营1000余起，拆除清理违章设置户外广告200余块，规范店招店牌366块，清除小广告3000余处，查处违建20起，拆除违建5处200平方米。对道路扬尘、露天焚烧、露天烧烤、建筑工地噪声污染、森林防火等开展常态化巡查执法。乱停乱放、乱倒乱扔、乱贴乱画、跨门占道经营、私拉乱接、违搭违建等“城市病”治理取得明显成效，高质量通过全国文明城市复查测评。六里美丽街

2020年6月，省道205线游仙段通车试运行

角、汉城最美楼顶等闲置空间打造广受群众好评，城市品质进一步提升。

【拆迁安置】完成省道205线二、三期、一环路北段东延线、游仙城区试验区片区二标段（新建民生路）3个重点项目的扫尾工作，推进乡村旅游环线、游东路鹤林沟段、东西第二干道3个重点项目的拆迁补偿攻坚工作，游仙东路社区集体经济建设、东路社区防洪治理2个零星项目、丰泰金科、兴发用地2个企业用地项目和南星街6号1个旧改项目拆迁工作稳步推进中。发放失地农民生活补助费703.76万元、拆迁房屋过渡费7.19万元。垫资发放省道205线二期民安社区三组失地农民养老保险费56.68万元。

【社会事业】积极开展城乡居民基本医疗保险、养老保险、劳动就业和社会保障等工作，全年发放低保、临时救助、高龄补贴、公共租赁补贴等各类资金270余万元，完成城镇新增就业300人，城镇失业人员再就业90人，为1万余名退休人员进行社会化管理服务，为10名残疾人申报居家灵活就业和自主创业直补，为3名困难家庭学生争取助学金1.5万元，全面落实社会保障兜底政策，坚决守住群众基本生活底线。积极承接扩权赋能职责下放工作，办理、注销、变更个体营业执照、食品经营许可证等各类证照853份。

【新冠肺炎疫情防控】统筹辖区党员、干部、民兵、网格员等人员组成60余支摸排小组，推行“相邻街道、驻区企事业单位、社区、小区”四方联动机制，实行“网格化包保”“地毯式摸排”，排查30985户，跟踪调查76564人，建立出入管控点93个，24小时轮流值守测温检查27.9万人次；发放宣传资料3.74万余份，“线上+线下”全方位宣传疫情防控知识，制止KTV、茶楼、网吧等娱乐场所营业500余次，劝阻群体性聚餐活动350余起。筹措发放口罩、消毒液、远红外线体温测试仪等各类疫情防控物资22批5.8万余件（次），设置废弃口罩回收桶90余处，转运废弃口罩120余车次，对人员聚集场所消毒200余次。发动2万余人次，开展“两大一好”行动，严格执行“3对1”“5+1”居家管理服务等制度，筑牢群防群治的严密防线，除1月22日报告一例输入病例外，未再出现新增确诊病例。

【新时代城市少数民族团结进步示范街区】2020年，经济试验区投入50余万元建设东路社区民族团结广场，打造瑞逸东郡小区民族名人故事荟、慈济实验学校民族团结主题街区，成立社区城市民族工作服务管理小组，建立“社区干部—小区联络员—志愿者队伍”三级管理队伍，设置6名联络员负责分片管理，开设社区民族事务服务窗口，配备民族工作信息员、宣传员和调解员，提供“休闲娱乐、创业就业、心理疏导、法律援助、帮扶助困”五项服务，通过“双语调解+依法调解”模式打破交流壁垒，推行“一季一走访、一节一问候”少数民族困难帮扶机制，对少数民族子女就学、健康就医、生活就业等困难进行登记备案、跟踪联系、针对帮扶。依托春天社工、梦起航培训学校等社会资源，定期举办家政服务、电子商务等就业技能培训，组织辖区内超越电子、兴事发集团等7家企业开展专场招聘会，帮助少数民族员工20余人解决就业，工作半径有效辐射周边回族、羌族、彝族等11个少数民族，共500余人。

【物联网智能生活垃圾分类处理一体化系统】2020年4月，针对垃圾回收设施容量低、先分后混、运输成本高等问题，经济试验区启动物联网智能生活垃圾分类处理一体化系统试点工作。该项目由区住建局牵头，经济试验区部署推进，四川中环盟科技有限公司建设运营。在桑林社区东原长岛小区投放具备垃圾分类投放、垃圾满箱报警、快递投取等6大功能、拥有5种专利技术的模块化智能垃圾分类站3个，可一次性收集400余户家庭一天垃圾投放量。居民自愿注册家庭账号，通过刷脸、扫二维码、输入密码等方式开箱投放垃圾，追溯系统将计重后的垃圾自动生成积分计入家庭账号，住户可利用积分在指定超市兑换生活用品。该系统变原始一车一箱运输方式为分类分车运输。可回收物经过初步处理后，能直接利用的进入二手市场交易或者捐赠，不能直接利用的通过技术再生利用；餐厨垃圾利用自主研发的餐厨垃圾自动处理设备，24小时内制成生态肥料；有毒有害物品通过专用车辆送往专门处理中心；剩余少量其他垃圾通过焚烧和填埋方式处理，实现应收尽收、专收专运、综合处置，最高可降低运营成本30%，垃圾回收利用率达70%左右，高于全省回收利用率35%以上的要求。

【“嗨翻五一·美食游仙”黄金周活动】2020年4月30日至5月7日，为对冲疫情影响，提振辖区经济，经济试验区举办“嗨翻五一•美食游仙”黄金周活动，发放代金券3000余张共计10万元，辖区芙蓉汉城商圈、丰泰紫金广场、五里堆广场、世纪联华超市等餐饮、百货、超市、酒店、宾馆和房地产销售等商家参与活动，集中开展打折让利、赠送礼品、新品体验、购物抽奖、集赞免单等优惠活动。此次活动共接待消费者约18万人次，实现收入约2000万元，有力提振消费信心。

2020年4月29日，经济试验区党工委、管委会在芙蓉汉城向居民发放消费代金券

【城市“党建大联盟”】 2020年4月，经济试验区率先成立绵阳市首个城市“党建大联盟”，由区委常委担任召集人，吸纳组织、政法、发改等14个区级部门，建行绵阳分行、绵阳广电2个“党建e+联盟”战略合作伙伴，8个社区以及新兴机械、四川思图律师事务所2个新党支部为常驻成员单位，按需求临时纳入相关部门为临时成员单位。实施“季度联席会议”“三张清单”“全程督办”等四项制度，建立“社区点单—试验区下单—联盟接单—组织评单”的“私人订制”服务模式，由社区、两新组织根据实际需要提出“服务需求清单”，区级部门根据自身公共服务资源建立“服务资源清单”，通过“季度联席会议”双向对接，形成“服务项目清单”，实现需求即时响应、资源有效利用、项目有序推进，推动城市党建由“单兵作战”向“抱团发力”发展，切实提高城市基层治理的精准化、精细化水平。

【红色物业】2020年，经济试验区在芙蓉汉城小区试点推行“红色物业”，打造亲民化小区物业中心，实现党支部、物业、业委会合署办公，提供代购、租赁、共享工具等多样化服务。培育“大手牵小手”“老年合唱团”“棋牌之家”等兴趣社团，开展新时代文明实践活动，吸引讲政治、敢作为的居民党员代表和小区志愿者共同参与小区建设，“小区党组织+业委会+物业服务企业+小区其他群众组织”四方联动治理格局基本形成。依托“游仙区汉城社区”微信公众号，打造“红色物业公示栏”，实施小区党支部、物业公司、业委会工作“三公开”，有效化解油烟噪声扰民、电梯安装等矛盾纠纷26起，小区内问题共商、困难互助、利益共促、居民自治的良好氛围逐渐形成。

游仙区新材料中小微企业产业园

【概况】游仙区新材料中小微企业产业园是省级高新技术产业园区——游仙高新技术开发区下的一

游仙区新材料中小微企业产业园建设

个特色工业园区。该园区位于游仙高新区东区新桥镇，占地面积约1500亩，以新材料为主导产业，拟投资30亿元，分两个片区进行建设。A片区800余亩，主要聚集融合相关的新材料生产企业，已落地上市公司雅化集团及其投资控股的关联企业7家。B片区600余亩，主要聚集新材料领域的中小微企业，已完成平场230亩，由国有投资平台公司负责规划建设标准厂房和办公等配套设施8.7万平方米。

【区位条件】园区位于绵阳市游仙高新区东区，地处成都、重庆、西安“西三角”的腹心地带，属绵阳城市东出门户，距离城中心9千米，周边有九院、五八所等科研院所，国道108线、绵梓高速公路、涪江支流芙蓉溪穿境而过，距绵阳南郊机场18千米，距绵阳火车站15千米，距成渝环线高速公路、二环路、省道205线、绵遂高速等仅2千米，交通路网四通八达。

【规划布局】《新桥镇总体规划》《新桥镇控制性详细规划》完备，园区发展规划初稿已经编制完成。园区建设区内已报征工业用地近800亩，周边配套商业用地330亩，可供项目入驻，并在周边预留12平方千米一般耕地作为发展用地。B片区一期230余亩已完成拆迁，100余亩土地已报征可挂牌使用，空间承载能力较强。

【主导产业】承接游仙高新区内东材集团、绵阳锐详、绵阳鸿琪、聚合新材料等大型新材料企业的下属关联企业和配套中小企业，九院下属和配套的中物新材料、绵阳鑫光、开元新材料等企业也意向入驻。截至2020年年底，园区内有新材料上市龙头企业1家（雅化集团）、规上企业2家（蓝狮科技、久安芯）、拟升规企业1家（积水科技），4家企业年产值8.9亿元，税收4300万元，已建成国家级技术中心1个，国家认可实验室1个。同时还将依托中物院、西南科大对新材料的研发，积极推进成果转化和推广应用，重点发展先进高分子材料、特种金属功能材料、新型无机非金属材料、复合材料、前沿新材料等相关产业。

【管理机构】园区采取政府主导、企业主体的模式，由游仙区平台公司城东公司寻求合作伙伴共同建设，共同成立管理运行机构。2020年，已成立游仙高新区新材料中小微企业服务中心，下设项目推进服务部、规划建设部、财务内审部、征地拆迁安置部、安监办、办公室，管理机构及运行机制健全。

【生产生活配套】园区周边有国家级实验室、九院共享实验平台和四川嘉泰工业产品设计公司等为园区生产服务的科研机构和企业。承载地新桥有自来水厂、污水处理厂、垃圾压缩中转站等必备的基础设施，城市公交29路、98路直达园区门口。新桥作为“百镇建设行动”新增试点镇，将1500余万元项目资金用于园区配套建设。同时，投资14.79亿元的游仙区“芙蓉花溪”乡村振兴项目穿境而过，正在建设全域旅游环线、骑行游步道、人工湖泊、湿地、绿化景观等公共服务设施。园区周边还有山水禾养生度假农庄、朝越蓝莓庄园、千亩虾田等农旅综合体，“朝越蓝莓”“凤舞林”生态野鸡蛋、山水禾绿色蔬菜、胭脂脆桃等绿色生态品牌远近闻名，周边生产生活配套设施完备，生态环境美丽、社会和谐稳定。（全乔）

魏城工业园

【概况】游仙经济开发区东区（魏城工业园）规划主要服从和服务于绵阳科技城建设，重点招引、培育科技环保类项目。魏城工业园项目规划分三期建设，园区基础设施建设总投资7.57亿元，项目建成后，将成为绵梓路产业带上的重要工业聚集地和产业承载体。工业园一期规划面积1400余亩（含基础设施），其中一类工业用地472亩、二类工业用地576亩。

【项目建设】魏城工业园建设项目采用PPP模式实施，概算总投资约7.5亿元，包含园区基础设施建设、“五通一平”、防洪堤整治、场镇雨污管网建设、场镇道路提升改造等子项目。项目通过公开招标确定社会资本方为中融国城建设有限公司（联合体牵头单位），联合体成员单位是中铁工程设计咨询集团有限公司和四川鼎浩发展股权投资基金管理有限公司。项目公司已设立完成，社会资本方的注册资本金已到位，项目已正式启动拆迁工作，在财政部PPP项目库被批准转入执行阶段。

【招商引资】截至2020年年底，已签约的企业有强途装配式建筑、中海外绵阳分公司打造世界稻米村、鑫和惠置业公司、安托绿色墙材、鑫睿一次性医疗设备生产项目。（李鑫）

中共绵阳市游仙区委员会

概 述

【概况】2020年，在市委的坚强领导下，区委团结带领全区广大党员干部群众，紧扣全面建成小康社会目标任务，深度融入成渝地区双城经济圈建设，统筹推进疫情防控和经济社会发展，经济发展质量持续提升，民生事业均衡改善，社会建设和谐稳定，人民群众幸福感日益增强。全年实现地区生产总值376.38亿元、同比增长4.2%，规上工业增加值同比增长3.4%，全社会固定资产投资同比增长15.2%，地方一般公共预算收入10.75亿元、同比增长2.45%，税收占一般预算收入比重达79.43%，农村和城镇居民人均可支配收入同比分别增长9%和6%。

【新冠肺炎疫情防控】扎实开展新冠肺炎疫情联防联控，正月初二即号召组织在绵阳的1200余名机关干部投入疫情防控中。探索推行“村落物业化”防控模式，跨区域创新建立“新冠肺炎联防联控临时联合党支部”15个，全区累计报告确诊病例2例（本地病例1例、输入病例1例），2月5日之后再未出现确诊病例，在全省率先进入低风险区。创新实施“5+1”服务，探索“党员外卖”“红色货郎”等志愿服务配送模式，切实保障群众日常生活需求。抓早抓好复工复产，分产业领域召开复工复产座谈会，建立“控疫情、保运转、稳增长”重点企业服务专班45个和“用工联络员”制度，实行“一企一策”定点服务，助力企业复工复产。抢抓疫情期间国家、省扶持政策出台窗口期，组建工作专班对上争取扶持政策，从2月至12月底，共争取落实项目资金37.99亿元，创历年新高，其中22.97亿元都是无偿资金。

【抗洪抢险】2020年，面对因连续暴雨影响导致的全区性洪涝地质灾害，全力做好防汛抢险，加强统筹协调，动员抢险队伍232支、干部群众近万人次参与抢险救灾，累计安全转移搬迁群众4000余人，未出现一例伤亡失踪事件。

【工业发展】2020年，投资21.8亿元的激光产业基地项目完成签约并集中开工，中广核技、先通医药等一批核医疗健康产业园项目签约落地。新材料、节能环保、电子信息、智能制造产业产值占规上工业总产值比重达90%，全年培育4亿元以上企业3家。

【农业发展】2020年，依托园区发展“三品一标”农产品132个，培育农业企业223家、专合社430家、家庭农场293家、种养大户455家，创建国家级生态乡镇1个、省级生态乡镇15个，被评为省级实施乡村振兴战略先进区，游仙土地托管做法入选全国农业社会化服务典型案例。

【现代服务业】2020年，“宵夜江湖”风情街和“拾光里”步行街等项目规划建设加快推进，芙蓉花溪乡村振兴综合体项目基本建成，通过省级电子商务产业发展示范县验收，先后被省市评为“促进服务业发展工作先进单位”。

【对外开放】2020年，深入落实省、市区域协同发展战略部署，围绕教育、科研、农业等方面加强与重庆市北碚区、西南大学合作，与科创园区签订战略合作协议，被列为全省9个成渝地区双城经济圈县域集成改革试点单位之一，承办全省成渝地区双城经济圈建设县域集成改革试点推进会议。深入京津冀、江浙沪、粤港澳大湾区等地洽谈对接50余次，新签约招商项目45个，协议引资180亿元，其中5亿元以上项目9个。

【两项改革“后半篇”文章】2020年，着力推动基层组织体系重构，完成村级建制调整改革，49%的村被撤并，全市减幅最高，改革全程未发生一起信访事件。坚持规划引领发展，第一时间启动建制调整后镇、村规划编制工作，实现规划全覆盖，1个村、1个社区的规划成为村级建制调整改革后全省首批通过审查并备案的村级规划。创新实施“放权赋能强镇”改革，首批向乡镇（街道）下放148项管理服务权限，出台“吹哨、报到”考核办法，受到国务院“放管服”改革协调小组肯定评价，建成全省首个镇级“基层社会治理调度平台”。扎实开展全省村（社区）“两委”换届整县试点，选出“根在农村、家在农村、产业在农村”党组织带头人81名，全区172个村（社区）党组织书记平均年龄45岁、比上届下降2.5岁。全面启动村规民约（居民公约）修订完善试点，112个村全部完成。按照党组织、经济组织、社会组织三个“三分之一”原则，重新优化使用村级组织活动场所。完善全区乡村公共文化服务体系，在各镇（街道）全面推进文化馆、图书馆总分馆制建设，新桥镇被列为省委宣传部两项改革“后半篇”文章公共文化服务提质增效试点镇。充分发挥“网格员”“河（湖）长”等人员作用，聚焦养老、文化、培训、公益等领域提供高质量社会服务，“电管家+网协员”工作受到彭清华书记和王正谱部长肯定性批示。

【基层治理】2020年，深入推进

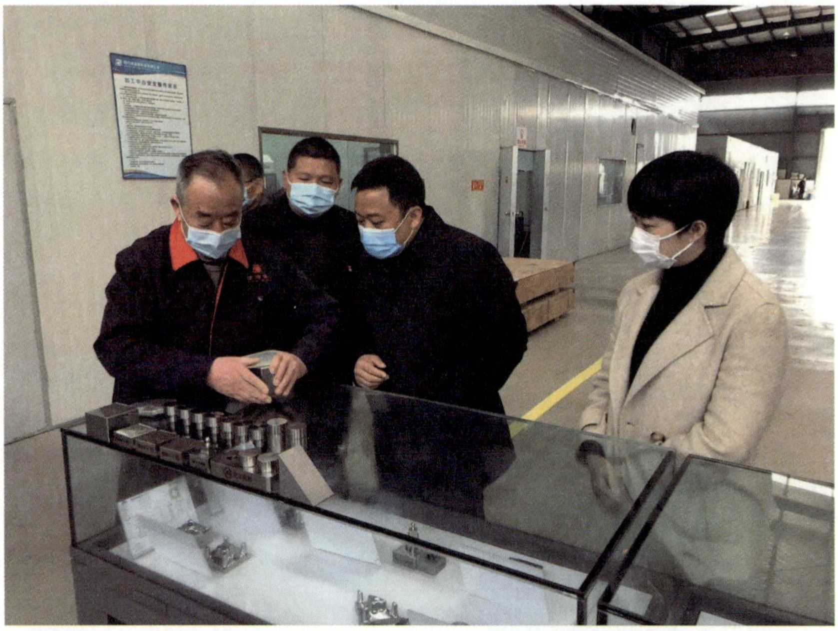

2020年3月10日，区委书记江彬（右二）到石马镇调研复工复产工作

法治游仙建设，开展“法治周周行”活动20余次，“七五”普法全面完成，被省委确定为14个全面依法治县示范试点县之一。着力完善共建共治共享的公共法律服务体系，小枧司法所被确定为全省首批“枫桥式司法所”试点创建单位，12个司法所全部被评为“省级规范化司法所”，“游仙融合法律服务机制的探索和实践”“法治化营商环境视野下的‘法治体检’游仙模式探索”分别入选2020年和2021年《四川法治蓝皮书》。完善矛盾纠纷多元化解机制，建立“1+3+N”“三色”预警处置等工作机制，成功化解信访积案23件，信访总量同比下降11.2%，“防新案、化积案、攻难案”工作入选2020年全国百个“创新社会治理典型案例”。纵深推进扫黑除恶专项斗争，智慧平安小区、山湾平安联盟建设持续推进，推广实施“慧眼工程”，平安游仙建设不断深化。全力推进中物院周边重点点位环境安全应急处置，全面完成管控区域内1667户建筑物及人员的排查，“8·20”专项任务全面完成并通过中央和省级验收。

【民生保障和改善】民生支出占一般公共预算支出比重一直稳定在70%以上。坚持教育优先发展，教育综合目标考核连续6年居全市第一，游仙职业技术学校成功创建四川省“双示范”中职学校和绵阳市第一所职教名校。深化医疗体制改革，“八区三中心”区域医疗中心建设稳步推进，完成智慧健康养老服务云平台二期项目建设，迎接“全国健康促进县（区）创建工作”考评。通过全国文明城市复查测评，新时代文明实践中心试点经验全省推广，创建全国和省级文明单位3个，2人被评为“四川好人”。城乡基础设施进一步完善，完成老旧小区改造任务10个，省道205绕城改线游仙段全线贯通，九绵高速、绵苍高速、G5高速成绵扩容、国道108改线、绵广复线等项目顺利推进，新改建县乡道82.4千米、村道342.4千米，客运车站点实现建制村全覆盖。社会救助、脱贫攻坚、食品药品安全等民生事业全面提升，全区城镇新增就业6250人。安全生产形势稳中向好，区、镇、村三级应急物资储备体系、应急调度平台、综合性应急预案等亮点工作在全市推广，全年未发生较大以上安全生产事故。牢固树立“绿水青山就是金山银山”的理念，认真落实中央、省环保督察及“回头看”整改工作，全面完成反馈整改件91件，绿色生态的发展底板更加坚实。

【作风建设】持续开展“反四风破四小”作风建设，贯通运用阳光监督平台、财经纪律监管“三级联审”、基层听音等方式打好监督“组合拳”，严肃查处群众身边不正之风和腐败问题127件127人，累计颁发鸵鸟奖、蜗牛奖、刺猬奖“三大负面奖项”48个单位（集体），游仙首创的院坝问廉在全市推广。发挥巡视巡察利剑作用，高标准严要求开展政治巡察并实现“全覆盖”，完成省委第七巡视组巡视、省任期经济责任暨自然资源资产离任（任中）审计。运用好监督执纪“四种形态”，第一种形态占比始终保持在50%以上，抓早抓小抓苗头，让“咬耳扯袖、红脸出汗”成为常态，纪律建设的约束作用日益显现。深入推进基层民主政治建设，人大代表助力复工复产受到各界好评，基层协商

游仙区乡村旅游环线

“五议工作法”被人民政协报报道。（陈俊明）

重要会议

【中共绵阳市游仙区第六届代表大会第五次会议】2020年2月27日，中国共产党绵阳市游仙区第六届代表大会第五次会议召开，会议听取和讨论江彬代表中国共产党绵阳市游仙区第六届委员会所作的题为《改革创新求突破 关键时刻勇担当 奋力谱写更高质量的“五个游仙”新篇章》的工作报告。

大会充分肯定六届区委的工作，高度评价2019年全区经济社会发展取得的成绩。一致认为，报告总结成绩实事求是，形势分析客观全面，制定目标科学务实，为游仙区2020年发展进一步指明方向，是一个务实开拓、凝心聚力的报告。

大会认为，2019年，区委在省委、市委的坚强领导下，团结带领全区各级党组织、广大党员和干部群众，昂扬奋进、攻坚克难，全区综合实力达到新高度，三次产业实现新突破，社会事业开创新局面，党的建设取得新进步，各项工作再获新荣誉，交出了一份合格答卷。一致认为，在当前全国上下共同抗击新冠肺炎疫情特殊时期，必须深刻认识宏观战略的有利形势，深刻认识自身短板的不利态势，深刻认识不可预期的发展趋势。

大会指出，2020年要紧扣全面建成小康社会目标任务，主动融入成渝地区双城经济圈，深入实施“四大兴区战略”，发扬实事求是、担当奉献的优良作风，在改革创新上求突破、项目建设上求突破、开放合作上求突破，着力建设先进制造业千亿园区、现代服务业集聚区、城乡融合发展试验区，奋力谱写更高质量的“五个游仙”新篇章。确保实现区属地区生产总值增长8.5%，服务业增加值增长9.8%，规模以上工业增加值增长10%，全社会固定资产投资增长10%，社会消费品零售总额增长10%，地方一般公共预算收入增速与经济发展同步，城镇居民人均可支配收入增长8%，农村居民人均可支配收入增长9%。

大会强调，2020年要扎实抓好“努力建设先进制造业千亿园区、谋划建设现代服务业集聚区、探索建设城乡融合发展试验区、借势提升基础设施建设水平、精准发力拓展对外开放格局、坚决打赢脱贫攻坚战、牢牢守住生态环保红线”七项重点工作，探索推进“基层政权建设和组织架构、社会运行保障、经济社会发展、社会建设”四大类十二项改革任务，统筹做好“党的政治建设、疫情防控、优惠政策落实、和谐稳定社会环境、干部人才队伍、正风肃纪、民主政治建设”七项保障工作。

大会认为，报告确立的指导思想、发展目标、工作部署，完全符合中央、省、市精神，符合游仙区实际，全面反映全区广大党员干部群众的共同意愿。大会决定批准区委工作报告。

大会号召，全区广大党员和干部群众要更加紧密地团结在以习近平同志为核心的党中央周围，在省委、市委的坚强领导下，改革创新求突破、关键时刻勇担当，奋力谱写更高质量的“五个游仙”新篇章。

2020年2月27日，中共绵阳市游仙区第六届代表大会第五次会议预备会议召开

【区委常委会会议】六届第102次2020年1月8日召开，会议传达学

习贯彻市委七届八次全会暨市委经济工作会议精神、学习贯彻市委办公室印发的《关于贯彻落实〈中国共产党重大事项请示报告条例〉有关事项的通知》精神、省委办公厅印发的《关于做好统计造假专项整治工作的通知》精神、全市国家安全人民防线会议精神、全省县区、社区、园区、校区统战工作会议精神。审议《关于表彰建设更高质量“五个游仙”先进集体和先进个人的决定（审议稿）》《关于表扬2019年度重点单项工作先进单位和先进个人的通报（审议稿）》听取2019年全区群团工作情况汇报、2019年未成年人思想道德建设工作情况汇报、区委领导班子成员及区人大常委会、政府、政协、法院、检察院党组书记2019年第四季度履行党风廉政建设主体责任情况汇报。

六届第103次 2020年1月19日召开，专题听取2019年度基层党（工）委（党组）书记抓党建工作述职。

六届第104次 2020年1月21日召开，学习贯彻习近平总书记对新型冠状病毒感染的肺炎疫情作出的重要指示和李克强总理批示精神，1月20日省委、省政府专题会议及1月21日市委专题会议精神，研究部署游仙区有关工作。

六届第105次 2020年1月27日召开，传达中央、省、市关于新型冠状病毒感染的肺炎疫情防控工作重要精神，研究部署游仙区新型冠状病毒感染的肺炎疫情防控工作。

六届第106次 2020年2月7日召开，学习贯彻中央、省、市疫情防控工作有关文件和会议精神，听取游仙区疫情防控工作情况汇报，研究部署下一步工作。

六届第107次 2020年2月14日召开，学习贯彻中央、省、市疫情防控工作有关精神，听取游仙区疫情防控工作情况汇报，研究部署下一步工作。

六届第108次 2020年2月23日召开，学习贯彻中央统筹推进新冠肺炎疫情防控和经济社会发展工作部署会议和省委常委会（扩大）会议精神，研究部署游仙区新冠肺炎疫情防控和经济社会发展工作。

六届第109次 2020年2月24日召开，听取区六届五次党代会筹备情况汇报，讨论修改党代会报告，学习贯彻七届市委常委会第144次（扩大）会议暨市委应对新冠肺炎疫情工作领导小组第五次会议精神，听取新冠肺炎疫情防控工作情况汇报，研究部署统筹推进疫情防控和经济社会发展工作。

六届第110次 2020年3月5日召开，学习贯彻2月26日中央政治局常委会会议，2月25日国务院常务会议，2月24日、2月27日中央应对新冠疫情工作领导小组会议，省委常委会，彭清华书记在省应对新冠疫情应急指挥部调研时的重要讲话，省政府党组成员王一宏到绵阳调研，3月2日市委常委会（扩大）会议精神，听取游仙区疫情防控和复工复产工作情况汇报，研究部署有关工作，学习贯彻全国、全省、全市组织部部长会议暨市老干部局长会议精神，听取游仙区乡镇行政区划调整改革工作实施情况汇报，审议《绵阳市游仙区国民经济和社会发展第十四个五年规划编制工作方案（审议稿）》《绵阳市游仙区贯彻落实中央生态环境保护督察“回头看”反馈意见整改任务清单（审议稿）》《绵阳市游仙区贯彻落实四川省生态环境保护专项督察反馈意见整改任务清单（审议稿）》《关于加强和改进区委区政府法律顾问团工作有关事项的请示》《关于全区各镇党委召开新一届镇党代会的请示》。

六届第111次 2020年3月13日召开，学习贯彻全国、全省宣传部部长会议及全市宣传思想工作会议精神，传达学习省委常委、宣传部部长甘霖调研游仙区融媒体中心讲话精神，绵阳军分区党委十八届五次全体（扩大）会议精神，安排部署2020年武装工作。审议《绵阳市游仙区2020年扫黑除恶专项斗争工作要点（审议稿）》。研究干部事项。

六届第112次 2020年3月24日召开，研究差额确定拟提拔正县级领导职务进入会议推荐参考人选，等额确定拟晋升二级调研员职级进入会议推荐参考人选。

六届第113次 2020年3月24日召开，研究确定拟提任正县级领导职务考察对象人选，拟晋升二级调研员职级考察对象人选。

六届第114次 2020年3月25日召开，学习习近平总书记关于安全生产工作的重要指示精神，学习贯彻中共中央办公厅、国务院办公厅印发的《关于全面加强危险化学品安全生产工作的意见》。审议《关于设立区委城乡基层治理委员会的建议方案》《绵阳市游仙区村级建制调整改革实施方案（审议稿）》。听取游仙区科教文卫主动融入成渝地区双城经济圈情况汇报。审议《绵阳市游仙区2020年作风建设工作要点》。审议四川鑫健瑞一次性医用器械生产及医用设备新型清洁项目相关事项、太极集团四川绵阳制药有限公司搬迁技改项目相关事项、郑州兴事发门业（绵阳）智慧家居产业园项目相关事项。审议《区委非公有制经济组织和社会组织工委下属综合党委机构设置方案（审议稿）》《关于成立中国共产党绵阳市游仙区司法局委员会的工作方案（审议稿）》审议《游仙区退出科级领导岗位干部履职情况满意度测评办法（审议稿）》《2019年县级干部年度考核等次结果的建议》《2019年度全区科级领导班子年度考核等次评定的建议》。

六届第115次 2020年4月7日召开，学习传达4月2日、4月6日中央应对新冠肺炎疫情工作领导小组会议及4月3日省应对新冠肺炎疫情应急指挥部会议精神，听取游仙区疫情防控工作情况汇报，研究部署有关工作。

六届第116次 2020年4月9日召开，研究差额确定拟提任市属企业副职进入会议推荐参考人选。

六届第117次 2020年4月9日召开，研究确定拟提任市属企业副职考察对象人选。

六届第118次 2020年4月23日召开，学习贯彻全市信访工作会议暨信访工作联席会议全体会议精神，中央、省、市组织系统抓党建促决战决胜脱贫攻坚电视电话会议精神。审议《绵阳市游仙区扩权赋能强镇提升乡镇（街道）运行能力的实施意见》。审议区六届人大六次会议筹备工作方案、相关工作报告和《区人大常委会2020年工作要点》，区政协六届五次会议筹备工作方案、相关工作报告和《区政协2020年重点协商工作计划》。审议《中共绵阳市游仙区委城乡基层治理委员会工作规则》。审议融合产业园与四川能投建工集团有限公司合作相关事项、给予游仙高新技术产业园区政策支持相关事项。听取区委领导班子成员及区人大常委会、政府、政协、法院、检察院党组书记2020年第一季度履行党风廉政建设主体责任情况汇报。

六届第119次 2020年4月30日召开，解读《中华人民共和国村民委员会组织法》，传达学习省委常委、组织部部长王正谱到绵阳调研指示精神，听取对上争取专班工作情况汇报，通报4月拟入库项目情况和5月拟申报入库项目情况，传达学习省委、省政府党风廉政建设责任制领导小组办公室印发的《关于开展2020年党风廉政建设社会评价工作的通知》精神，通报游仙区近年来社会评价工作开展情况，安排部署下一步工作。听取六届区委第九轮巡察工作情况汇报、六届区委巡察发现的普遍性问题情况汇报。传达全市城乡消防工作视频会议精神。审议关于成立游仙区委、区

2020年4月7日，中共绵阳市游仙区委常委会六届第115次（扩大）会议暨疫情防控工作领导小组第7次会议召开

政府决策咨询委员会的建议方案。审议关于县级领导干部自愿退出领导岗位后相关待遇问题的建议。研究干部事项。

六届第120次 2020年5月13日召开，学习贯彻5月6日中共中央政治局常务委员会会议、5月7日中央应对新冠肺炎疫情工作领导小组会议精神。学习贯彻省十三届人大三次会议、省政协十二届三次会议精神和省委书记、省人大常委会主任彭清华在参加绵阳代表团全体会议审议时的重要讲话精神，传达贯彻市委七届常委会第154次会议相关精神。

六届第121次 2020年5月15日召开，学习贯彻市委统战领导小组2020年第一次会议、市委宗教领导小组（扩大）会议精神、全市森林防灭火专项整治工作会议精神。传达学习全市村级建制调整改革领导小组第四次会议精神。审议《绵阳市游仙区村级建制调整改革方案》《诺思（绵阳）微系统项目（一期）机电设备采购建议方案》。

六届第122次 2020年5月21日召开，学习贯彻加强中国特色社会主义参政党建设相关精神。审议《关于成立绵阳市游仙区森林防灭火专项整治工作领导小组建议方案》《绵阳市游仙区森林防灭火专项整治实施方案（审议稿）》。学习贯彻全省城乡基层治理机构负责同志视频培训会议精神。审议《游仙区2020年城乡基层治理重点项目（审议稿）》《绵阳市游仙区村级建制调整改革中涉改村（社区）临时党组织书记拟任人选的请示》。

六届第123次 2020年5月25日召开，传达学习党中央和省委、市委关于巡视工作部署要求，安排部署配合十一届省委六轮第七组巡视相关工作

六届第124次 2020年5月29日召开，解读《生产安全事故应急条例》。审议防范化解九大领域重大风险工作计划、太极集团四川绵阳制药有限公司搬迁技改项目事项。审议《西部半导体集成电路高科技产业园项目补充协议书（审议稿）》《关于成立绵阳市游仙生态环境局党组的请示》。

六届第125次 2020年6月3日召开，学习贯彻5月14日中共中央政治局常务委员会会议、5月15日中共中央政治局会议精神，习近平总书记在山西考察时和在党外人士座谈会上的重要讲话精神，5月15日、5月20日中央应对新冠肺炎疫情工作领导小组会议精神，5月18日省委常委会会议有关精神。学习贯彻习近平总书记在参加十三届全国人大三次会议内蒙古、湖北等代表团审议及出席解放军和武警部队代表团全体会议及看望参加全国政协十三届三次会议经济界委员时的重要讲话精神，十三届全国人大三次会议、全国政协十三届三次会议精神，四川省、绵阳市传达学习全国两会精神大会精神。学习贯彻省委第七巡视组巡视绵阳市工作动员会精神。审议《游仙区区级部门派驻镇街（试验区）机构和干部双重管理年度考核试行办法（审议稿）》和《游仙区“吹哨”“报到”管理评价考核办法（审议稿）》《关于区应急管理局党组改设党委的工作方案（审议稿）》。

六届第126次 2020年6月16日召开，研究干部事项。

六届第127次 2020年6月24日召开，研究等额确定拟晋升三级调研员职级进入会议推荐参考人选。

六届第128次 2020年6月24日召开，研究确定拟晋升三级调研员职级考察对象人选。

六届第129次 2020年7月3日召开，研究确定拟提任副县级领导职务进入会议推荐参考人选。

六届第130次 2020年7月3日召开，研究确定拟提任副县级领导职务考察对象人选。传达学习市委政协工作会议精神。审议《绵阳市游仙区城乡规划委员会组成人员建议名单》《绵阳市游仙区城乡规划委员会工作规程（审议稿）》。听取2020年上半年贯彻落实意识形态工作责任制情况汇报，研究部署下一步工作。听取区人大常委会、政府、政协、法院、检察院党组及高新区党工委上半年工作情况汇报，听取区委领导班子成员上半年分管领域工作情况汇报。听取区委领导班子成员及区人大常委会、政府、政协、法院、检察院党组书记及高新区党工委书记2020年第二季度履行党风廉政建设主体责任情况汇报。

六届第131次 2020年7月8日召开，学习贯彻《被巡视党组织

配合中央巡视工作规定》《被巡视党组织准备工作规范》精神。听取与省委第七巡视组工作对接有关情况汇报。审议《绵阳市游仙区成立配合十一届省委六轮第七组巡视工作组织机构的建议方案》《区委配合省委第七巡视组工作联络组办公室工作建议方案》和《区委配合省委第七巡视组工作材料组工作建议方案》等8个工作组建议方案和《纪检监察专项检查迎检组工作建议方案》等3个专项迎检工作建议方案审议《2016年换届以来区委工作情况汇报》等4个汇报材料。

六届第132次 2020年7月10日召开，听取游仙区扫黑除恶专项斗争情况汇报，研究迎接省扫黑除恶专项斗争督导组“回头看”准备工作。通报雅安市名山区、眉山市仁寿县、宜宾市江安县及临港经济技术开发区、德阳市广汉市统计违纪违法案件情况。审议《绵阳市游仙区目标绩效管理办法（审议稿）》《游仙区开展非户籍常住居民和党员参加社区“两委”换届试点实施方案（审议稿）》《关于进一步加强对“一把手”监督的若干措施（审议稿）》。审议2019年第三轮“三大奖”销号及2020年上半年“三大奖”评定建议名单、从区财政局代管资金账户调拨资金相关事项。研究干部事项。

六届第133次 2020年7月24日召开，传达学习习近平总书记及省委、市委主要负责同志对进一步做好防汛救灾工作作出的重要指示批示精神、习近平总书记在企业家座谈会上的重要讲话精神。学习贯彻中共中央办公厅印发的《党委（党组）意识形态工作责任制实施办法》精神，研究部署游仙区意识形态工作。传达贯彻中共四川省委十一届七次全会精神、全省推动制造业高质量发展现场会精神。听取游仙区配合省委第七巡视组巡视工作情况汇报。听取省委乡镇行政区划和村级建制调整改革专题调研组在游仙调研期间相关情况汇报，研究谋划游仙区推进两项改革“后半篇文章”相关工作。

六届第134次 2020年7月29日召开，传达学习市委七届九次全委会及市级领导干部和县级主要负责同志读书班精神。听取成渝地区双城经济圈建设绵阳市游仙区集成改革试点工作推进情况汇报。审议《关于成立绵阳市游仙区镇村建制调整改革“后半篇”文章工作领导小组及专项工作组的建议方案》。

六届第135次 2020年8月16日召开，听取全区防汛救灾情况汇报，安排部署当前防汛救灾工作。

六届第136次 2020年9月1日召开，会前讲纪学法：解读《中华人民共和国促进科技成果转化法》及国家科技成果转化相关政策。学习传达全省现代农业园区建设现场会精神、全省人才工作座谈会精神。听取2020年1—8月矛盾纠纷排查化解情况汇报。研究配合做好经济责任和自然资源资产审计相关工作、洪涝灾害灾后恢复重建相关工作。审议《绵阳市游仙区城乡社区治理试点实施方案（审议稿）》。审议双胞胎畜牧年出栏40万头生猪养殖产业链项目相关事项、涪江街道、石马镇换届试点社区党组织书记拟任人选事项。审议《绵阳市游仙区国有企业退休人员社会化管理工作方案（审议稿）》《绵阳市游仙区2019年决算（草案）的报告（审议稿）》《关于召开中国共产党绵阳市游仙区第六届委员会第八次全体会议暨区委读书班的建议方案》及《关于深入贯彻习近平总书记重要讲话精神深度参与成渝地区双城经济圈建设的决定（审议稿）》。

六届第137次 2020年9月7日召开，研究差额确定拟提任正县级领导职务进入会议推荐参考人选。

六届第138次 2020年9月7日召开，研究确定拟提任正县级领导职务人选考察对象、差额确定拟提任正县级领导职务进入会议推荐参考人选。

六届第139次 2020年9月7日召开，通报当前全市意识形态领域情况，安排部署游仙区意识形态领域相关工作。传达学习习近平总书记在中国人民警察警旗授旗仪式上的重要训词和全国、全省公安工作会议精神，研究全区公安机关“坚持政治建警全面从严治警”教育整顿工作。审议《关于加强新时代公安工作的职责任务分工方案（审议稿）》《关于在全区建制行政村（社区）配置“一村（社区）一警务助理”实施意见(审议稿)》。审议天津一飞智控绵阳无人机基地项目相关事项的请示。审议县级领导干部结束任职试用期转正事项、游仙区乡镇（街道）党政正职、区直部门主要负责人2019年度考核事项、区委区政府决策咨询委员会和咨询小组组成人员事项。研究干部事项。

六届第140次 2020年9月23日召开，学习贯彻习近平总书记关于制止餐饮浪费行为重要批示精神、科技城建设部际协调小组第十四次会议精神和9月22日省委常委会会议、9月23日市委常委会会议有关精神，研究部署有关工作。

六届第141次 2020年9月29日召开，审议《游仙区村（社区）“两委”换届选举工作领导小组建议名单》《游仙区建立党员县级领导联系指导村（社区）“两委”换届选举制度》《游仙区村（社区）党组织换届工作实施方案》。

六届第142次 2020年11月3日召开，传达学习中国共产党第十九届中央委员会第五次全体会议精神、中央政治局会议审议《成渝地区双城经济圈建设规划纲要》的有关精神。传达贯彻中共中央保密委关于某部委发生重大间谍窃密案件有关情况的通报。学习贯彻《中国共产党农村工作条例》精神。审议《绵阳市游仙区村级建制调整改革离职村干部一次性离职生活补助实施办法（审议稿）》《关于在离任村（社区）干部中认定“荣誉村（社区）干部”的通知（审议稿）》。审议2020年1—6月全区重点专项工作先进个人建议名单。审议《关于从大学生村官考核招聘为乡镇卫生院的工作人员中择优选调到乡镇事业单位工作的方案（审议稿）》。审议帮扶化解不良资产推进组建绵阳农村商业银行相关事宜、激光产业基地项目相关事宜、四川迪派锐科技移动式DR检测系统(绵阳激光产业基地)产业化项目相关事宜、科学城久利电子井下智能控制系统（绵阳激光产业基地）项目相关事宜、中广核核技术发展股份有限公司（绵阳）医用同位素生产基地项目相关事宜、北京先通医药放射药研发生产基地项目相关事宜、重庆鹏弘呈新型建材智能加工产业园项目相关事宜、东莞精耐精密压铸模具生产线项目相关事宜、东材科技（绵阳）技改扩能与搬迁项目相关事宜、山东菏泽龙池生态动物园有限公司绵阳川北野生动物乐园项目相关事宜。听取区委领导班子成员及区人大常委会、政府、政协、法院、检察院党组书记第三季度履行党风廉政建设主体责任情况汇报。研究干部事项。

六届第143次 2020年11月11日召开，传达学习全省县域集成改革试点推进会会议精神、2020年省市文化和旅游发展大会精神。学习贯彻全省、全市公安政治安全保卫工作会议精神。听取游仙区2020年扫黑除恶专项斗争阶段工作汇报。审议《绵阳市游仙区信访工作联席会议关于进一步明确区级领导包案解决突出信访问题的工作方案（审议稿）》。学习贯彻绵阳市对口帮扶涉藏地区贫困县工作推进会精神。审议《关于贯彻落实<关于加快推进媒体深度融合发展的意见>的实施方案（审议稿）》。审议游仙区村（社区）党组织换届党组织书记候选人正式人选。听取区政协关于游仙区“新三年”棚改攻坚行动调研情况汇报。审议《芙蓉花溪乡村振兴综合项目宣传方案（审议稿）》。

六届第144次 2020年11月19日召开，研究确定拟提任市属企业副职、拟晋升二级调研员职级和二级高级警长职级进入会议推荐参考人选。

六届第145次 2020年11月19日召开，研究确定拟提任市属企业副职、拟晋升二级调研员职级和二级高级警长职级考察对象人选。

六届第146次 2020年11月25日召开，研究公务员职级晋升事宜。审议中广核核技术发展股份有限公司（绵阳）质子医疗装备制造基地项目相关事宜、中广核久源科技有限公司北京分公司核测控装备研发制造基地项目相关事宜、四川科学城久利科技先进光机电设备生产制造项目相关事宜、上海绘诺西高分子复合材料生产基地项目相关事宜。

六届第147次 2020年11月30日召开，传达学习中央、省委关于巡视整改工作要求及七届市委第184次常委会会议精神，研究

11月30日，中共绵阳市游仙区委常委会六届第147次议召开

部署省委第七巡视组反馈意见整改工作。传达市委、市政府党务政务目标考核会议精神并研究部署游仙区2020年度目标绩效考核工作。审议《绵阳市游仙区委常委会、区政府常务会安全生产职责清单（审议稿）》。听取区镇村级建制调整改革“后半篇”文章工作40项改革任务推进情况汇报、2020年第三季度矛盾纠纷排查化解工作分析研判报告、第三季度网信工作暨网络意识形态工作情况汇报。

六届第148次　2020年12月2日召开，研究确定拟交流提任正县级领导职务进入会议推荐参考人选。

六届第149次　2020年12月2日召开，研究确定拟交流提任正县级领导职务考察对象建议人选。

六届第150次　2020年12月4日召开，审议《绵阳市游仙区落实省委第七巡视组反馈意见整改工作方案（审议稿）》《关于省委第七巡视组巡视检查游仙区委落实意识形态工作责任制情况反馈问题的整改方案（审议稿）》《关于省委第七巡视组巡视检查绵阳市游仙区委选人用人工作情况反馈问题的整改方案（审议稿）》。

六届第151次　2020年12月14日召开，审议《绵阳市抗击新冠肺炎疫情先进个人和先进集体推荐建议名单（审议稿）》。

六届第152次　2020年12月23日召开，传达学习省委十一届八次全会、市委七届十次全会精神、《中共四川省委关于制定四川省国民经济和社会发展第十四个五年规划和二〇三五年远景目标的建议》、省委书记彭清华会见中广核党委书记、董事长、总经理杨长利座谈会精神。传达学习《党委（党组）落实全面从严治党主体责任规定》《党政领导干部选拔任用工作条例》《四川省选拔任用党政领导干部分析研判和动议工作办法》等七个文件、全省森林草原防灭火工作会议精神、省、市纪委关于推动规范问责、精准问责座谈会和市纪委到游仙调研座谈会精神。审议《关于优化乡镇机构编制资源配置健全综合行政执法体系持续推进乡镇扩权赋能工作的实施方案（审议稿）》。传达贯彻全省县级党校分类建设改革工作会议精神及审议《绵阳市游仙区县级党校分类建设计划实施方案（审议稿）》。通报公务员辞职事项。审议军转干部职级确定事项及区残联兼职事项。

六届第153次　2020年12月29日召开，研究干部事项。

六届第154次　2020年12月31日召开，会前讲纪学法：解读《中华人民共和国预算法实施条例》相关精神。传达学习中央、省经济工作会议精神。听取2020年游仙区贯彻落实意识形态工作责任制情况汇报，研究部署下一步意识形态工作。审议《贯彻中共中央办公厅〈关于进一步加强法学会建设的意见〉的意见（审议稿）》《进一步深化法治体检防范民营企业法律风险，助推游仙经济良性发展的情况报告（审议稿）》。听取2020年全区群团工作情况汇报。审议惠东公司和城东公司所属11家子公司贷款相关事宜、惠东公司收购商业银行游仙支行及北川富民村镇银行债权相关事宜。

表2 2020年区委（办公室）文件目录选登一览表

序号	文件字号	文件名称
1	绵游委〔2020〕19号	关于印发《绵阳市游仙区城乡融合发展试验区党工委（管委会）工作规则》的通知
2	绵游委〔2020〕25号	关于新时代加强和改进人民政协工作的实施意见
3	绵游委〔2020〕30号	关于印发《绵阳市游仙区扩权赋能强镇提升乡镇（街道）运行能力的实施意见》的通知
4	绵游委〔2020〕31号	关于印发《区政府向区人大常委会报告国有资产管理情况制度》的通知
5	绵游委发〔2020〕1号	关于抓实“三农”重点工作确保如期实现全面小康的意见
6	绵游委发〔2020〕2号	关于印发《绵阳市游仙区民生实事项目人大代表票决制工作实施意见》的通知
7	绵游委发〔2020〕3号	关于印发《加快发展新型功能材料产业实施方案》的通知
8	绵游委发〔2020〕4号	关于印发《绵阳市游仙区目标绩效管理办法》的通知
9	绵游委发〔2020〕5号	关于深入贯彻习近平总书记重要讲话精神 深度参与成渝地区双城经济圈建设的决定
10	绵游委发〔2020〕6号	关于推进2020年全面从严治党、党风廉政建设和反腐败工作的意见
11	绵游委发〔2020〕7号	关于印发《关于全面实施预算绩效管理实施意见的工作方案》的通知
12	绵游委发〔2020〕8号	关于印发《全面深化新时代教师队伍建设改革的实施方案》的通知
13	绵游委办〔2020〕1号	关于印发《绵阳市游仙区财经纪律监管“三级联审”办法》的通知
14	绵游委办〔2020〕2号	关于印发《2019年度全区基层党组织书记抓党建述职评议考核实施方案》的通知
15	绵游委办〔2020〕18号	贯彻落实《关于进一步加强和改进党委（党组）理论学习中心组学习的实施意见》暨《2020年全区党委（党组）理论学习中心组学习安排意见》的通知
16	绵游委办〔2020〕20号	关于印发《绵阳市游仙区委区政府法律顾问团管理办法》的通知
17	绵游委办〔2020〕22号	关于印发《绵阳市游仙区2020年作风建设工作要点》的通知
18	绵游委办〔2020〕24号	关于印发《游仙区退出科级领导岗位干部履职情况满意度测评办法（试行）》的通知
19	绵游委办〔2020〕26号	关于印发《绵阳市游仙区创新构建医疗服务新体系改革实施意见》的通知
20	绵游委办〔2020〕28号	关于印发《绵阳市游仙区森林防灭火专项整治实施方案》的通知
21	绵游委办〔2020〕30号	关于印发《绵阳市游仙区蔬菜种业（川菜硅谷）现代农业园区建设任务清单》的通知

续表2

序号	文件字号	文件名称
22	绵游委办〔2020〕3号	关于印发《绵阳市游仙区食品安全党政同责责任清单》的通知
23	绵游委办〔2020〕6号	关于印发《关于加强和改进党政机关法律顾问工作的实施方案》的通知
24	绵游委办〔2020〕7号	关于印发《游仙区关心关爱疫情防控一线专家人才和医务人员的九条措施》的通知
25	绵游委办〔2020〕8号	关于印发《绵阳市游仙区乡镇（街道）机构改革方案》的通知
26	绵游委办〔2020〕10号	关于创新群众工作方法实施联合接访工作的通知
27	绵游委办〔2020〕11号	关于印发《绵阳市游仙区综合行政执法改革实施意见》的通知
28	绵游委办〔2020〕12号	关于进一步统筹规范2020年督查检查考核工作的通知
29	绵游委办〔2020〕16号	绵阳市游仙区产业工人队伍建设改革实施方案
30	绵游委办〔2020〕34号	关于印发《2020年政党协商（会议协商）计划》的通知
31	绵游委办〔2020〕37号	关于落实三级书记抓乡村振兴领导责任制和实绩考核制度的通知
32	绵游委办〔2020〕38号	关于印发《绵阳市游仙区国有企业退休人员社会化管理工作方案》通知
33	绵游委办〔2020〕41号	关于印发《游仙区村（社区）党组织换届工作实施方案》的通知
34	绵游委办〔2020〕43号	关于印发《关于建立健全综合行政执法调度评价反馈机制的实施方案》的通知
35	绵游委办〔2020〕44号	关于印发《绵阳市游仙区全面依法治区示范试点工作实施方案》的通知
36	绵游委办〔2020〕45号	关于印发《绵阳市游仙区科级领导干部实绩档案管理实施办法（试行）》的通知
37	绵游委办〔2020〕49号	关于印发《绵阳市游仙区加快推进媒体深度融合发展实施方案》的通知
38	绵游委办〔2020〕53号	关于印发《关于优化乡镇机构编制资源配置健全综合行政执法体系持续推进乡镇扩权赋能工作的实施方案》的通知
39	绵游委办发〔2020〕1号	关于印发《绵阳市游仙区承接市级权责工作联席会议制度》的通知
40	绵游委办发〔2020〕2号	关于印发《〈绵阳市游仙区鼓励人才创新创业八条扶持政策〉实施细则》的通知
41	绵游委办发〔2020〕3号	关于印发《绵阳市游仙区国民经济和社会发展第十四个五年规划编制工作方案》的通知)
42	绵游委办发〔2020〕4号	关于印发《关于进一步加强和完善应急管理工作的实施方案》的通知
43	绵游委办发〔2020〕5号	关于印发《绵阳市游仙区进一步完善矛盾纠纷多元化解工作实施意见》的通知

续表2

序 号	文件字号	文件名称
44	绵游委办发〔2020〕6号	关于印发《关于建立综合行政执法协作配合工作机制的实施方案》的通知
45	绵游委办发〔2020〕7号	关于印发《绵阳市游仙区社会稳定风险评估实施细则》的通知
46	绵游委办发〔2020〕8号	关于印发《关于健全完善大数据共享应用机制的实施方案》的通知
47	绵游委办发〔2020〕9号	关于印发《游仙区“富乐优才”培育计划》的通知
48	绵游委办发〔2020〕10号	关于印发《游仙区区级部门派驻镇街（试验区）机构和干部双重管理年度考核办法（试行）》和《游仙区“吹哨”“报到”管理评价考核办法（试行）》的通知
49	绵游委办发〔2020〕11号	关于印发《绵阳市游仙区进一步推进学前教育发展的实施方案》的通知
50	绵游委办发〔2020〕12号	关于印发《关于进一步加强对“一把手”监督的若干措施（试行）》的通知
51	绵游委办发〔2020〕13号	关于印发《绵阳市游仙区抓项目促投资19条硬措施》的通知
52	绵游委办发〔2020〕14号	关于印发《绵阳市游仙区山湾农庄建设三年行动计划（2020—2022年）》的通知
53	绵游委办发〔2020〕16号	关于印发《关于在全区建制行政村（社区）配置警务助理的实施意见》的通知
54	绵游委办发〔2020〕17号	关于印发《绵阳市游仙区村级建制调整改革离职村干部一次性离职生活补助实施办法》的通知

区委办工作

【概况】2020年，区委办牢固树立“四个意识”，自觉践行“五个坚持”，认真贯彻落实上级各项决策部署，不断提升“三个服务”水平，在狠抓落实上作表率，勇于担当、创新实干、善谋善成，圆满完成各项工作任务，进一步树立党委办公室的良好形象，为游仙经济社会发展做出积极贡献。

【办文服务】坚持“出手就是精品”的高标准、高要求，2020年共撰写区六届五次党代会报告、经济工作会讲话、省委巡视汇报等各类重要文稿100余篇、20余万字，落实《绵阳市游仙区精文简会转作风九条》，严把公文起草关、审核关、发文关、收文关四个关口，控制发文数量和文件篇幅，可发可不发的文件坚决不发，切实提高办文工作质量和效率。坚持急件急办、特件特办、密件专办的要求，切实提升公文办理效率和质量，实现全年办文工作“零失误、零差错、零延误”。2020年，接收办理三级文件976份（含涉密文件163份），区内文件359份，代拟稿319份，请示报告件103份，转呈各类领导批示、机要信件230余份。全年共编发《区委主要领导每周工作预安排》50期，牵头编制《2020年春节前后日程安排》《区级领导2020年度春节慰问安排方案》等方案10多个，汇总整理《区级领导工作动态》200多期。

【办会服务】积极做好与市委办对接协调工作，确保及时、准确了解上级重要会议、重大活动的时间安排，确保区委工作安排合理有序。充分发挥牵头揽总作用，对接协调区人大办、区政府办、区政协办有关工作，发挥区级领导联络员微信群、QQ群等信息交流平台作用，积极畅通信息上传下达渠道，区委的决策部署在四套班子之间得到有效衔接。全年共统筹接待省委常委、秘书长王一宏及市委书记刘超等省市领导到游仙调研、宣讲、慰问的筹办工作20余次。先后牵头统筹区委主要领导开展两项改革"后半篇"文章专题调研等相关活动70余次，积极做好区委六届九次全会、激光产业基地重大项目签约暨集中开工仪式等重大会议、活动统筹，承办区委常委会会议53次、区委全会2次、区委财经委员会等议事协调机构会议21次、其他专题会议100余次。

【信息工作】紧紧围绕领导关注的热点、难点问题，共刊发《改革与实践》20期，省市采用转报信息86条，党委系统信息工作名列全市第一。

【改革创新】发挥改革办统筹协调作用，全力推进乡镇行政区划调整改革、村级建制调整改革、农村宅基地"三权分置"等重点领域和关键环节改革，游仙土地托管做法入选全国农业社会化服务典型案例，"电管家+网协员"工作受到彭清华书记肯定性批示，"扩权赋能强镇"等改革经验在全省全市推广，游仙被列为全省首批9个县域集成改革试点县区之一，承办全省成渝地区双城经济圈县域集成改革试点现场会。

【督察督办】建章立制规范区委议事决策的相关程序。以省委巡视、专项审计反馈问题为契机，牵头草拟出台《区委常委会议事决策规则》《关于贯彻落实<中国共产党重大事项请示报告条例>有关事项的通知》等工作制度，进一步规范运行程序，促使上上下下围绕中心、方方面面形成合力。不断完善督查督办机制，加强对重点工作和重点项目办理情况的督查督办。健全"四办"与区委目标绩效办、区委巡察办联合督办机制，分门别类建立督办台账，每周收集办理情况，从任务完成时限、效果等方面进行比对销账，确保安排一件、督办一件、落实一件。对重点项目和民生实事项目实施情况强化跟踪督查，要求项目实施单位每月将项目进展情况、投资情况以书面形式上报区委办，呈送区委领导参阅。认真分析整理领导指示精神，制定督查督办表，登记督查督办事项100余条，发送相关工作牵头单位定期督办。严格落实工作内容、工作任务、责任领导、责任单位和完成时限，跟踪督查，对不认真、不按时完成工作任务的单位，及时开展催办，督促按时完成工作。

【保障服务】完善密码通信网络，充分保障中央、省、市重大决策和安排部署得到及时贯彻落实。强化机要保密意识教育，严把涉密环节，加强对涉密文件、涉密会场的管理，特别加强计算机网络安全保护，有效防止网上失泄密事件发生。建立健全《财务管理规定》《车辆管理制度》等制度，严格财经纪律，规范财务支出，强化公务用车管理，带头规范清理公务用车，省委巡视组巡视反馈问题基本整改到位。（陈俊明）

组织与党建

【概况】截至2020年年底，全区党员数量共23335名，其中女性党员5670名，占24.3%；少数民族党员143名，占0.61%；预备党员222名，占0.95%；农牧渔民党员10095名，占43.26%；离退休党员3075名，占13.18%；35岁以下党员3738名，占16.02%；大专及以上学历党员8308名，占35.60%。全年，新发展党员254名；全区共有1012个基层党组织，其中党委100个，党总支108个，党支部804个；全区共有镇党委8个，街道党工委3个，行政村党组织112个，社区党组织60个；全区企业中共有党组织98个，事业单位中共有党组织97个，机关中共有党组织184个。

【基层党建】探索党组织领导制定村规民约的"三上三下"模式，村民自治实现"聚民智、议民事、解民忧"，被"学习强国"省级平台、四川电视台报道。优化村（社区）阵地布局，投入500万元建设区级党群服务中心，对23个村级阵地实施亲民化改造，建成“共享工具屋”等便民载体136个，经验做法在《绵阳日报》头版头条刊发。创新“电管家”+“网协员”工作模式，推动电力服务保障下沉到村，逐步实现水、电、气、路、邮、通信服务“多网合一”，工作受到省委书记彭清华和省委常委、组织部部长王正谱肯定性批示。创新开展区级部门向街道、社区、小区三级党组织述职测评，倒逼区级部门下沉资源服务居民，做法被市委深改办专期刊发。在11个小区创新开展红色物业“三公开”，经验做法在全市推广。顺应居民圈层化趋势，组建173个由党员领办组建的草根社团，实现组织起来、文明起来。创新推进社区小区分类治理，自建房小区“楼栋长+房东”经验入选《人民日报》社区发展治理创新案例、小区党建经验编入省委十一届六次全会《参阅资料》，城市基层治理经验在全省城市党建推进会上交流发言。积极推进非公有制企业和社会组织“两个覆盖”集中攻坚行动，建立“两新”党组织215个，覆盖率达73.5%。2020年全区党建工作经验在市级以上党建平台刊载27次，绵阳游仙区工作专班助企复工、党建引领小岛社区由乱到治的嬗变之路等做法分别在《人民日报》、人民网刊发。

【组织工作】截至2020年12月，全区有1012个党组织、23335名党员，新发展党员254名。扎实开展村级建制调整改革，平稳有序完成村级建制调整改革任务，调减建制村110个、减幅49.6%，在省委常委、组织部部长王正谱调研时受到肯定。积极抓好全省村（社区）“两委”换届整县试点和非户籍常住党员居民参与社区“两委”换届试点，选出“根在农村、家在农村、产业在农村”党组织带头人81名，工作经验在全市村（社区）“两委”换届工作会上交流发言。成立3个由区委常委领办、有关区级部门和街道社区党组织参与的“党建大联盟”，推动区、镇两级党组织书记和班子成员联系基层党组织全覆盖，实现基层治理事项快处快办。认真做好两项改革“后半篇”文章，下放管理服务权限148项，出台镇街“吹哨”、部门“报到”管理评价考核办法，赋予镇街更多资源调度权，受到国务院“放管服”改革协调小组肯定评价。成立区物业行业党委、互联网行业党委，全面提升党在新兴业态“两个覆盖”质效。

2020年3月12日，游仙区2020年组织工作会议召开

【干部工作】突出政治标准，鲜明“公道正派，人岗相适，群众公认”用人导向，大胆选用“最讲政治、心系群众、勇挑重担、狠抓落实、群众拥护”的“五类”干部。严格执行干部选拔任用工作条例，对干部选任实行全程监督、全程放下，确保选任严谨科学规范。2020年全区调整干部7批次，提拔重用干部33人、交流干部45人，因乡镇区划调整、不胜任现职、身体状况等原因免去职务19人。围绕乡镇领导班子换届，提前谋划，全覆盖开展班子研判，准确掌握科级领导班子运行情况和干部履职情况，为进一步优化干部资源配置，做好乡镇换届工作提供重要参考。从全区干部队伍实际出发，新招录公务员17名，新调入41名。根据积分制管理考核办法规定，统筹开

展职级晋升工作，全区共晋升职级252人次。分类分层开展干部培训，深入实施“一把手”提能、专业化领导干部培养、年轻干部铸魂“三大工程”，举办专题培训班7期培训400余人次，在线教育培训全区公务员，教育引导党员干部树牢“四个意识”、坚定“四个自信”、坚决做到“两个维护”。严格执行领导干部出国（境）审批、婚丧嫁娶操办宴席申报备案等制度，加强干部行为作风监管。建立科级领导实绩和公务员诚信档案制度，动态掌握干部日常表现，作为进退任免重要参考。制定出台《游仙区公务员（参公人员）平时考核实施细则（试行）》，推动公务员平时考核结果与绩效奖金发放挂钩。全面推行中层干部轮岗交流机制，通过锻炼式、跨领域式、供需式、整顿式交流轮岗，遏制“中梗阻”现象。深入开展满意度测评，管好用活“退二线”干部队伍，全方位盘活干部资源。

【区直机关工委工作】切实开展机关党员“走基层”“双报到”、联系帮扶贫困户等活动，用心用情搭建党群“连心桥”。组织1200名党员、302支机关党员志愿者服务队，全面开展疫情防控和抗洪救灾志愿服务活动，切实保障人民群众生命财产安全。“三个一线”（即：宣传引导在一线、排查救灾在一线、便民服务在一线）工作模式被省直机关工委肯定。建立机关党组织全覆盖督查调研机制，推动机关党组织书记切实履职。将机关党建品牌化建设纳入全区基层党建9项重点项目挂牌督战，培树机关党建品牌46个。大力推进“四个规范化”党组织建设，15个党组织按期换届，全年培养入党积极分子18名，发展党员6名，4个机关党组织被评为“市级示范党组织”。全年机关党建信息在省、市平台采用刊发81条，居县（市、区）第一。机关党建各项工作表现突出，机关党建总体考核在县（市、区）中位居第一。

2020年9月16日，游仙区“菁英团队”项目现场答辩会召开

【人才工作】建立区委书记、区长双组长制，5个常委直抓102项人才工作，研究人才相关事项200余次。“人才先行之路”作为全区发展路径写入“十四五”规划。争创人才管理改革试验区纳入全省成渝地区双城经济圈建设县域集成改革方案。采取项目联评活动联办人才共育等方式压实部门职责，开展人才活动200余场。东材、游仙高新区成为全省高质量发展现场会点位，企业人才引育做法得到省委彭清华书记认可。出台全省首个《加快推进“人才强镇”四项行动方案》，成立乡村振兴研究院，推动建成“医合体”8个、教育联盟2个，新引进基层教育医疗人才80余名，420余人回乡创业，1人获评全省返乡创业明星。出台一揽子人才政策、组建“村网共建网协员队伍”等做法在省级现场会推广经验。设立1亿元融合发展基金，专设科研院所地方经济特殊贡献人才奖，全覆盖资助在游仙区的科研院所，累计接收12名中物院干部到游仙交流挂职。依托科技城人才俱乐部和“大联盟、小组团”平台，2020年开展主题交流活动23场，推动科学家、企业家和金融家形成产学研合作契机，实现人才交流常态化。建立14个区级领导联系服务科研院所工作专班，滚动更新“三张清单”，达成项目合作意向9个，解决院所需求清单问题38个，完成

院所可转移转化科技成果20项，保障融合产业园建设、58所转制、某重大装置等项目。所地共建、总投资21.8亿元的激光产业基地等4个创新联合体开工。依托“招商引智大联盟”、驻外人才工作站双招双引，全年新签约项目45个，协议引资179.17亿元，引进国家级人才1人。试点实施人才“揭榜挂帅”，促进辖区29家企业与中科院、清华大学等院所高校开展技术合作，柔性引进高层次人才36人，破解技术难题32个，合作资金1.2亿元。与西南大学、四川省农科院等签订战略合作协议，建立27个合作事项，2个项目入选省校战略合作案例，新评定1个省校产学研协同创新平台。应对疫情冲击建立区级领导联系服务专班助力企业复工复产，创新开展“线上线下双揽才”活动17场次，解决企业需求2000余人，做法在全市推广并被《四川组工动态》刊发。挂牌建立游仙人力合作银行，11家企业实现“员工共享”，与江油联合赴德阳引进技能人才。兑现1000万元财政资金实施“富乐英才”“富乐优才”等人才项目，2020年争取“科技城人才计划”等资金1900余万元，34个产业团队、1417名人才享受到政策红利，1人荣膺全国技术能手称号。建立全市首个人才驿站，解决高层次人才专家就诊、家属随调、子女入学、人才安居等事项118件。开展人才省外研修疗养、产业人才和乡村振兴人才培训班5期。春节期间发放人才慰问资金200余万元。投资33.75亿元筹建“624”绵阳科创中心，打造高端人才交流基地。

【老干部工作】落实好老干部阅读文件、理论学习、参观考察、重大决策征求意见、重大节日走访慰问等“两项待遇”。2020年召开情况通报会2次，组织开展参观调研活动1次，对110名老干部进行健康体检1次，举办健康知识讲座1场，组织离休干部疗养1次，开展慰问活动4次，慰问254人次，发放慰问金20.57万元、慰问品170份，编印《老干部学习资料汇编》2期，组织收看中组部老干部局和省委老干部局网上专题辅导讲座和报告会6期，开展送学上门120余人次。巩固完善离休干部“三个机制”，保障“两费”和生活补贴，落实老干部生活待遇，开展副县级以上（含享受待遇）特殊困难离退休干部帮扶工作，做好中华人民共和国成立初期参加革命工作的退休干部门诊医疗照顾工作。2020年对14名离退休老干部及离休干部无工作遗孀发放特殊困难帮扶资金3.7万元，解决5名中华人民共和国成立初期参加革命工作的退休干部医疗照顾资金2.24万元。通过“一群、一微、一报、一端、三网”信息化平台建设和使用，加强App、微信公众号以及各种自媒体的推广应用，提高老干部工作信息化水平。引导老同志以组织建设指导员、形势政策宣讲员、启智扶智引领员、留守儿童辅导员身份参与基层党建、社会治理、脱贫攻坚、关心下一代等城乡基层治理工作，树立“脱贫致富带头人”熊辉照、“绵阳市调解能手”武乃文等老干部模范典型，组织成立老党员工作室，开展方针政策宣传、民情民意收集、矛盾纠纷化解、文化活动宣传、环境卫生整治和未成年人关爱等活动。2020年全区挂牌老党员工作室3个。

2020年10月20日，离退休干部到石马镇参观调研两项改革“后半篇”文章

2020年小枧镇矛盾调解老党员工作室调解矛盾纠纷139件，涉及当事人351人，涉及金额73万元。疫情期间，积极组织老干部参与疫情防控志愿服务工作，倡议全区离退休干部和老干部工作者积极踊跃捐款捐物，共收到捐款8900元。（唐铭桧）

宣传工作

【概况】2020年，全区宣传思想文化工作坚持以习近平新时代中国特色社会主义思想为指导，深入贯彻中共十九大和十九届二中、三中、四中、五中全会精神，认真落实省、市、区委重大决策部署，始终聚焦“举旗帜、聚民心、育新人、兴文化、展形象”的新时代使命任务，在推动意识形态工作、主流舆论传播、社会主义核心价值观建设、文化事业发展等方面实现新突破，取得新成绩。

【理论学习培训】2020年，印发《关于进一步加强和改进党委（党组）理论学习中心组学习的实施意见》《2020年全区党委（党组）理论学习中心组学习安排意见》，明确15个区级部门参与区委理论学习中心组学习建设。开展区委理论学习中心组学习集中研讨6次，举办区委理论学习中心组学习（扩大）会议暨富乐大讲堂6期，培训党员干部2000余人次。建立“1+3+N”宣传宣讲机制，全覆盖无盲区推动中共十九届五中全会精神落地落实。

【理论研究】完成《建设生态文明示范区的探索与实践》《传承竹文化打造特色校园的研究》《基层社会治理创新工作研究》等10余项对策性研究。《“三抓三增强”文明乡风熏染绿水青山——新桥镇同福村调研报告》被省委宣传部评为全省“百城千县万村”调研活动优秀调研报告，《游仙区坚持问题导向统筹推进新时代文明实践全国试点》被“学习强国”平台刊用，《关于总结借鉴“信义游仙”建设经验的建议》重点调研报告被省、市宣传部门推广。

【学习平台建设】全区“学习强国”注册使用达1.9万余人，党员覆盖率达83.93%；学习日积分、日活跃率位居全市县（市、区）第一名；涌现“学习强国”答题通关达人2名；学习供稿采用310余篇，其中全国平台采用38篇，被市委宣传部表扬为“学习强国供稿先进单位”。定期开展部门“周三夜学”、镇（街道）“周五集中学”，开设干部职工“微讲堂”“微课堂”，印发学习清单8期、学习内容160余条，开展集中学习活动30余次。

【意识形态工作】印发《2020年全区党（工）委（党组）贯彻落实意识形态工作责任制的实施意见》《游仙区意识形态工作责任制履职知识二十二条》《党员干部应知名词口袋书》。对全区意识形态工作进行专题研究部署2次，印发《党委（党组）贯彻落实意识形态工作责任制季度提醒清单》4期，召开意识形态领域形势研判会议4次，开展全区意识形态工作专项检查、专项抽查各1次，区内通报贯彻落实意识形态工作责任制情况1次。7月，迎接省委第七巡视组意识形态工作专项检查组检查并得到专项检查组领导肯定。

【网络监管与治理】印发《2020年网信工作要点》《关于加快建立网络综合治理体系的实施意见》《2020年“清朗”专项行动工作方案》，组织6个专项督导工作组对各镇（街道）网络意识形态工作进行督查督导。出台《关于促进移动互联网健康有序发展的实施方案》《关于加快服务业发展建设现代服务业强区的实施方案》，评选五星互联网企业党组织1个、四星党组织2个。形成《全区返岗农民工健康服务情况》《游仙区规上企业复工生产情况调研》2份报告。2020年国家网络安全宣传周设置宣传点30余处，播放宣传标语500余条，发放宣传资料4000余份。出台《游仙区舆情信息工作考评暂行办法》，建立网络舆情协调联动处置机制。办理网络理政信件303件，向市委宣传部报送社会舆情信息3020余条。

2020年7月8日，省委宣传部副部长周青（左一）到游仙区考察融媒体中心运行情况

【疫情防控宣传】构建“线上线下、地面空中”的立体宣传网络。组建防疫宣传志愿队，制作搜集上百条快板、顺口溜、三句半等原创音视频作品，每天出动流动宣传车300余辆次，先后发放12万余册各类招贴宣传单，设置大型立柱疫情防控广告6处，大型广告50余幅。先后在《人民日报》《光明日报》《中国改革报》等国家级媒体发表《红色货郎》《战“疫”下的试验区答卷》等优质稿件10余篇。

【社会宣传】新建长期性固定社会宣传阵地50处，设置LED显示屏100余个。抓住科博会、中国共产党成立99周年、抗美援朝70周年等重要时间节点，播放社会宣传标语5万余次；在城区广场、主要街道、车站、办公区、乡镇场镇等区域以及企业、学校、医院等显著位置投放宣传标语150余幅；清理红布条幅标语、内容过期过时和残破标语以及宣传栏、小广告等1000余幅（条）。指导魏城镇飞龙山“红色文化”、盐泉镇“乡村民俗博物馆”两个市级社会主义核心价值观示范点扎实开展社会主义核心价值观建设。

【媒体融合宣传】紧紧围绕各项中心工作，与新华社、《人民日报》《中国日报》、中央电视台等国家级媒体深度合作，与《中国改革报》、中新网、四川新闻网、绵阳新闻网等十余家重点网络平台建立合作关系，全区各地各部门在省级及以上媒体刊播稿件1000余篇（含主流网站正面宣传），在市以上媒体刊播稿件2000余篇，在“学习强国”平台上发表稿件280余篇，位居全市前列。完成区融媒体中心标准化建设任务，相关经验在省委宣传部工作简报上刊登，得到现场调研的省委常委、宣传部部长甘霖好评，并于9月通过全省融媒交叉验收。

【新时代文明实践工作】印发《游仙区新时代文明实践工作考核细则》《关于新时代文明实践中心（所、站、点）标准化建设工作的通知》。承办全市新时代文明实践中心建设推进现场会，省内11个市县先后前来学习交流，工作经验在《四川精神文明报》省委宣传部《每日要情》《绵阳宣传》上推广。形成区中心、镇（街道）所、村（社区）站、公共文体设施及爱心企业（商家）点“四级架构”，在全区建立新时代文明实践区中心1个、所12个、站172个、点312个。建设“新时代文明实践”网络平台，注册志愿者3万余名，志愿项目发布、文明实践活动达

2020年2月23日，游仙区为湖北武汉捐赠物资启动仪式

3.5万余人次。开设“新时代文明实践”网络直播间，先后举办网络直播活动15场，在线人数达45万余人次。制定《游仙区新时代文明实践工作考核细则》，先后4次对所、站建设运行情况实行常态量化考核。着力打造“八传八讲八平台”特色志愿服务项目和八大特色志愿服务品牌，组织开展特色志愿服务800余场次，组建500余个小区（院落）新时代文明实践“微阵地”。

飞龙山红色教育基地

【文化活动】组织开展“2020年游仙区群众文艺调演”，举办迎中秋庆国庆群众广场舞展演暨第六届“幸福游仙”广场舞大赛，承办绵阳市2020年文化科技卫生“三下乡”集中示范活动暨捐赠仪式、绵阳市2020年“决胜全面小康，践行科技为民”全国科普活动、绵阳市文联“到人民中去”文艺惠民演出等活动。开展“我爱读书”好书推介分享活动30余场；组织“书香筑梦”图书捐赠活动，捐赠价值1万元图书；举办首届“最美书屋”评选活动，评选出5个“最美书屋”；利用农家书屋开展“新时代乡村阅读季”“农民读书月”“我的书屋·我的梦”少儿阅读实践等活动。4人被评选为“书香绵州·全民阅读”金牌推广人、1个组织被评选为优秀组织单位。设立“图书漂流角”“农家书房”，有效解决农家书屋闲置问题。建成省市级社科基地3处，区级社科基地6处。组织编撰《鎏金叠翠曾家垭》等多项社科读物，发放2000余册美丽游仙系列丛书，持续开展社科普及进社区、进学校、进农村的“三进”活动，牵头组织2020年度爱国主义教育基地和社科普及基地小小讲解员比赛。

2020年9月28日，游仙区迎中秋庆国庆群众广场舞展演暨第六届“幸福游仙”广场舞大赛在海悦银河城广场拉开帷幕

【文化作品】新冠肺炎疫情期间，录制同唱一首歌《坚信爱会赢》游仙MV；积极创作小说、诗歌、散文200余篇，并在“中国诗歌网”《四川作家》《绵阳晚报》“今日头条”等报纸杂志及微信公众号平台刊发；8幅抗疫摄影作品入选市摄协抗疫优秀作品展；80余件美术作品在“学习强国”“今日头条”“芙蓉溪”等平台发表；音乐作品《中国力量》《难忘那一叶红船》《氐人谷印象》《回家过年》《东津路上》、舞蹈作品《传承》、书法《庄子·逍遥游》《责任》分别在《中国报道》“今日头条”等媒体展播。组织开展“游仙区中小学生‘守护春天，抗击疫情’

2020年6月4日，石马小学开展“护苗·绿书签”主题宣传活动

征文活动”，收到征文作品1200余篇。戏剧作品《山湾农庄的笑声》参加“2020年四川省乡村艺术节群众文艺作品比赛”荣获第二名；原创歌曲《在幸福的大路上》被推送到省委宣传部参加“脱贫攻坚”文艺歌曲评选。

【文化基础建设】成立“四川苏易简文化发展与研究中心”，并挂牌“中国苏易简文房四谱研究基地”，建成苏易简纪念馆，向省委宣传部进行历史名人申报。印发《关于提升农村公共文化服务效能的工作方案》，全面推进文化馆、图书馆总分馆制建设，形成区级总馆、镇（街道）分馆、村（社区）服务网点的三级公共文化服务网络。常态化开展文艺表演、家风传承、全民阅读等群众性活动。

2020年5月14日，盐泉镇举行苏易简纪念馆开馆仪式

新桥镇被列入市委宣传部两项改革“后半篇”文章公共文化服务提质增效试点镇。

【新闻出版和电影管理工作】扎实开展“扫黄打非”五大专项行动，开展各项联合检查6次，收缴非法出版物459册（盘）。开展“护苗·绿书签”主题宣传活动。魏城镇桂花社区申报全国“扫黄打非”网格站（点）规范化标准化建设示范点，仙人路社区、石板社区申报省级示范点。积极开展保护知识产权宣传活动，发放宣传单2400份，累计完成版权作品登记335件。政府机关正版软件使用率达100%。创建2020年四川省版权示范单位1个。建成农村公益电影固定放映厅13个，辖区112个行政村公益电影放映点实现全覆盖，保质保量完成放映任务2664场。（朱珊珊）

表3　　2020年游仙区对外宣传展示工作情况统计表

序号	标题	省级以上主流媒体	报道时间
1	生态成绩圈背后的绿色坚守	中新社、《中国改革报》、四川新闻网、四川发布、四川在线	1月5日
2	生活环境变美 产业结构变轻 生活质量变好	四川发布、四川在线	1月8日
3	大联盟链接大格局 朋友圈拉动经济圈	四川发布、四川在线	1月8日
4	游仙区2000名党员 奋战在抗疫一线	中新社、《中国改革报》、四川新闻网、四川在线、香港商报、央广在线	1月28日
5	绵阳市游仙区：开展三项卫生整治 消除疫病传播隐患	中新社、《中国改革报》、四川新闻网、四川在线、《香港商报》、央广在线	1月29日
6	游仙农户向404医院捐赠万斤蔬菜	中新社、《中国改革报》、四川新闻网、四川在线、《香港商报》、央广在线	1月29日
7	劝退8000余桌！我守门，您放心	《中国改革报》、四川新闻网、四川在线、《香港商报》、央广在线	1月29日
8	四川游仙：打通防控最后一公里“花式大喇叭”齐上线	《中国改革报》、四川新闻网、四川在线、《香港商报》、央广在线	2月2日
9	忠兴镇：村民捐赠万斤蔬菜	中新社、《中国改革报》、四川新闻网、四川在线、《香港商报》、央广在线	2月2日
10	绵阳游仙：在抗疫一线考察识别和关爱干部	《中国改革报》、四川新闻网、四川在线、《香港商报》、央广在线	2月3日
11	绵阳游仙：铭记初心 逆流而上	中新社、《中国改革报》、四川新闻网、四川在线、《香港商报》、央广在线	2月4日
12	绵阳游仙区工作专班助企复工	《人民日报》	2月8日
13	【暖心】红色货郎	《光明日报》	2月9日
14	游仙：农资上门助春耕	中新社、《中国改革报》、四川新闻网、四川在线、《香港商报》、央广在线	2月12日
15	防疫前线！“90后”换下军装，红马甲是夫妻最美的情侣装	中新社、《中国改革报》、四川新闻网、四川在线、《香港商报》、央广在线	2月15日
16	流动党员钉在抗疫一线	中新社、《中国改革报》、四川新闻网、四川在线、《香港商报》、央广在线	2月16日
17	绵阳游仙：48小时火线集结！40吨肉菜驰援武汉！	《中国改革报》、四川新闻网、四川在线、《香港商报》、央广在线	2月24日
18	游仙魏城：“双选会”办到家门口 百余民工端上“新饭碗”	中新社、《中国改革报》、四川新闻网、四川在线、《香港商报》、央广在线	2月25日
19	绵阳市游仙经济试验区志愿服务助力企业“疫”线复工复产	中新社、《中国改革报》、四川新闻网、四川在线、《香港商报》、央广在线	2月26日
20	游仙高新区企业捐25吨蔬菜驰援武汉	中新社、《中国改革报》、四川新闻网、四川在线、《香港商报》、央广在线	2月26日
21	绵阳游仙：精准施策忙 趁春光勤备耕	《中国改革报》、四川新闻网、四川在线、《香港商报》、央广在线	2月26日
22	绵阳游仙：“进企选岗”农民工上班更放心	四川在线、《香港商报》、央广在线	2月27日

续表3

序 号	标题	省级以上主流媒体	报道时间
23	绵阳游仙：1350名抗疫一线医务人员家属获80余万元慰问金	中新社、《中国改革报》、四川新闻网、四川在线、《香港商报》、央广在线	2月28日
24	绵阳游仙：战斗在医学留观点上的老民警	四川新闻网、四川在线、《香港商报》、央广在线	2月28日
25	致敬抗疫一线医务人员 绵阳游仙区发放80余万元慰问金	《中国改革报》、四川新闻网、四川在线、《香港商报》、央广在线	2月29日
26	杨世荣：我的诀窍就是多一份担当和努力	中新社、《中国改革报》、四川新闻网、四川在线、《香港商报》、央广在线	3月1日
27	游仙高新区：党政当红娘 送工到企业	中新社、《中国改革报》、四川新闻网、四川在线、《香港商报》、央广在线	3月2日
28	投资超55亿元 绵阳游仙区加速交通项目建设	中新社、《中国改革报》、四川新闻网、四川在线、《香港商报》	3月2日
29	“体温筛查系统”“智能防疫电梯”“门型测温仪”四川游仙：变“危”为“机”防疫“神器”尽显“科技范”	中新社、《中国改革报》、四川新闻网、四川在线、《香港商报》、央广在线	3月3日
30	两天77880毫升 绵阳干群热血“战疫”	中新社、《中国改革报》、四川新闻网、红星网、四川在线、《香港商报》	3月4日
31	绵阳游仙：武汉返乡青年4天办起电商公司	中新社、红星新闻、四川发布	3月4日
32	抗疫故事！绵阳一位基层民警从防疫初期到复工复产	《中国改革报》、四川新闻网、四川在线、《香港商报》、央广在线	3月5日
33	战疫下的试验区答卷	《中国改革报》	3月6日
34	测体温不用测温枪，过这道门就行！超37.3℃会自动抓拍	中新社、《中国改革报》、四川新闻网、红星网、四川在线、《香港商报》	3月6日
35	“19条”助经济复苏 游仙规上企业复工96%	中新社、《中国改革报》、四川新闻网、四川在线、《香港商报》	3月6日
36	逾10万人围观！绵阳游仙“空中揽才”“职”等你来	中新社、《中国改革报》、四川新闻网、四川在线、《香港商报》、央广在线	3月9日
37	全国种粮大户唐以全：千亩粮王“战”春耕	中新社、《中国改革报》、四川新闻网、四川在线、《香港商报》、央广在线	3月10日
38	绵阳游仙：“代买保供”为复工复产“保驾护航”	《中国改革报》、四川新闻网、四川在线、《香港商报》、央广在线	3月13日
39	绵阳游仙：全方位服务孩子上好网课	《中国改革报》、四川新闻网、四川在线、《香港商报》、央广在线	3月13日
40	情系武汉 四川企业接连捐赠	《中国改革报》、四川新闻网、四川在线、《香港商报》、央广在线	3月17日
41	9000吨甘蔗滞销 榨汁酿制白兰地身价倍增	中新社、红星新闻、四川新闻网、中国网	3月19日
42	科学防疫 四川游仙再造全自动红外提问筛查仪	中新社、《中国改革报》、四川新闻网、四川在线、《香港商报》	3月19日
43	绵阳游仙13个重点项目达成协议融资50.5亿	《香港商报》、四川在线	3月20日
44	绵阳市游仙区整治烟花爆竹筑牢安全屏障	《中国改革报》、四川新闻网、四川在线、《香港商报》、央广在线	3月23日

续表3

序号	标题	省级以上主流媒体	报道时间
45	疫情无情 执法有爱——记绵阳市公安局游仙分局石板派出所所长涂刚	中新社、《中国改革报》、四川新闻网、四川在线、《香港商报》、央广在线	3月26日
46	绵阳游仙：区域化红色物业撑起老旧小区安居梦	中国网、四川新闻网、央广在线、凤凰网	4月3日
47	绵阳市游仙高新区开展项目建设党建主题活动暨百日劳动竞赛	《中国改革报》、四川新闻网、四川在线、《香港商报》	4月13日
48	基层点菜 联盟买单 群众受益——绵阳市游仙区"党建大联盟"助力基层治理	《中国改革报》、四川新闻网、四川在线、《香港商报》	4月17日
49	青山绿水入画来——绵阳市游仙区深入推进农村人居环境整治行动	四川新闻网、四川在线、《香港商报》、央广在线	4月17日
50	绵阳游仙区全力推进美丽乡村建设	《中国改革报》、四川新闻网、四川在线、《香港商报》、央广在线	4月18日
51	绵阳游仙：建立长效机制帮扶低收入人群增加收入提高生活水平	中新社	4月20日
52	绵阳民警外省出差勇救昏迷男子获点赞	四川发布、四川新闻网	4月22日
53	游仙区魏城镇铁炉村大力推进现代夯土建设助推乡村振兴	凤凰网、四川新闻网	4月30日
54	请查收！您有一份来自游仙的文旅大礼包	四川新闻网、四川在线、《香港商报》	4月30日
55	绵阳游仙：秸秆变身纤维丝 每吨"身价"400元	《中国改革报》、四川新闻网、四川在线、《香港商报》、央广在线	5月9日
56	绵阳游仙区成立物业行业党委 推进"红色物业"创建工作	四川新闻网	5月21日
57	绵阳市游仙区富乐街道14名街巷长正式上岗	四川新闻网、四川在线、《香港商报》	5月25日
58	破解物业管理难题 游仙交出红色答卷	中新社、《中国改革报》、四川新闻网、四川在线、《香港商报》、央广在线	5月28日
59	绵阳游仙：红色文化引领脱贫攻坚助推乡村振兴	中新网、中国改革网、四川新闻网、中国网	5月28日
60	举全局之力助推游仙高质量发展	四川新闻网、《四川工人日报》	5月29日
61	绵阳游仙：打赢脱贫攻坚战，助推乡村振兴	腾讯网	5月29日
62	精神引领 绵阳游仙"富乐"花开香满园	《中国改革报》	5月30日
63	总投资80.62亿元 绵阳游仙西部半导体集成电路高科技产业园项目开工	中新社、《中国改革报》、四川新闻网、四川在线	6月1日
64	享受文化盛宴 浸润艺术熏陶话剧《哪吒》走进游仙区小枧置信小学	四川新闻网	6月10日
65	对口帮扶藏区行——2020游仙将实施援壤塘项目200万元	四川新闻网	6月11日
66	变"坐堂接访"为"主动下访"游仙：纪委街头"摆摊"听民声	中新社、四川新闻网、腾讯网、改革网、中国网	6月11日

续表3

序号	标题	省级以上主流媒体	报道时间
67	农机管理创新升级 深耕本土解难题 ——游仙区一站式农业服务中心见闻	四川新闻网、腾讯网	6月12日
68	省道205线构建游仙高新区南北经济大通道	《香港商报》、四川新闻网	6月12日
69	游仙：打开一扇门 建设四中心 迎接八方群众	中新社、《中国改革报》、四川新闻网、四川在线、《香港商报》、央广在线	6月23日
70	绵阳游仙：发挥村级党组织战斗堡垒作用	四川在线	6月28日
71	党员先锋模范作用！我们在行动！	腾讯网	7月2日
72	新购入25辆客车 绵阳游仙区建制村100%通公交	四川观察	7月3日
73	满产达产 扩能上量	《中国改革报》、四川新闻网、四川在线、《香港商报》、央广在线	7月3日
74	播种希望 四川教师龚仙彦支教之路	《香港商报》	7月4日
75	清单为干部划定警戒线 有效促进干部履职尽责	四川在线	7月6日
76	游仙区纪委：任前“三廉”助“后浪”行稳致远	四川新闻网	7月8日
77	新机遇！四川启动成渝地区双城经济圈建设县域集成改革试点，绵阳1地入选	澎湃网、《中国改革报》、四川新闻网、四川在线、《香港商报》	7月12日
78	游仙区检察院举办公益诉讼发出检察建议交流会 加强液化气公共安全治理监管	四川新闻网	7月20日
79	游仙：新材料产业“千帆竞发”打造未来“绵阳之芯	《中国改革报》、四川新闻网、四川在线、《香港商报》、《四川工人日报》	7月21日
80	绵阳市游仙区：“一案三促”写好审查调查“后半篇文章”	四川新闻网、四川在线、《香港商报》、腾讯网	7月28日
81	游仙高新区多措并举在高质量发展中奋勇争先	四川新闻网	7月22日
82	游仙：科技型中小企业茁壮“成长”	四川新闻网、《香港商报》、腾讯网	7月23日
83	创新赋能构筑“智造”新高地 ——探秘游仙制造业转型升级之道	四川新闻网、《香港商报》、腾讯网	7月23日
84	游仙区多措并举 确保汛期餐饮食品安全	四川新闻网、四川在线、《香港商报》、腾讯网	8月4日
85	游仙区检察院多部门多领域协作构建未成年人保护社会支持体系	四川新闻网	8月4日
86	游仙高新技术产业园区被评为省级优秀开发区	《中国改革报》、四川新闻网、四川在线、《香港商报》、《四川工人日报》	8月14日
87	暴雨省级！ 绵阳游仙10000余名党员干部投入防汛一线	四川新闻网、四川在线、《香港商报》、四川发布	8月16日
88	四川多地再迎强降雨 ——绵阳游仙：消防员激流中救出被困群众	四川观察、四川新闻网、四川在线	8月17日

续表3

序号	标题	省级以上主流媒体	报道时间
89	众志成城战汛情 ——绵阳游仙：生活用水告急 消防来帮忙	四川观察、四川新闻网、四川在线	8月18日
90	致敬乘风破浪的“逆行者”——绵阳游仙区游仙街道干群全力以赴投入抗洪一线	四川新闻网、四川在线、《香港商报》、四川发布	8月27日
91	游仙区以案促改 提升林区防火灭火处置能力	四川在线、中国网	8月29日
92	绵阳游仙：“医合体”让基层医疗“活”起来	中新社、四川新闻网、中国网、凤凰网、腾讯网、四川发布、香港商报网、中国改革网、《四川工人日报》	9月4日
93	四川独腿养蜂人乘“蜂”破浪 引领村民走出“甜蜜”脱贫路	中新社	9月16日
94	四川绵阳游仙：全域全链打造先进位造示范区	《香港商报》、四川新闻网、腾讯网	9月17日
95	游仙区小枧镇多渠道促就业 让群众在家门口也能赚钱	四川新闻网	9月22日
96	绵阳游仙：参与社区管理 外地人非“外人”	四川在线、中国网	9月30日
97	突出党建引领 创新基层治理——绵阳市游仙区小枧镇党委探索党建引领社区基层治理新路径	《香港商报》、四川新闻网、腾讯网、凤凰网、中国网	10月1日
98	最高温70℃！四川绵阳一口老井发烧变温泉	红星新闻、四川在线	10月14日

精神文明工作

【绵阳市游仙区新时代文明实践中心】区文明实践中心以“志愿服务活动+信息网络平台”为主要形式，形成区文明实践中心、乡镇（街道）文明实践所、村（社区）片区文明实践站、公共文体设施及爱心企业（商家）文明实践点“四级架构”，统筹建设游仙区新时代文明实践中心（所、站、点），努力打造兼具思想政治引领、传播党的声音、传承优秀文化、培育文明风尚、提供关爱服务等多种功能的综合性宣传教育阵地。

【网上阵地建设】建立志愿服务供需线上对接机制，2020年4月，在“直播游仙”App开设“新时代文明实践”专栏，设置好好学习、八传八讲、志愿招募、积分排行、积分商城、便民服务六大板块体系，按照群众按需求点单、文明实践中心派单、志愿服务团队接单、群众收到服务评单流程，为群众提供送生活用品、快递收取、电器维修、配钥匙修锁等志愿服务1.2万人次，好评率90%以上，形成“我为人人，人人为我”向上向善社会好风尚。每月定期邀请市内专家在“文明实践直播间”开讲，每期上线听讲10万余人，2020年度开播10期。与区融媒体中心融合发展经验在绵阳开创先河，被省委宣传部简报刊载推广。

【文明实践品牌】在抗击新冠肺炎疫情、抗洪救灾等重大考验中，充分发挥志愿服务作用。在“5+1”志愿服务、卡口排查、“在家战疫”、为武汉献爱心、河堤抢险值守、转移受困群众、灾后清理等关键时刻经受考验，志愿服务渐成主流。为全国文明城市总测评考核名列地级市第六名做出游仙贡献。文明交通劝导常态化值守也在绵阳率先落地，得到绵阳市委宣传部充分肯定。涌现出“健康天使”“雷锋志愿”“心之桥”“五色桂花”“红色义工”等志愿服务品牌。全民健康素养提升直播讲堂、童伴妈妈、富乐街道公益创投、红色文艺轻骑兵、“两大一好”、春节“五送”等品牌活动经常开展、社会认知度高。截至12月31日，全区在全国志愿服务网注册志愿者达9.8万余人、志愿者团队530个，发布志愿服务项目3204个，被中宣部、中央文明办表扬志愿服务组织1个；注册使用“直播游仙”App志愿者达3万余人。

【绵阳市新时代文明实践暨农村精神文明建设现场会】2020年5月21日，绵阳市新时代文明实践中心建设试点暨农村精神文明建设工作现场推进会在游仙区召开。来自市文明委，全市各县（市、区）、园区文明委，各县（市、区）农业农村工作部门的相关负责人以及示范乡镇（街道）、村（社区）党委（支部）书记等百余名代表参加。与会代表先后到魏城镇铁炉村新时代文明实践站点、魏城镇桂花社区新时代文明实践所，游仙区新时代文明实践中心进行参观。在会议上，游仙区委副书记、区长陈华斌致辞；游仙区委常委、宣传部部长陈晓霖，游仙区魏城镇代表分别作交流发言。截至2020年12月底，省内16个市县先后到游仙学习交流，游仙经验在北京、海南、贵州实地交流4次，并在“学习强国”、《四川精神文明报》和省委宣传部《每日要情》上推广。

2020年5月21日，绵阳市新时代文明实践暨农村精神文明建设现场会在游仙区召开

【培训宣传】建立全国文明城市创建县级领导联系负责、职能部门和镇（街道）党（工）委书记包干负责、区委宣传部干部包片负责三级责任体系，对全区80余名社区和职能部门工作骨干进行多轮专题培训。制作大型公益广告60余幅，中、小型牌幅、插牌1200余个，张贴画3万余张，在各级各类活动中开展宣传宣讲活动达300余场次，群众参与达20万人次。区级媒体开设文明创建专栏，设立2万元“不文明行为随手拍”有奖举报。实施“文明言行小手拉大手”行动，全区4万余名中小学生与家长共同背诵社会主义核心价值观、参与文明志愿活动、做文明城市调查问卷。

【公民道德建设】建立区、镇、村、组四级三分钟指间文明生态圈、新时代文明直播间等，扎实开展文明村镇、文明单位、文明校园、“星级文明户”动态评比。出台《游仙区礼遇道德模范和身边好人实施细则》，建立完善112个村级道德评议堂，开展评议身边孝老敬亲、文明好人活动110余场次。积极开展身边好人评选活动，钟工琼、田华章、赖宁、杨群芳、刘明宇、夏菊华、杨仕荣、杜仁山、李振平9人被评为绵阳市道德模范，赖宁、杨林2人被评为“四川好人”。绵阳春天社工“爱助事实孤儿”等4个优秀志愿服务项目上榜2020年度绵阳市志愿服务“四个十佳”。

【未成年人思想道德建设】深入开展“扣好人生第一粒扣子”“我们的节日”“学雷锋做美德少年”“新时代好少年”等活

动，进一步强化广大未成年人思想道德、行为规范养成和文明礼仪教育，朱思涵、尹谦雅、邓梦菲、袁萍4人被评为绵阳市“新时代好少年”。

【精神文明创建成果】国网四川省电力公司绵阳市游仙区供电分公司创建为国家级文明单位（文明委〔2020〕8号），绵阳市游仙区检察院通过国家级文明单位复核，魏城镇、新桥镇同福村通过国家级文明村镇复核，继续保留国家级荣誉称号；绵阳市游仙区行政审批局、绵阳市游仙区人民法院创建为省级（最佳）文明单位，魏城镇铁炉村创建为省级文明村镇，游仙区七一剑南路小学创建为省级文明校园，游仙区石马镇三星博爱小学被省文明委表扬为四川省未成年人思想道德建设工作先进单位；国家税务总局绵阳市游仙区税务局、中国人寿保险股份有限公司绵阳市游仙区支公司、中国人民财产保险股份有限公司绵阳市游仙区支公司、绵阳市游仙区财政局、中国农业银行股份有限公司绵阳游仙支行、中国工商银行股份有限公司绵阳游仙支行、绵阳市游仙区李杜祠社区、绵阳市游仙区涪江街道开元路中街社区、绵阳市游仙区汉城社区、绵阳市游仙区富乐街道沈家坝东街社区10个单位通过省级（最佳）文明单位复核，新桥镇通过省级文明村镇复核，继续保留省级荣誉称号；复查确认继续保留市级（最佳）文明单位称号的单位42个，复查确认继续保留市级文明村镇称号的村镇31个，市级文明镇达100%，区级文明村达70%。

（王千）

绵阳市公共交通集团的驾驶员赖宁（后排左一）入选2020年第三场“四川好人榜”

统一战线（含外事及港澳台事务）工作

【概况】2020年，游仙区统一战线工作坚持以习近平新时代中国特色社会主义思想为指导，持续聚焦“不忘初心、维护核心、服务中心、凝聚人心”工作定位，着力在转变思想理念、狠抓贯彻落实、完善体制机制、创新方式方法上下功夫，推动统战工作提质增效。认真贯彻全国、全省、全市统战部部长会议和区委全会精神，围绕“四件大事一起抓、六条主线齐发力”工作目标，为加快建设更高质量的“五个游仙”汇聚广泛智慧力量，为全区全面建成小康社会和“十三五”规划圆满收官贡献统战系统磅礴力量。

【“大统战”工作格局】制定并实施《2020年度统战工作要点》。2020年3月11日，区委统一战线工作领导小组召开会议，传达学习全国统战部部长会议、省委常委会会议、全省统战部部长会议精神，审议《中共绵阳市游仙区委统一战线工作领导小组工作规则》《绵阳市游仙区宗教工作联席会议制度（试行）》《绵阳市游仙区党外干部培养使用联席会议制度》《绵阳市游仙区社会主义学校培训制度（试行）》等。全面推进统战人士之家阵地建设。区委中心组学习会专题传达学习各级统战工作会议精神、最新政策法规等。区委、区政府领导专题研究统战工作和出席统一战线重大活动10余次，带头贯彻落实中央、省委、市委关于统一战线系列重大决策部署。区社会主义学校顺利挂牌，统一战线队伍培训教育纳入区委干部教育培训计划。

2020年3月11日，区委统一战线工作领导小组2020年第一次会议召开

【疫情防控阻击战】各民主党派、工商联、宗教团体、无党派人士、党外知识分子、新的社会阶层人士等通过官网、微信、微博、抖音等平台，坚持正面引导，持续发声，以实际行动抗疫，组织捐赠口罩、额温枪、酒精、消毒液等物资价值共计600余万元。党外医务工作者，日夜奋战在抗疫救治一线，一大批先进事迹和人物被中央、省、市各级媒体报道。广大民营企业家和代表人士积极弘扬优秀企业家精神，示范引导企业员工、社会大众正确理解、积极配合、科学参与疫情防控，做到联防联控、群防群控。

【党外知识分子和新的社会阶层人士统战工作】召开全区网络人士座谈会，举办新联会年会，强化共同奋斗的理想信念。创新新的社会阶层人士统战工作，利用微电影、抖音、微博、微信等形式将“联谊，聚智，创新”推向新高度。实施“新英汇•创新工场”提升工程，作为绵阳唯一案例入选《四川省基层统战工作案例研究报告》蓝皮书。

【非公有制经济统战工作】编写印制《新型冠状病毒肺炎疫情防控有关政策(企业版)实用汇编》《游仙区工商联关于企业复工复产疫情防控工作指南》300余份，帮助企业全面了解中央及省市、区疫情防控相关政策和支持中小企业复工复产措施。与建行游仙支行联合举办“游仙建行惠懂你，助力融资促发展”政银企交流合作会，极大缓解企业融资难的问题。深入开展“防灾、减灾，恢复、发展”专题调研，实地走访40多家会员企业，形成专题调研报告，为区委、区政府决策提供参考。

【对口帮扶工作】通过企业合作、“校对校”结对、专场招聘、帮建“壤巴拉•高原职工之家”等形式，实施对口帮扶项目7大类12个，完成投资310余万元，组织完成消费扶贫340余万元。进一步巩固“造血式”扶贫工作成效，壤塘县后续发展能力得到加强，通过2020年省级脱贫攻坚考核验收。区委统战部被省委、省政府授予“省内对口帮扶藏区彝区贫困县先进集体”称号。

【港澳台同胞及海外侨胞统战工作】对辖区港澳台同胞及海外侨胞代表人士、港澳台同胞及海外侨胞企业、归国留学人员进行摸底并建立数据库。关注关爱在游仙港澳台同胞及眷属，帮助解决在生产、生活中出现的实际困难和问题，增强广大港澳台同胞对祖国大陆的认知感和向心力。承接做好海内外侨商川渝行、绵阳黄埔同学会后代联工委参访考察等活动。（李明益）

目标督查

【目标绩效管理】完成2019年度目标绩效考核工作。进一步调整完善2020年目标考核办法及目标考评体系。分阶段分解市下达主要经济指标目标任务，对进度滞后的目标，及时通报，及时预警。印发招商引资工作、生态环境保护党政同责等目标任务及考评细则。

【督查督办】完成市委目标绩效办交办的26件工作任务的督查落实和结果上报。组织区重点工作督查组开展督查70余次，发出“点球”督办通知41份，通报（专报）30期，获得区委主要领导批示4件次。

【民生工作】实施省级民生实事20件（25个子项）、市级民生实事16件（26个子项）、市级民生实事人大代表票决制项目3件。截至2020年12月，省级20件民生实事25个子项目，已完成或超额完成任务100%，超额完成任务的子项12个，占项目总数的48%；市级民生工程16件26个子项，已完成或超额完成任务100%。超额完成任务的8件10个子项，占项目总数的50%；市级民生实事人大代表票决制项目3件，已完成或超额完成任务100%，超额完成任务的项目1件，占项目总数的33.33%。完成市政府民生实事全年督查的迎检工作。

【建议提案办理】完成区六届人大六次会议110件代表建议、区政协六届五次会议110件提案的交办工作，督促相关单位完成办理任务，办结率100%。（张静）

机构编制工作

【概况】截至2020年年底，全区行政编制1373名，其中：区级行政编制557名，镇（街道）行政编制377名，政法系统专项编制439名。全区事业编制5217名，其中：教师专项编制2904名，乡镇卫生院编制453名。

【机构撤、并、建】撤销区食品药品稽查大队、区城管分局。将22个乡镇卫生院整合为8个乡镇卫生院和1个街道社区卫生服务中心；将22个乡镇畜牧兽医站整合为9个畜牧兽医站。新设立区土地统征储备和整理中心、区环境卫生和绿化中心、区市政工程建设维护中心、区城乡融合改革服务中心、区富乐第二实验中学、区富乐第二实验小学、区改革发展研究中心。自然资源体制调整改革市级下划8个事业单位：游仙、石马、小枧、沉抗、忠兴、魏城、刘家国土资源所、绵阳市游仙区不动产登记中心。制定区行政审批局、区自然资源局、区综合行政执法局“三定”规定。配合做好社区矫正改革试点工作，完善社区矫正机构设置。承接城乡规划、国土资源、城市建设维护、城市管理执法、投资项目、市场监管、社会保障等方面市级权限。调整森林公安管理体制，将区森林公安局调整为区公安分局内设机构，设置为区公安分局森林警察大队。

【乡镇（街道）机构改革“后半篇”文章】印发11个《镇（街道）机构编制方案》。实施扩权赋能强镇，印发《游仙区扩权赋能强镇提升乡镇运行能力的实施意见》《关于优化乡镇机构编制资源配置健全综合行政执法体系持续推进乡镇扩权赋能工作的实施方案》，以“基础清单”和“自选清单”方式，委托下放79项区级行政权力事项并实行动态调整。健全镇街综合行政执法体系，镇街统一设置综合行政执法办公室，集中行使法定及委托（赋予）的行政执法权力，统筹组织协调辖区内相关区级职能部门的派驻执法力量，实行综合行政执法。厘清区镇职责边界，编制《游仙区乡镇（街道）属地事项责任清单（2020年本）》《游仙区乡镇（街道）行政权力事项和责任清单》。

【综合行政执法改革】生态环境保护、文化市场领域综合执法职责及机构编制上划市级，实行市级执法。交通运输（海事执法除外）、农业、城市管理领域由游仙区执法。区交通运输局加挂区交通运输综合行政执法大队牌子，区农业农村局加挂区农业综合行政执法大队牌子，两个领域实行“局队合一”执法模式。将城市管理领域执法纳入区综合行政执法局。市场监管领域实行市、区两级执法，区市场监督管理局设置负责综合行政执法的内设机构，以区市场监督管理局名义执法。

【应急管理职责体系】对区应急管理局与区自然资源局、区水利局、区水利发展中心等部门之间的森林和草原火灾、地质灾害等自然灾害“防”“救”“治”职责进行梳理，形成职责事权划分意见。相关部门分别将本部门应急管理职责分解为可操作的具体工作任务，落实到相应的内设机构及下属单位，优化内部运行流程。梳理区应急管理局等部门与乡镇（街道、园区）之间应急管理权责，细化同一项职责在区、镇的具体工作任务，实行工作职责上下衔接、权责一致。建立起“横向到边、内部顺畅、纵向到底”应急管理职责体系。

【森林防灭火专项整治】制定《绵阳市游仙区森林防灭火体制机制和党政责任落实专项整治实施方案》，建立问题、任务、制度和应急响应流程“四张清单”，在区自然资源局单设森林防灭火工作机构，将森林防灭火指挥部从区自然资源局调整到区应急管理局。

【机构编制管理】制定《区委机构编制委员会工作规则》《区委机构编制委员会办公室工作细则》，印发《游仙区机构编制评估办法》。严格审核议事协调机构的设立、变更事项。开通部门（单位）机构编制实名制系统端口，2020年，共办理人员出入编1061人次，维护人员信息2103条，审核86批774名中层职数使用。编制《区级行政权力清单（2020年本）》。

【事业单位登记管理】办理设立登记4个，注销登记30个，变更登记69个，完成290个事业单位法人年度报告公示，按照“双随机、一公开”原则，对10家事业单位法人年度报告公示进行抽查。（彭晓芹）

党校工作

【概况】2020年，游仙区委党校获得绵阳市党校系统县级党校（行政学院）办学质量评估一等奖、县级党校（行政学院）办学质量特色工作奖、继续教育工作二等奖、优秀科研资政工作二等奖、哲学社会科学研究规划项目优秀结项综合性奖励，被游仙区委组织部评为2020年度机关党建宣传信息工作先进单位。

【教学培训】承办各类培训班13期（含市区统筹办学3期），培训学员累计537人次。其中，为期1个月的春秋两季主体班和中青铸魂班共3期，村（社区）党组织书记班3期，各类专题研讨班7期。承办市区统筹一体化办学1期，协助统筹办学2期，承担市区统筹办学现场党性教育2次。年度

2020年7月1日，区委党校举行庆祝中国共产党成立99周年公开课

教师授课质量测评满意度均为100%，教学综合测评各项指标满意度93.75%。

【课题研究】主持（主研）完成省委党校课题6项，优秀结项2项。主持（主研）完成市社科联课题6项，优秀结项3项。专职教师人均科研成果达3项。课题开题答辩会的工作方法，得到市委党校的高度认可，并组织现场观摩会，该经验作为全市党校系统科研工作创新，并在《省委党校报》刊登。撰写决策咨询（含微咨政）报告40余篇，年轻干部铸魂班6篇成果受到市委党校表彰。完成全国党校系统图书馆数字资源数据库——《应急管理特色资源数据库（“5·12”汶川特大地震绵阳数据库）》和“融合专题数据库”数据采集工作。（卓川红）

档案管理

【概况】截至2020年12月，游仙区档案馆共接收55个单位的文书、婚姻、会计、人事、纪检、审计、执法、稽征、军品等各类档案共57514卷、178770件，接收印章、奖牌、奖状等实物档案共413件。

【疫情防控档案收集】2020年新冠肺炎疫情期间，区档案馆与区应对新型冠状病毒感染肺炎疫情应急指挥部办公室印发《关于做好新型冠状病毒感染肺炎疫情防控工作文件材料收集归档工作的通知》，明确文件材料收集范围、整理要求，落实档案收集、移交、接收中各单位的职责，督促做好档案收集整理等各项工作，落实专人负责业务指导和接收准备等工作。

【乡村振兴、脱贫攻坚、重点项目档案】深入各单位做好乡村振兴、脱贫攻坚和重点建设项目档案的指导督促工作，定期组织讨论工作出现的困难，发现问题及时研究解决。按照重点建设项目档案管理要求，加强同重点建设项目主管部门和建设单位的联系，要求各相关单位及时做好项目档案登记管理和竣工项目档案专项验收，确保项目档案的完整与安全，2020年统计上报重点项目档案25项。

【档案规范化管理】按照《归档文件整理规则》等相关要求，加强档案接收进馆工作，先后对区委办、区政府办、区委政法委、涪江街道办、游仙街道办、魏城镇等单位文书档案及民政局婚姻档案进行进馆业务检查指导，2020年接收区政府办2017年文书档案1216件、区民政局2007—2015年婚姻档案66750件进馆。

【业务培训】在区政协及游仙城东公司等单位分别开展档案整理业务培训，按照国家档案局8号令要求修订完善区政协及部分机构改革单位的《机关文件材料归档范围和文书档案保管期限表》。

2020年6月9日，游仙区开展第十三个“6·9”国际档案日宣传活动

【档案查阅利用】利用电话、网络等开展多种形式的查档服务，增添查阅利用相关设施，为群众办理人事、工龄工资、婚姻登记和工作等提供查档服务。异地查档、跨馆查档服务工作顺利开展，同全省各级综合档案馆的联络机制更加顺畅，查阅利用人次较往年大幅增加，2020年共接待查阅文书档案、人事、工龄工资、婚姻等档案文件1520人次，提供案卷497卷次，异地查档36人次。

【档案信息化管理】馆藏档案全文数字化加工扫描顺利推进，全年馆藏档案全文数字化加工扫描60万页。区档案馆对档案扫描的各个环节进行严格检查监控，确保扫描的质量和扫描文件的完整与安全。

【档案安全管理】落实档案安全工作责任制，完善档案库房和档案实体安全管理工作机制。制定汛期领导带班和24小时应急值班表。加强档案防虫、防潮、防火等安全措施，定期检查库房温湿度和档案保管状况。加强档案基础设施安全建设，应用技术手段保护各种载体形态档案实体安全，档案保管保护设施设备有效运行。加强人员管理和档案安全教育，建立并严格执行安全管理各项制度，明确工作责任。加强档案信息系统、数字化加工、信息存储等安全管理和安全检查，配备相应信息安全设施设备，确保档案信息的完整与安全。

【档案事业统计年报】全力推广应用档案统计相关软件系统，通过档案工作QQ群等平台，完成2020年区级机关向档案行政部门报送档案事业统计年报表工作。

【宣传教育】2020年“6·9”国际档案日，联合市档案局、馆，涪城区档案馆、市城建档案馆、在市人民公园广场集中开展“档案见证小康路，聚焦扶贫决胜期”主题宣传活动。通过专题展览、悬挂宣传横幅、设立咨询台、发放档案知识宣传手册及专门制作有“6·9”国际档案日标识的纪念品等多种方式，引导市民关注档案，提高对档案的认识。组织区级部门报送6篇文章参加全市档案征文活动，营造全社会共同参与、关心，支持档案工作的良好氛围。（李灵）

公务服务

【接待服务】2020年，严格落实《区党政机关公务接待管理办法》和《实施细则》等相关文件规定，完成接待任务201批次，接待人数5643人次。新冠肺炎疫情防控期间接待宾客46批次，1845人次，未出现病例。

【会务服务】2020年，完成会场服务共计1575批次（其中电视电话会议87批次、视频会议71批次），其他部门协调使用会议室116次，完成“全省县域集成改革试点工作推进会”“全省农村能源建设助推成渝现代高效农业建设现场会”等重大会议会务礼仪工作9批次、解说3批次，维修维护53批次。

【车辆服务】2020年，实行“一事一租”原则，保障区级领导活动出行280余次，全年无1例安全事故发生，无1例安排调度失误情况发生。（刘隽　赵雪君）

史志工作

【概况】2020年，在区委、区政府的坚强领导下，在市地方志编纂中心指导下，游仙区地方志工作坚持以习近平新时代中国特色社会主义思想为指引，认真学习贯彻中共十九大精神、习近平总书记到四川视察系列重要讲话精神及省第十一次党代会，省委十一届三次、四次全会精神，着力突出地方志“资政、育人”功效，着眼服务中心大局，服务经济社会发展，服务人民群众，牢固树立高质量发展理念，狠抓“两全目标”，加大地情资源开发利用力度，持续加强党的建设和队伍建设，各项工作取得新的进展。

【党史书籍编纂】将党史工作纳入年度目标绩效考核，年初制定

《游仙执政实录编撰工作方案》，明确工作时限，发出文件通知，切实加强资料报送工作的组织领导和文稿撰写指导，确保各单位提交材料全面真实有效。坚持在党史资料收集、整理、编纂各环节中始终高标准、严要求，逐个审核，相互印证，查阅相关资料，准确把握资料是否真实、准确、全面，对不合格的资料，严格退回重报，坚持“三审三校”工作流程，高质量完成《中国共产党游仙执政实录（2019）》征编工作。配合做好《中国共产党绵阳执政实录（2019）》供稿工作。

【年鉴编纂】落实“一年一鉴”目标任务，《游仙年鉴（2020）》在内容方面，注重处理好点与面、全面与重点、历史与现实的关系；在框架设计上，主体由类目、分目、条目组成，部分内容增设子分目，共设置28个类目、193个分目、1177个条目；在排版设计和印刷上，增加游仙个性化元素并首次全彩印刷，全书收录138张图片，进一步增强年鉴的鉴赏性与可读性。向186名撰稿者发放稿费18920元，激励供稿积极性和提升稿件质量。完成《绵阳年鉴（2020）》和《四川年鉴（2020）》供稿工作。

【志书编修】完成魏城镇、忠兴镇等5个镇《绵阳市名镇志》编纂组稿工作，督促指导2个名镇志和5个名村志编纂工作。推进疫情防控史料收集和编研整理，如实记录游仙正在发生的历史。注重国家级传统文化村落和历史名人的保护和传承研究，联合区政协编著《钟灵毓秀上方寺》《苏易简》等书册。指导打造富乐街道沈家坝“乡愁记忆馆”，收集近400件“古董”物品，包括BP机、黑白电视、老式手机、连环画等，使之成为连接时空、实物了解当地发展史的重要场所。

2020年11月10日，市委党史研究室到游仙区调研史志文化

【史志宣教】探索发展“互联网+党史”新路子，主动拓宽方志文化传播渠道，在游仙政务网、“游仙发布”“直播游仙”等媒体平台开设地情专栏，专题宣传乡镇简志、游仙历史人物、历史沿革、传统文化3期，在四川省情网、绵阳党史方志网等各类媒体发表新闻信息62篇。被市委党史研究室评为“2019—2020年度全市史志宣传教育（信息）工作先进集体”。（代立）

融媒体工作

【概况】2020年，区融媒体中心在区委的正确领导下，切实加强党的建设，履行意识形态工作主责主业，抢抓历史改革机遇，外建平台、内强队伍，围绕重点，聚力焦点，多角度实时呈现，多平台精准发声，为“四大战略”实施提供强有力舆论支持，为建设更高质量的“五个游仙”奏响最美和声。中心平台粉丝用户达到20余万户，原创发稿量成倍增长，最新“县级融媒体公开度指数”列全省第4，各平台发布10万次浏览量以上稿件50余条，“游仙发布”微信号清博指数列全国政务微信前6%，媒体融合取得初步成效。

【融媒体建设】按照建成“主流舆论阵地、综合信息服务平台、基层舆情聚合平台”县级融媒体

中心建设目标定位，争取区财政投入资金330余万元实施县级融媒体中心标准化建设改造，新增广电演播室、指挥技术平台和编辑中心，完成融媒体中心标准化建设任务，并于2020年9月接受省委宣传部交叉验收。建立完善“中央厨房”功能，实现内容生产从“本地”升级到“云端”，为进一步优化用户体验、增加用户黏性，中心改版“直播游仙”App，持续探索产品的迭代升级。推进媒体“融合”，组织全区50余家单位账号入驻，各单位自主编发、中心审发各类信息3000余篇。“‘三中心合一’推进县级融媒体建设”“建设县级融媒体‘轻骑兵’”等经验在省、市推广，先后代表绵阳市迎接省委常委、宣传部部长甘霖，重庆市北碚区委宣传部领导等一行到绵阳考察调研，并在全市融媒体建设推进会上作经验交流发言，迎接市委宣传部领导各类调研5次。

【网络舆情应对】成立中心突发重大网络舆情应急处置工作领导小组，制定《区融媒体中心突发网络舆情应对处置预案》，及时做好网络舆情信息的收集、研判、上报工作，预防、减少和消除突发重大网络舆情造成的负面影响，营造良好的网络舆论环境。

【抗疫抗洪宣传】制作报道各类新闻稿件500余条，外出采访300余人次，各平台累计阅读量上千万人次，为取得防控阻击战和抗洪抢险的最后胜利提供舆论引导力量。据不完全统计，抗疫期间中心共刊发疫情防控稿件1000余篇，总阅读量达1200万余人次。央视、新华社、《人民日报》《光明日报》等主流媒体先后播发《绵阳游仙区工作专班助企复工》《有困难找支部》《“5+1”志愿服务，隔离疫情不隔离爱》《“两大一好”助力疫情防控》《线上线下+全域 打响抗疫心理战》等游仙相关报道，其中抖音作品“富乐中学保安跳萌舞欢迎学生开学”被《人民日报》关注转发后，还被列为微博热点实现广泛的复合传播，累计观看量达6000余万人次。抗洪期间，发布《直击！这么大的雨，游仙还好吗？》《强降雨再袭游仙！芙蓉溪红色预警！非必要，无出行！》《暴雨中，游仙危情72小时！！！》等微信稿件和《雨情通报》《芙蓉溪红色预警》《橡皮筏紧急救出受困群众》等“10万+”人次点击量抖音作品，让公众及时了解全区暴雨受灾情况，弘扬干部群众齐心协力、共抗洪灾的抗洪精神。

【节目创优】策划参加全国、省、市、区组织的各项创优评选活动10余次，共上送作品30余件，获省市各级展评活动优秀奖、提名奖10余件。

【在线直播】2020年，策划组织《全民健康素养》《新时代文明实践讲堂》《两会直播间》《阳光政务》《小小讲解员》等直播活动21场次，总观看人次超过100万人次，积累良好的直播运营经验。

【复工复产宣传】参与完成“耍嗨五一、玩转游仙”“我为游仙拼一单”专题报道，刊发《史无

2020年7月14日，省委政法委到游仙考察融媒体中心建设情况

前例，五一搞事情，超强福利送送送！》《家福来周年庆活动第二波来袭》《海悦银河城7000万消费券免费领》《游仙书记吃播带货小龙虾》等相关商旅推文、视频近百条，阅读量上百万人次，营造浓厚的消费氛围，为全面复工复产吹响号角。

【脱贫攻坚宣传】2020年，《游仙新闻》通过系列报道、专题报道等多种形式，围绕扶贫项目建设、贫困人口就业、扶贫产业发展、驻村书记等进行宣传报道近百篇，形成良好氛围。其中，日常动态类报道40余篇，记者前往壤塘参与完成《脱贫攻坚•援壤上高原》系列报道，完成《狠抓基础设施建设铺就扶贫惠民路》等专题报道30余篇，制作游仙援壤教师专题片《援藏教师》、游仙对口帮扶壤塘县短视频《支教老师》《筑梦高原》及公益广告《脱贫攻坚 点燃希望》；同时在"直播游仙"App开办"全面建小康 夺取双胜利"专栏，整合全区脱贫信息200余条。

巡察工作

【概况】2020年，围绕区委中心工作，不断提高政治站位，持续深化政治巡察，巡察工作有力有序开展并取得明显成效。共开展一轮常规巡察；配合省委巡视对区自然资源局进行联动巡察，对区住建局和区富乐公司进行回头看；对24个村（社区）开展机动巡察。游仙区巡察工作案例《游仙区切实加强基层党组织软弱涣散治理问题》入选中巡办编制的《第三期全国县级巡察办主任培训班案例选编》。

【制度建设】制定印发《巡察工作资料汇编》《巡察工作流程图》，完善《巡察报告问题底稿制度》，出台《中共绵阳市游仙区委巡察组质效考核办法（试行）》《关于打听干扰巡察情况实行登记的制度》《游仙区委区政府分管领导参加巡察整改专题民主生活会暂行办法》等22项巡察工作制度；争创巡察工作档案规范化建设示范单位，统一巡察档案管理标准，对巡察资料进行"三统一"管理。建立"一卷宗四台账"巡察问题线索管理制度。

【区委六届第十轮巡察】区委4个巡察组于2020年5月8日至6月22日对游仙高新区、区委宣传部、区委政法委、区法院等10个单位进行常规巡察，共发现问题199个，其中，指出立行立改问题78个，书面反馈需继续整改问题121个，向纪委监委移交线索1条。共向区委、区政府提出意见建议7条，主要涉及干部交流、人才引进、产业推动、基础设施建设等方面，所提意见建议被区委区政府全部予以采纳。

【巡察整改】向区委巡察工作领导小组报告六届区委第九轮、第十轮和联动巡察工作情况；对第九轮和第十轮联动巡察被巡察单位党组织主要负责人进行约谈；向分管区领导汇报巡察情况，分别召开巡察意见反馈会，向被巡察党组织班子和主要负责人进行情况反馈；及时按程序向区纪委

2020年7月17日，省委巡视办主任顾勇（前排左四）到游仙调研延伸巡察村（社区）工作

监委、区委组织部、区财政局等相关部门移交（移送）问题线索；对第七、八、九轮巡察整改情况进行回访督查。

【省委巡视】2020年省委对游仙区进行常规巡视，巡察办负责上一轮巡视整改的牵头工作和省委巡视带巡察联动工作，承担游仙区迎接省委巡视的相关筹备工作，草拟《游仙区迎接省委巡视工作方案》，组织相关单位到周边县市学习调研迎接省委巡视组经验，完成到游仙和赴安州巡视带巡察联动工作，得到省委巡视组领导和市委巡察办领导的认可和肯定。（刘刚）

全面深化改革

【概况】2020年，全区共有改革工作任务96项。其中，承接的全国第二批新时代文明实践中心试点等5项国家级试点，宅基地制度改革试点等7项省级试点和山湾农庄建设等3项市级试点稳步推进。认真贯彻落实上级各项决策部署，重点实施的乡镇（街道）运行能力建设等20项改革任务均已实现年度工作目标，完成率100%；拟出台的22项对接市级专项改革方案和自主制定的专项改革方案中，14项方案已出台实施，4项方案已完成起草、意见征求等工作，3项退出任务台账（2项方案经对接市级部门明确区级参照实施市级方案，区级不再另行出台方案，1项因工作需要暂不出台方案），1项待市级方案出台后及时对接，完成率82%；供给侧结构性改革等39项改革方案持续推进，均已实现年度工作目标。

【成渝地区双城经济圈建设集成改革试点】抢抓省委围绕推动成渝地区双城经济圈建设深化改革重大机遇，先后11次到省直有关部门对接汇报，入选全省县域集成改革试点。发挥辖区军工科研资源富集的优势，思考谋划“科技创新产业化体制机制集成改革”试点，围绕“科技协同创新、高新产业优化升级、融合发展、城乡融合发展”四大领域，聚焦解决体制性障碍、机制性梗阻和改革创新等问题，谋划13项具体改革任务，形成游仙区集成改革试点方案，成为全省样本。设立改革发展研究中心，抽调专兼职人员11人，专门预算工作经费120万元，统筹推进集成改革试点工作，承办全省成渝地区双城经济圈建设县域集成改革试点推进会。

【基层政权建设和组织架构类改革】按照省委和市委统一安排部署，游仙区完成乡镇行政区划调整和村级建制调整改革，56%的乡镇和49%的村被撤并，全市减幅最高。坚持以两项改革“后半篇”文章先行先试为统领，创新实施放权赋能改革，将城乡建设、卫生健康、农业农村等11个领域8大类共148项管理服务事项委托乡镇实施，将农村宅基地审批、中心城区外建设项目临时用地审批等11项事权试点下放。在机构限额内，赋予乡镇按照“6+X”“2+X”模式自主设置综合办事机构和事业单位的权力，推动基层机构设置更加符合工作需要。扎实开展全省村（社区）“两委”换届整县试点，统一设置人选资格“9+8”正反条件清单，“一镇一方案”自定义选人清单内容，全区172个村（社区）党组织书记平均年龄45岁、比上届下降2.5岁，产业在本村的超过五成。在11个小区启动实施第一批红色物业试点，成立红色物业行业党委和“红色物业”党群服务中心，物业行业党委通过调整企业资质等手段，倒逼破解物业管理难题。深化宅基地“三权分置”改革，整理集体建设用地511亩，为集体增收870万元。持续推进农村集体产权制度改革，全面清理农村集体资产12.7亿元，建立集体经济组织2282个，新增山湾农庄10个。

【社会运行保障类改革】试点建立现代化的应急管理调度平台，集成突发事件信息（风险隐患）报送、预警发布、风险监测、指挥调度等功能，应急处突能力进一步提升。深化综合行政执法改革，设置6个城市管理执法中队派驻下沉到镇（街道），建立以区指挥中心与镇（街道）综合执法协调办公室为中枢的执法案件调度、派遣、处置、反馈机制，由镇（街道）向相关行政执法部门“吹哨”，相关行政执法部门按期“报到”处置并反馈结果。探索“法律管家+法律顾问”服务模式，建成区镇村三级公共法律服务实体平台，争创全省全面依法治区示范试点。探索组建城乡融合发展试验区，统筹规划城乡基础设施、公共服务设施和产业配套设施，推动水、电、气、路、信息和垃圾转运网、污水管网“七网并进”。联合供电公司，在新桥、仙鹤、信义3个镇开展“村网共建”试点，择优配备“电力网络协管员”，推动电力供管服务前移，实现农电管理服务改革与两项改革同频共振。

【经济发展类改革】围绕“三张清单”，深化“大联盟、小组团，一个中心、二次研发”融合科技服务发展模式，截至2020年年底，融合企业达到83户，新认定高新技术企业5家、达42家，“两新”产业产值占规上工业比重达到58%，亿元以上企业研发中心覆盖率达90%。深化国有企业改革，采取划转、转让、租赁等方式盘活零散、闲置资产资源，推动国有资产由闲散向集聚、由静态管理向动态管理转变。全面推进“水美游仙”建设，启动“河湖塘库渠水系联通、骨干水源、城乡供水一体化、现代化灌区、中小流域综合治理、智慧水利”六大工程建设，推进“引清济芙”“引沉济芙”，投资14.9亿元的“芙蓉花溪”乡村旅游环线即将建成。持续推进大规模绿化游仙行动，大力构建集生态种养、森林康养、生态旅游等一体的生态循环林业发展模式，鹤林绿洲成功入选全国森林康养基地试点单位。

【社会建设类改革】持续推进教育改革，积极探索“城市学校+乡村学校”联合办学模式，大力推进中小学校长、教师轮岗交流，将撤并的14所学校的244名教师全部统筹交流至需求学校。加快推进“八区三中心”建设，辖区基层医疗机构门诊人次增加13261人次，辖区居民外出就诊住院人次减少2704人，农村群众在“半小时”医疗救治圈内实现“小病完全能看好”“大病基本不用跑”。健全农村低保、临时生活救助、特困供养救助等制度强化兜底保障，改造提升19个农村公办养老机构和福利机构，加快推动城乡基本公共服务均等化。积极推动社会心理服务体系建设国家级试点，将社会心理健康服务纳入社会治理体系。创新开展环境秩序大整治、家庭卫生大扫除、个人言行好习惯“两大一好”专项行动，全区112个行政村中，生活垃圾得到有效处置的村占比100%，生活污水得到有效处理的村占比93.3%，农村户用卫生厕所普及率达95%，秸秆综合利用率（占可收集资源量）达100%。

【改革经验】2020年报送改革信息、改革经验材料28篇，《支部建在小区，服务下沉到底——游仙区探索党建引领城市基层治理新模式》被《四川改革专报》第9期采用，《绵阳市游仙区以改革破难题赋能县域经济高质量发展》被《四川改革动态》第44期采用。《游仙区以改革破难题不断推动县域发展“再上新台阶”》《游仙区建立全国首个镇

2020年4月2日，区委全面深化改革委员会第三次会议召开

级自然资源资产审计评价指标体系算好乡镇领导干部“生态账”》《游仙区创新开展区级部门“向下述职评议”倒逼资源下沉提高基层治理服务能力》《绵阳游仙区扎实推进村（社区）“两委”换届试点高标准选好基层“火车头”》4篇改革信息被《绵阳改革专报》《绵阳改革动态》采用。“红色物业”“街道吹哨、部门报到”“防新案、化积案、攻难案”“村网共建”“扩权赋能强镇”等一批改革经验获得省市推广，先后被人民网、凤凰网、绵阳新闻网等新闻媒体报道转载。“八区三中心”建设经验做法被省卫健委推荐参加全国医改典型案例评比，被市发改委作为改革总结项目向国家发改委报送；“绵阳市游仙区突出三项发展举措全面提升基层医疗卫生服务能力”、“乡镇卫生院的蝶变——绵阳市游仙区基层卫生医改纪实”被省、市卫生健康委推荐至国务院医改领导小组秘书处作为典型经验在全国进行宣传评比。游仙区“防新案、化积案、攻难案”工作入选2020年全国百个“创新社会治理典型案例”；游仙区“四项措施提升基层治理法治化水平”的法律顾问经验做法被《四川法治报》刊登；“法治化营商环境视野下的‘法治体检’游仙模式探索”入选2021年《四川法治蓝皮书》；《游仙区融合法律服务机制的探索与实践》入选《法治蓝皮书·四川依法治省年度报告No.6(2020)》。“432”工作法筑牢国防科研院所“护城河”工程得到省委政法委书记、市委政法委书记充分肯定；禁毒“135”工作机制得到国家禁毒委副主任刘跃进、副省长叶寒冰等领导充分肯定；创新实施“村网共建”改革试点，得到省委彭清华书记、市委刘光强副书记肯定性批示，改革经验在省市推广。

绵阳市游仙区人民代表大会

概 述

【概况】2020年，在区委的坚强领导和市人大关心指导下，区人大常委会坚持以习近平新时代中国特色社会主义思想为指导，深入学习贯彻中共十九大，十九届四中、五中全会精神和习近平总书记关于人民代表大会制度的重要思想，认真落实省委十一届六次、七次、八次全会，市委七届八次、九次、十次全会和区委六届五次党代会决策部署，始终坚持党的领导、人民当家做主和依法治国有机统一，认真履行宪法和法律赋予的各项职责。全年召开常委会议7次、主任会议18次，视察、执法检查26次，调研38次，听取和审议“一府两院”专项工作报告19项，依法作出决议、决定9项，提出审议意见86条，依法选举及任免国家机关工作人员57人，制定和完善各类规章制度8项，为谱写更高质量的“五个游仙”新篇章、为全面建成小康社会和“十三五”规划圆满收官做出积极贡献。

【选举任免】2020年，依法选举及任免“一府一委两院”国家机关工作人员63名（其中选举9名、任命25名、免职29名），接受辞职7名，对区人民法院任命的干部进行任前考察，对所有被任命干部均进行任前法律知识考试和宪法宣誓工作。加强任后监督，对任命的区人民法院副院长和区民政局、区商务局等政府组成部门主要负责人，由常委会副主任分别带队全面开展述职测评工作，有效督促任命的国家机关工作人员履职尽责。

监督工作

【财经监督】区人大常委会于4月听取区人民政府关于对2018年度区级财政预算执行和其他财政收支及政府投资项目审计查出问题整改情况的报告。5月，对全区限额以上商贸流通企业生产经营情况进行专题调研，形成调研报告。8月听取和审议区人民政府

2020年上半年国民经济和社会发展计划执行情况的报告、财政预算执行情况的报告及关于2019年财政预算执行情况和其他财政收支情况审计以及政府投资项目审计情况的报告，审议和批准区人民政府2019年财政决算的报告，提出审议意见。10月，听取区人民政府关于2019年国有资产管理情况的报告，区人民政府关于民营企业发展情况的报告并提出审议意见，对区属国有企业资产情况进行专题调研，形成调研报告。12月，听取和批准区人民政府关于2020年财政预算调整情况的报告、审议和批准2020年度区人民政府地方债务限额的报告并提出审议意见，听取区人民政府关于对2019年度区级财政预算执行和其他财政收支及政府投资项目审计查出问题整改情况的报告，提出工作意见和建议。

【环境保护】区人大常委会于4月听取区人民政府关于2019年环境状况和环境保护目标完成情况的报告。5月对区人民政府贯彻落实《中华人民共和国水土保持法》情况开展执法检查，形成执法检查报告。

【城市管理】区人大常委会于4月听取和审议区人民政府关于东兴路八号危旧房棚户区改造项目工作开展情况的报告，提出审议意见。

【社会事业】区人大常委会于5月对全区基层公共文化阵地建设工作进行专项视察，提出工作意见和建议。6月，听取区人民政府农村宅基地“三权分置”改革试点工作推进情况的报告、区人民政府贯彻落实《绵阳市人民代表大会常务委员会关于依法做好当前新型冠状病毒肺炎疫情防控工作的决定》情况的工作报告，提出工作意见和建议。7月，对全区全域旅游推进工作、城市社区治理情况、农村人居环境治理工作推进情况进行专题调研，形成调研报告。9月，对区人民政府贯彻落实《中华人民共和国传染病防治法》情况开展执法检查，形成执法检查报告，对全区重点项目实施运行情况进行专项视察，提出工作意见和建议。10月，听取和审议区人民政府关于区六届人大六次会议期间代表建议、批评和意见办理情况的报告、区人民政府贯彻实施《中华人民共和国就业促进法》情况的报告。12月，听取区人民政府关于“十三五”规划完成情况和“十四五”规划编制工作情况的报告。

【公正司法】区人大常委会于5月对区人民政府贯彻落实《中华人民共和国禁毒法》情况、开展执法检查，形成执法检查报告。7月，区人大常委会对区人民检察院贯彻落实《中华人民共和国刑事诉讼法》关于认罪认罚从宽制度情况进行专题调研，形成调研报告。

代表工作

【代表履职能力建设】区人大常委会持续用力拓展代表履职平台，抓实代表阵地运用，提高区人大常委会机关“市人大代表之家”，各镇、街道“人大代表之家”运用率，指导延伸到村（社区）建立起代表联络站等工作平台259个，实现“人大代表联系人民群众工作平台”建设全覆盖。先后组织区人大代表、人大干部到三岔湖、广州等地开展异地业务培训。2020年10月，举办各镇（经济试验区、街道）党（工）委书记、区六届人大代表、区人大常委会委员等共计250余人参加的区人大代表履职能力提升集中专题培训班，提升新时期人大代表及干部的履职能力。

【代表履职活动】积极组织省、市、区、镇四级代表切实做好人大代表走访企业、群众专项工作，让“双走访”工作安排部署有广度、督促指导有力度、具体工作有深度、联系走访有温度，共组织省、市、区、镇四级人大代表1341人次，累计走访企业460家，走访群众3864户，收集各类问题（建议）816条，解决（转办）问题（建议）474条。邀请代表列席常委会会议和参加视察调研、执法检查等活动75人次，进一步扩大代表对常委会工作的参与度。扎实开展市人大代表视察调研和代表小组活动，形成调研报告5篇。

【代表建议意见办理】区六届人大六次会议期间，代表共提出建议110件。多次组织常委会组成人员和人大代表就建议办理情况进行调研视察，听取和审议《区人民政府关于区六届人大六次会议期间代表建议、批评和意见办理情况的报告》。在区人大常委会会议上对游仙区人民代表大会代表建议、批评和意见办理情况开展工作评议。由区人大常委会领导同志牵头督办的“关于加强对物业管理工作指导监督的建议”等8件重点督办建议全部及时书面回复代表，一批社会关注、群众关切的热点、难点问题得到解决。

重要会议

【区六届人大六次会议】2020年5月13—14日，绵阳市游仙区第六届人民代表大会第六次会议在机关会议厅召开。大会应到代表213人，实到代表193人。大会主席团执行主席江彬、袁玉国、何守君、唐兴万、王宗华、陈勇、冯忠卫、徐丽娟出席会议。会议听取、审议并表决通过《区人民政府工作报告》《区人大常委会工作报告》《区人民法院工作报告》《区人民检察院工作报告》《关于2020年区级民生实事人大代表票决候选项目有关情况的报告》《区2019年国民经济和社会发展计划执行情况及2020年计划草案的报告》《区2019年财政预算执行情况和2020年财政预算草案的报告》。依法选举何守君为绵阳市游仙区第六届人民代表大会常务委员会主任，王政为绵阳市游仙区第六届人民代表大会常务委员会副主任，邓蓉（女）、刘敏（女）、邱欣、黄宇翔为绵阳市游仙区第六届人民代表大会常务委员会委员。

【区六届人大常委会第二十四次会议】2020年3月10日，在区人大常委会机关202会议室召开区六届人大常委会第二十四次会议。会议主要内容：一是初步审查2020年游仙区国民经济和社会发展计划（草案）及上一年度国民经济和社会发展计划执行情况，2020年游仙区本级财政预算（草案）及上一年度预算执行情况（书面）；二是审议《区人大常委会2020年工作要点》；三是审议《区人大常委会工作报告》；四是审议区第六届人民代表大会第六次会议相关事宜；五是审议区人大常委会代表资格审查委员会《关于补选区六届人大代表资格审查的报告》；六是人事任免事项。

【区六届人大常委会第二十五次会议】2020年4月25日，在区人大常委会机关202会议室召开区六届人大常委会第二十五次会议。会议主要内容：一是听取和审议区人民政府关于将游仙高新区东区（魏城工业园）基础设施建设PPP项目财政责任支出列入财政预算的议案；二是听取和审议区人民政府关于2019年环境状况和环境保护目标任务完成情况的报告；三是听取和审议区人民政府关于东兴路八号危旧房棚户区改造项目工作开展情况的报告；四是听取区人大常委会调研组关于对全区农村留守困境儿童关爱保护保障工作情况的调研报告；五

2020年5月13—14日，绵阳市游仙区第六届人民代表大会第六次会议召开

是听取区人民政府关于对2018年度财政预算执行和其他财政收支及政府投资项目审计查出问题整改情况的报告；六是听取和审议区人民政府关于2020年区级民生实事人大代表票决候选项目的报告；七是人事任免事项；八是补选区六届人大代表有关事项；九是审议区第六届人民代表大会第六次会议相关事宜。

【区六届人大常委会第二十六次会议】2020年5月9日，在区人大常委会机关202会议室召开区六届人大常委会第二十六次会议。会议主要内容：一是补选区第六届人大代表有关事项；二是人事事项。

【区六届人大常委会第二十七次会议】2020年6月19日，在区人大常委会机关202会议室召开区六届人大常委会第二十七次会议。会议主要内容：一是听取区人民政府关于农村宅基地“三权分置”改革试点工作推进情况的报告；二是听取和审议区人大常委会执法检查组关于对区人民政府贯彻落实《中华人民共和国水土保持法》情况开展执法检查的报告；三是听取区人民政府贯彻落实《绵阳市人民代表大会常务委员会关于依法做好当前新型冠状病毒肺炎疫情防控工作的决定》情况的工作报告；四是听取区人民政府关于全区基层公共文化阵地建设工作情况的报告；五是听取和审议区人民政府关于执行《绵阳市人大常委会关于优化营商环境的决议》情况的报告；六是听取区人大常委会调研组关于对全区限额以上商贸流通企业生产经营情况进行调研的情况报告（书面）；七是听取和审议区人大常委会执法检查组关于对区人民政府贯彻落实《中华人民共和国禁毒法》情况开展执法检查的报告；八是人事任免事项。

【区六届人大常委会第二十八次会议】2020年8月25日，在区人大常委会机关202会议室召开区六届人大常委会第二十八次会议。会议主要内容：一是人事任免事项；二是听取和审议区人民政府2020年上半年国民经济和社会发展计划执行情况的报告；三是听取和审议区人民政府2020年上半年财政预算执行情况的报告；四是听取和审议区人民政府关于2019年财政预算执行情况和其他财政收支情况审计以及政府投资项目审计情况的报告；五是审议和批准区人民政府2019年财政决算的报告；六是听取和审议区人民政府关于全区项目投资工作情况的报告；七是听取区人大常委会调研组关于对区人民检察院贯彻落实《中华人民共和国刑事诉讼法》关于认罪认罚从宽制度情况的调研报告；八是听取《区人大常委会2020年度区级民生实事票决项目监督工作方案》；九是听取和审议区人民政府贯彻实施《中华人民共和国就业促进法》情况的报告；十是听取和审议区人大常委会执法检查组关于对区人民政府贯彻落实《中华人民共和国传染病防治法》情况开展执法检查的报告；十一是听取区人大常委会调研组关于对农村人居环境治理工作推进情况的调研报告；十二是听取和审议区人民政府关于决战决胜脱贫攻坚情况的报告。

【区六届人大常委会第二十九次会议】2020年10月16日，在区人大常委会机关202会议室召开区六

2020年6月19日，区六届人大常委会第二十七次会议召开

届人大常委会第二十九次会议。会议主要内容：一是听取和审议区人民政府2019年度企业国有资产管理情况的报告；二是听取区人大常委会调研组关于对区属国有企业资产情况进行调研的报告；三是听取和审议区人民政府关于区六届六次会议期间代表建议、批评和意见办理情况的报告；四是对游仙区人民代表大会代表建议、批评和意见办理情况开展工作评议；五是听取和审议区人民政府关于2020年度实施乡村振兴战略工作情况的报告；六是听取区人大常委会调研组关于对全区城市社区治理情况进行调研的报告；七是听取和审议区人民政府关于民营企业发展情况的报告；八是人事任免事项。

【区六届人大常委会第三十次会议】2020年12月16日，在区人大常委会机关202会议室召开区六届人大常委会第三十次会议。会议主要内容：一是听取区人民政府关于2020年全区重点工作情况的报告；二是听取区人民法院关于2020年重点工作情况的报告；三是听取区人民检察院关于2020年重点工作情况的报告；四是听取和审议区人民政府关于2020年度实施乡村振兴战略工作情况的报告；五是听取和批准区人民政府关于2020年财政预算调整情况的报告；六是听取区人民政府关于“十三五”规划完成情况和“十四五”规划编制工作情况的报告；七是听取区人民政府关于对2019年度区级财政预算执行和其他财政收支审计查出问题整改情况的报告；八是听取区人大常委会调研组关于对全区科技型企业培育工作进行调研的报告；九是听取区人大常委会调研组关于对全区全域旅游推进工作进行调研的报告；十是听取《关于对区六届人大六次会议部分人大代表建议办理情况开展满意度评议工作结果的报告》；十一是听取关于人事任免案的说明。

绵阳市游仙区人民政府

概述

【新冠肺炎疫情防控】调拨防疫经费1894万元，落实5处集中隔离场所、300间隔离病房，摸排来游仙返游仙人员2.4万人，52天实现2例确诊病例、3例疑似病例全部清零。第一时间组建45个复工复产服务专班，落实补贴补助资金1457万元，为企业协调贷款35亿元，解决用工1239人，截至2020年2月，全区规上工业企业全部复工复产，3月全区重点项目和限上规上服务业企业全部复工复市。

绵阳市游仙区政务服务中心

【抗洪抢险】出动232支抢险队伍、动员1万多名干部群众奔赴一线，盯死看牢3处涉险河段、27个防汛隐患点、109个山洪灾害点，有序转移、妥善安置群众4107人，处置芙蓉溪开元场河堤等重大险情，未出现一例伤亡失踪事件。迅速启动恢复重建，争取中央和省级资金5348万元，实施武引灌区渠道、高标准农田等恢复重建项目23个，重建农房419户、加固维修171户。

【项目投资】2020年，全区社会固定资产投资同比增长15.2%、高于全市平均水平5.2个百分点，第一产业投资增长73.1%，第二产业投资增长55.1%，第三产业投资占全区投资总量的56.8%，72个省市区重点项目实现投资82.15亿元、投资完成率107%。抢抓疫情期间国家、省扶持政策出台窗口期，累计争取项目资金37.99亿元、完成年度目标135.7%，其中新增专项债券、一般债券和抗疫特别国债资金15.02亿元。深挖辖区国防科研院所配套资源，探索“签约即开工”高效模式，招引一飞智控等优质项目45个，实现国内省外到位资金101.26亿元、完成年度目标126.58%，项目履约率100%、开工率57.8%、资金到位率37%。

【先进制造业】推动先进制造业集聚发展，新型功能材料产业功能区加快建设，湖山电器、开元磁材入选国家第二批专精特新“小巨人”企业，开元磁材入围中国电子元件百强企业，东材科技、兴事发门窗上榜四川制造业100强，新增规上工业企业11家，游仙高新区被评为全省优秀开发区，中核二四公司晋升建筑工程施工总承包特级资质。

【现代服务业】围绕“6+4+N”发展主线，推动现代服务业上档升级，培育入库限上规上服务业企业31家，科技城大数据中心启动建设，科技型服务业增加值占比达32.2%，实现社会消费品零售总额129亿元，通过省级电商示范县验收，先后被评为省、市促进服务业发展工作先进单位。

【现代农业】围绕“一带两河四片”总体布局，推动现代农业蓬勃发展，培育省级农民合作社4家、市级现代农业园区1个、市级示范家庭农场10家，新增“三品一标”农产品13个，建成高标准农田2.3万亩，粮食总产突破24万吨，出栏生猪18.3万头，优质蔬菜种业园区被纳入省级现代种业园区培育项目。

【科技创新】转化科技成果20项，新增高新技术企业15家，认定国家级科技型中小企业81家，企业研发经费投入2.94亿元、增长13.6%，每万人发明专利拥有量居全市第一，高分通过国家知识产权强县工程示范区复核。

【深化改革】入选成渝地区双城经济圈建设县域集成改革试点单位，5项国省重点改革全面完成，农村集体产权制度改革试点、政府购买社会服务、扩权赋能强镇等一批改革经验在全国全省推广。

【营商环境】完成减税降费1.42亿元，164项行政许可、行政执法权限直接下放到镇和街道，1487个政务服务事项全部实现“一网通办”。民营经济健康发展，新增市场主体5459家，培育“四上”企业45家。

【城乡建设】90个城建攻坚、交通攻坚项目加速推进，中经路等57个重要点位、重要路段改造提升工程全面竣工，建小路、城市运动公园（一期）主体完工，省道205线绕城改线工程、九绵高速游仙段建成通车，成绵高速扩容、绵苍高速、国道108线改线工程开工建设，6个棚改项目稳步实施，整治违法用地问题6宗，清理闲置土地1781.75亩。

【乡村振兴】创建为省级实施乡村振兴战略工作先进区，仙鹤镇云水村等3个村获评示范村，“美丽四川·宜居乡村”实现全域覆盖，

仙鹤镇的万亩优质粮油基地

“芙蓉花溪”乡村振兴综合项目道路全线贯通，编制村庄规划21个，提档升级山湾农庄10个，新（改）建污水管网154.1千米、农村公路146.3千米。

【生态环境】完成上级环保督察反馈问题销号备案6件，全年城区环境空气质量优良天数率达93.5%，PM2.5、PM10浓度同比分别下降13.2%、10.2%，城市集中式饮用水水源达标率100%，土壤环境质量总体保持稳定。

【民生保障】62件民生实事全部完成，民生支出占财政支出比重达70.54%。城镇新增就业6528人，城镇登记失业率2.49%。发放城乡低保、特困人员供养、残疾人两项补贴等各类扶助资金3824万元，困难群众重特大疾病医疗救助覆盖率100%。持续巩固脱贫攻坚成果，无一户一人返贫致贫。

【社会事业】改造农村危房和土坯房1249户、城市老旧小区10个，3000多户群众直接受益。新建学校3所，新增学位4580个，如期完成消除“大班额”年度任务、学前教育“80•50”攻坚任务，教育体育综合评价连续7年全市第一。为群众减少药品负担6000余万元，通过全国健康促进区考评、全省慢性病综合防控示范区验收，红十字会首次组织捐献造血干细胞。区图书馆、区文化馆和24个基层文化站全部免费开放，新增非物质文化遗产代表性传承人2人、代表性项目2项，建成农民健身工程项目83个。

【社会治理】“两项改革”完成，乡镇（街道）、建制村、村民小组数量分别减少51.7%、49.5%、28.8%；两项改革“后半篇”文章扎实推进，16项年度任务完成，24项中长期任务推进。完成第十一届村（居）民委员会换届选举。双拥共建持续深化，连续7年被评为全省双拥模范区。“七五”普法完成，被列为全省全面依法治区示范试点。扫黑除恶专项斗争圆满收官，社会治安持续好转，刑事和治安案件发案率分别下降4.3%、8.2%，游仙派出所被命名为全省首批“枫桥式公安派出所”。安全生产专项整治三年行动扎实有力，整治安全隐患1583个，事故起数、死亡人数分别下降78%、75.6%。化解信访积案23件，芙蓉世纪阳光、汇川汉城等5个“老大难”涉房问题取得突破性进展。完成游仙区第三次全国土地调查、第七次全国人口普查工作。与此同时，民族宗教、决策咨询、慈善、残疾人、妇女儿童、老龄、供销、电力、烟草、物价、国防动员、民兵预备役等工作都取得新进步。

区政府常务会议

【六届第44次常务会议】2020年1月6日召开。会议学习《中国共产党纪律处分条例》修订主要内容，学习贯彻中央、省委经济工作会议、中央政治局第十九次集体学习会议、全国全省安全生产电视电话会议精神，习近平总书记对做好“三农”工作重要指示精神和中央农村工作会议精神，李克强总理在四川考察时的重要指示精神和《国务院关于加强固定资产投资项目资本金管理的通知》精神；通报2019年全区大气环境质量目标完成情况，安排部署国家生态文明建设示范区创建相关工作；审议集中采购应急物资、加强和改进区委区政府法律顾问团工作、解决胜黎路及中环线改善提升工程项目建设缺口资金、确定“果满山川”现代农业园区项目业主、“现代生猪养殖产业园”项目、富乐山实验幼儿园建设工程变更等事项；审议《绵阳市游仙区国民经济和社会发展第十四个五年规划编制工作方案（审议稿）》《绵阳市游仙区贯彻落实中央生态环境保护督察“回头看”反馈意见整改责任清单（审议稿）》《绵阳市游仙区创新构建医疗服务新体系改革实施意见（审议稿）》。

【六届第45次常务会议】2020年1月21日召开，区长陈华斌主持，副区长杨守贵、李彦君、张明东、林檬、张欣、李万庆及区政府办主任姚永强参加。会议学习《中华人民共和国土地管理法（修正案）》主要内容，通报近期新型冠状病毒感染的肺炎疫情等相关情况，安排部署相关工作；审议惠东公司与四川新材料研究中心共建高功率光纤激光技术所地联合创新中心、将魏城镇等4个乡镇污水处理厂在线监测整改费用纳入财政预算、租用附属办公区等事项；审议《绵阳市游仙区贯彻落实四川省生态环境保护专项督察反馈意见整改任务清单（审议稿）》《游仙区魏城镇牌坊村村规划（审议稿）》。

【六届第46次常务会议】2020年2月10日召开，区长陈华斌主持，副区长杨守贵、李彦君、张明东、林檬、李万庆及区政府办主任姚永强参加。会议学习贯彻市政府第87次常务会议暨市应对新型冠状病毒感染肺炎疫情应急指挥部第八次会议精神、《四川省应对新型冠状病毒感染肺炎疫情应急指挥部交通运输组转发〈国务院办公厅关于做好公路交通保通保畅工作，确保人员车辆正常通行的通知〉》文件精神；通报全区新型冠状病毒肺炎疫情情况；审议设置集中医学留观后备点和收治医院后备点等事项；审议《游仙区应对疫情稳定经济运行18条政策措施（审议稿）》。

【六届第47次常务会议】2020年2月28日召开，区长陈华斌主持，副区长杨守贵、张明东、林檬、张欣、李万庆、区人武部部长杨皓云及区政府办主任姚永强参加。会议学习《中华人民共和国社会保险法》；学习贯彻习近平总书记在统筹推进新冠肺炎疫情防控和经济社会发展工作部署会议上的重要讲话精神及习近平总书记、彭清华书记、尹力省长关于安全生产工作相关批示精神和各级疫情防控期间复工复产安全生产工作要求，安排部署相关工作；审议游仙区2020年区重点项目及县级领导联系重点项目、魏城河防洪治理工程立项、游仙区内新增道路（街道）命名等事项；审议《政府工作报告（审议稿）》《绵阳市游仙区2019年国民经济和社会发展计划执行情况及2020年计划草案的报告（审议稿）》《绵阳市游仙区2019年财政预算执行情况和2020年财政预算（草案）的报告（审议稿）》。

【六届第48次常务会议】2020年3月25日召开，区长陈华斌主持，副区长杨守贵、李彦君、张明东、林檬、张欣、李万庆及区政府办主任姚永强参加。会议学习《突发公共卫生事件应急条例》相关内容；学习贯彻《中共中央办公厅　国务院办公厅关于强化知识产权保护的意见》《中共中央办公厅　国务院办公厅关于全面加强危险化学品安全生产工作意见》《四川省宗教事务条例》精神，省、市生态环境保护督察会议、全省长江经济带生态环境问题排查整治工作会议、市安委会2020年第一次全体（扩大）会议精神；研究部署游仙区2020年扫黑除恶专项斗争工作；审议交通运输部“十三五”国省干线公路养护工程项目、鑫健瑞医用织物新型清洁项目、郑州兴事发门业（绵阳）智慧家居产业园项目等事项；审议《绵阳市游仙区优秀农业企业专属服务“绿卡”发放管理办法（试行）》《绵阳市游仙区食品安全突发事件应急预案（审议稿）》。

【六届第49次常务会议】2020年4月22日召开，区长陈华斌主持，副区长杨守贵、李彦君、张明东、林檬、李万庆及区政府办主任姚永强参加。会议学习《四川省消防安全责任制实施办法》《四川省国家综合性消防救援队伍职业保障实施细则》；学习贯彻习近平总书记、李克强总理对凉山森林火灾作出的重要指示批示精神，省委书记彭清华、省长尹力对凉山州木里西昌冕宁盐源森林火灾的批示精神，3月31日省委常委会（扩大）会议和全省森林草原防火灭火暨安全生产工作会议精神，习近平总书记、李克强总理对安全生产作出的重要指示批示和全国安全生产电视电话会议精神，李克强总理对防汛抗旱工作作出的重要批示及全国防汛抗旱工作电视电话会议和全省防汛减灾和地质灾害防治工作电视电话会议精神，以及中央、省、市应对新冠肺炎疫情相关工作会议精神等，安排部署相关工作；审议试点实施仙鹤镇污水处理设施系统改造工程、绵阳市游仙职业技术学校3#学生公寓项目建设等事项；审议《绵阳市游仙区扩权赋能强镇提升乡镇（街道）运行能力的实施意见（审议稿）》等事项。

【六届第50次常务会议】2020年5月15日召开，区长陈华斌主持，副区长杨守贵、李彦君、张明东及区政府办主任姚永强参加。会议学习《优化营商环境条例》相关内容，学习贯彻市委统一战线工作领导小组2020年第一次全体会议、市委宗教工作领导小组（扩大）会议精神，安排部署相关工作；审议黄宇翔职务免职等事项；审议《绵阳市游仙区村建制调整改革方案（审议稿）》《绵阳市游仙区城乡贫困严重精神障碍患者救治救助办法（审议稿）》《绵阳市游仙区生态文明建设规划（2020—2030年）（审议稿）》《绵阳市游仙区城区生活垃圾清运处理费征收方式调整实施方案（试行）（审议稿）》等事项。

【六届第51次常务会议】2020年5月28日召开，区长陈华斌主持，副区长杨守贵、李彦君、张明东、林檬及区政府办主任姚永强参加。会议学习《中华人民共和国社区矫正法》；学习贯彻近期中央政治局常委会会议、中共中央政治局会议、中央、省应对新冠肺炎疫情相关会议、全省2020年二季度经济运行分析调度电视电话会议、国务院督导四川省森林草原防灭火专项整治工作动员会议、市安委会2020年第二次全体（扩大）会议暨安全生产工作紧急会议精神，研究部署相关工作；审议游仙区参与“全国一网”整合股权划转等事项；审议《绵阳市游仙区2020年防范化解社会保险基金支付风险工作计划（审议稿）》《绵阳市游仙区2020年防范化解金融风险工作计划（审议稿）》《绵阳市游仙区2020年防范化解政府性债务和政府隐性债务风险工作计划（审议稿）》《绵阳市游仙区2020年防范化解区属国有企业债务风险工作计划（审议稿）》《绵阳市游仙区2020年防范化解社会稳定风险工作计划（审议稿）》《绵阳市游仙区2020年防范化解食品药品安全风险工作计划（审议稿）》《绵阳市游仙区2020年防范化解房地产领域风险工作计划（审议稿）》《绵阳市游仙区2020年防范化解安全生产重大风险工作计划（审议稿）》《绵阳市游仙区2020年防范化解重大自然灾害风险工作计划（审议稿）》《绵阳市游仙区2020年优化营商环境工作方案（审议稿）》等事项。

【六届第52次常务会议】2020年6月18日召开，区长陈华斌主持，副区长杨守贵、熊华明、李彦君、张明东、林檬及区政府办主任姚永强参加。会议学习《信访条例》相关内容；学习贯彻《中央和省预算内投资项目事中事后监管办法（试行）》文件精神，习近平总书记在专家学者座谈会上的重要讲话精神，全省抓项目促投资现场会，全省、全市防汛减灾工作推进电视电话会议，中央、省、市应对新冠疫情相关会议精神，研究部署相关工作；审议调整游仙区2020年省、市、区重点项目，成立绵阳市游仙区土地管理委员会，成立绵阳市游仙区城乡规划委员会，游仙区城区输水管网改造工程等3个项目立项，富乐山后大门环境整治项目新增挡墙建设工程等事项；审议《绵阳市游仙区新桥镇复兴社区、胜利村村规划（2019—2035年）（审议稿）》《绵阳市游仙区交通脱贫攻坚“两通”工程实施方案（审议稿）》等事项。

【六届第53次常务会议】2020年6月28日召开，区长陈华斌主持，副区长李彦君、张明东、林檬及区政府办主任姚永强参加。会议学习《基本医疗保险定点医药机构服务协议》相关内容；学习贯彻全市主汛期防汛减灾和地质灾害防治工作专题会议、全市项目投资工作会议精神、市食安委2020年全体（扩大）会议精神，安排部署相关工作；审议绵阳游仙区提升污水处理设施升级改造项目、绵阳游仙区村村集中污水处理设施建设项目、王子强等职务任免等事项；审议《绵阳市游仙区政府质量奖评审管理办法（审议稿）》。

【六届第54次常务会议】2020年7月31日召开，区长陈华斌主持，副区长姚军、熊华明、李彦君、张明东及区政府办主任姚永强参加。会议学习《全国人民代表大会常务委员会关于全面禁止非法野生动物交易、革除滥食野生动物陋习、切实保障人民群众生命健康安全的决定》相关内容；学习贯彻习近平总书记对做好防汛救灾工作作出的重要指示和7月17日中共中央政治局常务委员会会议精神、习近平总书记在企业家座谈会上的重要讲话精神，李克强总理在经济形势专家和企业家座谈会上的重要讲话精神、近期国务院常务会议、中共四川省委十一届七次全会、四川省、绵阳市服务业发展大会、省委应对新冠肺炎疫情工作领导小组会议、省应对新冠肺炎疫情指挥部第31次会议精神；通报全区2020年上半年经济运行、融合发展情况，安排部署相关工作；审议双胞胎畜牧年出栏40万头生猪养殖产业链项目、李航等职务任免等事项；审议《绵阳市游仙区第四次全国经济普查公报（审议稿）》《关于绵阳市游仙区2019年财政决算（草案）的报告（审议稿）》《绵阳市游仙区国有企业退休人员社会化管理工作方案（审议稿）》《绵阳市游仙区城乡社区治理试点实施方案（审议稿）》等。

【六届第55次常务会议】2020年8月27日召开，区长陈华斌主持，副区长姚军、张明东、林檬、李万庆及区政府办主任姚永强参加。会议学习《中共中央、国务院关于学前教育深化改革规范发展的若干意见》相关内容；学习贯彻习近平总书记在安徽考察时的重要讲话、习近平总书记对“十四五”规划编制工作作出的重要指示、习近平总书记对制止餐饮浪费行为作出的重要指示精神，8月17日国务院常务会议精神，李克强总理在重庆指导防汛救灾时的重要讲话、省委书记彭清华在乐山市指导防汛救灾时的重要讲话、省长尹力在乐山市和省气象局调研指导抗洪抢险工作时的重要讲话、省应急委2020年全体会议、8月17日省应急委防汛救灾工作调度会议精神及《关于深化统计管理体制改革提高统计数据真实性的意见》等相关文件精神；审议卫生健康系统建设投资项目，天津一飞智控绵阳无人机基地项目等事项；审议《绵阳市游仙区2020年政府投资项目计划表（审议稿）》《绵阳市游仙区2020年度贯彻落实粮食安全省长责任制工作方案（审议稿）》《绵阳市游仙区新桥镇石庙村、高意村村规划（2019—2035年）（审议稿）》《绵阳市游仙区新桥镇王家坝村村规划（2019—2035年）（审议稿）》《绵阳市游仙区政务服务大厅提升改造项目建设方案（审议稿）》《绵阳市游仙区非户籍常住居民参加社区居民委员会换届选举试点工作方案（审议稿）》。

【六届第56次常务会议】2020年9月15日召开，区长陈华斌主持，副区长姚军、熊华明、李彦君、李万庆及区政府办主任姚永强参加。会议学习贯彻习近平总书记在人民警察授旗仪式上重要训词精神和全国、全省公安工作会议精神，研究全区公安机关“坚持政治建警全面从严治警”教育整顿工作，安排部署相关工作。审议东莞精耐精密

2020年6月18日，区政府六届52次常务会议召开

压铸模具生产线项目、剑南路小学教学楼维修工程、举办2020“中国芯”集成电路技术创新大会等事项；审议《绵阳市游仙区创建全国法治政府建设示范区实施方案（审议稿）》《关于在全区建制行政村（社区）配置“一村（社区）一警务助理”的实施意见（审议稿）》《游仙区行政审批局拟相对集中行使行政权力事项清单（送审稿）》《游仙区综合行政执法局拟相对集中行使行政权力事项清单（送审稿）》。

【六届第57次常务会议】2020年10月10日召开，区长陈华斌主持，副区长姚军、熊华明、杨新铭、李彦君、张明东、李万庆、薛清泉及区政府办主任任伟参加。会议学习公共场所卫生管理条例及实施细则。贯彻学习科技城建设部际协调小组第十四次会议、9月22日省委常委会和9月23日市委常委会会议精神、习近平总书记在全国抗击新冠肺炎疫情表彰大会上的重要讲话精神、国务院联防联控机制秋冬季新冠肺炎疫情防控专项督查第十二督查组到绵阳督查精神。审议应急物资镇、场、村三级储备规划，石马、小枧人民法庭项目，解决中考、高考考场空调安装所需资金，山东菏泽龙池生态动物园有限公司绵阳川北野生动物乐园项目，沸腾川里山水食创小镇项目，重庆鹏弘呈新型建材智能加工产业园项目，姚永强等职务任免等事项。审议《绵阳市游仙区水功能区划报告（审议稿）》。

【六届第58次常务会议】2020年11月2日召开，区长陈华斌主持，副区长杨新铭、李彦君、李万庆、薛清泉及区政府办主任任伟参加，区委常委、组织部部长唐兴万受邀参加。会议学习《绵阳市服务业重点产业2020年度行动方案》相关内容。学习贯彻农村乱占耕地建房“八不准”“六个严禁”重要精神和《关于保障农村村民住宅建设合理用地的通知》精神。审议北京先通医药放射药研发生产基地项目、中广核核技术发展股份有限公司（绵阳）医用同位素生产基地项目、游仙区农村房地一体和集体建设用地确权登记工作经费等事项。审议《绵阳市游仙区应对2020年秋冬季新冠肺炎疫情防控工作方案（审议稿）》《绵阳市游仙区村（居）民委员会换届选举工作实施方案（审议稿）》《关于在离任村（社区）干部中认定“荣誉村（社区）干部”的通知（审议稿）》《绵阳市游仙区委常委会、区政府常务会安全生产职责清单（送审稿）》《芙蓉花溪乡村振兴综合项目宣传方案（审议稿）》等事项。

【六届第59次常务会议】2020年11月25日召开，区长陈华斌主持，副区长姚军、熊华明、杨新铭、李彦君、张明东、李万庆，区人武部部长杨皓云及区政府办主任任伟参加。会议学习《中华人民共和国政府信息公开条例》相关内容。学习贯彻四川省抗击新冠肺炎疫情和防汛救灾表彰大会、省应对新冠肺炎疫情应急指挥部第三十五次会议精神。通报全区1—10月空气和水环境质量状况，安排部署相关工作。审议四川科学城久利科技先进光机电设备生产制造项目、上海绘诺西高分子复合材料生产基地项目等事项。审议《关于优化乡镇机构编制资源配置健全综合行政执法体系持续推进乡镇扩权赋能工作的实施方案（审议稿）》《绵阳市游仙区2020年秋冬季大气污染防控攻坚方案（审议稿）》《绵阳市游仙区农村房屋安全隐患排查整治实施方案（审议稿）》《区政府与中铁科学研究院有限公司战略合作框架协议（审议稿）》。

【六届第60次常务会议】2020年12月24日召开，区长陈华斌主持，副区长姚军、熊华明、杨新铭、张明东、李万庆、刘辉及区政府办主任任伟参加。会议学习《中华人民共和国采购法》《中华人民共和国预算法实施条例》《中共中央、国务院关于全面实施预算绩效管理的意见》及《中共四川省委 四川省人民政府关于全面实施预算绩效管理的实施意见》。学习贯彻省委十一届八次全会、市委七届十次全会精神、《四川省中小学食品安全管理办法》《四川省农村集体聚餐食品安全管理办法》《省市场监管局等九部门关于加强冷链食品消毒和追溯的通告》精神、全省语言文字会议精神、全省文旅重点项目推进工作电视电话会议精神。审议解决应急救援能力、消防无人机生产项目、刘静波等任职等相关事项。审议《游仙区区级行政权力清单（2020年本）（审议稿）》《游仙区乡镇（街道）人民政府（办事处）行政权力事项和责任清单（2020年本）（审议稿）》《绵阳市游仙区关于培育发展社会组织的实施意见（审议稿）》《绵阳市游仙区森林防灭火十个专项整治实施方案和“四个清单”（审议稿）》《绵阳市游仙区政府向社会力量购买公共服务工作实施方案（审议稿）》等事项。

【六届第61次常务会议】2020年12月30日召开，区长陈华斌主持，副区长姚军、熊华明、杨新铭、李彦君、张明东、刘辉及区政府办主任任伟参加。会议审议范刚任职事项。（赵孟佶）

表4 2020年区政府文件选登一览表

序号	文件字号	文件名称
1	绵游府发〔2020〕1号	关于公布第七批区级非物质文化遗产名录的通知
2	绵游府发〔2020〕2号	关于印发《绵阳市游仙区有效应对疫情支持经济运行19条政策措施（试行）》的通知
3	绵游府发〔2020〕6号	关于确定2020年游仙区消防安全重点单位的通知
4	绵游府发〔2020〕7号	关于下达2020年度生猪稳产目标任务的通知
5	绵游府发〔2020〕8号	关于印发《绵阳市游仙区生态文明建设规划(2020—2030年)》的通知
6	绵游府发〔2020〕9号	关于在全区市场监管领域全面推行部门联合“双随机、一公开”监管的实施意见
7	绵游府发〔2020〕10号	关于印发《绵阳市游仙区2020年民兵组织整顿工作计划》的通知
8	绵游府发〔2020〕12号	关于印发《绵阳市游仙区政府质量奖评审管理办法》的通知
9	绵游府发〔2020〕14号	关于公布第三批区级非物质文化遗产项目代表性传承人的通知
10	绵游府发〔2020〕15号	关于公布第八批区级非物质文化遗产名录的通知
11	绵游府发〔2020〕17号	关于印发《绵阳市游仙区村（居）民委员会换届选举工作实施方案》的通知
12	绵游府发〔2020〕18号	关于印发《绵阳市游仙区自然资源统一确权登记工作方案》的通知
13	绵游府办发〔2020〕2号	关于2019年度政府信息公开工作年度报告编制工作的通知
14	绵游府办发〔2020〕5号	关于印发绵阳市游仙区改革完善医疗卫生行业综合监管制度建设工作方案的通知
15	绵游府办发〔2020〕6号	关于印发绵阳市游仙区农村生活污水处理专项规划（代实施方案）的通知

续表4

序 号	文件字号	文件名称
16	绵游府办发〔2020〕9号	关于印发绵阳市游仙城区老旧小区改造更新三年行动实施意见的通知
17	绵游府办发〔2020〕13号	关于印发绵阳市游仙区改革完善全科医生培养与使用激励机制实施方案的通知
18	绵游府办发〔2020〕14号	关于印发绵阳市游仙区进一步深化学校美育改革工作方案的通知
19	绵游府办发〔2020〕18号	关于印发绵阳市游仙区乡村振兴农业产业发展贷款风险补偿金实施方案和绵阳市游仙区乡村振兴农业产业发展贷款风险补偿金管理办法的通知
20	绵游府办发〔2020〕21号	关于印发绵阳市游仙区全面落实行政执法公示制度执法全过程记录制度重大执法决定法制审核制度的实施方案的通知
21	绵游府办发〔2020〕22号	关于印发绵阳市游仙区农村公路路长制实施方案的通知
22	绵游府办发〔2020〕26号	关于印发绵阳市游仙区鼓励城区工业企业向园区集中发展实施细则（试行）的通知
23	绵游府办发〔2020〕27号	关于印发绵阳市游仙区城建攻坚行动2020年重点工程项目建设和拆迁工作实施方案的通知
24	绵游府办发〔2020〕29号	关于印发《绵阳市游仙区建立企业开办“零成本、小时办结”长效机制实施方案》的通知
25	绵游府办发〔2020〕32号	关于印发《绵阳市游仙区失业预测预警和调控应急工作实施方案》的通知
26	绵游府办发〔2020〕34号	关于印发《绵阳市游仙区城区生活垃圾清运处理费征收方式调整实施方案（试行）》的通知
27	绵游府办发〔2020〕35号	关于全面推进基层政务公开标准化规范化工作的通知
28	绵游府办发〔2020〕36号	关于印发《绵阳市游仙区城乡贫困严重精神障碍患者救治救助办法》的通知
29	绵游府办发〔2020〕37号	关于印发《绵阳市游仙区2020年度地质灾害防治预案》的通知
30	绵游府办发〔2020〕44号	关于印发《绵阳市游仙区“三品一标”农产品认证奖补办法》的通知
31	绵游府办发〔2020〕52号	关于印发《绵阳市游仙区农村房地一体和集体建设用地确权登记颁证工作方案》的通知
32	绵游府办发〔2020〕56号	关于印发《绵阳市游仙区放心舒心消费环境建设工作实施方案（2020—2022年）》的通知
33	绵游府办发〔2020〕57号	关于印发《绵阳市游仙区“服务企业活动月”实施方案》的通知
34	绵游府办发〔2020〕60号	关于印发《绵阳市游仙区2020年政务公开工作要点》的通知
35	绵游府办发〔2020〕61号	关于印发绵阳市游仙区2020年政府投资项目计划的通知
36	绵游府办发〔2020〕63号	关于印发《绵阳市游仙区安全生产举报与自然灾害预警奖励办法》的通知
37	绵游府办发〔2020〕64号	关于印发2020年度法治政府建设重点工作安排的通知

续表4

序号	文件字号	文件名称
38	绵游府办发〔2020〕66号	关于印发《绵阳市游仙区水功能区划方案》的通知
39	绵游府办发〔2020〕72号	关于印发《绵阳市游仙区洪涝地质灾害灾后恢复重建资金监督管理办法（暂行）》的通知
40	绵游府办发〔2020〕73号	关于转发《绵阳市游仙区进一步加强长江流域重点水域禁捕工作实施方案》等三个工作方案的通知
41	绵游府办发〔2020〕76号	关于认真贯彻落实《绵阳市人民政府办公室关于印发〈绵阳市农村产权流转交易管理办法〉的通知》精神的通知
42	绵游府办发〔2020〕78号	关于印发《常务会议议定事项督办工作制度》的通知
43	绵游府办发〔2020〕80号	关于印发《绵阳市游仙区残疾人联合会改革方案》的通知
44	绵游府办发〔2020〕83号	关于印发《绵阳市游仙区区级行政权力清单（2020年本）》和《绵阳市游仙区乡镇（街道）人民政府（办事处）行政权力事项和责任清单（2020年本）》的通知

区政府办工作

【文稿撰写】建立重大文稿起草集体研究讨论、“前置审核”制度，并充分听取各方意见，挖掘出新思路、新经验和好做法，对稿件内容反复斟酌、打磨、校对，确保文稿“内容全、数据准、措施实”。2020年，共完成各类稿件232份，其中政府工作报告、全区经济社会发展情况报告等重大综合汇报材料16篇，调研文章8篇，专题讲话186篇，总结汇报124篇，致辞材料68篇，重要会议纪要32篇；创新编撰期刊《区长参阅》9期、领导《批示月报》12期。

【政务信息】按照“短、实、新”的信息采编要求，建立严格的考核奖惩、督办反馈机制，对信息任务完成情况实行动态管理，保证信息工作的“及时性、有效性和创造性”。全年累计上报省政府办公厅简讯105条，被省《政务工作交流》采用14条；累计上报市政府办公室主条信息200余条，被市《政务要情》采用68条，被省《川政晨训》采用4条；累计上报国办约稿122篇，被采用88篇（综合和专报），完成市下达目标任务的727%。先后分别被省政府办公厅和市政府办公室评为政务信息工作先进单位。

【公文办理】始终坚持“实事求是、准确规范、精简高效、安全保密”的党政机关公务处理原则，严控文件篇幅和发文数量，精简文件内容，提高文件质效。2020年以区政府名义制发公文386件，同比减少13%。全年接收省级部门以上文件149件，处理市政府、市级各部门文件2275件，转办省市领导批示、督办件57件，办结率100%，做到审签程序规范、会签手续完备，文件印制、发送准确及时，实现公文办理“零差错”。严格落实保密管理制度，规范“三密”文件处理，没有发生一例失密、泄密事件。

【会务工作】坚持以“早准备、虑周全、抓细节”的工作态度扎实抓好会务工作，强化统筹安排，精简压缩会议流程、控制会议规模，确保会议“用时少、效率高、效果好”。对承办的上级和区级重要会议和活动，全面细致做好会前会中会后各项会务工作，确保会议、活动不出纰漏。全年共筹备组织全区性大型（30人以上）会议活动36次，区政府常务会议18次，小型（30人以下）会议活动121次，同比下降45%。参与组织筹备四川省2020年第一季度重大项目集中开工绵阳分会场集中开工活动、全省农村能源助推成渝现代高效特色农业带建设现场会等市级及以上会议活动8次。

【督察督办】紧紧围绕区委、区政府重大决策部署，创新督查载体，主动跟踪反馈，督查效率大幅提高。完成全年各项政务督办任务，办结率达100%。全年完成领导批示、交办件57件，督查督办领导批示件14件，其中市政府领导批示件10件，区级专项督办2件、区级领导批示件1件；区级大型分组督办事项1件。督办市长热线2843件，其中，省级交办件104件，疫情类26件；督办市长信箱380件、区长信箱126件，网络理政来件办结率100%，满意度98%。（杜小乐）

行政审批（政务服务）

【概况】2020年，保留行政许可事项731项、行政征收16项、行政确认67项、行政奖励89项、行政给付29项、行政裁决5项、其他行政权力199项、公共服务事项532项。2020年，政务服务大厅窗口办理各类政务服务事项（含许可事项）59.8万件，发出批文和证照有效率100%，无超时办结现象，群众满意度100%。

【行政审批服务体系建设】统一规范设置1个政务服务中心、25个便民服务中心（分中心）、172个便民服务室，形成以区政务服务中心为主体、便民服务中心、便民服务室为延伸，覆盖全区、上下联动、功能完备、运行高效的区、镇（街道）、村（社区）三级行政审批服务体系，统一规范使用四川省一体化政务服务平台，确保各镇（街道）行权事项实时网上运行、审批数据实时网络传输。

【相对集中行政许可改革】涉及行政许可、行政确认及其他权力3大类256个大项630个小项的审批事项集中到区行政审批局办理，其中：行政许可事项占比85%，行政确认和其他权力事项占比100%。建立涉及25个区级部门的行政审批“一单两员”（游仙区行政审批监管联络人员名单，游仙区行政审批审查员、监查员人员数据库）。

【互联网+政务服务】全面使用四川省政务服务一体化平台，配合建设政务服务“一网通办”绵阳旗舰店，政务服务事项网上可办率达到100%。持续开展政务信息数据攻坚，设立“公安、税务、银行”等政务服务点位，建立辅助终端机操作的志愿服务队伍，建设“游仙政务服务”微信公众号，开设网上办事窗口，开通移动端查询、申请、预约和预审功能，实现线上线下统一服务界面，打造政务服务“一网通办”品牌。

【减证便民】取消5种情形298项证明材料，开展证明事项告知承诺制，实现清单之外无证明，申请人实际提交材料平均减少60%。

游仙区政务大厅综合受理专区

【服务项目建设】开通“便民服务绿色通道”，全年为262户科技型企业提供全程绿色通道，为粮油集团、西南自动化研究所等10余家重点企业提供延时服务、上门服务，推行环评承诺告知制，实行“区域评审”“联合评审”，企业开办和项目报批提速80%以上。

【优化营商环境】完成88项《游仙区2020年优化营商环境工作方案》确定的工作任务，制定《建设项目全流程审批实施办法》《“一表制”实施办法》《“一费制”征收管理实施方案》和《行政审批与监管联席会议制度（试行）》等6项制度。工程建设项目全流程审批用时控制在30—60天以内，建设工程项目审批提速80%以上。实施企业开办“零成本、小时办结”工作机制，企业登记提速85%以上。推行不动产登记、税务、交易“一窗受理、并行办理”，抵押注销登记、更正登记、查询等业务实现当天办结。分类压减用电报装办理时限至5—40个工作日内，提速位居全市第一。

【镇村便民服务体系建设】制定《进一步优化完善镇村便民服务体系的工作方案》，推进镇（街道）和村（社区）便民服务阵地规范化、标准化建设。采取直接授权、吹哨报到扩权、试点授权等五种形式直接或间接扩大镇（街道）行政许可、行政执法、便民服务等148项权限。

【“零成本、小时办结”长效机制】出台《绵阳市游仙区建立企业开办“零成本、小时办结”长效机制实施方案》，将企业开办统一压减为企业登记、印章刻制、发票申领（涉税事项）三个环节，提速85%。全年共为1350余户新设企业提供首套4枚印章（公章、财务章、发票章、法人章）免费刻制服务。2020年全区市场主体新增5068户，其中企业新增1546户。全区市场主体累计30325户，较2019年同期增长21%，注册资本634.35亿元，较2019年同期增长19.98%。

【政务服务大厅标准化提升改造】项目总投资198.6万元，共更换系统设备139台（套）、增设24小时自助服务区2处、自助查询区2处、24小时自助取件区1处、填单区2处、休息等待区3处，新建绿卡服务室、便民书吧，新购沙发60余套。项目于2020年10月完成施工并交付使用。

【公共资源交易】全年受理政府采购150项(其中，网上竞价项目77个，商场直购项目4个，电子化采购项目69个)，交易总预算3864.4万元，实际采购金额3328.34万元，节约率13.87%，参加游仙区政府采购项目的中小微企业达422家。完成市级下放权限游仙区公共资源交易中心首宗地挂牌出让，交易额为1381.44万元。退付退出2019年网竞入库保证金5万元、清退沉淀保证金39.4万元。（姜建云）

2020年9月25日，国务院推进政府职能转变和“放管服”改革协调小组到游仙区调研政务服务中心运转情况

人力资源

【概况】2020年，全区面向社会公开招聘事业单位工作人员90人，接收安置公费师范生3人、农村定向免费培养医学生6人。事业人员辞聘7人、转正137人，办理市级部门事权下放52人、上划市级部门2人的转隶事项。向区人大常委会提交人事任免事项9次，向区人民政府提交人事任免事项9次。审核并发放“中国人民志愿军出国作战70周年”纪念章283枚。

【岗位设置】2020年，全区共核准绵阳市游仙区融媒体中心等19个事业单位岗位设置调整方案。设置管理岗位192个，其中，担任领导职责的七级职员岗位11个、八级职员岗位25个、九级职员岗位3个，担任其他管理任务的七级职员岗位10个、八级职员岗位30个、九级职员岗位113个。专业技术岗位28个，其中，副高级岗位3个，中级岗位9个，初级岗位16个。工勤技能岗位15个，其中，三级岗位4个，四、五级岗位11个。

【公开招聘】2020年，绵阳市游仙职业技术学校等29所学校面向社会公开考试招聘教师61名，绵阳市富乐实验中学等3所学校面向社会公开考核招聘教师16名，绵阳市游仙区精神文明建设服务中心（绵阳市游仙区新时代文明实践服务中心）等4个事业单位面向社会公开考试招聘工作人员5名，绵阳市游仙区农业技术服务中心（绵阳市游仙区农产品质量安全检测中心）等4个事业单位面向社会公开考核招聘专业技术人员8名。

2020年6月19日，省仲裁院到游仙区调研新形势下仲裁服务工作

【年度考核备案】完成2020年事业单位工作人员年度考核备案1618人，其中优秀等次261人、合格等次1345人、基本合格等次1人、不合格等次3人、不确定等次8人。完成游仙区教育系统2019—2020学年度考核备案2712人、其中优秀等次388人、合格等次2287人、不确定等次37人。

【人员辞聘解聘】根据《中共四川省委组织部 四川省人力资源和社会保障厅关于规范事业单位工作人员辞聘解聘程序有关事宜的通知》（川人社办发〔2015〕172号）等文件要求，完成富乐实验小学曾某等7人的辞聘备案手续办理。（徐鹏）

信息化建设

【电子政务网建设】2020年，梳理规范区政府集中办公区电话线路及电子政务网络线路，全面排查五里梁中心机房。实行网络故障“半小时响应处理”机制，全年共处理网络故障50余起，充分保障全区网络安全稳定运行，全年无重大网络中断（中断时间超过4小时）和安全事故发生。

【政府门户网站建设】统筹做好游仙政府门户网站信息发布工作，修订《游仙政府门户网站信息发布管理办法》，解释栏目内容，分配责任栏目，完善信息审核要求，明确专栏开设条件。在网站首页显著位置规范设计“政府信息公开”“政务新媒体矩阵”页面，分级编制“基层政务公开标准目录”栏目并集中展示，率先落实基层政务公开标准化规范化。开设“国家网络安全宣传周”专题专栏，广泛宣传普及网络安全防范知识。全年政府门户网站公开各类政务信息1万余条，其中领导活动511条、视频新闻144条、动态新闻3880条；受理《公众咨询》32条，《举报投诉》25条，办结回复率达到100%；发布《阳光政务》访谈9次，11个单位开展《调查征集》活动，充分发挥政府网站作为政务宣传重要窗口的作用。

【云办公平台建设】全区开通绵阳市云办公平台单位账号共计81个，各个单位已全部搭建内部运转的架构和流程，无纸化办公初步实现全覆盖。疫情期间，各地各部门积极通过云办公平台实现远程办公、高效开展工作。全年全区通过云办公平台阅办公文15万余次。

【中国科技城大数据中心建设】中国科技城大数据中心建设实施“挂图作战”，从项目、内容、责任单位、配合单位、完成时限、推进情况六个方面，制定《2020年中国科技城大数据中心建设推进一览表》。截至2020年12月，中国科技城大数据中心建设已全面启动、顺利推进，已会签办理区人社局专网、区检察院内部办公平台经费支付，已将区审计局乡镇领导干部自然资源资产离任（任中）审计信息平台统筹纳入中国科技城大数据中心建设。经市政府同意，中国科技城大数据中心项目作为新型基础设施建设项目被列为市级重点项目，并且新增的政务系统云服务项目将全部纳入中国科技城大数据中心统筹建设。同时，中国科技城大数据中心发展和游仙智慧化改造拟将纳入数字四川发展规划。

【大数据共享应用】2020年4月，经区深改领导小组审议通过《全区数据共享应用机制改革方案》。4月和11月分别深入全区开展摸排调研，摸清全区信息化建设底数，基本形成《游仙区政务资源目录》《游仙区政务资源共享责任清单》和《游仙区数据资源共享标准》。坚持“统筹规划、共建共享、业务协同、安全可靠”的原则，制发《游仙区政务信息化项目建设管理办法》，有力推动全区信息化建设和大数据发展科学规范、集约集聚。

【获奖情况】荣获游仙区全面深化改革工作二等奖、游仙区工业和民营经济建设工作二等奖、游仙区民生工程和脱贫攻坚工作二等奖、游仙区新冠肺炎疫情防控工作二等奖、游仙区宣传思想工作二等奖、获评游仙区融合示范区建设工作先进单位（戴瑞江）

后勤保障服务

【概况】2020年，游仙区机关后勤保障服务中心围绕食堂餐饮、办公区安全保卫、物业服务、办公用房管理等中心工作，从转变服务方式入手，狠抓薄弱环节，积极主动服务，优质高效保障，科学规范管理，不断提高机关后勤事务管理工作水平，完成各项工作任务。

【节能降耗】实施两个集中办公区照明、电梯节能改造，实行直饮水全覆盖。2020年，游仙区公共机构能源资源消耗总量折合标准煤4111.6万吨，全区人均综合能耗:52.89kgce/人，人均用水量:17.36t/人，单位建筑面积能耗:3.66kgce/㎡，分别较2019年同期下降2.5%、3%、2%，全面完成上级下达的节能目标任务，通过国家级节水示范单位验收，全区30家单位争创为节约型机关。

【机关食堂管理】公开招标遴选食堂服务团队和食材供应商，不断改进两个食堂菜品质量，开展厉行节约，制止餐饮浪费，实施光盘行动，此项工作被绵阳日报刊登报道。

【集中办公区管理】租赁、装修叠翠峰办公用房2300多平方米，缓解办公用房紧缺矛盾。完成涉及区四套班子及办公区维修维护

242次。完成省委巡视组、省审计厅到游仙开展巡视和审计工作期间的办公用房、办公用品、公务出行、公务用餐等后勤保障。协助信访局、纪委处理上访人员群体性事件30余次。

【消防管理】定期和不定期开展消防检查，两个集中办公区各自开展一次消防演练，更换两个集中办公区的灭火器并增加消防设施，加强公共设施设备的维护保养。

【公务用车管理】出台《绵阳市游仙区党政机关公务用车管理制度（试行）》《游仙区公务用车集中管理规章制度》《游仙区公务用车司勤人员管理考核细则》《游仙区公务用车出行使用登记管理台账》等规章制度，通过公开招标，对公务用车实行定点加油、定点维修、定点保养和定点保险。所有公务用车均安装定位终端和ETC。全面使用公务用车信息管理平台，中心管理的一般公务用车全部接入公车平台，接入率达100%，全面实行一般公务用车网上申报制度，此项工作受到市机关事务管理局通报表扬。做到公务用车一车一档管理，增设维修小组岗位，提高车辆维修效率。开展公务用车驾驶人员技能大比武活动及业务培训，提升驾驶人员综合能力和素质，确保公务出行正常开展。联合区财政、审计、公安交通管理部门、纪检监察机关开展公务用车使用监督，在全区范围内开展定期或不定期的督查检查，确保管理责任落地落实。（杨文奉）

群众和信访工作

【信访办理】全年共受理群众各类信件536件，回复率100%（其中：纸制信件168件，网络投诉242件，网上来信66件，领导信箱23件，人民网留言37件）。上三级主管部门转送、交办的涉及满意度评价的280件信访件，信访部门满意率、责任单位满意率均达97.5%。

【领导接访和包案化解】区级领导接访受理的信访案件息诉息访率85%以上，对群众来信的阅办率达到100%。政法机关主要领导和坐班律师累计接访涉法涉诉信访30次，接受群众初信初访满意评价50余人次，收集意见建议20条。对中央信联办交办游仙区的81件重复信访案，落实区级领导包案和相应的责任单位，完成2020年化解20%的目标任务。

【积案化解】2020年，区委、区政府专题研究信访工作4次，召开区级信访例会12次，专题研究解决疑难信访案件60余次，排查矛盾纠纷326起，化解310起，化解率达到95.1%。开展“化解积案，为民解难”集中攻坚行动，化解国家和省信访局督办件5件，办结市级重点信访积案17件，办结率100%。荣获区依法治区办2020年度信访积案化解“先进单位”。

【巡视巡察问题办理】办理省委巡视组交办信访类办理件533件（其中：市交办件339件，区本级194件），按期办结率100%。区委巡察反馈存在的6方面13个具

2020年7月15日，区委常委、政法委书记肖龙明（正面右三）在区信访局现场接访

体问题全部整改到位。

【案件督办】坚持创新完善信访要情、交办函告、案件督查等工作机制，加强重点案件督查，促使101起群众反映的问题得到妥善解决。

【培训调研】镇（街道）、部门信访分管同志和信访工作人员参加全省、全市信访领域治理体系和治理能力现代化专题培训3期，培训近200人次，全市信访领域治理体系和治理能力现代化专题培训班现场会在游仙区召开。做好乡镇行政区划和村级建制调整改革“后半篇”文章、村（社区）“两委”换届期间的稳定风险评估，同步开展信访问题源头治理，完成《融入新时期基层治理构建信访工作新格局》《关于做好住宅小区业主自治组织治理工作的建议》调研文章2篇。

应急管理

【事故统计】2020年，全区共发生生产安全事故3起，死亡3人，经济损失400余万元，未发生安全生产重特大事故。全面完成市政府下达的年度安全生产目标任务。

【安全隐患排查】以“排险除患”为重点，扎实推进专项整治三年行动。因地制宜制定“2+11”实施方案，紧盯道路交通、建筑施工、危化品、非煤矿山、消防、人员密集场所、工贸行业等重点领域开展整治，全区共排查梳理重大隐患22处，按照“五落实”的要求明确责任，制定风险管控和治理措施。线下排查隐患143条，整改率达100%，线上排查隐患1440条，整改1436条，落实隐患整改资金72.21万元。

【安全生产清单管理】印发《游仙区委常委会区政府常务会议安全生产职责清单》，全面落实党政属地领导责任、行业监管责任、企业主体责任和全员岗位责任。印发《游仙区党政领导安全生产职责清单》，为每位区级领导制作安全生产明责卡。全区各地各部门完成制定《属地责任清单》和《部门责任清单》，266家企业完成《企业责任清单》，217家企业完成明责卡的初步制定。通过推进清单制管理，不断推动地方党委政府、行业部门、企业主体责任的落实，在风险辨识和企业风险管控方面做到更加精准，有效遏制较大及以上事故的发生。

【防震减灾】制定《2020年防范化解重大自然灾害风险工作计划》，印发区减灾委员会办公室工作职责和工作规则，明确减灾委员会成员单位的职责分工。坚持以防为主、防抗救相结合，坚持常态减灾和非常态救灾相统一的防灾减灾救灾机制，排查出全区重点自然灾害隐患点10处。在“5·12”全国防灾减灾日和“9·13”国际减灾日开展宣传活动，提高群众参与度和知晓度，提升全区群众在灾害来临时的自救能力。

【防汛抗旱】2020年入汛以来先后经历“5·7”旱灾和“6·16”“7·25”“7·31”“8·11”等5次洪涝灾害，全区共因自然灾害造成194224人受灾；农作物受灾面积8206.42公顷，成灾面积7214.01公顷，绝收面积991.35公顷；紧急转移安置群众3777人，其中集中安置566人，分散安置3211人；倒塌房屋91户211间，严重损坏房屋261户618间，一般损坏房屋547户1122间；直接经济损失29367.353万元。2020年，因灾住房恢复重建419户和住房修缮加固171户，对上争取重建补助资金1572万元；开展紧急转移安置生活救助3507人和过渡期生活救助932人，对上争取生活补助资金343.8万元；因灾造成今冬明春生活困难群众需政府救助人数达46100人次，政府救助8143户22267人，发放资金414万元。

【应急指挥调度平台】完善常态化与非常态化相结合的应急管理体制，开展应急指挥场所建设，建立现代化应急指挥调度平台，积极与区大数据中心对接建立风险监测预警系统等重点工作，用好国家应急指挥综合业务系统、防汛抗旱态势分析系统、应急指挥一张图系统、应急指挥信息网、

2020年4月22日，游仙区安全生产和应急管理能力提升培训班开班

视频调度系统。新桥镇基层应急能力建设试点工作和区、镇、村三级应急物资储备体系、应急调度平台、综合性应急预案等亮点工作在全市推广，被《中国应急管理报》、绵阳电视台报道。

【应急物资储备】制定2020年救灾物资采购计划，采购180余万元的应急物资及装备。规划在全区建立应急物资储备站（点）161个，采购包含森林防火、洪涝地质灾害、综合应急物资三大类35种，价值335万元的应急物资。建立应急救援装备设备商储机制，与区内两家工程机械企业签订协议，做好抢险救援准备工作。投资300万元建成魏城镇专职消防救援站于2020年4月27日交付使用，投入1540万元用于石马镇一级消防站和高新区二级城市消防站建设。

【应急演练】建立覆盖应急救援、公共卫生、危化品等行业48人的区级应急管理专家库，对全区17支808人的区级专兼职应急救援队伍进行摸排，录入系统。建立突发事件信息报告员队伍，充分发挥区级突发事件信息沟通平台作用，做到信息互享，第一时间深入事故现场收集信息及指导有关单位开展应对。制定全区2020年度应急演练计划，开展应急演练35次。

【监管监察执法】以“铸安行动”为载体，深入开展监管执法。采取“四不两直”“四个一律”的方式深入开展“打非治违”，坚持重点问题、重大隐患不放过，2020年全区检查企业170余家，排查隐患420项，整治问题隐患410余项，处罚金额103.2万余元。通过本次专项执法行动，企业的麻痹思想和侥幸心理得到有效纠正，自身安全生产水平进一步提高，有效遏制事故的发生。

【安全文化建设】以第十九个“安全生产月”宣传活动为契机，广泛深入开展安全生产知识的宣传普及。宣传月期间，共发放宣传单8万余份、宣传手册3万余本、扇子4000个、环保袋5000个，悬挂宣传气球25个、横幅200余幅，播放警示录像10余部，群发短消息1万余条，现场参与活动的群众达3万余人。同时编撰应急救援与安全生产知识宣传

2020年2月3日，游仙区开展森林草原火灾扑救市区联合演练

海报，大力宣传地震逃生、日常减灾、烟花爆竹燃放等安全知识，并印制5期《应急动态安全生产月专刊》大力宣传游仙区安全生产工作开展情况。

对口支援

【概况】游仙区认真贯彻党中央、省委、市委脱贫攻坚决策部署，按照《四川省省内对口帮扶藏区彝区贫困县全域结对帮扶工作实施方案》《绵阳市帮扶藏区彝区贫困县全域结对帮扶工作规划》要求，聚焦巩固壤塘县脱贫成果，努力克服疫情影响，在党建、教育、医疗卫生等方面，高标准做好结对帮扶工作，全力支持壤塘县经济社会发展。进一步巩固“造血式”扶贫的工作成效，壤塘县后续发展能力得到加强，通过2020年省级脱贫攻坚考核验收。游仙区委统战部被省委、省政府授予“2019年省内对口帮扶藏区彝区贫困县先进集体”称号。

2020年10月6日，壤塘县党政代表团到游仙区回访

【统筹谋划】2020年3月，区委召开统战工作领导小组会议，听取2019年援壤工作情况汇报，审议2020年援壤事宜。全年召开全域结对帮扶联席会议4次，对帮扶工作进行安排部署、督促推进。组织召开专题会议2次，研究制定《游仙区全域结对帮扶壤塘县2020年工作计划》，推进援建工作由“输血”型向“造血”型转变。区委把全域结对帮扶工作纳入年度目标考核，区援壤办建立分级分片联络机制，压紧压实工作责任。

【结对帮扶】区四大班子领导分别带队赴壤塘帮扶慰问，各镇、街道根据乡镇行政区划调整情况及时优化调整结对关系，全部实地参与产业帮扶、党建帮带、社会治理指导，9所结对学校、2所结对卫生院长期保持线上线下交流，经科菌业公司、浩东食品等8家企业到壤塘开展产业帮扶、捐款捐物，区人社局、农业农村局、总工会、工商联等部门开展扎实有效的结对帮扶活动，5名援壤干部、14名援藏教师长期奋战在高原一线，各级投入帮扶资金101万元。壤塘县各级领导带队到游仙回访交流，壤塘县审计局、蒲西乡、尕多乡等到游仙考察调研，两地互学互助、共创未来。

【项目实施】实施对口帮扶项目7大类12个，完成投资310余万元。提供大棚蔬菜生产技术指导和服务，帮助发展高山反季节羊肚菌试验示范种植项目5亩。组织企业赴壤塘县召开专场招聘会，提供就业岗位612个，现场签订意向协议165人。区总工会投入35万元，帮助建设壤巴拉“高原职工之家”，区住建局捐赠价值34.5万元垃圾收集转运设施。开展壤塘优秀后备干部、扶贫干部、工会干部、财政干部、交通管理干部培训60人次，接收5名壤塘干部挂职锻炼，为壤塘县培养一批素质过硬的人才队伍。

【社会参与】积极动员社会各界支持壤塘县，组织开展捐资助学、慈善救助、志愿服务等帮扶活动，一凡公益协会向壤塘县捐赠价值3万元衣物。年初，与壤塘县签订300万元消费扶贫协议，全区党政机关、企事业单位、学校医院、民营企业广泛参与，消费扶贫超过340万元。

经济合作

【概况】2020年，全区招商引资实现国内省外到位资金101亿元，完成目标任务80亿元的126.25%；到位外资3427万美元，完成目标任务2500万美元的137.08%；新签约项目45个，协议引资额175.37亿元，其中5亿元及以上项目9个，完成市级目标任务的112.5%；2020年全区共有9个签约项目纳入省级平台，实现项目履约率100%，开工率100%，到位资金36.39亿元，到位率37%。区经济合作局荣获第七届中国（绵阳）科技城国际博览会先进集体、全市经济合作先进单位、引进国内省外到位资金先进单位、重大项目引进先进单位和优质服务先进单位等各类表彰13次。

【驻点招商】在北京、上海、深圳、成都分别建立游仙区在外高层次人才工作站，全年通过驻点工作站获取项目信息80余条，邀请昆山江鸿精密、万华禾香等商协会和企业客商到游仙考察，推动北京先通医药、江西双胞胎等项目的签约。紧盯重点区域承接产业转移，聚焦独角兽企业、瞪羚企业未来发展方向，成立40余支有针对性的招商小分队实施精准招商，高效利用科博会、中外知名企业四川行等省、市重大活动平台，签约项目130余个，项目转化率达30%。

【线上招商】开启“云平台”“大数据”招商新模式，充分利用绵招网等服务平台，改“线下约”为“网上见”，变“面对面”为“屏对屏”，全力促进广东迪赛电子（游仙）军用连接器及线束组件、新疆和田宇琦（游仙）服装生产等23个项目的磋商谈判，确保疫情期间项目招引“不断档”。

【助企纾困解难】严格执行《绵阳市游仙区有效应对疫情支持经济运行19条政策措施》，实行项目“开工—建设—投产—运行”全程跟踪服务，全年共有21个项目实现签约并开工。定期拜访园区企业、开展已落地企业电话回访，深入了解企业生产经营情况，解决上海移柯等项目在政策兑现、招工、生产要素保障等方面问题20余个。

【区域经济合作】大力发展与经开、仙海、梓潼、江油、三台等地的全方位合作，加快形成优势互补、互惠共享的区域经济布局。支持东材、德华磁材等企业通过市场行为走出去，扩产扩能，增加出口市场。

政协绵阳市游仙区委员会

概 述

【概况】2020年，区政协在中共游仙区委的坚强领导下，在市政协的指导支持下，高举中国特色社会主义思想伟大旗帜，深入学习贯彻中共十九届四中、五中全会精神，深入贯彻省、市、区委全会精神和对新时期政协工作的要求，坚持团结和民主两大主题，全力助推新冠肺炎疫情防控和经济社会发展，决胜脱贫攻坚，引导动员全区政协各参加单位、广大政协委员，履职尽责，扎实工作，为奋力谱写更高质量的“五个游仙”新篇章做出积极贡献。被市政协评为反映社情民意信息先进集体、调研视察先进单位、政协委员走访困难企业和群众活动先进单位、信息宣传先进单位，《钟灵毓秀上方寺》被市政协表彰为优秀文史作品。与民进游仙基委联合撰写的社情民意《关于改进疫情防控期间线上教学模式的建议》被全国政协采用。

【社情民意信息】2020年，区政协收到反映社情民意信息80余条，筛选上报市政协51条；市政协采用7条、省政协采用1条。获市政协反映社情民意信息工作先进集体。通过社情民意信息反映渠道的畅通，促进群众身边问题的解决和上级政策的完善。

【参政议政】围绕区委、区政府中心工作，对农产品质量品牌建设、宗教界践行社会主义核心价值观、“新三年”棚改攻坚行动、提案办理工作等方面工作进行调研。向区委、区政府提交调研、协商报告13篇，为全区相关政策和工作措施制定提供重要参考。

重要会议

【区政协六届五次会议】2020年5月11日至12日在区机关会议厅召开，189名委员参加会议。会议审议并通过区政协主席姜曦作的《常委会工作报告》和区政协副主席高红梅所作的《提案工作情况报

2020年5月11日，区政协六届五次会议召开

告》。听取并协商讨论区人民政区长陈华斌所作的《政府工作报告》和区国民经济和社会发展计划、财政预算、法院、检察院工作报告，听取区委书记江彬的讲话。会议选举刘光海、殷成品、屈媛媛、何艳为区政协常委。

【区政协六届第23次常委会会议】2020年3月10日，区政协主席姜曦主持召开区政协六届第23次常委会会议，副主席赵长兴、代锦芳、昝金玲，秘书长胡宗文和区政协常委出席会议。会议审议通过区政协六届五次全会日程及议程、常委会工作报告、提案工作报告，决定2019年度优秀政协委员表扬人选，以票决的方式同意谢刚等31位同志辞去政协绵阳市游仙区第六届委员会委员，免去胡敏政协绵阳市游仙区第六届委员会委员；同意增补何洲等35位同志为政协绵阳市游仙区第六届委员会委员；同意免去谢刚政协绵阳市游仙区委员会提案委员会主任职务，王婧入政协绵阳市游仙区委员会委员工作委员会副主任职务，赵丽君政协绵阳市游仙区游仙镇工作委员会主任职务，任长彦政协绵阳市游仙区魏城镇工作委员会主任职务。同意任命何洲为政协绵阳市游仙区委员会提案委员会主任，吕春燕为政协绵阳市游仙区委员会社会法制委员会副主任，赵丽君为政协绵阳市游仙区游仙街道工作委员会主任，任长彦为新组建的政协绵阳市游仙区魏城镇工作委员会主任。

【区政协六届第24次常委会会议】2020年5月11日，区政协主席姜曦主持召开六届五次全会期间的区政协六届第24次常委会会议，副主席赵长兴、代锦芳、高红梅、昝金玲和区政协常委出席会议。会议听取区委组织部副部长敖顺利代表组织部对推荐刘光海、殷成品、屈媛媛、何艳4名同志为区政协常委作情况说明，讨论通过《政协第六届绵阳市游仙区委员会第五次会议选举办法（草案）》，协商同意刘光海、殷成品、屈媛媛、何艳4名同志为区政协常委候选人。

【区政协六届第25次常委会会议】2020年6月28日，区政协主席姜曦主持召开区政协六届第25次常委会会议，副主席赵长兴、代锦芳、高红梅、昝金玲，秘书长胡宗文和区政协常委出席会议，区级相关部门列席会议审议并同意农业品牌建设调研报告、宗教界践行社会主义核心价值观调研报告。会议同意区政协关于进一步加强专委会建设的方案。会议通过举手票决的方式同意任命龚晓蓉为区政协社会法制委员会主任，蒲实为区政协工作委员会副主任，蒋辉为区政协提案委员会副主任（兼），吴波、刘彧良、杨烜为区政协农业与农村工作委员会副主任（兼），李洁茹为区政协经济委员会副主任（兼），王钦甲为区政协文化文史和学习委员会副主任（兼），杨仲先为区政协社会法制委员会副主任（兼），鲍鸿飞、敬艳为区政协教科卫体委员会副主任（兼），齐术洋为区政协委员工作委员会副主任（兼），免去邱欣区政协社会法制委员会副主任职务。同意增补龚晓蓉、蒲实、罗成勇、吕春燕、郑军林、俞海龙、王建、刘道雄、邹莉莎、刘密、魏显、杨琳、黄运钟为第六届区政协委员，同意邱欣、蒲伦生、侯大川、王碧蓉、杨斌、陈果、任帮禄、蔡金、赵明树、廖非凡、祖奕博、张四明辞去委员。同意任帮禄辞去常委。

【区政协六届第26次（议政性）常委会会议】2020年9月11日，在全面深入调研游仙区基本情况和考察学习先进地区经验基础上，由区政协主席姜曦主持召开以“加快游仙东区工业园建设”为主题的六届第26次（议政性）常委会会议，区政协副主席赵长兴、代锦芳、高红梅、啇金玲，秘书长胡宗文出席会议。区委副书记杨守贵，区委常委、区人民政府常务副区长姚军，区委常委、区委统战部部长、区总工会主席陈政应邀出席会议，驻区市政协委员、区级相关部门及有关乡镇负责人、政协各委室相关负责人、乡镇工委主任列席会议，区政协常委会还特别邀请8名政协委员代表参加会议。会议审议通过《关于加快游仙东区工业园建设推进游仙工业经济发展的调研报告》，讨论形成全体委员助力游仙东区工业园建设推进工业经济发展的协商意见。

【区政协六届第27次常委会会议】2020年9月28日，区政协主席姜曦主持召开区政协六届第27次常委会会议，副主席赵长兴、代锦芳、高红梅、啇金玲，秘书长胡宗文和区政协常委出席会议。会议邀请区人民政府副区长张明东参加会议。会议组织学习区委六届八次全体会议决议，审议并同意游仙“新三年”棚改攻坚行动调研报告、《委员履职工作规则》。

【游仙区在外人才成渝西联谊会成立大会】2020年10月27—31日，区政协主席姜曦先后在重庆、成都、西安参加游仙区在外人才成渝西联谊会成立大会，活动邀请区政协秘书长胡宗文及在外人才联谊会相关负责同志及成渝西三地的游仙籍在外人才参加，积极为成渝西在外人才回乡创业、考察投资、深化合作牵线搭桥，成为游仙深度参与成渝地区双城经济圈建设的重要纽带。

【区政协六届第28次常委会会议】2020年12月29日，区政协主席姜曦主持召开区政协六届28次常委会会议，副主席赵长兴、代锦芳、高红梅、啇金玲，秘书长胡宗文和区政协常委出席会议。区委副书记杨守贵，区委常委、区人民政府常务副区长姚军，区委常委、区纪委书记、监委代主任冯科敏应邀出席会议。会议听取区政府关于2020年度政协常委会、专题协商会所提意见、建议办理情况及区政协六届五次会议以来提案办理工作情况的通报，区纪委监委2020年度全区党风廉政建设工作情况的通报。审议并同意审议区政协六届六次会议筹备方案。

【区人民政府区政协联席会议】2020年12月31日，区委副书记、区人民政府区长陈华斌主持召开2020年度区人民政府与区政协联席会议，区政协主席姜曦，区委常委、区人民政府常务副区长姚军，区政府副区长熊华明、杨新铭、李彦君、张明东、李万庆、

2020年10月29日，游仙区在外人才成渝西联谊会在成都召开

2020年12月29日，政协第六届绵阳市游仙区委员会常务委员会第二十八次会议召开

薛清泉、刘辉及区政协副主席赵长兴、代锦芳、高红梅、岿金玲、区政协秘书长胡宗文出席会议。区政府部分组成部门、政协各委室主要负责人参加会议，会议还邀请部分在企业工作的政协委员、常委参加会议。会议听取区政协副主席赵长兴关于2020年区政协工作情况和下一步工作计划的通报，区委常委、区人民政府副区长姚军关于2020年区政府工作和下一步工作计划的通报。区政协主席姜曦、区委副书记、区人民政府区长陈华斌在会上作讲话。

考察 · 调研

【东区工业园建设调研】2020年4月，由区政协经济委牵头，先后组织部分区政协委员深入区内魏城工业园、新桥工业园及省内射洪市、自贡市进行调研，其间召开座谈会和议政性常委会，广泛了解东区工业园建设现状、面临的困难和问题，形成《加快东区工业园区建设，推进游仙工业经济高质量发展》调研报告，为东区工业发展提出参考意见。

【农产品质量品牌建设调研】2020年4月，由区政协农业农村委牵头，先后组织部分区政协委员深入区内农产品生产基地、农业企业和市内涪城区、省内成都市、遂宁市对农产品质量品牌建设进行调研，其间开展问卷调查并召开座谈会，广泛了解农产品质量品牌建设现状、面临的困难和问题，形成相关调研报告，提出做强基地、做实品质、做优服务等方面的14条建议，助力游仙区农产品提档升级。

【基层公共卫生防疫体系建设、突发公共卫生事件应急能力调研】2020年4月，由区政协教科卫体委牵头，组织部门政协委员深入游仙区基层医疗机构实地调研公共卫生防疫体系建设工作，其间组织召开座谈会，结合游仙区公共卫生防疫工作现状及透过本次疫情暴露出来的问题和困难召开座谈，形成专题调研报告，就健全基层公共卫生体系、人才培养、防疫保障、提升全民健康素养等方面提出针对性建议。

【宗教界践行社会主义核心价值观考察】2020年5月，由区政协文化文史和学习委牵头，组织部分区政协委员前往石马镇莲华禅院、仙鹤镇天主教堂视察宗教界践行社会主义核心价值观活动情况，其间召开专题座谈会，形成考察报告。

【现代服务业体系建设考察】2020年5月，由区政协社法委牵头，先后组织部分政协委员前往浙江省杭州市、温州市实地考察现代服务业发展相关政策环境、规划、基础设施建设、营商环境，解现代服务业发展在融资、人才等问题的对策等情况；考察期间与浙江省杭州市西湖区、余杭区，温州市鹿城区政协进行工作交流和座谈，在服务业提质集聚发展、重点项目规划建设、促进企业做大做强等方面提出针对性建议。

【公益诉讼工作考察】2020年6月，由区政协社法委牵头，先后组织部分政协委员前往区内考察游仙镇芙蓉村2社芙泉路毁坏林地情况、紫阳村第一社区违法建设整改情况、富乐小学周边销售烟草情况及区人民检察院公益诉讼案件办理流程、办案装备等工作情况，其间召开专题座谈会，形成相关考察报告，提出进一步加大宣传营造氛围、完善机制提供保障、抓实监督减少损失等方面的建议，促进公益诉讼工作有效开展。

【农村人居环境整治情况专项考察】 2020年7月，由区政协农业农村委牵头，组织部分农业界别政协委员和乡镇负责同志，前往信义镇园坝村、魏城镇铁炉村等地，对“厕所革命”、生活垃圾处理、生活污水治理、畜禽粪污资源化利用、村容村貌提升和小流域水环境治理进行综合性调研考察，其间召开区农村人居环境整治情况座谈会，形成专题视察报告。

【“新三年”棚改攻坚行动调研】 2020年8月，由区政协经济委牵头，组织部分区政协委员参与，走访调研中国核建绵阳退养服务中心—棚户区改造项目、朝阳片区国有工矿棚户区改造项目及东兴路8号棚户区改造项目，其间召开调研座谈会，形成专题调研报告，受到区委高度重视，被区委常委会专题研究，并安排区级相关领导牵头办理。

【中小科技型企业培育考察】 2020年9月，由区政协教科卫体委牵头，组织区政协委员深入辖区科技企业和科研单位实地调研，赴重庆学习科技型中小微企业培育及国家大学科技园运营经验，其间召开座谈会，形成《科技型中小微企业培育和发展协商报告》，为科技企业培育、高端人才引进、建设大学科技园等工作提供有效参考。

2020年12月3日，绵阳市政协副主席、民进市委主委李京平（前排居中）到游仙区调研

【现代农业园区建设调研】 2020年9月，由区政协农业农村委牵头，组织部分政协委员前往广元、南充、广安等地考察现代农业园区创建经验，其间围绕现代农业园区建设开展界别协商，形成《关于游仙区现代农业园区建设的调研报告》，为游仙区争创全省实施乡村振兴战略示范区提供有益参考。

【主题文化品牌建设考察】 2020年9月，由区政协文化文史和学习委牵头，组织部分政协委员深入辖区，就仙圣之乡主题文化品牌建设开展实地综合视察，其间邀请业内专家学者和乡土人才，围绕“仙圣之乡”主题文化品牌建设展开专题协商，并形成专题报告送交区委、区政府参阅。

【基层协商平台建设考察】 2020年12月，由区政协委工委牵头，部分区政协委员及各镇（街道）负责政协工作人员参与，前往仙鹤镇金龙村就镇（街道）基层协商平台建设开展情况及存在的问题视察，其间召开工作座谈会。

提案工作

【提案办理培训】 以游仙区智慧政协履职服务平台为载体，分批次对委员和提案办理单位培训，确保提案回复、办理实效管理、委员沟通、意见反馈等流程顺畅。

【提案摘编与督办】对六届五次会议收到提案认真分析，摘编《六届五次会议重点提案摘报》10件，报送区委、区政府主要领导和分管领导参考；确定区政协主席、副主席督办重点提案10件，努力把委员智慧、集体提案转化为推动工作的具体举措。邀请部分政协委员对提案办理情况进行回访督办。

【提案办理协商】按照《政协绵阳市游仙区委员会提案办理协商工作规则》，对《关于加强村改居社区服务保障的建议》开展提案办理协商。

【提案质量评价】在全市县(市、区)政协中率先出台《协商议政质量评价工作办法（试行）》，为提案、反映社情民意信息的质量评价提供标准和依据，补齐委员提出提案质量评价的短板。

【提案转化】把大会发言和联组发言作为提案的"加强版"，将助推游仙高新区北区高质量发展，大力发展中医药产业助推游仙经济振兴等发言转化为提案，以更好地促进大会发言成果的有效转化、落地生根。（姜剑锋）

表5　区政协六届五次会议以来优秀提案名单一览表

序号	提案名称	提案人
1	关于加强游仙区历史文化遗迹的保护与传承，助推仙圣之乡文化品牌建设的提案	严显勇
2	关于加强游仙区公办幼儿园规划建设的建议	刘雪妃
3	关于加强游仙区中小微科技型企业的培育与发展的建议	瞿博桐
4	关于做好山湾农庄建设后半篇文章助力乡村振兴的建议	白成清
5	关于加强现代农业园区建设，促进城乡融合发展的建议	吴　波
6	关于深化区域协同，助推游仙高新区北区高质量发展	张桂林
7	关于构建与做实游仙区中小企业服务体系，大力优化游仙区营商环境的建议	文健军
8	关于加大资源整合力度，推进智慧城市建设的提案	王天举
9	关于加强村改居社区服务保障的建议	赵丽君
10	关于在全区试点人居环境物业化管理的建议	杨正钰

纪律检查与行政监察

概述

【纪检监察队伍建设】建立机关党风廉政建设“责任清单”制度，进一步夯实党风廉政建设主体责任。主动向市纪委监委和区委请示报告工作，推进纪检监察工作双重领导体制更加具体化、程序化、制度化。印发《监督执纪工作手册》，举办2020年全区纪检监察干部培训班，班子成员、业务骨干带头授课，参训学员研讨交流，进一步提升全区纪检监察干部履职能力和水平。常态开展“机关微讲堂”“周三夜学”。推行“理论+实战”培养机制，抽调优秀干部参加省、市、区纪委监委审查调查工作70余人次，在重大案件查办中锤炼意志、增强本领。坚持刀刃向内，严肃整改省委第七巡视组巡视反馈3个方面16个问题，制定整改方案，举一反三、狠抓落实。健全权力运行机制和监督管理制约体系，严格执行打听案情、过问案件、说情干预登记备案制度，把权力关进制度笼子。深化拓展特约监察员监督方式，主动接受监督，给予履行监督职责不力的1名纪检干部党纪处分。

【区第六届纪律检查委员会第五次全体会议】会议于2月27日召开，会议学习贯彻十九届中央纪委四次全会、省纪委十一届四次全会、绵阳市纪委七届五次全会精神。区委书记江彬安排部署2020年度党风廉政建设和反腐败工作；区委常委、区纪委书记、区监委主任王兵代表区纪委常委会作题为《完善监督体系 提升治理效能 为谱写更高质量的“五个游仙”建设新篇章提供坚强保障》工作报告。

党风廉政建设

【政治建设】组织开展贯彻习近平新时代中国特色社会主义思想和中共十九届四中、五中全会精神专项督查，督促各级党组织和党员干部用实际行动践行“两个维护”。积极配合区委迎接省委第六轮巡视，完成巡视组交办的90件检举控告类信访件办理工作，未出现逾期办理情况。聚焦三大攻坚战、机构改革、“六稳”“六保”、建设成渝地区双城经济圈、村级建制调整改革、实施“四大兴区战略”等中央、省市区重大决策部署，开展监督检查46次，保障政令畅通。印发《关于严明新冠肺炎疫情防控工作纪律的通知》，提出纪律要求，成立6个督查专班，全覆盖对全区疫情防控和复工复产开展监督检查68次，发现疫情防控中的问题127个，运用监督执纪“四种形态”处理30人。发现复工复产相关问题49个，全部督促整改到位。开展党风廉政建设主体责任清单备案工作，全面推行提交述廉报告、考核检查等措施，一级抓一级、层层抓落实。严格落实《中国共产党问责条例》，专题约谈责任制考核靠后的6个单位党组织主要负责人，党内问责1个党组织、14人，监察问责1人。完成六届区委第十轮政治巡察，覆盖10个单位，发现问题121个，移交问题线索1条，向24个重点村（社区）开展机动巡察。

【作风建设】坚决纠治四风，严格落实中央八项规定精神，坚持日常监督和专项督查相结合，查处违反中央八项规定问题45件45人。大力整治形式主义、官僚主义突出问题，立案查处33件33人。紧盯影响基层工作质效的作风顽疾，创新开展“基层听音”，收集并督促整改问题139个。推动公务用车使用制度化、规范化，整治未经过平台申报使用公务用车问题15个。开展专项整治，先后开展重点行业领域突出问题治理，纪律作风集中整治月等活动，运用第一种形态处理27人。持续抓实用好“三大奖”反面鞭策机制，向8个单位颁奖示警并在全区通报。大力优化营商环境，围绕迎接2020年中国营商环境评价工作开展专项督查12次，查处涉及破坏营商环境案件13件13人。回应群众关切，坚持以人民为中心的发展思想，严肃查处群众身边作风和腐败问题

2020年2月27日，中共绵阳市游仙区第六届纪律检查委员会第五次全体会议召开

2020年11月19日，区纪委监委在越王楼开展2020年度廉政文艺作品评选暨展览活动

97件97人。持续深化“脱贫攻坚纪律作风保障年”，开展“明目行动”，清理2015年以来扶贫项目41个，涉及资金1679万元，发现并督促整改问题1个。在83个村（社区）开展“院坝问廉”，收集问题720余个，问廉经验在全市推开，被四川电视台、“学习强国”等多家媒体宣传报道10余次。

【反腐倡廉】强化不敢腐的震慑，制定《游仙区基层纪检监察组织案件质量评估办法（试行）》《游仙区基层纪检监察组织案件审理组工作制度》，提升审查调查质量。党纪政务立案139件139人，其中科级干部10人，移送司法2人。严把审查调查安全关，全年做到零事故、零违纪、零申诉。扎牢不能腐的笼子，深化运用《党风廉政意见回复办法》，为全区干部提拔、交流、重用和评优评先等工作回复党风廉政意见139条4572人次。施行“一案三报告”，指导4个案发单位召开“以案促改”专题民主生活会，针对问题建章立制、堵塞漏洞，发挥案件治本功能。增强不想腐的自觉，制发案例通报2期，通报典型案例7起。对104名新任科级领导干部进行廉政谈话，组织75名干部参加任前廉政考试。

【宣传教育】组织全区党员干部观看《越界》《卫生院长的“生财之道”》《被“母爱”击碎的初心》警示教育片3部，观影达5000余人次。制作廉政公益广告《廉（脸）谱人生》，在“学习强国”展播。连续8年开展廉政文艺作品创评活动，2020年在越王楼召开全市现场会，以“清风领航·廉润人心”为主题进行展览，400余名党员干部参加，11万余人通过网络参加投票，廉政文艺作品引领廉洁文化建设的成效不断显现。

监督监管

【监督体系】完成公检司法人员转隶，7个行政编制已转隶到位

游仙区纪委监委在政务大厅设置作风监督岗

6人。以乡镇行政区划调整为契机，在各镇（街道）配置专职纪（工）委书记（监察室主任）1名、专职纪（工）委副书记（监察室副主任）1名、专职工作人员1名。顺应村级建制调整改革，在每个行政村（社区）配置1名纪委书记（纪检委员），兼任村（居）务监督委员会主任、监察工作信息员，为村（社区）常职干部。推进全区区属学校、医院、企业纪检组织建设，配齐配强工作人员。

【监督渠道】升级“清风游仙”阳光监督平台，通过平台对外公开村社集体“三资”、惠民政策执行等信息95.3万条，各项资金16.38亿元。接受群众查询访问100万余次，发现问题线索并查处22件22人。深化财经纪律“三级联审”，指导全区各单位每半年开展1次内审，结合镇村“两项改革”，督促各镇（街道）将内审向村（社区）延伸，实现对村（社区）财经纪律内审“全覆盖”。

【监督执纪】坚持宽严并济，突出抓早抓小，出台《关于规范运用监督执纪“第一种形态”的实施意见（试行）》，聚焦“关键少数”，制发《关于进一步加强对“一把手”监督的若干措施（试行）》，全年综合运用“四种形态”处理党员干部510人次，各形态占比分别为73.73%、21.76%、3.14%、1.37%。开展“撑腰鼓劲正名”行动，发放函询了结反馈函5份。

（杨雯婷）

民主党派·工商联

民主党派

【概况】全区有民革、民盟、民建、民进、农工党、致公党、九三学社7个民主党派，共有民主党派成员431人，其中：实职副县级5人，实职正科级5人，实职副科级12人，担任省人大代表1人、市人大代表6人、市政协委员9人、区人大代表11人、区政协委员49人。全年增补9名区政协委员。

【自身建设】建立健全区级领导干部与民主党派、党外代表人士联谊交友办法，支持民主党派健全领导班子议事决策、述责述廉、民主监督等制度。召开区民主党派座谈会暨能力提升培训、区政府与各民主党派总支（基层委员会）联席会议，支持民主党派加强机关建设和制度建设。建设党外人士之家活动阵地，为民主党派提供高质量的办公场所。

【投资引资】持续开展“绵阳市各民主党派走进游仙”直通车，落实对接好“协调联动、支撑配合、表扬激励”三大机制，市、区各民主党派积极投身融合、项目建设、脱贫攻坚、乡村振兴、民生保障等重点领域，聚合集纳优势力量和特色资源，聚焦社会服务，积极建言献策，开展结对联姻，助力双招双引。2020年，市、区各民主党派通过捐款捐物、协调引入资金和医疗设备等方式对游仙区进行全方位支持，助学、助医、扶贫等资金和物资价值达1259.82万元。召开“绵阳市各民主党派走进游仙”总结表彰大会。做实“一个党派一朵花”结对合作模式，对接市、区民主党派与“七朵仙花”属地乡镇、业主三方开展合作。

【参政议政】各民主党派认真履职尽责，深入调查研究，反映社情民意，积极参与全区经济社会发展。各民主党派举办活动、会议50余场次，提交区人大建议、政协提案98件、调研文章20篇、社情民意74篇，获得省级先进（优秀）组织6个、市级先进（优秀）组织5个，获得省级先进个人1人、市级先进个人51人、区级先进个人19人。支持民主党派加强民主监督，提出监察建议11条，督促整改问题8个。

【支持保障】大力优化提升民主党派待遇，在年度考核中表现优秀的民主党派非副科级副主委享受副科级干部系数，非正科级主委享受正科级干部系数。对有特殊贡献的主委、副主委及党派成员评为优秀等次，不占单位评优比例指标限制。对业绩突出的党派成员优先推荐为区人大代表、政协委员候选人。把民主党派活动经费纳入财政预算，落实执行。建立活动后勤保障制度，对民主党派开展专题调研、考察学习、专项培训等给予经费保障。

（李明益）

工商联合会

【概况】绵阳市游仙区工商业联合会是中共绵阳市游仙区委和游仙区人民政府领导的人民团体和民间商会，是政府管理非公有制经济的助手，是区委和区政府联系非公有制经济的助手和桥梁、纽带。2020年，游仙区工商联被四川省委、省政府表彰为“脱贫攻坚先进集体”，2020年度四川省工商联重新认定的县级“五好”工商联，绵阳市工商联表彰的“百企帮百村”精准扶贫行动组织工作先进集体和民营企业调查点工作、全市工商联信息系统工作、全市工商联组织建设工作、全市工商联宣教工作、全市工商联系统经济服务工作先进单位。

【党建引领】开展“绵商薪火”传承行动、举办专题培训班、组织考察交流学习、基层民企党员讲党课等活动。结合“两手抓、双胜利”的目标，加强对民营企业和非公有制经济人士的疫情防控知识、政策法规宣传工作。结合兼职副主席（副会长）单位轮值主席工作和商会企业家联盟、组团工作创新推进“两手抓、双胜利”工作。持续加强党建引领下的“百企帮百村”精准扶贫行动。结合区统群中心建设全力打造“企业点题、领导主导、部门答题、服务高效”的“同心会客厅”，优化营商环境。

【战疫抗疫】充分发挥党委政府联系非公有制人士的桥梁纽带作用，及时编写印制《新型冠状病毒肺炎疫情防控有关政策（企业版）实用汇编》和《游仙区工商联关于企业复工复产疫情防控工作指南》300本，为企业加强疫情防控和复工复产提供政策保障。组织帮助多家农业企业销售各类蔬菜100余吨，先后协调10余家主流媒体报道促销游仙区3家科技民营企业研发的抗疫新科技产品。与建行游仙支行共同举办以“游仙建行惠懂你，助力融资促发展”为主题的政银企交流合作会，40余家工商联（商会）的骨干企业家参会，6家企业快捷获得授信额度共8000万元。

【服务民营经济发展】以“勠力同心、砥砺前行”为主题，举办游仙区商会2019年度年会。5次迎接河南省川渝商会、苏州商会、攀枝花市工商业联合会等到游仙区考察暨川商返乡发展投资项目对接会，达成10余项合作意向。先后与重庆北碚区工商联（商会）、阿坝州壤塘县工商联（商会）建立友好工商联（商会），与四川省川商联合会签署战略合作协议。先后组织民营经济人士赴重庆北碚区、成都市开展深度

2020年11月16日，攀枝花市工商联到游仙开展交流合作活动

参与“成渝双城经济圈建设”专题培训考察。组织游仙区在外人才“粤港澳大湾区”企业家座谈交流联谊会和参加游仙区在外人才“成渝西”联谊会成立大会。

【基层组织建设】筹划推动新建基层商会3个、行业协会1个，新增会员420名。组织开展基层商（协）会规范化建设，组织专题培训1次，召开推进会2次，促进基层商会规范运行和作用发挥。

【参政议政】疫情发生后第一时间深入企业走访调研，形成数据翔实、问题具体的《新冠疫情防控背景下确保民营经济健康发展的建议》上报区、市。举办2020年企业家联盟+小组团工作推进会暨季度轮值主席会议3次，形成10余条有价值的意见建议。专题开展“防灾、减灾，恢复、发展”专题调研，实地走访40多家会员企业，深入了解民营企业发展面临的现实问题和困难，集思广益研究推动民营企业高质量发展的对策措施，形成专题调研报告。

【工商联（商会）六届七次执委会】7月31日召开，区委常委、统战部部长、总工会主席陈政，区工商联（商会）主席、会长廖雪鸥等出席会议，区工商联执委、基层商会、部分会员企业参加会议。会议回顾总结2020年工商联工作、审议2019年工商联会费收缴使用报告、进行届中人事调整和组织中共十九届五中全会精神专题宣讲、企业财税知识培训。

【工商联（商会）六届八次执委会】12月14日召开，会议选举增补刘敏、周顺安、王智为执委，刘敏为工商联副主席、周顺安为工商联（商会）秘书长。

【脱贫攻坚】疫情期间，持续发布不断更新《游仙区农产品滞销信息表》，发动企业主动上门、市民众筹购买部分滞销农产品。组织6家民营企业家开展“爱心企业壤塘行”主题党日活动，企业捐赠价值10万元的米面油等生活必需品、达成资金160余万元的2项合作意向，就壤塘县特色农副产品价值深化提升、农旅深入融合及两地企业深入合作发展进行充分沟通交流。

【光彩事业】积极引导民营经济人士参与光彩事业，尽好社会责任。疫情期间50余家企业累计捐款捐物543.35万元，助力脱贫攻坚、抗灾救灾、关爱农村留守老人儿童、助学助教等300余万元。

【宣传报道】发放法律法规宣传资料共计1000多份，发布信息10条，简报7期。联动推进乡村振兴战略，走进乡镇发放宣传手册1000余册。中央、省、市主流媒体宣传报道30余次。（周顺安）

人民团体

总工会

【概况】2020年年末，游仙区基层以上工会17个，基层工会1446个，职工131082人，工会会员130935人，入会率99.8%。

【城镇困难职工解困脱困第三方评估】2020年10月12日，全国总工会权益保障部副部长孟克宝音率领全国总工会城镇困难职工解困脱困第三方评估组莅临游仙检查、指导工作，四川省总工会党组成员、副主席任远明，绵阳市委常委、统战部部长、总工会主席经大忠陪同。

2020年10月12日，城镇困难职工解困脱困第三方评估座谈会召开

【改革和产业工人队伍建设改革情况督查调研】2020年11月12日，中华全国总工会副主席、书记处书记蔡振华到游仙就工会改革和工会组织建设情况开展督查调研。省总工会党组书记、副主席胥纯，中华全国总工会基层工作部部长金善文参加调研并出席

座谈会。市委书记刘超，市委常委、统战部部长、市总工会主席经大忠，游仙区委书记江彬，游仙区委常委、统战部部长、区总工会主席陈政陪同。

【劳动模范·先进工作者】 2020年，游仙区有5名个人被四川省政府评选为四川省劳动模范、先进工作者，推选5名省市五一劳动奖章获得者。评选表彰14名首届“游仙工匠”技能型人才，10个“工会工作先进集体”和10名“工会工作先进者”。

【劳模疗休养】 2020年，区总工会分3批次组织200名劳模、工匠、抗疫代表赴西昌疗休养。组织参观游览邛海湿地公园、登上螺髻山感受彝族风情文化，参观西昌卫星发射中心基地，感受科技的腾飞。

【劳动竞赛、技术比武】 开展“践行新理念、建功‘十三五’”主题劳动竞赛，全区规模以上企业参与劳动竞赛面达90%，职工参与率达90%。培育选树的首届游仙工匠田孝清在全国第一届职业技能大赛中荣获烘焙冠军。组织辖区6万人（次）以上的职工开展岗位练兵、技能比武、技术培训职业技能竞赛。落实产业工人待遇，组织204名劳模先进、工匠技师等开展体检，参加各级疗休养活动。

【帮扶工作】 2020年，发放冬送温暖慰问物资76.4万元，帮扶困难职工1132人次。开展“线上+线下”招聘会10余场次，帮助700余名待业人员实现就近就业。区四大班子领导带队慰问3300余名高温一线职工，送去价值49.5万元“清凉包”。发放34.9万元助学资金助力134名困难职工子女圆梦大学。投入帮扶资金395.9295万元，帮扶救助城镇困难职工2507人次，举办职工川菜、家政、母婴护理培训10余期，实现48户全国级建档困难职工脱困出档。支持家福来有限公司、开元磁材有限公司开展岗前160人培训，兴事发集团公司集体协商培训。

【对口援建】 2020年，游仙区对口援建壤塘县总工会，先后投入58.55万元用于开展职业化技能培训、支持职工阵地建设、组织工会干部培训，为壤塘县高质量打赢打好精准扶贫攻坚战提供有效助力。

【组织建设】 投入176.37万余元在石马镇、红星美凯龙、小枧镇遇仙村、仙人路社区等地规范化建成职工之家、户外职工休息驿站、农民工大舞台20个，无偿为职工休息休闲娱乐提供场地。下拨经费329.18万元，切实解决小三级工会组织经费困难问题。探索创新制定津贴发放办法，为200余名社区、非公有制企业兼职工会主席发放津贴58.69万元。持续开展“八大群体”建会入会行动，在家政服务、护理等行业新建工会组织21个，百人以上企业建会率达97%。

【维护职工合法权益】 印发《绵阳市游仙区总工会维护职工队伍稳定工作预案》，妥善化解劳动关系矛盾和处置群体性事件，组织区应急管理局、区人社局到科莱电梯股份有限公司、铜鑫铜业有限公司等20余家重点企业开展安全生产和职业病防治工作专项检查。

【工会会员普惠性服务】 全年办理工会会员服务卡34166张，开展半价出行、抗疫接粽、中秋消消乐等普惠活动13项，累计发放价值234万奖品，惠及职工62833人次。

【法律援助】 通过网络平台发布疫情期间出台的劳动关系、劳动用工、农民工返岗复岗等政策规定20余篇，邀请签约维权律师为辖区460余名工会会员进行在线答疑，提供政策咨询和法律援助等线上服务。到各镇（场）、街道、企业发放防疫、法律维权、禁毒等宣传单3万份，为企业职工发放《致复工返工职工朋友们的一封信》宣传海报，促进劳动关系和谐稳定。

【民主管理】 全区企事业单位厂务公开、职代会建制率分别在96%、95%以上，已建会非公有制企业建制率93%。在绵阳市第二届集体协商比赛中获得团体二等奖。

【支持小微企业发展】印发《关于规范落实小微企业工会经费支持政策有关事项的通知》，贯彻落实全国总工会关于小微企业工会经费返还政策，通过张贴海报、微信公众号发布信息等广泛宣传，为84家符合条件的小微企业全额返还工会会费328.4504万元。

【女职工工作】为返乡农民工、区内酒店西点从业者，机关企事业单位职工（350人）开展女职工烘焙技能培训暨职工烘焙培训。联合绵阳市明星烹饪技术职业学校举办免费厨师培训班，共计40余人通过资格考试，其中女农民工20人。

【新冠肺炎疫情防控】依托“游仙工友荟”开展“云”服务，开通心理咨询，举办“宅家秀”、防疫知识有奖竞答、法律援助等活动。先后4批次向疫情防控一线单位划拨专项补助资金共计56万元，用于慰问防疫一线职工、购买配备防疫物资等。开展“线上+线下”活动，慰问1200名防疫工作人员，组织50余名“疫”线人员开展疗休养活动。落实“六稳”“六保”任务，为49名困难职工及时发放疫情特殊生活救助金37.928万元，为43家复工企业下拨资金68.8万元，全额返还小微企业2020年工会经费，为企业职工发放口罩10600只、额温枪30支、医用酒精（消毒液）20箱、水果5吨、蔬菜36.5吨、防疫物资包70份、配方奶粉900罐。深入一线走访79家企业，及时了解企业和职工的意见诉求，及时化解劳资纠纷。

【困难农民工子女关爱行动】开展2020年关爱留守儿童行动，组织33名父母在外打工的困难农民工、困难职工家庭留守学龄儿童参加陕西西安冬令营研学旅行，暑假期间开展关爱困难职工（农民工）子女、留守儿童慰问活动，为辖区45名困难职工（农民工）子女、留守儿童每人送上书包、文具、体育用品等价值300元的慰问品。

【网上工会】依托“游仙工友荟”公众号，打造“互联网+工会”服务新模式，通过“普惠+特惠”“线上+线下”方式，开展有奖竞答、健步走、幸运抽奖等各类活动近20次，服务职工17万人次。“游仙工友荟”粉丝量近2万人，“川工之家”App注册用户27626人，工会干部录入4677人，认证率100%，8000余名会员通过平台办理入会、转会。

【“相约幸福游仙”相亲交友活动】2020年8月22日，举办第八届“相约幸福游仙”交友联谊活动，参与线下活动人员达300人，牵手成功10余对。（沈欣）

共青团

【概况】2020年，全区共有团员7758人，全年新发展团员1600名，建立下级团组织601个，其中团委43个，团工委3个，团支部444个。2020年，全区各级团组织和团员青年，少先队组织和少先队员获国家级表彰1个（全国关心下一代工作先进个人），省级表彰12个[2个四川省青年文明号、1个四川省五四红旗团支部、1名四川省优秀共青团员、1名四川省优秀少先队辅导员、1名四川省优秀少先队员、1个四川省优秀少先

2020年8月22日，游仙区举办第八届“相约幸福游仙”交友联谊活动

队集体、1个省级优秀县级项目办、1个四川省中学生（中职生）志愿服务示范学校、1个省级“逐梦计划”优秀见习基地、2名四川省2019—2020年度大学生志愿服务西部计划优秀志愿者]、市级表彰37个（3个绵阳市优秀少先队集体、1个绵阳市少先队工作先进学校、15名绵阳市优秀少先队员、4名绵阳市优秀少先队辅导员、5名绵阳市优秀共青团员、4名绵阳市优秀共青团干部、2个绵阳市优秀团委、3个绵阳市优秀团支部）。

【思想政治建设】紧扣团中央“青年大学习”主题，积极动员广大青年加强思想理论学习，全年共组织青年开展学习16万人次，“青年大学习”全年综合排名位列全省第四。持续深入开展“青伴计划”，组织区内青年代表等向辖区对越自卫还击战斗英雄、抗击疫情医护工作者们献礼。团属系列活动信息被团中央、团省委、“学习强国”“川报观察”等主流媒体宣传报道40余次，共青团游仙区委服务青年工作综述被绵阳日报大篇幅宣传报道。组织开展全区优秀抗疫青年志愿者、“游仙区2020年十大杰出青年”等表彰评比活动，鼓励广大青年积极向优秀青年典型学习，综合信息阅读量达10万多人次。

【五四运动纪念活动】在防疫一线、脱贫攻坚、基层治理、科技创新等领域评选10位游仙区杰出青年，评选期间，访问记录达300万次。“青春正当Young，奋斗不停歇” 游仙区“十大杰出青年”视频展播平台播放量超过5万。组织召开“青春建功有我，共谱时代新篇”纪念五四运动101周年座谈会，12名各领域青年代表积极为游仙经济发展建言献策，线上线下共计2万余人参与座谈会同步直播。

【疫情防控】2020年新冠肺炎疫情发生后，组建11个抗“疫”青年突击队，1000余名队员积极投身医疗卫生、服务保障、城乡社区等疫情防控一线，协助排查登记信息8000余户，体温检测2万余人次，获得市委书记刘超、区委书记江彬肯定性批示。发布“疫情防控 游仙青年在行动”专题报道23期，游仙防疫青年先进事迹，被中青网、光明网、中国网、“学习强国”、川报观察、团中央、团省委等官方媒体宣传报道30余次。通报表扬疫情防控中表现突出的70名青年志愿者。

【助力复工复产】成立“暖心帮帮团”，组织游仙返乡农民工代表、本地企业代表开展线上招聘，帮助农民工就地就业。开展“空中揽才”线上招聘，吸引11.95万人观看直播视频，收到简历1280余份，130余名优秀青年与游仙企业达成意向性协议。在“富乐青年”发布5期“团团帮线上购”专题，为游仙本土农产品代言宣传。围绕游仙区“耍嗨五一、玩转游仙”主题活动，开展“引爆味蕾，吃货万岁”“满100送100”等优惠活动。开展“游仙美食”抖音、快手、火山视频大赛，累计收到78份视频作品，点赞数5万多人次，阅读量达50万余次。

【关爱留守儿童】新建8个“童伴之家”，配齐“童伴妈妈”，在全省率先实现园区、镇（街道）全覆盖。开展“合力监护，相伴成长”、2020年“加油！夏令营”活动，在全区开设4个营地，服务辖区100余名留守儿童。落实公益企业为辖区50名贫困义务教育儿童资助5万元。创新开展“‘青’爱的，‘益’童成长”

2020年7月，游仙区2020年“七彩假期”暑期夏令营活动在忠兴镇开展

活动，招募百余名志愿者开展关爱留守儿童志愿服务活动10余期，服务留守儿童200余人次，被评为绵阳共青团系统“5×4比学赶帮评”特色亮点工作。

【青年创新创业】2020年，指导辖区4名创业青年争取小额贴息贷款150万元。邀请创业导师和成功人士针对青年需求开展创业专题培训6期，培训200余人次，并承办2020年四川省青年电商（绵阳）示范班培训。募集党政机关、企事业单位、社会组织、非公有制企业等多类型实习岗位300余个，推动在校大学生参与游仙经济社会建设。

【青年志愿服务】成立游仙区雷锋志愿者服务站，开展“爱在社区”“爱在旅途”“靓在乡村”“河小青”等系列品牌志愿服务活动60余场，获得各界好评。

（邓冬梅）

2020年12月4日，游仙区雷锋志愿者服务站成立

妇联

【妇女儿童工作会议】2020年4月23日，召开全区妇女儿童工作会议，对前期“两纲”工作进行通报，区人大常委会副主任徐丽娟对妇女儿童工作提出要求。

【六届七次执委会议】2020年12月2日，区妇联召开六届七次执委会议，增补区妇联六届执委，选举区妇联常委、挂职副主席。

【疫情防控】组织开展“宅家鼠我乐　巾帼抗疫情”“宅家微讲堂”等系列活动，线上为广大群众讲解疫情防控、法律维权、家庭教育等知识。“三八”节期间，开展“居家灵活就业蜀绣培训”“维权微讲堂”“瑜伽健身”等线上系列庆祝活动，并对抗击疫情表现突出的优秀女性进行线上表彰。携手区总工会、团区委成立“暖心帮帮团”，筹集上万元的物资、资金，为企业复工复产发挥群团组织力量。与区民政局联合下发《关于做好因新冠肺炎疫情影响造成监护缺失的儿童救助保护工作的通知》，帮助因疫情影响造成监护缺失的儿童及其家庭顺利渡过难关。

【“巾帼心向党”提升行动】深入社区开展学习贯彻习近平总书记重要讲话精神、全国两会精神、“七一”主题党课系列讲座5场次，开展游仙区深度参与成渝地区双城经济圈建设“微党课”2堂次，发放《游仙妇女思想政治引领工作应知应会手册》100余册，将党的方针政策及对妇联工作职能职责及时传播到妇女群众中去。全区共打造示范性城乡社区“妇女儿童之家”46个。

【“巾帼建新功”提升行动】开展蜀绣、电商、家政等实用技术培训5期，培训妇女300余人。争取“省级家政服务进社区”试点项目，在民安、东街社区开展母婴护理、插花、茶艺等系列培训14次，共培训约500余人次。开展各级“巾帼文明岗”创评活动，全区国家级巾帼文明岗3个、省级5个、市级13级、区级54个。

【“巾帼维权服务”提升行动】创新形成“1+N”妇女维权工作模式，举办巾帼维权大讲堂专题讲座4期，开展法律进校园、安全宣

2020年5月28日，游仙区妇女儿童维权工作站正式挂牌成立

传进社区、法治宣传进家庭等活动。在游仙区法院建立“游仙区妇女儿童维权站”，搭建妇女儿童维权“绿色通道”。2020年，全区各级妇联接待妇女来访180余件，有效化解家庭矛盾。

【家庭工作提升行动】举办家庭教育讲座12期，受益妇女干部和家长800余人。组织20个家庭开展“川女回家—乡村家庭日”亲子活动。争取“童心圆梦·相伴成长”——儿童关爱保护项目，举办书香阅读、交通安全、暑期安全等服务活动12次。

【最美家庭评选】开展“最美家庭”评选活动，推评全国五好家庭1户，省级最美家庭1户、“五好”家庭1户，市级最美家庭8户，区级最美家庭17户。开展“最美家庭”事迹巡讲活动30余场次。

【关爱帮扶行动】争取爱心企业帮扶金2.4万元，解决2个贫困户的建房资金缺口。做好壤塘县对口帮扶工作，按照每人400元标准通过购买消费扶贫农产品进行结对帮扶。春节前夕，走访慰问困难妇女、困境儿童、女农民工共计150余人，送去价值2万元的慰问金和慰问品。联合团区委、区民政局、区经济合作局开展“‘青’爱的，益童成长”活动，让农村留守儿童感受到关心关爱。为5名家庭困难、病情较重的两癌妇女争取国家、省级公益救助金5万元。

【“六一”慰问活动】区四套班子领导分别带队深入忠兴镇、柏林镇、游仙街道、信义镇看望慰问少年儿童，为学校送上慰问金1.6万元，为孩子们送去慰问品和慰问金。

【松柏计划】持续开展“松柏计划”——“大手牵小手、共筑未来梦”活动，整合38个区妇女儿童工委成员单位资源，延伸“金秋助学”帮扶链条，223名在校贫困大学生参与活动，580名留守儿童在活动中受益。

【专题培训】2020年10月20日，游仙区基层妇联干部培训班在游仙区委党校开班，培训为期4天，全区44名妇联干部参加培训。2020年9月13日至16日，游仙区妇联在区机关会议厅开展为期4天的巾帼素质提升培训，200余名旗袍爱好者参与活动。（缪金宏）

科协

【概况】2020年，区科协坚持以党建带科建，深入开展“全国科技工作者日”“全国科普日”等科普宣传活动，组织“最美科技工作者”评选表彰，大力弘扬传承新时代科学家精神。启动应急科普机制，及时制定疫情防控应急科普工作方案，组织科技工作者积极参与抗疫防疫。开展游仙区“天府科技云”服务中心建设，截至12月底，游仙辖区平台用户注册量17776户，开办科创工作室1956个，发布科技需求量791条，履行科技服务670次，累计成交272手，成交金额5194822元，发布科技成果72个，精准科普服务110684次。推动以提升基层科协组织力“3+1”试点全覆盖为重点的“三长制”改革，将医院院长、学校校长、农技协理事长或农技推广中心主任吸纳进镇（街道）科协组织挂（兼）职副主席，配备“三长”兼职副主席28名。新建完成3个校园科普e站。申报省级科普共享基地5个。

【全国科技工作者日主题科普活动】2020年5月30日，第四个“全国科技工作者日”期间，区科协围绕“科技为民、奋斗有我”主题开展系列科普活动。5月25日至6月5日，区科协与区总工会联合举办科普知识线上有奖竞答活动。全区近4000名工会会员及科技工作者通过关注“游仙工友荟”微信公众号参与科普竞答，排名前400位的参与者获奖。区委宣传部、区人才办、区科技局、区科协联合开展2020年游仙区“最美科技工作者”评选表彰活动，经过基层推荐、专家评审、公开公示，评选表彰一线优秀科技工作者10名。

【科普讲座进社区活动】2020年7月15日，区科协与北街社区党委联合开展党建大联盟科普知识讲座进社区活动。邀请国家执业注册中医师、拥有30多年中药师临床经验的文兆林老师，就规范用药及针灸治疗进行讲解，并开展现场问诊，针灸治疗。北街社区干部、共产党员、跟班交流的同志共50余人参加讲座。

【全国科普日系列活动】2020年9月22日，由区科协具体承办的以“决胜全面小康，践行科技为民”为主题的2020年全国科普日绵阳市主场活动在绵阳科技馆广场举行。活动现场表彰10名2020年绵阳市“最美科技工作者”，对绵阳市首批“四川省科普惠民共享基地”进行授牌。游仙区小枧城市生态公园、太乙仙山植物园、四川越王楼文化传播有限公司绵阳科技馆分公司、川仙渔文化科普体验、绵阳市游仙区慈济实验学校等35个基地获得首批“四川省科普惠民共享基地”称号。对2020年第35届四川省青少年科技创新大赛基层优秀组织奖获得单位进行颁奖。现场设置有5G展示、人机对话展示、节水展板宣传、应急展板宣传、义诊服务、航模展等，群众参与热度高涨，真正做到“践行科技为民”。

【农村乡土人才创新创业大赛】2020年11月16日，游仙区2020年农村人才创新创业比赛决赛在游仙区委党校会议室举行，共评选出一等奖1名、二等奖2名、三等奖3名。本次大赛以激发农村乡土人才创新创业热情为核心，以推动游仙区大众创业万众创新实力，树立一批农村乡土人才创新创业典型为目标，依托天府科技云服务搭建的展示交流、资源对接和项目孵化平台，发现一批在创新创业和脱贫攻坚、乡村振兴方面卓有成效的农村乡土人才。

【青少年科技教育活动】组织参加绵阳市青少年科技创新大赛、绵阳市青少年机器人创客大赛，举办游仙区青少年科技劳技创新大赛，广泛开展“校园文化科技节”“科普进校园”“大手拉小手”“科普大篷车进校园”等活动，激发学生科学竞技的兴趣，

2020年9月22日，2020年全国科普日绵阳市主场活动在游仙区开展

培养学生开拓创新、百折不挠的科学精神。其中，游仙区第六届青少年科技创新大赛共评出获奖作品3246项。推荐受表彰绵阳市第35届青少年科技创新大赛作品246项。通过科普讲座、科学表演、科普大篷车等生动活泼的宣传方式，先后走进富乐小学、剑南路小学、五里路小学、徐家伟清小学等10多所学校，参与学生达5000余人。

【“节能环保资源循环利用”项目】2020年3月26日，区科协党组书记、主席殷成品带领由区经合局、新桥镇、信义镇分管领导组成的游仙项目考察组，随同绵阳市科协到乐山市五通桥区考察“废弃物深度资源化利用”项目相关技术成果转化及生产情况。3月29日，区科协陪同市科协党组书记、常务副主席王久华与建设方久田科技公司负责人到游仙区信义镇白马工业园实地调研，争取“废弃合成有机物转化清洁能源”项目落地游仙。该项目创新技术的运用，能够达到消灭塑料垃圾焚烧场、填埋场，根治塑料垃圾对环境的污染，同时实现资源最大限度地再利用，大幅度节省政府财政投入。

【“天府科技云”服务】“天府科技云”上线后，区科协将注册任务分解到镇（街道）、园区、企事业单位，并组织技术人员实地培训讲解。2020年6月5日，“天府科技云”服务操作培训会在信义镇举行，来自机关、辖区工业企业、农业企业、社区及村社“天府科技云”服务自愿服务者代表20余人参加培训。“天府科技云”服务操作培训专员汪子栋现场对参会人员“一对一”进行“天府科技云”服务平台注册流程的理论讲解和操作指导。

（陈维）

法治·军事

政法和综治

2020年3月21日，2020年游仙区政法工作会议召开

【概况】2020年，全区政法工作坚持以习近平新时代中国特色社会主义思想为指导，认真贯彻落实《中国共产党政法工作条例》，以服务保障“五个游仙”建设为要务，以维护社会稳定为核心，以平安游仙建设为重点，以建强队伍为关键，以“全国争先进、全省创一流、全市走前列、全警受点赞”为目标，扎实工作、克难奋进、砥砺前行，为全区经济社会发展提供政法保障。国家安全人民防线、矛盾纠纷多元化解、历史遗留问题化解、综治中心规范化建设、法学会实体化运行、铁路护路等工作及法院、检察院、公安局、司法局多项工作得到省市政法委和主管部门主要领导肯定，多项工作经验在省市交流推广。

【平安游仙建设】加强平安建设组织领导，成立平安游仙建设领导小组及其办公室，设置政治安全、公共安全、市域社会治理等7个专项工作组具体抓，并将平安建设工作纳入全区目标绩效考核、区委巡察重点内容和党政领导干部政绩考核内容，对推进不力、工作滞后的单位和责任人实行问责。印发《平安游仙建设领导小组工作规则》《办公室工作细则》《2020年工作要点》《领导小组专项组组成方案》等配套文件。举行“综治平安建设宣传月”“电信网络诈骗宣传周”活动，开展为期1个月的平安建设宣传活动，采取向群众发放印有平安建设宣传标语、调查方式的扇子、围裙、手提袋等宣传品，发动辖区企事业单位、社会各界和广大群众积极参与，切实提高群众知晓率、支持率和参与率，形成创建活动人人参与，创建成果人人共享的良好氛围，提高群众的知晓率和满意度。

【社会治安防控体系建设】 2020年，新组建专（兼）职平安巡防大队12支180人、中队172支2316人、“红袖标”“三老”义务巡逻队542支3236人。开展平安百日大巡防、干警大练兵等活动52场次，出动平安巡防人员1.2万人次，发现整治治安隐患400余处。密织街面治安防控网，每月以派出所、警种为单位开展治安清查工作，对辖区重点行业场所、流动人口聚居区、城郊接合部、商贸市场等案件多发易发区域进行清查，共出动警力800余人次，查获现行案件23起，街面案件发案数同比下降。

2020年10月23日，游仙区举行“百日攻坚行动”电信网络诈骗防范集中宣传周启动仪式

【扫黑除恶专项斗争】 坚持采取“滚动式+督办式”管理，实行“每周一询问、每月一通报”工作机制，严格执行疫情期间刑事案件庭审办案制度，依法推动案件快侦快诉快判，完成“六清行动”任务。全区378条线索已核查办结，九类涉恶案件立案82件，抓获犯罪嫌疑人166名，移送起诉114人，打掉涉恶团伙2个、恶势力集团1个，有力打击黑恶势力的嚣张气焰。查处“保护伞”4人，问责党组织1个、党员干部5人，整治软弱涣散村党组织31个，调整党组织书记9人，清理不合格村（社区）“两委”干部8人。排查整治采砂、河湖管理乱象乱点16个、住建乱象30个、市场监管类乱象523个，整治自然保护区探矿权36个、采矿权40个，打击“黑车”客运50起。

【“雪亮工程”和综治中心规范化建设】 全区镇村两项改革后，针对被合（撤）并的镇、村无人值守等问题，积极协调承建商对“雪亮工程”区、镇、村三级平台进行资源整合、调整，重新设立账号和更改目录标识、迁移新增摄像头等工作。加强对镇、村两级综治中心规范化建设进行调研、指导，确保镇、村改革后综治中心“阵地不丢、面积不少、人员不减、职责不变”的目标。每季度对全区各镇（街道）综治中心工作开展情况、存在的问题进行通报，并就下步工作提出要求。每日区、镇两级对“雪亮工程”进行巡查、登记，区综治中心点对点进行跟踪整改，切实解决“雪亮工程”在运行中存在的问题，及时协调处理因欠费或线路故障导致无法正常运行视频监控，确保全区“雪亮工程”在线率和使用率，在线率93.%以上。

【矛盾纠纷多元化解】 推进新时代“枫桥经验”落地，在原来

2020年8月16日，游仙区举行网格员技能“大比武”决赛

“两所一中心”模式基础上将法庭驻镇、村法官纳入基层调解组织，创新建立“1+3+N”（1是指综治中心，3是指派出所、司法所、法庭，N是指相关行政和社会资源）工作机制，建立区矛盾纠纷多元化解专家库，首批入库专家44人，配备专职人民调解员35名。建立“三色”预警处置机制，2020年以来共排查各类矛盾纠纷2272件（其中：红色预警18件，黄色预警34件，蓝色预警2220件），调处成功2243件，调解成功率98.7%；创新建立责任追究机制，开展两轮矛盾纠纷多元化解工作督导，对矛盾纠纷排查化解工作不力、责任落实不到位的单位和个人严格进行问责，进一步压实工作责任，确保工作措施落地见效。

【**网格化服务管理**】推进全科网格工作，在游仙街道、石马镇、小枧镇新增专职网格员18名，开展网格事项准入机制，纳入文明城市创建巡查、人口普查登记、法律文书送达及协助查找执行人相关财产信息等工作；试点建设党建网格，鼓励网格员、基层党组织班子成员、党小组长等骨干担任网格支部书记，形成党支部+网格+党小组的“1+1+N”党组织设置模式；2020年，全区网格员累计办理各类事件14万余件，开展治安隐患巡查3097件(次)，协助开展疫情防控巡查4.5万件(次)，组织摸排来游返游人员2.3万余人，发现整改消防隐患131处，各项指标居全市前列。

【**市域社会治理**】研究确定一批社会治理重点项目，逐一制定实施方案，制定时间表、量化任务，明确牵头单位、参与单位和具体措施。做好平安建设群众满意度测评工作，平安建设宣传活动常态化，群众对平安建设满意度显著提升。开展“平安细胞”“六无”平安村（社区）创建活动，命名41个区级“平安细胞”单位，新桥镇三角村等4个村获评省级“六无”平安村（社区）、石马镇百胜村等9个村（社区）获评市级“六无”平安村（社区）。

【**危爆物品寄递物流清理整顿**】严格落实寄递物流三个100%制度和安全防范措施，建立与寄递物流业业主的联系制度，全面规范业主及从业人员动态管理。落实

2020年11月6日，市域社会治理暨扫黑除恶专项斗争工作推进会召开

“谁经营、谁负责”“谁收件、谁负责”“谁违规、谁负责”的三级主体责任管理制度。建立常态检查机制，督促企业设置安装视频监控设备，年度内共开展大检查12次，发现一般隐患4起，发现并整改安全隐患15处。

【平安铁道线建设】进一步深化“双段长+”路地协作机制，注重治安巡控，铁路沿线村（社区）成立护路联防队、队员9名，加强对易发案区域、守道口等重点部位巡逻，定期对铁路沿线治安状况进行全面调查摸排，了解铁路沿线的安全隐患和易发治安案件的重点区域，并制定方案集中整治。年内共计组织开展安全检查、集中整治3次，共发现148处路外安全隐患（包含企业30家、农户等118家），已整改拆除4处，彩钢棚（房）加固118家。

【特殊人群服务管理】加强特殊人群管理，社区矫正管理日常定位监管率90%以上，未发生社区矫正对象脱管、漏管和严重精神病患者危害社会案事件。建立健全综合管控机制，建立患者救助送医渠道，建立重度精神病患者个人档案，落实随访机制，全年列管重度精神病障碍患者22人，送医住院治疗12人，在家休养10人，22人全部落实监护人及管控力量，制定管控措施，每月对患者进行一次家访，无重度精神病患者危害社会案事件发生。加强流动人口服务管理，“一标三实”覆盖全面，加强挂靠户口、家属楼非本单位职工住户清查，建立人员流入、流出登记制度，落实门卫值班制度，把人口管理纳入有序轨道，同时密切关注人口动态。

【未成年人关爱保护】着重抓好严厉打击侵害未成年人违法犯罪、校园及周边环境综合治理、未成年人关爱保护救助和未成年人关爱保护法治宣传“四大行动”。区检察院等6个相关部门研究制定教育、检察、公安、民政、团委、妇联等六个系统的专项工作分方案，分别细化具体的时间表、路线图、任务书，为全区“防范打击侵害未成年人违法犯罪行为、关爱未成年人健康成长”专项行动的开展划出“施工总图”，形成“1+4+6”的游仙模式，确保全区“专项行动”的全面推进。全年开展各类宣传活动500场次，受理未成年人求助56起，调解“涉未”矛盾纠纷1起，侦办“涉未”行政案件2件、治安处罚2人，无“涉未”刑事案件发生。审判侵害未成年人案件3件3人。

【见义勇为】加强全区见义勇为英雄模范评选表彰工作，细化见义勇为人员奖励和保障政策，设立专项基金。加强对见义勇为先进典型挖掘，弘扬见义勇为精神，营造社会正能量，各镇街申报2名见义勇为先进个人和2个见义勇为先进集体。游仙区4人获评市级见义勇为先进个人，其中赖宁被推荐为全省、全国表彰对象。做好困难见义勇为先进个人及家属慰问资助工作，结合农民工返乡、走访慰问等有利时机，组织开展集中宣传活动，在全社会形成“见义勇为光荣”舆论氛围。目前，全区各部门组织开展见义勇为宣传活动102次，发放资料5万余份，慰问见义勇为先进个人及其家属18人次，发放慰问金、慰问品1.74万余元。

【专项整治行动】出台《关于依法严厉打击疫情防控期间违法犯罪行为的通告》《依法防疫知识问答》，归纳合同履行、公司治理、涉诉提示三方面9个法律风险点，全面梳理企业疫情期常见的特殊假期与停工期及疫情后复工工资支付、工伤认定等20个劳动法问题。加强危爆物品监控管理，查处燃放烟花爆竹行政案件13件、处罚13人。破获各类刑事案件300余起，抓获各类人员1040余人，其中刑事拘留304人，逮捕167人，取保候审316人，移送起诉346人；抓获各类逃犯147人，其中历年逃犯11名。破获毒品违法犯罪案件178件，其中刑事案件22件（包括参与侦破公安部目标案件2件），行政案件156件；打击涉毒犯罪嫌疑人54人，移送起诉毒品犯罪嫌疑人37人，处理涉毒违法人员500人（其中行政拘留201人、强制隔离戒毒113人、社区戒毒138人、社区康复5人、其他处罚43人），缴获毒品海洛因3521.21克，冰毒21989.11

克,麻古6.15克，麻黄素11495克。破获“刘某等人非法获取公民个人信息案”“2020·4·28”系列电信诈骗案（省督案件）等一批重特大刑事案件，破获“10·29”组织淫秽表演案，涉案金额高达2.6亿元，移送审查起诉50余人，关闭涉黄直播软件27个，打击一个跨境网络团伙，强力震慑犯罪，维护游仙区社会治安秩序的持续稳定。全年共立案非法持有、制造、买卖枪支案件4起，破获4起，打击4人，收缴非法枪支49支、雷管125发、军用子弹5341发、铁砂1.2万余颗、管制刀具20把等，销毁过期炸药2685公斤，确保游仙区经济社会健康稳定发展。

【社会心理服务建设】按照《游仙区社会心理服务体系建设试点工作方案（2019—2021年）》，全区11个镇（街）建立精神卫生综合管理小组，实现100%全覆盖；依托区、镇(街)、村(社区)三级综治中心，规范设置心理疏导室（或社会工作室），挂牌184个，组织心理服务工作者、网格管理员、人民调解员、志愿者等开展心理辅导服务。每个镇（街道）、村（社区）确定1名专兼职人员负责社会心理工作，8月，由网格员、医生、民警等组成应赛队伍参加全市精神卫生防治技能竞赛，通过知识竞赛、演讲和情景演练等环节比赛，以优异成绩荣获2020年绵阳市精神卫生防治技能竞赛一等奖。

（杜 强）

依法治区

【概况】2020年，在党中央和省、市、区委的坚强领导下，中共绵阳市游仙区委全面依法治区委员会深入贯彻习近平总书记全面依法治国新理念新思想新战略，认真落实全面依法治国系列安排部署，围绕法治游仙建设目标，加快推进全面依法治区各项工作及依法防疫工作，抓实抓细法治化营商环境建设，较好地完成全年各项重点工作任务。“游仙区融合发展法律服务机制的探索与实践”入选《法治蓝皮书·四川依法治省年度报告No.6(2020)》。2020年9月，游仙区被省委依法治省委员会确定为全省十四个全面依法治县示范试点单位之一。

【法治服务】2020年2月6日，中华人民共和国率先出台《关于开展新型冠状病毒感染肺炎疫情防控专项法治宣传的紧急通知》《关于依法严厉打击新型冠状病毒感染肺炎疫情防控期间违规违法行为的通告》等文件，明确依法防疫思路、举措，规范相关部门和镇街职责。同时，建立以线上宣传为主、线下宣传为辅的疫情防控法治宣传网络，广泛宣传《中华人民共和国刑法》《中华人民共和国传染病防治法》等相关法律法规。出台《关于依法惩治妨害新型冠状病毒感染肺炎疫情防控违法犯罪的意见》，严查医疗防疫用品质量和价格，严厉打击涉疫违法违规行为。采取“网络诊断”“互动上门”“自主点单”等方式，在全区范围内开展为期100天的民营企业“法治体检”活动，开展“互动式”上门法治体检服务。

【依法行政】制定游仙区《关于开展法治政府建设示范创建活动的实施方案》，积极争创第二批全国法治政府建设示范区。加强和改进区委区政府法律顾问团、党政机关法律顾问工作，推进区委常委会、区政府常务会前学法制度常态化，建立并动态管理“游仙区会前学法课题库”，深化综合行政执法改革，印发《绵阳市游仙区综合行政执法改革实施意见》，理顺区与市、区与市属园区、区与镇执法体制，着力解决机构重叠、职责交叉、多头多层重复执法问题；对政府常委会研究文件做到合法性审查无遗漏，认真推动依法行政应诉。全区行政单位全年出庭应诉率为100%。全面推行行政执法“三项制度”，探索实践“先辅导、再整改、后执法”行政执法模式，推进执法重心下沉，在镇（街道）建立6支城市管理执法中队，实现综合执法全方位、全覆盖、无缝衔接。组建“法治重点工作专项督察组”，先后开展依法防疫、法律顾问制度、行政执法“三项制度”等专项督察及其他明察暗访活动，对未按要求公开法治政府建设年度报告的10个区级部门、镇（街道）进行通报；对标《四川市县法治指数》，完善法治游仙考核机制，2020年度，“法治游仙与社会环境建设”共占区级目标绩效考核指标25分。

【社会治理】以党建引领为核心，坚持自治、法治、德治相结合的“一核三治”社会治理模式，将“法治游仙”与“信义游仙”共建互促，初步形成“法安天下、德润人心、自治共享”的社会氛围。全面推行“党组织领导+村规民约+评议会+红黑榜”的“1+3”村民自治模式，实现基层直接民主制度化、规范化、程序化。结合镇村建制调整改革，加强11个镇（街道）综治中心、公安派出所、社区警务室、人民法庭、司法所等基层基础建设，建立“经费单列、镇所对接、两个清单、双向考核、动态管理”新模式，全面落实“一村(社区)一法律顾问”制度。健全完善纠纷多元化解机制，加强人民调解与行政调解、司法调解的联动机制建设及“公调”“诉调”“访调”对接，规范化建设派驻调解室21个，推进行业性专业性调解组织建设，引导环保、物业、消费、商（协）会、企事业单位等建立人民调解委员会，营造民营经济健康发展环境。建立矛盾纠纷“红黄蓝”三级预警机制，及时发出预警信息62条。创新开展调解卷宗“司法所初评、综治中心初审、司法局复评、政法委复审”的“联评联审”工作，2020年全区调解案件2385件。通过政府购买服务选聘专职人民调解员23人，持续推进律师参与信访积案化解。坚持发展“枫桥经验”实现矛盾不上交试点工作受到司法部通报表扬，“防新案、化积案、攻难案”工作入选2020年全国百个“创新社会治理典型案例”。

【示范试点】召开示范试点动员部署会、示范试点工作联席会议和办公室主任会，制定《示范试点工作联席会议制度》及《月报制度》《定期通报制度》《督察制度》《约谈制度》。召开区委理论中心组学习会议，开展“学习习近平法治思想，推进全面依法治区示范试点”专题学习。在四川大学举办为期一周的示范试点专题培训班，共计65名学员参训，实现示范试点具体工作人员培训全覆盖。加强与“四个一”对口联系领导和单位的沟通交流，召开联席会议，对工作方案、工作制度、重点工作事项展开研讨，对历史遗留问题典型案例进行深入分析。制发《示范试点工作专报》7期。将示范试点工作作为区委一项重点工作纳入目标绩效考核，纳入“法治问效”专项督察重点，制定示范试点工作进度表，强化督导检查，切实增强示范试点工作质效。

【全民普法】强化法治宣传，严格落实“谁执法谁普法”普法责任制，常态化开展“法治周周行”活动。深入开展法治示范创建，建成全国民主法治村1个、省级法治示范点6个、市级法治示范点67个、区级340个。游仙区被评为全国“七五”普法中期先进区、四川省第二批法治示范区，被省委确定为全面依法治区示范试点区。加强法治示范创建动态管理，对13个不符合条件的示范点取消命名。（何永春）

法治政府建设

【概况】2020年，成立以区委常委、区人民政府副区长为组长的全面依法治区委员会法治政府协调小组，统筹抓好法治政府建设各项工作。召开法治政府建设工作推进会暨法治政府协调小组第一次会议，审议法治政府建设年度重点工作，开展年度“述法”活动。印发《2020年度法治政府建设重点工作安排》，部署8个方面21项重点工作任务。持续开展法治政府建设示范区创建活动，印发《游仙区创建全国法治政府建设示范区实施方案》，积极争创第二批全国法治政府建设示范区。出台《游仙区法治督察工作实施办法》，制定法治督察年度计划，先后开展法治政府建设年度报告公开情况、依法防疫情况、法律顾问制度落实情况、行政执法“三项制度”推行情况等专项督察。

【科学决策】建立并动态管理“游仙区会前学法课题库”，推进区委常委会、区政府常务会会前学法制度常态化。加强和改进区委区政府法律顾问团工作，选聘常年法律顾问机构5个、特聘法律顾问3人。制定《绵阳市游仙区委区政府法律顾问团管理办法》，建立法律顾问轮流坐班和专业值班制度，为区委、区政府重大决策提供法律咨询和风险评估。全共出具合法性审查意见书189份，累计提示法律风险、提出法律意见建议900余条。加强规范性文件管理，对2020年上半年行政规范性文件备案审核工作开展情况进行通报。向市政府和区人大常委会报备行政规范性文件5件。

【文明执法】深化综合行政执法改革，印发《绵阳市游仙区综合行政执法改革实施意见》，理顺区与市、区与市属园区、区与镇执法体制，着力解决机构重叠、职责交叉、多头多层重复执法问题。推进执法重心下沉，在镇（街道）设置6个区综合行政执法局城管执法中队，按片区分别设置4个交通综合执法中队和3个农业综合执法中队。全面推行行政执法“三项制度”，推行“先辅导再整改后执法”的行政执法新方法，行政执法行为得到有效规范。加强行政执法监督，做好2016—2020年1015名通用法律知识考试合格的行政执法人员行政执法证件申领、换证工作。组织、初审92名行政执法人员参加2020年行政执法人员通用知识法律考试。常态化开展群众最不满意行政执法突出问题承诺整改活动，提高行政执法社会满意度。

【优化营商环境】印发《游仙区法治化营商环境建设行动方案》，制定39项工作任务清单。深化“放管服”改革，全面推行“一窗受理、集成服务”，创新开展新设企业“零成本小时办”，全年共为1350余户新设企业提供免费刻制印章服务。结合乡镇区划调整改革，出台《游仙区放权赋能强镇实施意见》，下放镇街行使农业农村、交通运输等领域148项管理服务权限，推行乡镇“吹哨”、部门“报道”的服务镇(街)模式。做好部门、镇（街）权责清单调整编制工作，明确法定行政权力和责任，厘清区镇职责权限，规范行政权力运行。开展民营企业法治体检“百日巡诊”活动，采取“网络诊断”“互动上门”“自主点单”等方式，为企业提供便捷、高效、专属的法律服务。全年参与网上体检企业111家，开展免费上门法治体检9家，自主开展有偿法治体检6家。

【矛盾纠纷化解】加强行政复议和应诉工作，推行行政复议体制改革，规范复议程序，强化复议案件监督，提升办案质量，推行行政复议撤销、行政诉讼败诉案件通报制度。落实行政机关负责人出庭应诉制度，全区行政单位出庭应诉率100%。全年共办理行政复议案件17件，行政应诉案件13件。强化矛盾纠纷多元化解，建立矛盾纠纷“红黄蓝”三级预警机制，及时发出预警信息62条。创新开展调解卷宗“司法所初评、综治中心初审、司法局复评、政法委复审”的“联评联审”工作，全年全区调解案件

2020年5月22日，省司法厅深入游仙区调研基层法律服务工作

2385件。（徐浩源）

公 安

【户籍改革】乡镇行政区划及村级建制改革，人口信息系统对行政管辖、村组合并进行调整，部分农业人口通过村组合并，城乡代码变化为城区。全面放开落户政策，不断优化游仙营商环境，落户游仙城镇更加便捷。2020年户籍人口城镇化率53.4%，比2019年增长3.3%。

【刑事工作】2020年，全区刑事案件发案1307件，同比下降17.6%；破获各类刑事案件467件，破案率35.7%；破获现行命案3件，取得连续10年现行命案全破佳绩；破获电信诈骗案件183件，审结152件，抓获犯罪嫌疑人180人，审结犯罪嫌疑人70人；抓获逃犯147名。处理行政案件2365件，行政处罚695人。破获毒品违法犯罪案件186件，其中刑事案件30件（含公安部目标案件2件），打击处理67人，行政案件156件，行政处罚502人，缴获毒品25516.47克。经济犯罪案件立案37件，涉案金额15634.42万元，破获经济案件25件，挽回经济损失459.9万元。破获网络犯罪案件26件，抓获犯罪嫌疑人107人。破获“10·29”组织淫秽表演案，涉案金额高达2.6亿元，移送审查起诉50余人，关闭涉黄直播软件27个，打击跨境网络团伙1个；移送起诉食药环类案件6件，打击犯罪嫌疑人28人。破获涉林涉疫案件23件，打击处理违法犯罪人员23人。

2020年，全区共审核批准刑事拘留175案373人；提请检察院批准逮捕111案169人，移送起诉220案406人；取保候审373人，监视居住36人。审批行政处罚404案914人；强制隔离戒毒119人，社区戒毒151人。行政应诉10件，胜诉10件；受理办结行政复议案件1件、刑事复议案件3件。全年无国家赔偿案件。办理信访案件257件，其中：局长接待件32件，公安部信访信息管理系统、四川省信访信息管理系统转送件37件，市长公开电话交办152件，办

2020年4月3日，市公安局游仙区分局在魏城镇开展全警大练兵活动

结率100%，初信初访化解率98%以上，回访满意率99%以上。（邓珊　陈刚虎　胡玲林）

【人口管理】2020年，通过强化社区警务和网格化一体化管理、贯彻落实《四川省流动人口信息登记办法》、“一标三实”、巡逻盘查等工作，切实加强全区实有人口管理，全面采集维护数据实有人口458630人、实有房屋295421间、出租房屋34565间。列管帮教重点人口711人，执行监管对象38人，管控肇事肇祸精神障碍患者22人。深入推进社会治安防控体系建设，建成智慧平安小区、治安卡口、天网卡口、人脸识别视频点位、“雪亮工程”探头、慧眼工程，为持续深入推进平安建设奠定坚实基础。

【户政管理】2020年全区共办理身份证业务27421件，办理户籍业务43163件。持续深化“放管服”改革，落实“只跑一次”制度，全面推行“容缺受理”机制，着力提升群众幸福感与满意度；积极帮助企业达产满产，开通“服务绿卡”绿色通道、“绵州英才卡服务站”专用窗口，全年共为群众办理绿色通道112人次，服务高层次人才3件；结合第七次全国人口普查，大力开展户口整顿工作，全年共清理“重错假”数据13496条，人口户籍数据趋于精准；完成人口信息系统中行政管辖、村组合并调整工作，共迁移10余万户、30余万人。

【出入境与往来港澳台管理】2020年，全区共受理出入境证件2733件，其中护照1555件，往来港澳通行证909件，往来台湾通行证268件，前往港澳通行证1件。加大出入境法律法规宣传，召开游仙区外国人管理服务领导联席会议两次，全面推进外国人管理工作有序开展。疫情期间利用大数据平台，核查出尚有1811名游仙籍人存在出境未归记录，全区共有出国境未归人员749人，为全区做好防控境外输入工作提供有力数据支撑。认真开展落实外国人基础数据清理研判分析，清理外管基础数据库中300余条历史数据，核销147条历史存疑数据。加大对人员、重点敏感国家外国人的排查和管控力度，及时发现苗头和线索，消除涉外安全隐患。全年共办理涉外案事件7件，行政拘留2人，遣送2人，警告1人，罚款4人。2020年打击跨境赌博专项行动中，侦破部督案件1件，衍生案件3件，打掉推广平台14个，上报情报研判15篇，打击涉赌人员93名（其中境外逃犯4人），涉案资金2000余万元，协助外省核查线索17条、抓捕2人。

【社会治安管理】大力实施城乡社区警务战略，在全区112个建制村60个社区，科学分类配置辅警79名、警务助理126名，实现村（社区）警务辅助力量全覆盖。深入开展“枫桥式公安派出所”创建活动，充分发挥公安派出所在基层社会治理等重点工作中的职能作用。将反诈工作部署和宣传工作分别纳入《绵阳市游仙区2020年平安建设和扫黑除恶专项斗争工作考核指标（试行）》“加强组织领导”“社会治安防控工作”“平安建设基层基础工作”3个子项考核指标中，切实强化区级层面的考核导向。建立人民调解员驻所工作机制，全区共建警调对接室12个，配备专职人民调解员16人，实现城区专职人民调解员不少于2人的目标。培育

省级“枫桥式公安派出所”——绵阳市公安局游仙区分局游仙派出所

平安类社会组织1个，绵阳市游仙区万事帮社会工作服务中心。

（谢志刚）

检察

【扫黑除恶专项斗争】自扫黑除恶专项斗争开展以来，共受理审查逮捕恶势力犯罪案件7件42人，批准、决定逮捕5件31人，不批准逮捕7人；受理审查起诉恶势力犯罪案件5件56人，起诉5件46人，不起诉10人，追诉漏犯1人。严格依法规范办案，对涉黑涉恶案件100%提前介入引导侦查，落实涉黑恶案件“每案必建议”，针对办案中发现社会治理漏洞方面等深层次问题，制发检察建议4件，回复率100%。

【惩治刑事犯罪】共受理审查逮捕各类刑事犯罪129件202人，批准、决定逮捕109件151人；受理审查起诉303件519人，起诉243件421人。严惩故意杀人、抢劫、强奸等严重暴力犯罪，批准、决定逮捕6件6人，起诉13件20人；严惩“黄赌毒”“盗抢骗”犯罪，批准、决定逮捕88件122人，起诉172件265人；严惩电信网络诈骗以及利用网络赌博、泄露个人信息等犯罪，批准、决定逮捕10件21人，起诉13件47人。加强与监察委员会衔接，依法办理监察委员会移送的职务犯罪案件，起诉3件3人。

【未成年人司法保护】“零容忍”严厉打击各类侵害未成年人权益的犯罪，批准、决定逮捕6件7人，起诉6件11人。办理全市首例由检察机关支持起诉的撤销监护权案件。对未成年人犯罪坚持宽容不纵容，对情节严重的，批准、决定逮捕2件3人，起诉1件2人；对情节轻微并有悔罪表现的，不起诉2件2人、附条件不起诉2件2人。把落实最高检“一号检察建议”作为“一把手”工程强力推进，与教育部门密切沟通协作，召开座谈会3次，开展校园安全大检查4次，筑牢校园安全防线；创新心理咨询师入驻检察机关工作，无偿为涉案未成年人提供心理健康诊治，工作经验被最高检刊发推广。落实检察官担任法治副校长制度，开展“法治进校园”11场次，1.2万余名师生接受法治宣传。

2021年3月12日，区检察院到小枧置信小学开展法治进校园活动暨2021年开学第一课

【服务疫情防控】疫情初期先后出动检察人员128人次，协助村社做好逐户登记宣传、筛查交通路口、盯防隔离人员等工作。联合公安机关第一时间建立涉疫刑事案件快速反应机制，批准、决定逮捕防疫物资诈骗、妨害社会秩序等犯罪3件4人，起诉2件2人。开展防疫用品市场、野生动物保护、医疗废弃物处理公益诉讼专项检察，协同相关部门共同防范风险。充分运用互联网视频通信系统，探索跨省异地阅卷，远程接访、提讯240件次。在教体系统专网开设“空中法治课堂”，推送法治讲座微视频，覆盖全区中小学校。

【助力“三大攻坚战”】落实最高检“三号检察建议”，批准、决定逮捕非法吸收公众存款、组织、领导传销活动犯罪1件1人，提起公诉1件14人，涉案金额3亿余元，配合相关部门追赃挽回损失7830万元。向8名生活困难的刑事被害人或其近亲属发放司法救助金7.1万元。为帮扶村协调基础设施建设资金5万元，资助贫困户危房改建等各项资金4.6万元，持续帮助7户建档贫困户发展养殖业并全面脱贫。开展“守护绿色游仙美好家园”专项行动，对辖区涪江、芙蓉溪流域的4条主干河道、5条沟渠开展大巡查，针对河道垃圾及废弃农药包装物治理，依法向行政机关提出公益诉讼检察建议10件。起诉出售珍贵、濒危野生动物犯罪2件2人。

【优化营商环境】通过集中调研民企问需问计、与工商联深化协作、建立涉企案件办理“绿色通道”、以开展“服务‘六稳’‘六保’，护航民企发展”检察开放日活动等方式，加强与民企互联互信互通，帮助企业规范经营行为，依法妥善解决其合法诉求6件。严厉打击制售伪劣产品、诈骗、非法经营犯罪和侵犯企业合法权益的刑事犯罪，批准、决定逮捕20件27人，起诉33件73人。依法稳妥处理民企及其从业人员涉罪案件，对涉嫌犯罪的民企从业人员依法不起诉5人，最大限度减少办案对企业的影响。

【社会治理】深度融入市域社会治理现代化试点工作，兑现“群众来信件件有回复”承诺，62件群众信访全部做到7日内程序回复、3个月内办理进展或结果答复，继续保持无涉检赴省进京非正常访发生。持续用好“12309”检察服务中心，推进控告、申诉、举报、案件信息查询等一站式受理。深入落实检察长接访、检察官以案释法等制度，贯彻“谁执法谁普法”责任制，以《中华人民共和国民法典》《中华人民共和国未成年人保护法》等为主题并结合办案强化法治宣传，营造法治化社会氛围。建立并完善检察建议公开宣告、检察办案公开听证制度，主动邀请社会各界参与检察工作。

【刑事检察】充分发挥检察机关诉前主导、全程监督作用，监督侦查机关规范办案8件次；对认为确有错误的刑事裁判提出抗诉2件，法院全部改判。办理检验鉴定、文证审查等案件49件。贯彻宽严相济刑事司法政策，对犯罪情节轻微、证据不足和不构成犯罪的案件，依法不批捕19件44人，不起诉27件45人，最大限度修复社会关系。认真开展羁押必要性审查，办案单位采纳释放或变更强制措施建议8人。强化刑事执行检察，对社区矫正工作中的违法情形发出纠正违法通知书17件，纠正脱管漏管3人。深化财产刑执行专项监督，监督法院执行罚金123.4万元。

【民事检察】对认为确有错误的民事生效判决提出再审检察建议2件，法院全部采纳；提出民事审判程序监督意见6件，法院全部采纳；提出民事执行活动监督意见6件，法院全部采纳。坚决惩治恶意欠薪，办理支持农民工起诉案件5件，为农民工追回劳动报酬4.8万余元；保障未成年人合法权益，办理支持追索抚养费起诉案件2件。

【行政检察】充分发挥行政检察职能，提出行政审判程序监督意见1件，被法院采纳；办理行政非诉执行案件3件，督促行政机关依法履职；妥善办理行政争议实质性化解案件2件，实现案结事政和。

【公益诉讼检察】立案办理公益诉讼案件40件，发出诉前检察建议36件，行政机关回复整改率100%，其中，在生态环境和资源保护领域立案20件，发出检察建议19件；在食品药品安全领域立案2件，发出检察建议2件；在国有财产保护领域立案10件，发出检察建议8件；在英烈权益保护领域立案2件，发出检察建议1件。稳妥积极探索办理危险化学品危及公共安全领域的行政公益诉讼案，共立案6件，发出诉前检察建议6件，督促住建部门和相关镇政府查处取缔液化石油气瓶违规销售点，以点带面会同住建、应急管理、市场监管、交通运输等部门建立起联防联控常态化专项工作机制。办理该案的专题报告得到区四套班子主要领导的高度评价和肯定性批示，工作经验被省、市检察院转发推广，该案也被评为游仙区第二届“十大法治案例”。

【检察改革工作】严格落实司法办案责任制，担任员额检察官的院领导带头办案88件。规范检察委员会把关职能，完善检察官联席会议制度，做到有序放权和有效监管有机统一。深入推进检察官业绩考评，扎实开展常态化案件质量评查，精细打磨每一个办案环节，力消程序空转，减轻当事人诉累，“案件比”指标位居全市检察机关前列，最大限度提升办案质效。准确适用认罪认罚从宽制度。联合区政法各部门进一步完善工作细则，细化量刑建议标准，全面保障刑事诉讼参与人合法权利，实现案件繁简分流。适用认罪认罚从宽制度共办理案件241件396人，适用率位居全市前列，起诉后50%的案件适用速裁程序审理，提出的量刑建议采纳率为94.35%，检察机关履行指控证明犯罪主导作用更加突出。（曾笠）

法 院

【概况】2020年，游仙区法院坚持以习近平新时代中国特色社会主义思想为指导，全面贯彻习近平法治思想，坚决落实区委六届八次全会精神，紧紧围绕“努力让人民群众在每一个司法案件中感受到公平正义”目标，坚持服务大局、司法为民、公正司法，忠实履行宪法法律赋予的职责，奋力推动各项工作取得新进展。

2020年11月25日，省委常委、政法委书记邓勇（居中）到游仙法院调研诉源治理工作

全年受理各类案件8189件，办结8123件，结案率99.19%。法官人均结案300.85件，主要办案质效指标排名全市前列，案件质量和效率实现新突破。

【扫黑除恶专项斗争】坚持“查、打、治、建、督”一体推进，扎实开展“六清”行动，全力打好扫黑除恶收官战。依法审结王某等涉黑涉恶案件4件34人，判处五年以上有期徒刑重刑率为26.47%。围绕“黑财清底”，扎实开展“打财断血”专项执行，执行到位金额64.99万元。围绕“六建”任务，高标准落实行业治理，高起点开展长效常治，从审判案件中发现涉黑涉恶问题线索2件，均已按规定向区扫黑办报送。按“三书一函”要求就涉恶案件中发现的问题向相关单位发送《司法建议书》5份，不断巩固深化扫黑除恶专项斗争成果。

【维护稳定】以推进平安游仙建设为抓手，审结刑事案件252件，判处罪犯398人。严厉打击严重危害社会治安犯罪，审结严重暴力犯罪案件10件10人，涉枪涉爆、涉赌涉黄犯罪案件15件69人，严重暴力犯罪案件连续多年呈下降态势，社会治安保持平稳有序。打好禁毒人民战争，依法审结毒品犯罪案件27件30人，有力彰显打击毒品犯罪决心。严厉打击多发性侵财犯罪，审结诈骗、盗窃等财产类案件125件178人，切实保障人民群众“钱袋子”安全。始终坚持铁腕反腐，依法审结贪污贿赂案件1件1人，持续保持反腐高压态势。积极参与全区重点项目推进工作，着力化解重大疑难矛盾，有力维护社会和谐稳定。

【保障诉讼权利】深入推进刑事审判庭审实质化，规范召开庭前会议，落实证人、鉴定人、侦查人员出庭制度，努力提升人权司法保障执行力。落实宽严相济刑事政策，推进认罪认罚从宽制度改革，对94名轻刑犯适用缓刑等非监禁刑。确保律师辩护全覆盖，为91名无力聘请律师的被告人实施援助。加强司法民生保护，对确有困难的当事人依法缓减免收诉讼费11.9万元，司法救助11人23.9万元。

2020年9月22日，游仙法院荣获全省法院集体二等功

【疫情防控】新冠肺炎疫情发生以来，游仙区法院主动作为、精准发力，运用在线调解、远程开庭等网络办公办案平台审执结案件1800余件，依法惩治涉疫情犯罪2件2人。出台《新冠肺炎疫情下民营企业法律风险防范及建议》《新冠肺炎疫情下民营企业常见劳动用工法律问题解答》等制度，助力企业复工复产。成立“集结号”应急处突志愿服务队，开展疫情防控等志愿服务活动300余人次，彰显法院干警担当。

【优化营商环境】依法保护民营经济健康发展，公正审理各类民商事案件4358件，涉案金额12.2亿元。落实信用修复激励机制，鼓励企业被执行人纠正失信行为，解除法定代表人高消费限制31例。出台《企业法律风险防范规则60条》，主动提供法律解答、风险提示等司法服务，受到企业普遍好评。审结劳动争议案件119件，促进灵活用工市场规范化。妥善处理丰泰破产重整等重大案件，办结全市首件“执转破”案件，助推全区经济转型升级。审结行政案件71件，行政机关负责人出庭率达100%。对10个行政部门开展法治体检，助推法治政府建设，优化发展软环境。

【助力“三大攻坚战”】围绕防范化解金融风险，依法审结妨害信用卡管理犯罪2件8人，开展涉金融债权和金融犯罪案件专项执行活动，执结案件71件、执行到位金额1500余万元，全力维护全区金融秩序稳健发展和人民群众财产安全。围绕污染防治，依法审理环境资源类案件2件，对2件刑事附带民事公益诉讼案件适用报纸公开道歉等司法修复性惩罚措施，促进生态保护理念深入人心。围绕脱贫攻坚，创新“党支部+”精准扶贫模式，投入帮扶资金近30万元，对口帮扶7户贫困户巩固提升效果明显，3户新增边缘贫困户生产生活质量稳步提升。

【执行工作】紧盯短板发力，持续攻坚克难，全力保障胜诉当事人权益，执结案件3331件，执行到位金额2.3亿元，首次执行案件结案平均用时减少14.67天。加大执行威慑力，限制高消费1700余人，通过《绵阳日报》等媒体集中曝光“老赖”24期1100余人次，罚款5人6.12万元，司法拘留6人，发布执行悬赏公告3案7人次，不断压缩被执行人生存空间。扎实推进司法拍卖，与淘宝、京东平台合作拍卖执行标的物124件，成交金额5300余万元，溢价率23.06%。畅通与绵阳市商业银行拍卖标的物按揭执行合作机制，成功办理司法拍卖按揭7件，涉及拍卖贷款金额460万元，有效提高标的物处置变现率。

【关爱特殊群体】深化家事审判改革，妥善审结赡养、抚养、婚姻等纠纷554件，促进老有所依、幼有所养、家庭美满、社会和谐。依法严惩涉妇女儿童犯罪，审结案件2件2人。依法审结涉未成年人刑事案件6件11人，通过“圆桌审判”“法官寄语”等形式对未成年被告人进行普法教育，对7名初犯、偶犯的未成年被告人适用缓刑，为矫治失足青少年创造有利条件。审理侵害未成年人权益犯罪3件，对3名被告人从严惩处，充分保障未成年人合法权益。

【矛盾纠纷化解】巩固立案登记制改革成果，推进案件当场立、自助立、网上立，实现跨域立案服务全覆盖，全年跨域立案55件，网上立案4235件。扎实推进案件繁简分流、轻重分离、快慢分道，在诉讼服务中心建立调解、速裁、快审一站式解纷机制，化解案件2069件，速裁快审案件占民商事案件比例达63.19%，为实现公平正义提速增效。全力优化人民法庭布局，主动参与基层社会治理，共审结案件972件，努力做到哪里有司法需求、人民法庭司法服务就跟进到哪里。

【诉源治理】进一步巩固“党政主导、部门联动、源头防范、诉非衔接、多元共治、司法保障”诉源治理工作格局，创新驻村法官、妇女儿童维权服务站等工作机制，全面推进基层社会治理。其中派驻公益律师参与调解纠纷132件，提供法律咨询和诉讼辅导1400余人次，代写诉讼法律文书200余份，当事人满意度达100%，工作经验被《人民法院报》推广，省委常委、政法委书记邓勇专题调研并书面肯定批示。

【司法改革】落实院庭长办案制度，院领导带头办理重大疑难复杂案件，院庭长办案数量占比达26.4%。强化院庭长监督管理职责，纳入“四类案件”监管323件。深入推进以审判为中心的刑事诉讼制度改革，按照“三项规程”审理案件7件。深入推进“分调裁审”等配套机制改革，全力提升案件服判息诉率，全年一审服判息诉率90.53%，生效案件服判息诉率99.48%，同比提升明显。妥善做好内设机构改革“后半篇”文章，有序推进司法辅助事务外包工作。

【智慧法院建设】努力应对疫情挑战，升级网上诉讼服务中心，大力推广“非接触式”诉讼服务，有力保障群众诉权和生命健康。深化司法公开，公开审判流程信息4173件，公开庭审直播1522件，通过裁判文书网公开裁判文书7806份，审判流程信息和裁判文书公开率均达到100%，庭审直播总数居全市第一。积极开展电子诉讼档案查阅利用，查阅利用次数居全市第一。创新智慧警务建设，荣获全省法院司法警察执法规范化建设检查验收第一名，承办全市法院“十佳司法警察”颁奖典礼暨执法规范化活动验收评估会，“六专四室”建设经验在全省大会作交流发言，被省法院作为“游仙样板”推广。

【接受监督】始终把接受监督作为依法履行职责、实现公正司法的重要保障，自觉接受人大、政协监督，认真负责地向人大及其常委会报告工作，定期向区政协通报法院工作。全覆盖走访省人大代表，主动向8名省、市人大代表通报法院工作，邀请参与调解、见证执行40余人次，赠阅《游仙审判》80余本。搜集反映社情民意信息并上报区政协12件，认真办理政协委员提案，办结率达100%。自觉接受监察监督，依法接受检察监督，促进公正廉洁司法。广泛接受社会监督，努力让司法更阳光、更透明、更公正，群众满意度不断提升。

（张 黎）

司法行政

【法治宣传】开展“法治周周行”活动20余场，组织疫情防控、民法典、妇女维权、税法、社区矫正、消防安全等线上普法知识竞答13次，6万余人参与。做好疫情防控法治宣传，印发《关于开展新型冠状病毒感染肺炎疫情防控专项法治宣传的紧急通知》；

2020年12月4日，举行游仙区“十大法治案例”颁奖典礼

制作“法小仙”新冠肺炎防疫专题广播，通过宣传车、“村村通”广播在全区农村、城市社区滚动播放达6000余次。通过广播电视、微信群、QQ群、短视频、网上答疑、电子宣传单等多种形式转发宣传疫情防控1500余条。大力学习宣传民法典，创作的《川说·民法典》法治微视频被评为第四届中国（绵阳）科技城法治微电影大赛主竞赛单元最佳创意影片。组织开展“12·4”国家宪法日系列活动，举办“游仙区2020年法治书画摄影作品展”，展出优秀作品50件。成功启动第二届中国科技城法治创新大赛。

【法律服务】持续深化三级公共法律服务体系建设，实现公共法律服务平台、人员、业务“三个全覆盖”。提档升级公共法律服务工作站12个，建成公共法律服务工作室172个，更换公共法律服务标识标牌798块。延伸公共法律服务触角，建立游仙区公共法律服务流动工作站，送法上门。加强和改进区委区政府法律顾问团、党政机关法律顾问、一村（社区）一法律顾问工作，担任法律顾问的律所达20家、律师61人，基层法律服务所达6家、基层法律服务工作者11人，组织建立区、镇（街道）、村（社区）三级法律顾问工作群185个，探索“法律管家+法律顾问”服务模式，切实提高群众获取法律服务的便捷度和首选率。组建“法小仙”法律志愿服务团、疫情防控公益法律服务团，疫情防控期间，组织捐款捐物10万余元，提供法律咨询服务645人次，编印赠送疫情防控法律知识书籍6000余册。在全区范围开展民营企业“法治体检”百日巡诊活动，引导企业网上自诊自检111家、组织免费上门体检9家，提供法律意见183条。全面落实刑事案件辩护全覆盖和法律援助值班律师制度，全区提供法律援助6405人次，办理法律援助案件539件，提供刑事法律帮助499人次。

【人民调解】坚持发展“枫桥经验”，完善基层人民调解组织203个，规范建设派驻人民调解室14个、专业行业调委会4个、名人调解室4个，配备专兼职人民调解员1136名。2020年，各级人民调解组织共调处矛盾纠纷

2020年1月17日，省司法厅调研游仙区社区矫正中心规范化建设工作

2385件。游仙区持续深化人民调解队伍专职化建设，通过政府购买服务方式选聘专职人民调解员23名，共调解矛盾纠纷1007件，占全年调处矛盾纠纷总数的42.22%，调解涉及金额1406.57万元。游仙区“防新案、化积案、攻难案”工作入选2020年全国百个“创新社会治理典型案例”。

【社区矫正工作】游仙区作为全省司法行政系统改革示范单位，被确定为全省11个社区矫正工作改革试点县（市、区）之一。2020年6月成立绵阳市游仙区社区矫正委员会，设立绵阳市游仙区社区矫正局，对外依法使用“绵阳市游仙区社区矫正局”名称、印章开展工作。严格落实疫情日报告制度，开展线上摸排、线上宣传、线上监管。开展扫黑除恶专项斗争，进行个别谈话1392人次，签订扫黑除恶专项斗争承诺书161份。扎实开展“四德”夯基、助力新生主题教育活动，组织开展集中教育132次，累计受教育人数达20343人次，开展个别谈话17483人次，进行心理辅导11277人次，组织社区服务21155人次。持续推进刑罚执行一体化建设，扎实做好调查评估、走访排查、日常监管、脱管追查等社区矫正工作。开展社区矫正对象训诫谈话10人次，调查评估100余件，集中授课6次，走访社区矫正对象30人次，脱管追查5人次，开展队列训练5次，协助开展教育帮扶活动10次，组织社矫对象参与新华强戒所心理培训1次。2020年全区共接收社区矫正对象161人，累计接收社区矫正对象1713人，解除社区矫正对象138人，累计解除1504人，在册209人。获评2020年度社区矫正改革创新工作成效显著先进单位、荣获省级规范化社区矫正中心称号。（王 婧　何 辉）

人民武装

【概况】2020年，区人武部全体干部职工锐意进取、奋勇争先、积极工作，深入学习贯彻习近平主席系列重要讲话精神，坚决落实省军区、军分区党委部署要求，坚持稳中求进总基调，聚焦备战打仗，紧抓国防动员主责主业，突出安全管理，按照“持续打基础，全面抓规范，创新破难题，争创第一流”工作思路，坚持一手抓疫情防控、一手抓工作推进，圆满完成年度工作任务。区人武部被省军区表彰为“2019年度践行强军目标先进单位”，被省政府和省军区表彰为“2019年度征兵工作先进单位”，人武部党委被军分区表彰为“2020年度先进团级单位党委”。

【战备工作】着眼建立正规的战备秩序，落实季度和重大节日、敏感时段形势战备教育，落实国防动员潜力调查，修订“3+1”应急预案，补充战备物资，落实军情研究和情况报告制度，探索建立军地“两个双应一体”的应急应战体系。调整健全国防动员委员会成员单位和专业办公室，明确战时国防动员指挥机制和平战转换、动员行动筹划与组织实施的程序、方法和要求，筹划修订“1+N”应战方案，逐步完善战时国防动员准备。

【军事训练】抓住人武部机关、专武干部、民兵骨干和重点民兵分队四个重点，坚持按纲组训、规范施训、从严治训。完成民兵应急连、野战营房和饮食保障三支队伍训练。组织以反恐维稳、防汛、抗震救灾演练10余场，组织民兵战备值班分队演练6次，联合区应急管理局等有关部门和行业系统、科研院所，调整组建基干民兵应急、专业、特殊力量分队，基干民兵分队建设逐步向正规化、实战化靠拢。

【征兵工作】积极适应“两征两退”改革，发放宣传资料并推送宣传信息，设置大型展板2块，组织政策宣讲14场次，高校开展网课宣传2堂、网络主题班会2次。培训义务宣传员360余名，进村入户开展“面对面”宣传、组织兵役登记和初审初检。圆满完成征兵任务，征兵期间未发生任何廉洁征兵问题。

【规范化建设】严格落实军委国防动员部“四个秩序”规范、省军区《基层武装部正规化建设细则》和军分区部署要求，协调区财政落实经费，规范“三室一库”，补充战备物资，规范各类制度和软件。通过检查验收，基层武装部均已达到建设标准。人武部坚持行政管理、家庭管理、个人管理“三结合”，把职责管理、荣誉管理、目标管理等方法贯穿于管理工作全过程，细化管理措施和安全管理责任制，明确“谁管我、我管谁”，确保不留死角。坚持每季度开展安全教育，组织安全训练，重要时段组织专题教育，强化干部职工安全意识和防范安全问题的能力。坚持在军事训练、战备演练、比武竞赛等重大活动前进行安全风险评估，提前制定防范措施，杜绝重大活动出现安全事故。认真开展案例警示教育、党风廉政教育和“条令学习月”活动，紧盯“17个关键要素”，把住政治安全、纪律安全、廉洁安全等关键点，确保人武部安全稳定。

【防汛抢险】8月中旬，绵阳遭遇暴雨侵袭，游仙多地受灾严重，区人武部在区防汛指挥部的统一调度下，迅速集结民兵应急连执行抗洪救灾任务，先后完成转移受灾群众370余人，搬运沙袋2.2万余包，抢修受灾河堤700余米，封堵堤坝管涌6处。

【国防教育与典型宣传】大力推进国防教育进万家活动，把国防教育纳入地方干部培训、大中小学、基干民兵训练、企事业单位拓展训练的“必修课”，开展形式多样的教育活动和国防知识巡展活动。人武部坚持平时服务思想，动员民兵预备役人员，紧紧围绕“深度融入科技城、建设幸福新游仙”总体取向，积极参与“五个游仙”建设，在抢险救灾、参建参治方面发挥突击队作用。加强典型宣传和走访慰问，开展悬挂“光荣军属牌”“送喜报”活动，营造尊崇军人的浓厚氛围。

【疫情防控】为打赢疫情防控人民战争、总体战、阻击战，在军分区和游仙区委、区政府的坚强领导下，成立疫情防控领导小组和办公室，建立专项值班制度，明确相关职责，先后召开6次疫情防控领导小组会议和专题党委会，制定和调整疫情防控措施，安排部署工作，落实到具体人。营院内实行封闭管理，落实疫情排查、每日体温检测、每日三次消毒、每日疫情报告、食堂管理和分散就餐、关联症状隔离等制度。多方筹措防疫物资，在防疫物资紧缺时支援区卫健局一次性口罩200只、KN95口罩75只。区人武部统一组织、各镇（街道、园区）武装部具体实施，配合地方防疫力量，完成防疫宣传、群众劝导、设卡盘查、巡逻执勤等任务。（姚杰）

农业与农村

概述

【概况】2020年，全区农业农村工作以创建省级实施乡村振兴战略先进区为目标，以改革突破为支撑，以现代农业产业园区建设、山湾农庄建设和农村人居环境整治为抓手，进一步加快转变农业发展方式，着力发展特色现代产业。全区农业农村工作平稳有序推进，全年实现农林牧渔业总产值66.72亿元，同比增长6.0%；农村居民人均可支配收入达到20628元、同比增长9.0%。游仙土地托管做法入选全国农业社会化服务典型案例，农村集体产权制度改革试点经验被农业农村部确定为全国典型经验；农村宅基地改革经验做法被2020年省委农办

魏城镇金华村

《三农要情》专刊刊发；承办全省农村能源现场会、全省农作物秸秆综合利用重点县建设培训会以及全市现代农业园区现场会；游仙农产品质量安全检测中心通过“双认证”评审；2020年争创为四川省级乡村振兴战略先进县（市）区。

【综合执法】利用“科技下乡”“七五”普法、“农资打假”“春季禁渔”等各类活动，营造扫黑除恶专项斗争的氛围。印发宣传资料2500余份，悬挂宣传横幅5幅；深入摸排打击治理垄断农村土地流转、侵吞农村集体资产等农业行业领域的涉黑涉恶乱象问题，提升综合行政执法和平安巡防现代化建设水平，保障全区农业投入品、农产品质量安全及农业安全生产等各项工作开展。对现有持证执法人员85人定期线上线下学习培训，执法大队执法人员利用综合执法培训学习，不断提高依法行政能力，全年无行政复议、行政诉讼发生。2020年共办结农业相关案件22件，其中渔政5件、种子2件、饲料1件、动监14件，罚没款合计21万元。参与农资纠纷调解，接受投诉举报6次、“市长热线”5次，调解纠纷6起、为农民挽回经济损失10余万元。全年无较大以上安全事故发生，无重大农产品质量安全事件发生，无区域性重大动物疫情发生。

【集体经济】2020年，扎实做好村级建制调整过程中村级财务管理。出台《村级建制调整中村级集体资产清理与处置的指导意见》严格清理资产，锁定债务，推进村级财务移交，按照合同类、文件类、资料类进行移交登记。制定下发《游仙区关于发展村级集体经济五年计划》，制定全区141个村级集体经济组织2020—2025年的集体经济计划，落实区级帮扶单位，并按照资源开发、资产盘活、产业带动、股份合作、物业经济、服务创收、财政支农七种类型进行分类，有针对性地进行发展。对2017年、2018年、2019年实施的发展壮大集体经济项目进行“回头看”，进行问题梳理，经验总结。稳步实施2020年9个农村集体经济的发展壮大计划。稳步发展壮大16个贫困村的集体经济。

【集体产权制度改革】2020年，落实年度清产核资。开展农村集体产权制度改革过程“回头看”，对程序不到位、改革不精准等问题进行补充，夯实农村集体产权制度改革成果。印制农村集体经济组织股权证书，并试点发放1440户。推进村级集体经济组织合并，落实集体经济组织登记赋码工作。探索农村宅基地“三权分置”改革试点，全年完成宅基地复耕587亩，试点村集体经济收入达150余万元。

【项目投资】2020年，招商引资签约金额5亿元，完成固定投资13.14亿元，招引科技型企业2个。全年对上争取“2020年高标准农田建设项目”“2020年中央财政农业生产发展资金项目”“2020年幸福美丽新村建设专项资金”等41个项目，合计2.09亿元。申报“2020年蔬菜博览园建设项目”“2020年洪涝灾害恢复重建项目”等5个项目，合计金额1.2亿元。完成策划包装并储备“游仙区2021—2025年高标准农

耕耘大地

田建设项目”“游仙区高标准蔬菜生产及种业基地建设项目”等12个项目，合计金额25.44亿元。

【新型经营主体培育】2020年，游仙区新培育新发展家庭农场116家，市级示范场10家。新发展农民专业合作社36家。至年底有家庭农场765家，农民专业合作社430家，培育省级农民合作社4家。2020年新晋级省级龙头企业1家，新晋级市级龙头企业8家。为推进乡村振兴建设，政府为新型经营主体担保贷款，推荐贷款合计为1.064亿元，金融机构落实贷款3285万元。

【产业融合发展】2020年，完成新建农产品产地初加工设施18座（其中冷藏库18座），提升新型经营主体农产品产地初加工能力5000余吨；标准化经济作物产业基地建设完成3万亩。

【科技推广】2020年，围绕五大产业，抓好基层农技推广体系建设。按照“一业为主、多种示范”的原则，依托现有科研教学推广单位试验示范基地、涉农企业、农民专业合作社等在全区遴选和确定农业科技试验示范基地2个，主要开展新品种、新技术的试验示范，形成“专家组＋试验示范基地＋农业技术指导员＋科技示范户＋辐射带动户”的技术服务模式。加强基层农技人员知识更新专题培训，对基层70名农技人员进行知识更新专题培训，其中：省级调训2人，市级集中培训68人。深度参与成渝经济圈建设相关工作，推动成渝经济圈发展，利用西南大学科教成果，充分发挥种养殖业、秸秆综合利用、高秆水稻等方面的农业科技优势，助推农业现代化发展。

【生态循环农业】牢固树立“创新、协调、绿色、开放、共享”的发展理念，大力发展生态循环农业。改扩建稻虾基地5个；新申报国家级水产健康养殖示范场1个。

现代农业园区建设

【概况】2020年，游仙区围绕“花果桑粮种药菜”特色产业要素，规划建设花舞游仙现代农旅、果满山川（葡萄+青梅水果）、优质蚕桑（桑梓家园）、稻渔共生、优质粮油和水稻制种、道地中药材、蔬菜种业（川菜硅谷）7个现代农业园区。完成对回龙湾、青龙湾、印盒湾、金炉谷、红雨龙溪等沿乡村旅游环线及周边重点山湾农庄概念性规划策划，从产业发展、业态融合、文化创意、空间布局、管理运营等方面进行规划设计。

【蔬菜种业（川菜硅谷）现代农业园区建设】新发展订单蔬菜良种繁育基地4100亩，订单商品蔬菜生产面积近5000亩。实施高标准农田项目1866.67万平方米，已完成规划设计、项目招标等前期工作。推进燕子菜博园基础设施配套完善，改建内部道路4千米，新建小路部分已投入使用，对外连接桥梁已建成投用。完成电力迁改和杆、管、线等市政配套设施改造，通信设施改造已进场施工，燃气设施改线扩容供需双方已协商妥当，正优化设计方案，基本建成生产、科博展示等设施。生产管理用房主体基本完工，育苗工厂、“丰”字钢架大棚进入扫尾阶段，新建各类大棚设施1.76万平方米。完成园区农房风貌提升80余户、墙面主题彩绘10幅、庭院整治提升20户。强

2020年10月19日，全市现代农业园区建设现场会与会代表到游仙参观考察

四川省实施乡村振兴战略工作示范村——新桥镇同福村

化科技支撑，充分提升种业驱动力量，从蔬菜种业园区培育项目中安排资金565万元，投入科研相关项目，市农科院与全兴种业公司已引进、保存种质资源共1300余份，鉴定具有优异性状（高产、抗逆或其他特异性状）的种质资源30份。推动蔬菜种业园区专家工作站建设，组建专家指导小组，开展蔬菜品种测试评价、展示推广，完成蔬菜品种展示1500余个，组织召开品种评价及观摩展示会。

【果满山川现代农业园区建设】协助开展果满山川现代农业园区融资贷款2.2亿元，该项资金将全面提升完善园区基础设施、产业发展配套设施，构建完整健全的产业体系，整治提升人居环境。承办全市现代农业园区建设现场会游仙分会场点。

【山湾农庄建设】探索实践以村集体经济组织为主体，并与社会资本合作，开展山湾农庄运营管理，通过引入专业团队、运用专业方法进行整体包装策划与打造，运营管理、营销宣传。魏城镇铁炉村、信义镇罗家沟村“李花小镇”先行探索成立村办集体企业绵阳金炉谷农业开发有限公司、绵阳余家旱湾林果专业合作社，吸纳群众以土地等形式入股，村民变“股东”。以“小果园、小菜地、小养殖、小作坊、小买卖”等“五小”家庭为主，散户、小户均能参与的产业发展模式，让优势产业多路子发展，让农民多渠道收益。信义镇董家湾、小枧镇遇仙村大林湾等山湾农庄已逐步形成以蔬菜、水果为主导的产业体系。截至2020年底，全区已建山湾农庄50个，已评定区级示范山湾农庄10个，兑付完成10个区级示范山湾农庄专项奖补资金200万元。

农产品质量

【农产品质量安全】制定下发《2020年农产品质量安全监管与品牌培育工作意见》；开展试行食用农产品合格证制度及国家（省级）农产品追溯工作，制定下发《游仙区试行食用农产品合格证制度实施方案》，对全区8个镇配备农药残留快速检测设备，并进行快检培训，实现全区各镇农药残留检测设备全覆盖。在此基础上，游仙区农产品质量安全检测中心取得“检验检测资质认定证书”和“农产品质量安全检测机构考核合格证书”，成为保障全区农产品质量安全的重要技术支撑机构，为游仙区农产品质量安全监管工作奠定坚实的基础。全年配合国家、省、市例行监督抽检蔬菜、水果、畜产品、水产品9次，共计抽检样品217个，合格率99.9%以上。饲料产品质量合格达标率100%，动物源性食品的兽药残留抽检合格达标率100%，重大动物疫病免疫抗体合格率100%，畜禽屠宰监管率达100%，兽药规范化管理率达100%，农药生产经营单位检查率100%。

【“三品一标”】2020年，新增加“三品一标”农产品13个，达132个。“三品一标”新申报、续展、复查换证认证共计45个（其中绿色食品新申报7个，续展2个;无公害农产品新申报3个，复查换证33个），无公害农产品复查换证率达90%。兑付全区2018年获得“三品一标”认证的8家企业26个产品奖补资金16.6万元。建立无公害农产品、绿色食品标准化基地5个。

【农业生态环境保护】2020年，化肥使用量零增长控制指标≦2‰，完成化肥使用量零增长控制指标下降0.1‰，有序推动有机肥替代化肥行动。秸秆综合利用率达100%，主要农作物专业化统防统治覆盖率达49%。种子苗木生产、经营、调入者检疫完成抽查率100%；植物疫情防控处置率达100%。（刘绍彪）

农机化发展

【概况】2020年，中央下达游仙区农机购置、报废更新补贴资金700万元。已发放农机购置补贴资金4批共计939.337万元（含2018年、2019年两批），资金拨付比例达134.19%。农机购置受益农户和企业266户，补贴农机462台，其中购置拖拉机175台，联合收割机59台，旋耕机、微耕机192台，秸秆粉碎机4台，谷物烘干机4台，组合米机8台，插秧机8台，其他农用机械12台。

【农机购置补贴清理】对补贴数量较多、单台补贴额在2万元及以上、镇（街道）自查时未发现问题的乡镇进行重点抽查，市级核查2个镇，入户20户，核查农机27台（套）；区、镇两级共入户核查198户，核查机具221台（套），涉及补贴482万元，未发现问题。将补贴资金发放纳入全省社会保障卡“一卡通”管理体系，农机购置补贴资金从社会保障卡“一卡通”监管平台发放433.153万元。2020年共计公布、公示政策规定2条、工作动态5条、购机信息25次，做到政策透明、购机透明、补贴透明。

【农机监理】做好拖拉机和联合收割机年度检审工作，年检率达到67%，超额完成年初任务。加大农机安全执法监督检查，年内共开展安全检查260余次，农机作业场所100余处，确保全年无农机死亡事故发生，全年共举办农机驾驶培训6期，培训农机驾驶员49人次。

【提灌站能力建设】2020年，新建电力提灌站3座，投资近147万元，提灌站功率达230千瓦，解决小枧镇玉龙村水果产业发展和忠兴镇福林村水稻生产用水困难。并协助落实福林村提灌站建设资金70万元。

【社会化服务】2020年，在魏城镇建立的“一站式”中心基础上，进一步整合资源成立农机跨区作业应急指挥调度中心，统筹调配农机开展统一耕、种、收和粮食烘干等服务。完成区内作业2万余亩，跨区作业1万余亩，为

游仙区农业社会化服务综合体

仙鹤镇——万亩柠檬种植基地

游仙区农户节省收割费用60余万元；创建农机服务信息平台和微信群，增强信息要素流通，为农户、专业协会等提供农事生产信息、市场资讯、用工信息等，解决农忙时节农户找农机手，农机手找农户等信息不对称问题，进一步规范机耕机收市场价格和管理，实现信息双向互通、互利双赢；加大游仙重点产业农业社会化服务扶持力度，加快机械化、规模化、集约化现代农业发展。重点选择在辖区7个镇，实施水稻全程社会化服务的机耕、机插、机防、机收和粮食烘干以及水果（葡萄）等农业生产社会化服务；服务补助589.6514万元(2018年社会化服务项目剩余资金139.6514万元、市2019年安排社会化服务资金150万元、省2020年安排社会化服务专项资金300万元)。抓好农业生产全程社会化服务试点工作，严格遴选出13个服务组织参加2020年游仙区社会化服务工作，项目补助资金实行专款专用，严把服务质量关。（刘绍彪）

宜居乡村

【“厕所革命”】分类分区指导各镇科学选择下水道水冲式厕所、三格化粪池式厕所、三联式沼气池厕所及其他符合当地条件的无害化卫生厕所等改厕模式，实现场镇达标公厕22座，新建农村公厕39座，实现农村公厕达标率100%，卫生厕所97328户，普及率达99.2%，无害化卫生厕所约95120万户，普及率达96.9%。

【粪污综合治理】以中小规模养殖场（户）标准化升级改造为重点，全面落实“两分离、两配套、三间时”制度，推广干清粪、微生物发酵等清洁养殖技术，推行“产业化龙头企业+养殖农户”利益连接机制，依托畜禽粪污资源化利用整体推进项目，协同推进农作物有机肥替代化肥行动。粪污资源化利用的行政村比例达100%，畜禽粪污资源化利用率达93.9%。规模养殖场粪污处理设施设备配套率达99%，大型规模养殖场粪污处理设施设备配套率达100%。严格控制农业用水总量，减少化肥和农药使用量，基本实现农作物秸秆、农田残膜资源化利用。全年农作物秸秆综合利用达96%，废旧农膜回收利用率达86%。

【村容村貌提升】争取中央财政补助资金1080万元，对魏城镇铁炉村、信义镇曾家垭村，以“共同缔造”理念开展新夯土技术项目，进行土坯房改造。充分运用市、区级新闻媒体、网络、手机报、微信、宣传栏、宣传手册等形式，发放农村生活垃圾治理宣传画和宣传手册2万余份，出动宣传车300辆次，印发“致广大村民的一封信”5000余份，大力宣传人居环境知识。以“三清两改一提升”为重点,推进全区村组道路、入户道路建设,村通车硬化路率达100%。深入推进旧村改造和村庄绿化工程。全区完成农村危房改造290户，土坯房改造11388户，配套农民健身工程项目130余处，村道绿化美化60余千米，河岸绿化40余千米，人工造林6000余亩，湿地有效保护2万余亩，古树保护认养率达85%。主要农作物实现病虫害统防统治覆盖率49%、绿色防控覆盖率42%、森林覆盖率达30.85%，全区100%的行政村建成“美丽四川•宜居乡村”达标村。

【人居环境】结合农村人居环境整治、村规民约等工作，加强对基层乡村治理的宣传和指导，印发《关于进一步推进移风易俗建设文明乡风的实施方案》，协助新桥镇、仙鹤镇、魏城镇、信义镇、忠兴镇相关村积极申报全省乡村治理示范村、乡（镇），开展农村“五匠”、“非遗”文化摸底调查。按照行动方案，深入开展“两大一好”行动，坚持每季度集中组织村社开展村庄公共环境卫生大整治，100%村开展清洁行动；开展庭院环境大整治，干部深入群众家庭，引导7万农户把自己的庭院环境打扫干净，摆整齐，逐步实现庭院美观化；通过各种载体和面对面交流的形式，大力宣传个人卫生，引导15万名群众从自身做起，形成良好的讲卫生好习惯。

乡村振兴

【概况】2020年，游仙区认真贯彻落实中央、省、市实施乡村振兴战略有关决策部署，坚持农业农村优先发展，谋定“建城乡融合试验区、创乡村振兴先进区”目标，扎实抓好粮食扩面、生猪生产和高标准农田建设，有序推进现代农业园区建设、农村人居环境整治、农业农村改革、文明乡风建设，群众获得感、幸福感、安全感不断提升，将乡村振兴战略实施成果转换为推动经济社会高质量发展的强大动能。

【乡村振兴创建】区级分管领导兼任区委农办主任，配备1名专职副主任、3名兼职副主任、4名在编工作人员。设立创建专班，在专班下设的6个工作小组内，派出10名干部专职开展创建工作。2020年完成省级交叉检查。

【农业发展】全年实现农林牧渔业总产值66.72亿元、同比增长6.0%，生猪生产有序恢复。农产品质量安全检测中心顺利通过“双认证”评审。

【环境改善】全区农村卫生厕所普及率达99.2%，畜禽粪污资源化利用率达93.9%，农作物秸秆综合利用达96.5%，魏城镇鹤林绿洲获评全国森林康养基地，农村人居环境整治三年行动通过省级验收，农村能源建设工作全省第一，农村人居环境和厕所革命工作全市第一。

【农民幸福指数】完成农村危房改造290户、土坯房改造11388户，配套建设农民健身工程项目130余处，农村地区建制村“双通”、卫生饮水率、4G覆盖率、电气通等均达100%。

【农村改革】两项改革“前半篇”任务基本完成、“后半篇”

游仙区乡村振兴展览馆

任务扎实推进。土地托管做法入选全国农业社会化服务典型案例，农村集体产权制度改革试点经验被确定为全国典型经验，农村宅基地改革经验被省委农办《三农要情》专刊刊发。

（吴熙炫）

农业

【概况】2020年，推进“花果桑田种药菜”“7+1”现代农业园区建设。启动并建设蔬菜种业园区，获得省级种业园区培育名录，并被市人民政府认定为市级园区。统筹推进优质粮油、道地药材、优质蚕桑、稻鱼共生、葡萄+青梅现代农业园区、优质水果现代农业园区建设工作。举办全省农作物秸秆综合利用现场会、全市现代农业园区推进会。优质蔬菜种业园区已被纳入省级现代农业园区培育项目。

【脱贫攻坚】2020年，农业农村局成立精准脱贫工作领导小组，制定《绵阳市游仙区农业农村局扶贫工作计划》，设立10个帮扶小组对接帮扶村10户贫困户，选派3名优秀干部组成脱贫驻村工作队，切实开展帮扶工作。制定玉珠村产业布局图及玉珠村地形地貌图，实施精准扶贫挂图作战，以“集中连片发展枣子、桃子、李子”为产业重点，统筹推进蚕桑、养鸡、养蜂等种养循环一体化发展等产业，进一步细化帮扶举措，规范指导精准脱贫工作。协调交通、财政、发改等部门，全力抓好帮扶村塘堰、沟渠、道路等基础设施建设，在高标准农田建设项目上投入150万元用于帮扶村精修塘堰2口、硬化村社道路11.87千米、硬化沟渠5.7千米。向10户贫困户发放鸡苗260只，协调解决饲料300余斤，切实帮助贫困户发展肉鸡养殖。局党委组织党员干部开展环境整治志愿服务1次，号召党员干部志愿捐款捐物活动1次。

忠兴镇木龙村九社杨梅种植基地

【农村能源发展】在信义镇踏水桥、盐泉镇严家桥村新建2020年新村集中供气工程，总投资157.2万元，2020年12月底全面完工。分别在新桥镇、魏城镇、信义镇对500户实施2020年沼改厕建设项目，补助资金25万元，2020年12月底全面完工。

（刘绍彪）

种植业

【优质粮油】按照年初目标，切实保持粮食播种面积稳定在57.9万亩，粮食产量24万吨，同比增长0.4%，油料作物播种面积26.577万亩，总产量4.89万吨。完成“三项惠农补贴”，其中耕地地力保护补贴86028户，资金3581.6391万元；种粮大户补贴299户，资金219.3922万元；稻谷补贴51344户，资金837.8543万元。

【经济作物】2020年，新建、改建经济作物标准化基地2万多亩，超市级下达目标任务170%，全区蔬菜生产面积（含复种面积）达10.8万亩，总产量达19.6万余吨，优质水果面积约3万余亩，产量达5.1万吨，综合产值3.25亿元；中药材种植面积0.9万亩，综合达产值0.72亿元；花椒种植面积

0.28万亩；全区经济作物产业综合产值达10.1亿元，助农增收在上年同期基础上增长5%。

【优质蚕桑】2020年，全区桑园面积7.7万亩，发蚕种10.82万张，生产蚕茧465万公斤，蚕茧产值18843万元，综合均价40.5元/公斤，单产产量43公斤/张。

【高标准农田建设】2020年，游仙区完成高标准农田建设项目总投资3704.86万元，建设高标准农田2.4万亩（其中：新建高效节水灌溉面积0.5万亩），探索实行多渠道项目管理工作机制和项目建设升级提档新方式。在高标准农田建设中，探索实施建设“田成方、渠成网、水相连、路相通”，水网、渠网、路网“三网”同构高标准农田，创建游仙区农业工作新品牌。（刘绍彪）

林 业

【概况】2020年，游仙区严格落实自然资源保护制度，实现全区林地保有量40.05万亩，全面完成年度森林资源“双增长”目标，净增森林面积4559.7亩，森林覆盖率达31.19%，较2019年增长0.14个百分点。

【“绿化游仙”行动】大力实施城区绿化提升工程、城乡道路绿化美化、水岸生态林网、森林乡镇美丽新村建设工程、森林资源综合利用工程、湿地保护与恢复工程、绿化模范创建工程等十大工程，累计完成人工造林2.7万亩，封育管护0.6万亩，森林质量精准提升工程16万亩，包括中幼龄林抚育12万亩，低效林改造4万亩，实施环城彩林带建设0.7万亩，草原生态修复0.65万亩。截至2020年年底，全区林地保有量为40.05万亩；森林蓄积量达147.19万立方米；森林覆盖率从2015年年底的28.04%，增长到2020年年底的31.19%，增长3.15个百分点；林木绿化率从2015年年底的35.74%增长到2020年年底的42.73%，增长6.99个百分点。游仙区大规模绿化工作获得市政府先进表彰1次和市林业局先进表彰3次。

【生态循环林业发展工作】充分依托林业重点工程项目，加大林业产业建设力度，加快构建集生态种养、森林康养、生态旅游等为一体的森林生态循环林业发展模式。截至2020年年底，通过天保工程、退耕还林工程、中央财政造林补贴、森林抚育补贴、欧投贷款人工造林、低产低效林改造等项目实施，累计投入资金21亿元，建成规模以上产业基地16个，面积10.5万亩，其中以核桃、橄榄油为主的木本油料林3万亩，以柑橘、青梅、梨、桃为主的特色经果林4万亩，以臭椿、巨桉、杨树等速生树种为主的短周期木质原料林1.5万亩，以银杏、桢楠、桂花、香樟、红椿、香椿等为主的珍稀观赏林木产业基地1.5万亩，发展林木种苗花卉生产基地0.5万亩，建设林下种养殖基地1万亩。

【森林生态旅游建设】以森林公园、湿地公园、自然保护区、森林康养、森林生态文明教育、森林食品采摘基地建设等为主的众多近郊森林生态旅游项目，带动“农家乐”120余家，利用森林资源10万余亩，大力推动以森林康养等林业产业新业态的发展，实现林旅有机结合。2020年，全区林业总产值20.99亿元，农民林业人均纯收入2140元，全区生态旅游收入6.19亿元，创建国家级森林乡村

游仙区鹤林绿洲综合生态产业园区项目

4个、省级森林康养基地4个、市级森林康养基地6个、市级森林康养人家7户，为全区森林生态循环林业发展奠定坚实的基础。

【陆生野生动物人工繁育单位管理】按照新冠肺炎疫情防控要求，对全区陆生野生动物人工繁育单位实施全面封控，积极宣传野生动物法律法规，发放宣传资料5万余份，张贴宣传海报800余张，悬挂宣传横幅80余条，进一步提高群众保护野生动物的意识。按照省、市禁食陆生野生动物人工繁育主体退出补偿及动物处置工作要求，引导2家禁食陆生野生动物繁育主体退出，妥善处置养殖动物，并完成补偿资金兑现。禁食陆生野生动物退出工作获省、市林业主管部门通报表扬。

【林业有害生物防治】对全区41万亩林地实施有效监测，2月底至3月开展越冬代复查工作；3月至5月、8月至10月借助春秋两季松材线虫病普查工作，对区内监测区域进行重点区域重点监测、重点普查，其他监测区全面监测、全面普查的方式实施监管，同时加强外地调入区境内松木及松木制品的检疫；5月至9月开展美国白蛾监测工作，在游仙街道、松垭镇、小枧镇等重点区域挂设诱捕器，全年共设置监测样地12个。全区2020年无林业有害生物发生，有害生物发生率严格控制在2.9‰以内。

【森林防灭火工作】按照森林防灭火专项整治要求，2020年5月以来在全区开展全覆盖拉网式大调研、大检查、大排查活动，共排查涉林单位19个、重点区域27处、重点社区60个、责任村112个、旅游景点4处、林区输变电线路120余千米，发现重大隐患30处，整改30处。全面提升森林防灭火宣传氛围，新增防火标示标牌2005个，印发宣传资料2000份、宣传物品1万份。新组建半专业扑火队伍1支、群众扑火队伍162支。10月，开展全区“森林火灾扑救暨案件查处”演练1次。全年无森林火灾发生，森林火灾受害面积严格控制在0.1‰以内。

【省级现代林业产业示范园建设】以建设省级现代林业产业示范园为依托，推进现代林业产业发展。全面完成游仙区省级现代林业产业示范园区总体规划设计。范围涉及5个镇6个村（社区），规划总面积约417.8万平方米，包括：魏城镇2个村、小枧镇1个社区、仙鹤镇1个村、信义镇2个村。示范区建设规划总投资17886.50万元。其中，特色经济果树林产业基地建设费用2606.01万元，占14.57%，林产品加工及仓储产业费用2020万元，占11.29%；森林旅游康养产业费用4517万元，占25.25%；电商服务费用40万元，占0.22%；科技支撑费用248万元，占1.39%；设施设备费用6440.84万元，占36.01%；工程建设其他费用1493.68万元，占8.35%；预备费520.97万元，占2.91%。已建设400万平方米特色经济果树林产业示范基地，2020年示范区争取到省级财政补助300万元。（王君）

畜牧业

【概况】2020年，生猪出栏180033头，牛出栏4995头，羊出栏34671只，禽出栏约8239151万羽，蛋产量16503吨，新改扩建畜禽标准化养殖场（小区）26个。2020年，全区规模养殖小区68个。农民畜牧业人均可支配收入占农民可支配收入比重提高0.5%，畜牧业助农人均增收70元以上。

【水产】2020年，全区水产养殖面积45075亩，完成水产品产量13180吨,较上年略有下降；渔业经济总产值4.1136亿元，比2019年同期下降0.21%；渔政执法案件办结率90%以上；渔业船舶登记、检验率94%以上；水产业助农增收80元以上。改扩建稻虾基地621亩；新申请办理水生野生动物繁育许可证1处；区内小龙虾、泥鳅、大鲵等特种水产品养殖辐射带动作用进一步增强。

【稳产保供工作】以规模养殖场和种猪场为重点，落实生产救助政策，稳定能繁母猪和生猪存栏。全面推进新（改扩）、基地

盐泉镇长林村养鸡场

建设、畜禽粪污资源化利用等项目实施。继续落实省“猪九条”“猪八条”及市“猪十条”相关政策。

【日常监管】高致病性禽流感、口蹄疫、猪瘟、小反刍兽疫等动物疫病强制免疫的群体免疫密度达95%，免疫抗体合格率保持在70%以上。产地检疫率以乡镇为单位达100%，定点屠宰场生猪屠宰检疫率达100%。2020年，全区共使用消毒药12吨，消毒面达100%。

【非洲猪瘟防控】切实做好养殖网格化管理，以网格化管理与产地检疫相结合的方式，有力保障辖区内生猪进出栏规范化管理。自1月24日起，每日对游仙区中心城区、乡镇及科学城共47个活禽交易市场、活禽宰杀点的关停及消毒情况进行监督巡查，全年累计出动执法人员412人次，累计消毒面积达1000余万平方米。全区共办理生猪违法调运案件8起，处罚金额19.356万元；乱丢弃病死生猪案2起，处罚金额0.25万元。开展对辖区生猪屠宰企业“两项制度”及飞行重点检查，累计检查生猪屠宰企业31场次，并对屠宰场的留样和环境进行抽样检测。全年无重大动物疫情发生。

【渔业资源保护】禁渔期间，开展日常执法巡查490次，开展联合执法行动9次，出动执法人员1412人次，出动执法宣传车辆522车次，放养非法渔获物100余公斤，劝离非法游钓者6000余人，暂扣鱼竿300余根，没收网具6副，协助公安办理渔业违法事件技术鉴定3件，协助行政执法大队开展渔业行政处罚4起，涉案6人，处罚金额0.19万元。

（刘绍彪）

水利

【防疫工作】紧盯水源取水、厂区制水、管网输水等供水环节，对辖区195个镇（场）供水站和村级供水点的生产区实行封闭管理，通过应急抢险工程措施，紧急补供应急饮用源水8万立方米。

【项目建设工作】有在建项目7个，总投资14274.38万元，其中中央财政资金7840万元、省级财政资金2597.26万元、区级财政资金181.03万元、其他资金3656.04万元。

【水土保持工作】完成《游仙区水资源综合规划》编制，综合治理原建华乡石垭村水土流失面积8.12平方千米，2018年市级水土保持项目极乐水库水岸绿化2千米；完成2017年省级水土保持项目和2016年、2017年省级节水社会建设项目工作；指导实施小枧镇2019年市级水资源费项目实施工作；落实2019年、2020年区级水土保持补偿费预算资金项目前期准备工作。

【“河长制”工作】2020年，区级河长共巡河179次，发现涉河问题9起，整改9起。开展河湖管理保护大排查，共梳理出问题26条，完成整改14条，剩余12条正在整改中。完成涪江、芙蓉溪、魏城河等9条主要河流一河一档、

2020年12月22日，市委常委、组织部部长王华蓉（右一）巡视魏城河（游仙段）河长制工作

河长信息数据平台更新录入与管理划界工作。召开农业面源污染防治工作培训会议35次，培训1500余人次。开展典型选树活动，对35名镇级河长、61名村级河长、59名巡河员、12名河道警长、22名先进工作者、28个先进集体进行区级表彰。

【安全度汛工作】 修订游仙区《防汛总体预案》《超标洪水防御预案》编制工作，编制完成全区12座小（1）型水库《防汛抢险应急预案》《水库大坝安全管理应急预案》《水库调度规程》。储备编织袋3000条、铅丝10吨、砂石料5万立方米、救生衣210件、冲锋舟1艘，补充自动水位雨量站1处、更换20处，供电保障4处，新建视频监测站点2处，硬件升级完善1处，简易雨量报警器40套、简易水位报警器10套、手摇报警器20个、无线预警广播（I型）10套。完成27处防汛隐患点、109处山洪灾害点“两张图”安装工作，并在受山洪威胁特别重要的30个危险区，制作危险区警示牌、转移路线指示牌、避灾安置点标识牌，发放“防汛明白卡”3万余张。落实 “三个紧急撤离”原则，组织抢险队伍232支、抢险人员4600人，在“涪江”“芙蓉溪”“魏城河”等沿线重点镇（街道）开展防汛应急演练、培训20余次（超标洪水、应急抢险、救援转移），参加应急演练达2000余人。

【春灌供水工作】 投入310余万元完成整治渠道水毁346处、维修和更换放水口闸45处、闸房门16道、提灌站设备检修、维护和高压线路清障等工作。截至6月25日完成22.5万亩栽插任务，实现满栽满插。至年底灌区总供水量10640.5万立方米（其中武引供水6640.5万立方米、提供城市供水水源2772万立方米）。

（郑春平）

工业产业

概述

【概况】2020年，游仙区坚定贯彻落实区委六届五次党代会部署，始终坚持稳中求进工作总基调，紧紧围绕市委、市政府下达的工业经济工作目标，努力克服新冠肺炎疫情对工业经济带来的严重影响，克难奋进、扎实工作、靠前服务、全力以赴保持全区工业经济稳定增长，完成规模工业总产值437.5亿元，实现规模工业增加值增速4%。培育规模以上工业企业11户、达129家。高端装备制造、节能环保、电子信息和先进材料等重点产业集聚发展，产值占规模工业总产值达59%。核医疗健康产业园、激光产业园等成功落户游仙。

【化工产业】2020年，全区共有规模以上化工企业3户，建设以雅化集团为依托的特色化工产业园，2020年全区化工产业实现产值近10.5亿元，占全区总产值的2.4%。

【建设建材】2020年，全区共有规模以上建设、建材企业8户，2020年，全区建设、建材产业实现产值近5.7亿元，占全区总产值的1.3%。

2020年2月18日，移柯智创复工生产

【食品医疗】2020年，游仙区共有规模以上食品、药品、农产品加工企业26户，实现规模以上食品工业总产值87.4亿元，占全区规模以上工业总产值的20%。2020年，食品行业有规模工业企业18户，实现产值58亿元，同比增长10%；其中：仙特米业粮油仓储加工搬迁项目列为省级产业化重点工业项目，获得省级工业发展专项资金365万元。2020年，医药行业有规模工业企业2户，实现产值6.7亿元，同比增长2%。

【节能环保】积极支持节能环保产业、高新技术产业发展，加大对新增“散乱污”企业排查整治，实施“动态清零”。对已完成整治的“散乱污”企业适时开展“回头看”督查，巩固整治成果，防止死灰复燃。同时，加强企业节能降耗等系列工作。

民营企业

【概况】2020年，全区民营经济增加值为237.96亿元，同比增长2.91%，民间投资同比增长13.6%。

【降低经营成本】贯彻落实小微普惠减免、新冠肺炎疫情防控税收政策和阶段性减免企业社会保险费等政策；对部分服务收入免征增值税，依法免征疫情期间房产税、城镇土地使用税；降低和缓缴税费，减免社会保险单位应缴部分。及时掌握小微企业生产经营情况，按规定办理企业延期申报、延期缴纳、困难减免等涉税、涉费事项。采取微信点对点、上门服务面对面等方式，提供各级关于阶段性减免企业社保费等政策“干货”解读以及申报指导等，打通服务企业“最后一公里”，全年为1403户企业减免三项社保约1亿元。切实做好疫情期间商贸流通企业物流补贴申报、发放等工作，确保及时将补贴拨付到位。加大失业保险稳岗返还政策推送，实现符合条件的企业全覆盖，并创新服务方式，将“企业找补贴”变为“补贴找企业”，发挥就业、社保联动作用，通过社保系统数据比对，对符合条件的企业，进行主动对接服务，帮助申报普惠式稳岗补贴，全年为166户企业“4460”职工发放普通稳岗补贴100余万元；为45户困难企业2535名职工发放稳岗补贴2007.7万元。

【用工招聘】加强企业用工对接，及时了解掌握企业用工需求，与四川聚点人力资源公司合作，建立完善全区农民工等人力资源信息库，提高企业用工精准度。完善用工信息发布机制，每月印制《游仙区企业用工信息一览表》，并通过“游仙发布”微信公众号、村（社区）张贴等形式发布，共为1000余家企业发布用工信息2500余条。拓宽用工招聘途径，实行线上、线下招聘相结合，开展网络专场招聘会19次，在游仙高新区、新桥镇等开展专场招聘会3场，解决用工300余人。

【强化金融支持】鼓励引导金融机构通过信贷展期、续贷、减免逾期利息等措施，综合运用适当下调贷款利率、完善贷款政策安排、增加信用贷款和中长期贷款等手段，缓解企业融资难、融资贵问题，为槐仁医药、通力电梯等19户企业协调新增贷款8600万元；为新华园艺、川金机械等37户企业协调办理还贷延期2.38亿元；为开元创亿等8家企业协调办理应急转贷资金3490万元。完善小微企业融资风险补偿机制。结合疫情对中小企业造成的实际影响，区金融办牵头，鼓励金融机构积极创新金融产品种类。邮储银行推出“科易贷”、四川新网银行推出“创客贷”以及省农担公司、邮储银行、区信用联社联合推出的“游仙区乡村振兴农业产业发展贷款”等10余种金融产品，切实降低企业融资成本。

【壮大市场主体】组织申报“专精特新”“高成长型”“行业小巨人”重点企业22家，新增规模工业企业11家。支持企业线上线下相结合等方式拓展市场，以“网红主播+互联网+产品”模式推动直播带货，依托电商谷打造直播基地，为企业提供直播销售场地，保障网络技术支持。重点聚焦农产微商、社区团购、抖音营销培训、电商运营、互联网推广开展电商实操技能培训，利用电商平台扩大销售渠道。压缩企业登记注册时间，国家和四川省的要求分别为5个工作日和3个工作日，区市场监管局实行“136”小时制，在资料齐全的情况下，企业登记根据不同项目分别在1小时、3个小时、6个小时内完成，极大地缩短企业设立登记时间。

2020年12月22日，游仙区举行新型功能材料产业人才论剑会

【提升竞争实力】围绕新型功能材料产业发展，邀请四川省材料研究院、四川大学等院校专家为20家新型功能材料企业进行专题培训；搭建绵渝地区企业交流合作，邀请重庆等地企业参观交流，促成行业合作，东材科技等企业与重庆相关企业达成意向性合作，为企业发展添加动力。疫情期间，组织企业开展银企对接、政策解读等各项专题向企业家宣传解读重大政策10余场次。积极推动规上企业单独筹建研发中心，鼓励中小企业联合组建研发中心，提升企业创新能力，促进科技成果快速转化，新建成省级技术中心2家、市级技术中心7家；市级工程实验室1家。组织成渝地区科研院所、高等院校、行业领域专家、企业代表，开展2020年精英人才“华山论剑英雄会”活动，围绕新型功能材料、集成电路（芯片）产业发展、核技术应用产业发展、激光技术产业发展召开分论坛4场次，并评选“创新创业之星”“菁英计划人才团队”等共计30余人。

【优化营商环境】积极为小微企业提供政策指导、技术支持和法律咨询等服务，开展民营企业“法治体检”百日巡诊活动，帮助企业化解法律风险。开展“服务企业活动月”专项活动，区级部门积极深入企业蹲点走访，帮助企业纾困解难。组织财税金融、律师和企业管理咨询专家深入企业，开展面对面指导，引导企业建立“产权清晰、权责明确、管理科学”的现代企业制度，新增10户企业已全部通过市级验收。全面落实“服务绿卡”制度，组织申报10户绿卡企业，在就医、就学等方面为企业人才提供服务20人次。化解企业难题，共收集企业拆迁、要素保障、规划建设等问题28个，其中，兴事发原材料不足、锐洋新材料疫情期间运输等企业复工复产困难问题6个；雅化集团员工交通出行、湖山电器项目建设拆迁、兴事发土地变性等2019年遗留问题22个。共解决问题51个，金朝金属厂区基础设施建设、鑫辉机械房产证办理等2个问题正有序推进。

智能制造

【概况】游仙区智能制造产业发展势头强劲，智能制造产业初具规模，初步形成包含智能设计、智能生产、智能产品、供应链管理、企业电子商务等环节的智能制造体系。全区拥有实施智能管理和生产的东材科技、雅化集团等90家企业，开展智能设计的嘉泰工业设计、杰邦科技等14家企业，生产智能产品的移柯通信、湖山电器等74家企业。2020年，74家智能制造企业实现产值305亿元，占全区规模以上工业总产值69.8%。

【产业特色】游仙区在精密机械加工、军工配套设备和装备、智能电梯、电器控制系统等领域具备体系完备集群式发展的配套优势。辖区内培育工信部认证的全国智能制造方案供应商、国家级城市矿产示范基地、西南最大的绝缘材料生产企业、四川最大的民爆生产企业、中西部最大的软磁生产企业等一批行业领军企业；拥有机器人本体二次应用技术开发、科技服务专业团队，西南地区最早的工业设计服务、非标产品定制企业。同时，辖区内还有中国工程物理研究院技术转移中心、兵器装备工业部研发和制造基地、融合智能制造示范基地等研发平台。四川第一家新三版培训学院也落户游仙，为智能制造产业发展奠定坚实的配套基础。

【智能化建设】继续开展产业创新能力建设，实施智能装备和产品项目建设。重点发展智能电梯、智能装备等整机成套装备，加强智能控制、工业互联网等技术在智能装备中的集成应用。推进兴事发年产15万樘智能家居自动生产线项目，西南自动化研究所基于物联网的离散制造过程智能管控平台项目，推动工业企业与物联网、人工智能等技术深度融合，向高端化发展。

新型功能材料

【概况】游仙区初步形成以东材科技为代表的光电和电气功能材料、以开元磁材为代表的磁性功能材料、以特锐祥为代表的声表面波或声体波功能材料、以中金资源为代表的力学工程材料、以锐洋新材为代表的化学功能材料、以中广核技为代表的生物医药功能材料六大新型功能材料细分领域。全区现有东材科技、开元磁材等10亿元以上企业4户，有欣达复合材料、聚合新材料、开元创亿等亿元以上企业7户。全市41户单项冠军培育企业中，游仙区功能材料企业占5户。

【项目投资】2020年，全区50余户材料相关工业企业实现产值186.9亿元，占规模工业总产值39.3%。实施新型功能材料产业及关联工业项目20个、总投资164.8亿元，实施产业功能区基础设施项目18个、总投资95.37亿元。全区现有新型功能材料产业投资10亿元以上的项目有3个，投资亿元以上的项目6个，投资1000万元以上的项目11个。2020年，在新冠肺炎疫情的严重冲击下，新材料行业逆行而上，入库税收比2019年增长12.78%。近三年新型功能材料产业税收收入增长17.14%。

【先进材料中小微产业园】2020年，启动占地230亩、总投资10.8亿元的先进材料中小微企业产业园建设工作，进一步拓展激光材料、光学材料等新材料企业以及先进功能材料领域上下游配套中小微企业产业发展载体。

重点企业选介

【四川东材科技集团股份有限公司】公司前身是1966年国家“三线”建设组建的国营东方绝缘材料厂，经过50多年的发展，已由一家单一的绝缘材料生产商成功转型为一家专业从事新材料研发、制造、销售的科技型上市公司。公司是目前全国产品品种最全、综合实力最强的电子电工材料及光学膜研发生产基地，产销量和市场占有率连续多年在全国同行业中名列前茅，主要经济指标连续29年稳居全国同行业第一。拥有国家绝缘材料工程技术研究中心、国家级企业技术中心等研发平台，属于国家级高新技术企业；国内规模最大的新型功能聚酯材料研究与制造基地，其中电工聚酯薄膜获工信部第四批制造业单项冠军产品称号，多种产品替代进口，是中国聚酯光学基膜第一品牌和全球第8大高端聚酯光学基膜供应商；无卤阻燃共聚酯产品国内市场占有率70%；电子级树脂材料（“电子产品之母”——印制电路板的上游核心材料）打破美日韩垄断，已应用于华为5G产品上。

公司成立以来一贯秉承“科技立企、实干兴业”的发展理念，坚持走自主创新之路，以新型绝缘材料为基础，重点发展光学膜材料、环保阻燃材料、先进电子材料等系列产品，服务于发电设备、特高压智能电网、新能源、轨道交通、工业电器、家用电器、平板显示、消费电子、5G通信、环保阻燃织物、安全防护等诸多领域。公司产品以其优异的性能和良好的声誉远销50多个国家和地区，与众多国内外知名企业建立长期稳定的合作关系。

【四川兴事发门窗有限责任公司】公司创始于1993年，是国内大型门窗生产销售企业，现有员工2000余人，资产总额达15亿元。主要生产经营防盗安全门、防火门、智能门、户内门、钢木装甲门、自动车库门、金融门、防火卷帘门、防火窗、卷闸门窗等十大系列100多个品种，年产量达150万樘，产值15亿元，产品畅销全国各省、市、自治区，并远销俄罗斯和中东等20多个国家和地区，与万科、恒大、保利等大型房产集团保持长期战略合作关系。公司拥有以兴事发现代科技产业园为主体，石马和郑州两个工业园为补充的生产制造布局。公司技术实力雄厚，共拥有授权专利145件，其中发明专利20件，先后参与制定国家标准3项、团体标准4项、企业标准2项，通过ISO9001国际质量管理体系认证和ISO14001环境管理体系认证。成功开发100多种新产品，“兴事发”商标被国家工商总局认定为中国驰名商标，先后荣获门窗行业领导品牌、门窗行业质量品牌培育计划入围品牌、四川制造好产品、四川省名优产品目录、门业类竞争力十强等荣誉，2020年公司成功入围“四川制造业百强企业”。

【四川湖山电器股份有限公司】四川湖山电器股份有限公司（以下简称湖山电器）前身为绵阳市无线电厂，成立于1969年；1987年进行股份制改革并成立四川湖山电子股份有限公司；1998年股票在“深圳证券交易所”挂牌上市；2003年九洲集团入主湖山，湖山电器公司成为九洲集团全资控股子公司；2006年8月，湖山电器公司进一步优化公司管理体制和资源配置，将原有音响版块独立规划，成立四川湖山电器有限责任公司。2017年3月，公司开始启动股份制改革及IPO工作，2018年2月公司股改完成，并正式更名为四川湖山电器股份有限公司。2020年，公司总资产67171万元，资产负债率34.7%，营业收入57051万元，利润总额10110万元，产品销售收入总额56937.3万元，研发投入2462万元，实缴税金4514万元。公司成立50多年来，一直致力于专业音响产品的研发、生产、销售。公司拥有意大利覆膜设备、瑞士表面处理等20余条先进生产线，具有年产30万套专业音响设备的生产能力，主要产品包括舞台专业音响设备、场馆专业音响设备、智能广播系统、数字影院还音系统、军队文化装备、便携式数字影音系统、广场文化音响系统、电教音响系统、乡镇文化娱乐系统、全娱乐KTV音响系统、无纸化会议系统等十多个系列百余种产品。一次性通过ISO/IEC 27001：2013信息安全管理体系认证、ISO9001：2000国际质量体系认证、ISO14001：2004环境管理体系认证，OHSAS18001：2007职业健康安全管理体系认证，是专业音响龙头企业，公司规模及市场占有率都处于行业领先地位。

【绵阳仙特米业有限公司】公司成立于1997年，是一家集稻谷、小麦的研发、种植、加工、销售、物流贸易于一体的民营控股、国有参股的专业化粮食加工企业。是国家粮食局首批“放心粮油”生产示范企业，农业部确定的主食加工示范企业，国家粮食局、中国农业发展银行重点支持的粮食产业化重点龙头企业，国家高新技术企业，四川省农业产业化省级重点龙头企业，四川省质量技术监督局“质量信誉等级AAA级企业”，四川省农产品加工示范企业，绵阳市食品安全信用体系建设守信单位，绵阳市军粮指定生产企业。东方主食产业技术研究院理事单位，通过ISO2200认证和无公害农产品认证。公司注册资金2913万元，工业用地100亩，仓容3.9万吨，现有员工183人，其中具有专业技术职称的37人。拥有国内先进的年加工10万吨稻谷生产线1条、年加工20万吨小麦生产线1条、年加工1.5万吨面条生产线1条，建有1个企业研发检测中心、1个粮油配送中心。有“仙特”牌大米、“富乐山”牌小麦粉2个四川名牌产品，“仙特”牌菜油，“川嫂”牌挂面、“白鹤”牌面粉、“新开元”面粉等系列产品。“仙特”牌获四川省著名商标。2020年,公司加工总量达29.87万吨，实现销售收入13.58亿元，利税1561万元。

【四川科莱电梯股份有限公司】
公司始创于1988年，是国防尖端高科技单位——中国工程物理研究院（中物院）投资控股的大型军转民企业，总部位于中国科技城绵阳。公司以中物院“铸国防基石，做民族脊梁”精神励志，坚持“凭借科技，服务社会”的经营理念，汇聚中物院一大批从事结构力学、自动控制、计算机、电力电子等方面专家和高级技术人才，其中，研究员、高级工程师、高级技师等高级科技人员超过员工总数的1/4。充分利用中物院高精尖军工技术和先进设备，运用严谨的军工管理模式，组建高起点、高水平的电梯企业。经过近四十年的发展，目前已成长为集电梯和智能立体停车设备的开发、设计、制造、销售、安装、改造、维修、售后服务于一体的国家大型企业。公司掌握国际先进水平的超高速电梯制造技术、机械式智能立体停车技术、电梯物联网等20多项行业核心技术。取得国家专利200多项（其中发明专利30多项），制定高于国家标准的企业标准300多项，参与制定地方和行业法规及标准10多项,综合技术实力处于行业先进水平。公司产品涵盖乘客电梯、观光电梯、别墅电梯、旧楼加装电梯、自动扶梯、自动人行道、智能立体停车库、电梯物联网等19大系列，191种型号，销售网络遍布全国，并出口50多个海外国家。

【绵阳开元磁性材料有限公司】
该公司是一家土生土长于游仙的扎根型企业，公司专业研发、生产MnZn软磁铁氧体,是全国磁性元件与铁氧体材料标准化技术委员会成员单位、全国中小企业协会副会长单位、中国“专精特新”小巨人企业、中国磁性材料专业十强企业、四川省“高新技术产业发展示范企业”“四川省建设创新型企业”，公司“子云”牌商标被认定为中国驰名商标。公司总资产1.86亿元，年产各类软磁铁氧体1万吨，电子变压器5000万只，2020年实现产值13.99亿元。公司已通过ISO9001质量管理体系、ISO14001环境管理体系、IATF 16949汽车电子质量管理体系和GB/T29490—2013知识产权管理体系认证。公司产品供应于台达、群光、光宝、康舒、三星、LG、索尼、松下、华为、长虹等世界知名品牌企业。（王文）

四川科莱电梯股份有限公司

表6　　2020年游仙区规上企业统计表

序号	企业名称	所属园区（镇、街道）
1	四川国喜饲料科技有限公司	新桥镇
2	四川金太阳畜牧饲料集团有限公司	新桥镇
3	绵阳杨肥肠食品科技有限公司	新桥镇
4	雅化集团绵阳实业有限公司	新桥镇
5	绵阳燊达机械加工有限公司	新桥镇
6	绵阳众福食品有限公司	新桥镇
7	绵阳综合化工厂	新桥镇
8	绵阳市永健食品有限公司	新桥镇
9	四川科德机械制造有限公司	新桥镇
10	绵阳市鑫辉机械制造有限公司	新桥镇
11	绵阳市游仙粮油购销公司	新桥镇
12	四川蓝狮科技有限公司	新桥镇
13	四川久安芯电子科技有限公司	新桥镇
14	绵阳市鑫盛机械厂	新桥镇
15	绵阳华岗维加斯新材料科技有限公司	新桥镇
16	四川省积水科技有限公司	新桥镇
17	四川丰电电气有限公司	新桥镇
18	四川东材科技股份有限公司	游仙高新区
19	绵阳思迈科技有限公司	游仙高新区
20	四川特锐祥科技股份有限公司	游仙高新区
21	绵阳广宏建材有限公司	游仙高新区
22	绵阳新华园艺建材厂	游仙高新区
23	绵阳信和磁性材料有限公司	游仙高新区
24	四川海祥电子科技有限公司	游仙高新区
25	绵阳炽阳科技有限公司	游仙高新区
26	绵阳思迈光网科技有限公司	游仙高新区

续表6

序号	企业名称	所属园区（镇、街道）
27	绵阳光联科技有限公司	游仙高新区
28	绵阳铜鑫铜业有限公司	游仙高新区
29	绵阳金循环金属材料有限公司	游仙高新区
30	四川保和新世纪线缆有限公司	游仙高新区
31	四川保和泰越有限公司	游仙高新区
32	绵阳鸿琪塑料有限公司	游仙高新区
33	绵阳科航混凝土有限公司	游仙高新区
34	中科国兴（绵阳）科技有限公司	游仙高新区
35	北控中科成环保集团有限公司	游仙高新区
36	绵阳锐洋新材料技术开发有限公司	游仙高新区
37	绵阳市向日葵办公设备有限公司	游仙高新区
38	四川奥格莱能源科技有限公司	游仙高新区
39	四川移科智创通讯技术有限公司	游仙高新区
40	四川中油天能科技有限公司	游仙高新区
41	四川省凤天节能环保科技有限公司	游仙高新区
42	四川创而意新能源科技有限公司	游仙高新区
43	绵阳市中邦节能玻璃有限公司	游仙高新区
44	四川普兰特电源制造有限公司	游仙高新区
45	绵阳市乡户米业有限公司	游仙高新区
46	四川浩东食品科技有限公司	石马镇
47	四川美艺印刷包装有限公司	石马镇
48	绵阳市鸿腾食品有限公司	石马镇
49	绵阳市聚合新材料有限公司	石马镇
50	四川科莱电梯股份有限公司	石马镇
51	绵阳天彩粉末涂料有限公司	石马镇
52	中科西奥电梯有限公司	石马镇

续表6

序号	企业名称	所属园区（镇、街道）
53	绵阳广丰电子有限公司	石马镇
54	四川湖山电器股份有限公司	石马镇
55	绵阳东兴绝缘制品有限责任公司	石马镇
56	绵阳亿顺电子有限公司	石马镇
57	四川腾达电梯制造有限公司	石马镇
58	四川欣达复合材料有限公司	石马镇
59	四川同人精工科技有限公司	石马镇
60	绵阳金虎精工机械制造有限公司	石马镇
61	绵阳德华磁材有限公司	石马镇
62	绵阳西文钢结构有限公司	石马镇
63	四川兴事发能源科技有限公司	石马镇
64	绵阳市胜源制造有限公司	石马镇
65	绵阳市盛宇新材料有限责任公司	石马镇
66	绵阳市京基混凝土有限公司	石马镇
67	绵阳隆森建材有限责任公司	石马镇
68	四川绵州通力电梯有限公司	石马镇
69	绵阳红源粮油制品有限公司	石马镇
70	绵阳建业新材料科技有限公司	石马镇
71	四川川杰建材科技股份有限公司	石马镇
72	四川德迪普科技有限公司	石马镇
73	四川今朝金属制品有限公司	石马镇
74	绵阳天大饲料有限公司	石马镇
75	绵阳市游仙区宏盛金属配件厂	石马镇
76	绵阳奋飞电子科技有限公司	游仙经济试验区
77	太极集团四川绵阳制药有限公司	游仙经济试验区
78	绵阳市万欣测控技术有限公司	游仙经济试验区

续表6

序 号	企业名称	所属园区（镇、街道）
79	绵阳开元磁性材料有限公司	游仙经济试验区
80	绵阳金信诺环通电子技术有限公司	游仙经济试验区
81	绵阳仙特米业有限公司	游仙经济试验区
82	四川兴事发建材有限公司	游仙经济试验区
83	四川兴事发门窗有限公司	游仙经济试验区
84	绵阳飞腾精密机械科技有限公司	游仙经济试验区
85	绵阳龙兴科技有限公司	游仙经济试验区
86	四川荣丰电子有限公司	游仙经济试验区
87	绵阳市维博电子有限责任公司	游仙经济试验区
88	绵阳市新兴机械有限责任公司	游仙经济试验区
89	四川嘉泰工业产品设计有限责任公司	游仙经济试验区
90	四川旭博精密科技有限公司	游仙经济试验区
91	绵阳市宏发机械制造有限责任公司	游仙经济试验区
92	绵阳川富农夫食品有限公司	游仙经济试验区
93	绵阳开元电力集团股份有限公司	游仙经济试验区
94	绵阳市亚美胶带有限公司	游仙经济试验区
95	四川高达科技有限公司	游仙经济试验区
96	四川杰邦科技有限公司	游仙经济试验区
97	绵阳市游仙武引水务有限公司	游仙经济试验区
98	四川恒力通农牧科技股份有限公司	游仙经济试验区
99	绵阳市川金机械制造有限公司	游仙经济试验区
100	四川海格恒通专网科技有限公司	游仙经济试验区
101	四川豪意木制品制造有限公司	游仙经济试验区
102	绵阳万众汽配有限责任公司	游仙经济试验区
103	四川维德通信技术有限公司	游仙经济试验区
104	四川开元创亿生物科技有限责任公司	游仙经济试验区

续表6

序号	企业名称	所属园区（镇、街道）
105	四川槐仁中药饮片有限公司	游仙经济试验区
106	四川省科学城江泰电子有限公司	游仙经济试验区
107	绵阳市堂宏集团茧丝绸有限公司	游仙经济试验区
108	四川久远智能监控有限责任公司	游仙经济试验区
109	四川龙美电器设备有限公司	游仙经济试验区
110	四川正博瑞机械科技有限公司	游仙经济试验区
111	四川同成金睿科技有限公司	游仙经济试验区
112	绵阳市振华长森科技有限公司	游仙经济试验区
113	四川绵阳市美瑞纺织有限公司	游仙经济试验区
114	绵阳紫东食品有限公司	忠兴镇
115	绵阳市游仙区龙兴丝绸有限公司	忠兴镇
116	绵阳致荣米业有限公司	魏城镇
117	绵阳市游仙区时兴家具厂	魏城镇
118	绵阳市衣丽安金属制品有限公司	魏城镇
119	绵阳市游仙区腾禧新型建材有限责任公司	魏城镇
120	绵阳市衡泰丝绸有限公司	信义镇
121	绵阳市白马机械制造有限公司	信义镇
122	四川联合晶体新材料有限公司	信义镇
123	绵阳市锐达橡塑制品有限公司	信义镇
124	绵阳市游仙区德诚阻火材料厂	信义镇
125	绵阳市游仙区恒升电子机械厂	信义镇
126	绵阳市义联食品有限公司	信义镇
127	绵阳玉河生态农业开发有限责任公司	盐泉镇
128	绵阳市明奥科技有限公司	游仙街道办
129	四川肯阳电子科技有限公司	科学城街道

商贸

概述

【概况】2020年，游仙区服务业发展认真贯彻落实区六届四次党代会提出的“大力支持辖区商业综合体特色化，高品质发展，积极引进高端知名品牌，购物中心入驻，全面提升城东商业综合竞争力”的要求，扎实推进“工作落实年、项目开工年、环境提升年”三大活动，不断提升游仙区服务业发展水平，凝心聚力、攻坚克难。

【目标任务】2020年，全区服务业增加值总量完成203.36亿元，实现增速4.5%，增速位列县市区第五位；社消零总量完成129.01亿元，高于全市0.3个百分点，增速位列县市区第四位；规模以上服务企业入库目标任务5户，完成7户，完成市政府下达目标任务的140%；限额以上企业入库目标任务5户，完成20户，完成市政府下达目标任务的333.3%；对上争取资金1898.54万元，完成目标任务的132%。

服务业发展

【概况】2020年，全区规上服务业企业37户（其中生产性服务业企业18户、生活性服务业企业19户）。年营业收入上亿元的有英才中学、富乐国际2户（未纳入核算），5000万元以上亿元以下的有绵遂高速（未纳入核算）、文旅集团2户，1000万元以上5000万元以下的有17户。游仙区服务业增加值常年稳居全市第3位，2020年突破200亿元。服务业依然在GDP中占据首要地位，2020年一、二、三产结构在GDP中的占比分别为9.76%、36.21%、54.03%，比2019年提高0.33个百分点。服务业发展稳中向好，成为全区经济发展的主要力量。2020年服务业对经济增长贡献率达46.8%，拉动经济增长1.97个百分点。服务业实现税收17.38亿元，占全区税收总额72%，比2019年增加2250万元；吸纳就业12.2万人，占全社会从业人员37.1%。

【服务业发展推进机制】 印发《关于加快服务业发展建设现代服务业强区的实施方案》《游仙区现代服务业重点产业及空间布局方案》《游仙区服务业重点产业行动方案》《关于加强产业融合壮大服务业体系工作的通知》等规划方案，针对服务业涉及行业广、主管部门多的特点和实际，重点围绕产业发展、项目建设、企业培育、品牌打造等方面，明确目标任务和重点举措，做到干有方向、抓有章法。

2020年 4月15日，绵阳市2020新电商年度峰会及实战培训大会在游仙区电商谷召开

【现代服务业产业体系建设】 积极探索现代服务业发展路径，突出重点产业，推动服务业精准发展。

科技服务业 建成科技企业孵化器6个（国家级孵化器1个、省级孵化器1个、国家级众创空间1个、省级众创空间1个、市级星创天地1个），总面积12.5万多平方米，在孵企业200余家。建成各类企业工程技术中心（研发机构）60家，其中国家级研发平台12家、省级研发平台25家、市级研发平台23家。新增科技型中小企业68家，促成游仙区与四川省农科院签订院区战略合作框架协议，为农业发展做好科技服务。

物流业 拥有智慧物流计算机软件著作权5个，农产品冷链物流基地5个，专业物流园2个，快递智慧云仓1个，市级重点物流企业2个，A级物流企业1个。依托邮政网点建设，解决物流“最后一公里”的问题。

电子商务 省级电子商务产业发展示范县顺利通过验收，建成电商公共服务中心1个，建成镇(街道)配送站12个、村级服务店112个，农村电商及物流配送网点实现100%全覆盖。建成仰望科技、一米菜园、仟家居“618”等20个社区新零售体验中心，拥有金循环、科莱电梯“物联网”、京东游仙特色馆等本土电商平台20个。

文化旅游业 全年实现旅游总收入85.93亿元，同比增长13.1%；接待游客1077.9万人次，同比增长24%。创建国家AAAA级旅游景区3个、国家AA级旅游景区1个，5星级乡村酒店1家、5星级农家乐1家，鱼泉寺、马鞍寺、碧水寺申报为国家级文保单位。重点推出“七朵仙花”主题景观，包装开发“八仙过海”特色农旅商品、“游购绵阳”文创产品和游仙“八大名特小吃”。全年开展各类文化活动100余次。

商贸流通业 拥有家福来、美乐等年销售收入超10亿元的骨干零售企业4个。建成红星美凯龙、海悦银河城、渔人码头、博大紫金阁、天乙商城、紫金广场等商业综合体7个。组织1.2万多家店铺、企业开展各类促销活动2000多场次，拉动限上限下消费30多亿元。

健康养老业 建成国家级森林康养基地1个、省级森林康养基地2个、社区养老服务综合体1个，对7个敬老院和社会福利院进行适老化改造。鼓励公办养老机构实行社会化运营，持续推进养老服务体系建设五项试点工作。建立15分钟为老服务圈，构建医养结合智慧养老平台，推行“免费”“优惠”“低价”“市场价”收费模式，从而为老年人提供周到、便捷、高效、体贴的专业化“点单式”养老服务。

人力资源服务 推动人力资源

诚信体系和服务标准化建设，完善人力资源服务产业链条，丰富人力资源服务产品和内容，搭建产学研用创新平台，培育一批产教融合型企业。2020年有人力资源市场1个，产业孵化园3个，市级技能大师工作室2个，区级技能大师工作室4个。

金融业 全区各项存贷款总额实现632亿元，18家金融机构累计为辖区180余家中小企业发放贷款35亿余元，全年降减利息5000余万元，发放担保费补贴58万元、“战疫贷”奖补资金10万元。出台《游仙区政策性农业保险承保理赔操作流程》和《游仙区政策性农险承保保险机构目标管理工作方案》，对承保理赔全过程监督考核，对承保机构实行目标管理。（张宸）

粮油商业

【概况】 全区小麦播种面积15.6万亩，产量约4.8万吨，优质品种主要有绵麦51、绵麦367、川麦104、西科麦8号。游仙区稻谷种植面积23.8万亩，产量约12.6万吨，优质品种主要有川优6203、宜香优2115、德优4727、宜香725。

【仓储及收购】 全年粮食产量24万吨，年粮食周转量25万吨，至年底有粮食仓储点40个，仓容总量18.161万吨，在用仓容总量13.871万吨，“十四五”规划新建、改扩建仓容总量5万吨。2020年5月起，每月开展优质粮食收购价格调查。

2020年10月16日，绵阳市2020年世界粮食日和粮食安全宣传周活动在游仙区举行

【粮食质量安全抽检】 根据《绵阳市发展和改革委员会 绵阳市粮食和物资储备局关于2020年全市粮食质量安全抽检工作的通知》（绵市发改〔2020〕334号）文件要求，游仙区小麦抽样数量为3份、稻谷6份。9个样品均按照GB 2715—2016《食品安全国家标准粮食》检验标准要求，检测黄曲霉素B1、镉（以Cd计）、六六六、滴滴涕、溴氰菊酯五种，检查结果均属于合格。10月9日，稻谷抽样10个送往市发改委进行优质品的测评，省检测中心结果反馈全部合格。

【粮食低温库建设项目】 游仙粮油购销公司、绵阳市粮油食品公司两个低温库项目在建，总投资分别为480.60万元、270万元，仓容为1.98万吨、1万吨。

（杜景璇）

重点商圈·市场

【概况】 绵阳市游仙区先后规划和修建立宇国际家居建材综合体（红星美凯龙家居建材商业综合体）、海悦银河城、博大紫金阁、渔人码头、紫金广场项目、六里尚城商业综合体、国美·香水湾项目、“五粮液—五粮神”（暂定名）、中国重汽·绵阳顺鑫汽贸城项目、纬地百乐汇广场、天乙商贸综合体等11个大型商业综合体。截至2020年年底，已投入运营的有5个，分别是立宇国际家居建材综合体（红星美凯龙家居建材商业综合体 ）、海悦银河城、博大紫金阁、渔人码头、纬地百乐汇广场。在建的有5个，分别是国美.香水湾项目、紫金广场项目、天乙商贸综合体、六里尚城商业综合体、中国重汽·绵阳顺鑫汽贸城项目。

【海悦·银河城商圈】海悦·银河城为海悦实业耗资7亿元巨资打造的绵阳市商业中心，位于绵阳市游仙区中心地带，占地面积40亩，建筑面积约12万平方米。项目分为A、B、C三馆，地上五层、地下三层，其中负一层为永辉超市及大型家福来电器城，负二层负三层为全智能车库，A馆为大型百货及国际影城，B馆为精品零售及连锁餐饮，C馆为健身、KTV及金融服务。致力于打造游仙区唯一集购物、休闲、娱乐、餐饮为一体的大型购物中心，为绵阳市民带来全新的购物体验，也为绵阳市社会经济发展做出巨大贡献。

【立宇国际家居建材综合体】“立宇国际家居建材综合体”项目由上海红星美凯龙实业有限公司与四川聚福物流有限公司共同投资1亿元注册成立的四川立宇投资有限公司负责投资开发。项目总占地213亩，属商业兼容居住用地，项目共分3期建设，总建筑面积约46万平方米，总投资约25亿元。其中一期家居建材专业市场18.5万平方米、二期住宅约16.4万平方米、三期综合商业约10.5万平方米。项目一期容积率2.5，总建筑密度40%，绿地率15%。

【天乙商贸综合体】该项目位于绵阳市游仙区一环路东段，是绵阳圣诺登贸易有限公司耗资5000万元打造的城市商业综合体。项目占地面积10亩，建筑面积8327平方米，地上7层、地下1层。一至三层为集购物、娱乐、休闲于一体的生活特区，四层以上为具有多种风格的主题商务酒店。招商饱和率达95%，预计2021年12月可试运营，年销售收入达1500余万元。

【中国重汽·绵阳顺鑫汽贸城】该项目拟选址位于游仙街道，计划用地100亩，预计总投资3亿元，计划建设标准交易、售后服务、新能源研发改装、维修用房4万平方米。项目包括：汽车5S标准店、销售各种载重汽车、特种汽车、各型客车、专用车；汽车维修、汽车配件超市、事故快修、汽车文化馆、中国重汽新能源汽车改装研发中心、发动机及机组、汽车零部件四川中心库、专用汽车底盘及其零部件仓储、物流、汽车金融、二手车交易、置换服务等，园区还配套驾驶之家、餐饮、娱乐、购物等。项目建成后将引进上百家汽车厂商及零配件供应商，能有效解决游仙汽车保有量大、增速快与缺乏专业汽车贸易场所的矛盾，预计每年可实现营业收入约1.5亿元，上缴税收1000万元以上，将提供约2000—3500个就业机会。

【国美·香水湾】位于绵阳市游仙区魏城镇，其中小区地块北临魏城镇学府街，东临魏城镇魏柏街，西、南靠魏城镇魏柳河，项目交通便利，配套设施齐全，区位优越，有效整合魏城镇的部分零散商业，形成有效集聚。总投资3.2亿元，含有1、2、3、4号楼，容积率为2.46，总建筑密度为29.84%，绿地率为30%。该项目地块总用地面积为小区14075平方米，地块呈异型，处于魏城镇先锋村，项目为综合用地，用地年限为70年。至年底该项目已完成主体建设。（王霞）

重点商业企业选介

【绵阳市美乐化妆品有限责任公司】绵阳市美乐化妆品有限责任公司隶属于四川美乐集团实业有限公司，成立于1990年，注册资本5000万元，员工800余人。公司坚持“诚信经营、用心服务”的经营理念，经过30年的发展，美乐化妆品目前拥有专业连锁店123个，网点覆盖绵阳、成都、德阳、广元、遂宁、西昌等地，拥有100余万名会员顾客。2020年荣获游仙区纳税先进一等奖；荣获绵阳市优秀服务企业称号。

【良居酒店】绵阳良居酒店位于绵阳市一环路东段149号（芙蓉汉城），投资3800余万元、按三星级酒店标准修建、装修，是一家集客房、餐饮、休闲娱乐、会议于一体的综合性商旅酒店。拥有豪华舒适、温馨浪漫的客房89间（套）、多功能会议室、宴会厅。

2020年11月24日，辽宁省营口市供销联社到游仙区考察供销服务“三农”工作

供销合作商业

【概况】2020年度，全区供销系统实现销售额5.99亿元，同比减少27.2%；实现农产品购进额4.08亿元，同比增加27.4%；电子商务销售额1733万元，同比减少54.4%。社属企业开展土地托管服务77600亩，增加18700亩；完成基层农村综合服务社规范化建设12个；完成村级供销社建设1个；完成“四川扶贫”商标注册3个。

【供销综合改革】开展构建供销社双线运行体制机制试点，建立以联合社为主导的行业指导体系和以社有企业为支撑的经营服务体系，形成双线运行的体制机制。完善县级联合社机构及“三会”制度筹备。完善对社有企业考核激励、监督问责等规章制。对社有企业的资产情况、经营情况进行全面摸底，对存在问题提出针对性解决措施。900吨水产品预冷设施建设项目由绵阳市合鑫商贸有限公司实施完工后，及时组织验收，及时拨付补助资金，及时编制项目支出绩效评价报告。

【农村产权交易体系建设】加强农村产权流转交易审查程序，全面提高交易办证的质量。2020年，交易中心共办理农村产权流转交易鉴证20宗、流转面积2748.79亩，交易鉴证金额突破827.06万元。其中：土地经营权交易鉴证18宗、流转面积2233.99亩、金额361.89万元；林权交易鉴证2宗、流转面积504.8亩，金额200.37万元。

【现代农业社会化服务中心】结合游仙区乡村振兴和山湾农庄建设布局，按照“2+5+N”现代农业社会化服务模式，大力发展现代农业社会化服务示范性服务中心，2020年完成建设2个。进一步完善农机一站式服务运行机制。开展大型农机远程、联合、集中分时作业，带动农业专业化生产、社会化服务、规模化经营。

【行业协会服务】2020年度以绵阳农机行业协会为平台，开展大型农机远程、联合、集中分时作业，带动农业专业化生产、社会化服务、规模化经营。开展拖拉机、收割机驾驶员培训2期56人次、销售农机具200余台(套)，组织联合收割机等开展跨区作业500余台次。

【抵押融资工作】充分发挥区政府500万元分险保证金的作用，主动协调辖区金融部门积极开展放贷业务。2020年，交易中心共收集意向融资客户45户，现场实地考察融资客户36户，已办结融资业务18笔、贷款3285万元，正在办理融资业务3笔。有效缓解农业经营主体融资难的问题。

【社属企业】绵阳市鲜绿果蔬有限责任公司 系区供销社下属合股企业，为国家级农业产业化重点龙头企业。公司年组织、培育各种种苗1200万苗；年储藏保鲜蔬菜、水果2.55万吨，年运销各类水果、蔬菜4万余吨，销售花卉200万株，联结农户2万余户，带动基地8万亩，2019年购销总额13214万元。

绵阳市合鑫商贸有限公司

区供销社下属合股企业，经营农业生产资料和日常消费品，2020年购销总额6050万元。

绵阳兴辉商贸有限公司

区供销社下属合股企业。主要经营农业生产资料，2020年购销总额2370万元。

绵阳久大商贸有限公司

区供销社下属合股企业。主要经营农业生产资料，2020年购销总额2354万元。

绵阳果老源农作物种植专业合作社 区供销社参股企业，该公司主要发展青梅、猕猴桃、白枇杷等种植业，年购销总额12895万元。（李皎民）

金融

概述

【概况】2020年年末，全区有银行机构8家、保险公司8家、融资性担保机构2家、小额贷款机构1家，金融机构营业网点73个，金融从业人员1700余人，全区金融机构各项贷款余额287.68亿元，同比新增52.48亿元，增长22.4%，全区各项存款余额达343.53亿元，同比增长17.6%。全区金融资产规模、机构种类数量、金融活跃程度、资金吸附能力等均居全市前列。

【财政支持】贯彻执行财政金融互动支持企业直接融资奖补政策，全年发放财政金融奖补资金39.6万元。建立企业上市资源库，全区多层次资本市场快速发展，有香港上市公司1家，主板上市子公司3家，新三板上市企业1家，天府股权交易中心挂牌企业50家。新冠肺炎疫情期间累计为11家融资担保公司发放担保费补贴85.56万元、为8家银行、15家企业发放“战疫贷”奖补资金66万元。

【金融领域改革】制定《游仙区政策性农业保险承保理赔操作流程》和《游仙区政策性农险承保保险机构目标管理工作方案》，对承保理赔全过程监督考核，实行承保机构目标管理，出现虚报骗保取消承保资格。对全区53家工业企业规范化公司进行改制，辖区5家企业纳入全省上市后备企业资源库。

银行业

【游仙区农村信用合作联社】2020年年末，游仙农信联社有营业网点47个，在岗职工386人，各项贷款余额82.07亿元，各项存款余额136.71亿元，业务规模全区第一，全年实现财务总收入9.18亿元，拨备前利润3.65亿元。荣获第23届“四川青年五四奖章集体”“绵阳市青年文明号”、全区财税工作一等奖等。

【工行游仙支行】2020年年末，游仙工行有营业网点2个，存款余额48.81亿元，贷款余额68.03亿元，先后获得中国银行业文明规范服务“千佳单位”、四川省人民政府“文明单位”、绵阳市文明建设委员会“文明窗口”、中国人民银行绵阳市中心支行“金融诚信服务示范点”、四川省分行“先进集体”、四川省分行“三十强”“三十快”网点、四川省总工会“四川省模范职工小家”等20余项荣誉。

【农行游仙支行】2020年年末，农行游仙支行辖7个网点，员工112人，贷款总额44亿元，存款总额45亿元。荣获游仙区“金融工作二等奖”“财税工作二等奖”，被省分行授予“2020年度先进集体”“2020年度内控管理综合评价A类行”。被市分行授予“四好班子”荣誉称号 。

【中行游仙支行】2020年年末，中国银行在游仙辖区有2个网点支行，职工21人，各项贷款余额4.2亿元，各项存款余额11.41亿元。

【建行游仙支行】2020年年末，中国建设银行在游仙辖区有网点5个（并入2个存量网点），员工42人，贷款余额为7.4亿元，存款余额为31亿元。

【商行游仙支行】2020年年末，绵阳市商业银行游仙支行辖4个网点支行，员工47人，各项贷款余额24.73亿元，各项存款余额35.61亿元。2020年被授予省级五四红旗团支部荣誉称号、省级“青年文明号”荣誉称号、市级最佳文明单位，被游仙区委、区政府授予“支持地方经济工作发展一等奖”及“财税金融工作二等奖”双项殊荣。2020年游仙支行行长被授予市级“三八红旗手”荣誉称号。

【邮储银行游仙支行】2020年年末，邮储银行在游仙区内有银行网点5个，员工48人，贷款余额51.59亿元，存款余额12.92亿元。

【遂宁银行绵阳分行】2020年年末，遂宁银行绵阳分行在游仙区内设绵阳科学城支行1个网点，员工5人，遂宁银行绵阳分行在游仙区内贷款余额8464.70万元，存款余额14164.02万元。

保险业

【概况】按照“政府引导，市场运作，群众自愿”原则，切实做好惠民保险推广，进一步完善保险服务站建设，重点做好涉农保险理赔服务，积极推广城乡居民地震巨灾保险。全区实现保费收入5.3亿余元，同比增长7%，增速排名全市第四。其中：政策性农险保费收入2678万元，城乡居民住房地震保险保费收入124.34万元，覆盖率17.22%，农村小额人身保险实现保费收入485.1万元，参保9.7万人，覆盖面达19%。

【人保财险游仙支公司】是全区规模最大的财产保险公司，主营车辆保险、各类财产保险、责任保险、意外伤害保险、信用保险、短期健康保险、保证保险等业务。内设8个部门，其中1个经理室、1个综合部、6个业务部门；营销服务部10个，在职员工20人，营销员和农保员186人。2020年实现保费收入14501万元，简单赔付率为89%，利润-94万元。其中商业险保费收入 12878万元；政策性农险保费收入1623万元。荣获四川省文明单位，优秀科技金融服务机构、2017—2020年连续4年荣获游仙区金融工作一等奖、2017—2020年连续3年荣获游仙区财税工作一等奖，获评2020年先进基层党组织。

【国寿游仙支公司】属县级支公司，是全区规模最大寿险公司，内设综合管理部、营销发展部、个险培训部、机构业务部、客户服务中心5个部门，有员工及营销员325人，获评四川省文明单位。2020年实现保费收入12232万元，业务关键指标同期增幅排名全市系统前列，连续7年荣获A类公司，2017—2020年连续4年被游仙区委、区政府授予金融工作一等奖。开办业务涵盖政保业务、个人营销业务、法人业务及员工福利计划，产品涵盖意外健康、养老、子女教育、投资理财等。

【国寿科学城支公司】属县级支公司，是全区规模仅次于国寿游仙支公司的寿险公司，属于城区专业化支公司，根据公司的管理制度，专业化支公司不设下属部门，涵盖综合管理、营销发展、个险培训等工作。员工及营销员356人，2020年实现保费收入15999.22万元，业务关键指标同期增幅排名全市系统前列，被游仙区委、区政府授予2019年金融工作二等奖。开办业务涵盖个人营销业务、法人业务及员工福利计划，产品涵盖意外、健康、养老、子女教育、投资理财等。

【中航安盟财产保险有限公司绵阳中心支公司】2017年3月成立，位于游仙沈家坝东津路，公司内设3个部门，截至2020年年底共开设分支机构4个：安县支公司、三台支公司、平武支公司、盐亭支公司，在职员工28人。2020年实现保费收入3289万元，全险种综合赔付率为85.8%。其中商业险保费收入839.3万元；政策性农险保费收入2450万元。2017—2020年公司连续4年被游仙区委、区政府授予金融工作二等奖。

【中国平安财产保险股份有限公司绵阳中心支公司科学城营销服务部】2009年3月成立，2016年5月落户游仙区游仙东路，内设5个部门，在职员工8人。2020年实现保费收入4559万元，其中车险保费收入为3924万元。荣获游仙区2019年度保费收入统计工作一等奖、2019年度财税工作二等奖、2019年度金融工作二等奖、2020年度金融工作二等奖。

【中国人寿财险游仙区支公司】成立于2013年，是国寿财全区规模最大县支公司，内设1个经理室、1个综合部、1个营业大厅及6个业务部门，在职员工25人。2020年实现保费收入3658万元，综合赔付率58.52%，其中商业险保费收入2441万元；政策性农险保费收入189.9万元，获2020年优秀金融机构二等奖。

【中华联合财产保险股份有限公司游仙支公司】成立于2004年1月，位于绵阳市游仙区东津路47号，2020年有员工5人。全年保费收入1749.64万元，支付赔款991.03万元。

【人保财险科学城支公司】内设5个部门，其中1个经理室、1个综合部、1个重要客户部，1个客户经理部、1个车商业务部。在职员工15人。2020年实现保费收入1752.03万元，简单赔付率为47.42%，实现利润353.87万元。其中车险保费收入1640.09万元；非车险保费收入111.94万元。

地方准金融机构

【概况】2020年，游仙区2家融资性担保公司在保余额3.36亿元，全年累计担保额0.86亿元，共计为全区100多家企业、300多户个体工商户提供融资担保。全年共组织开展两类公司现场检查3次，严控风险，无违规经营的现象。

【游仙国汇科技小额贷款公司】2009年9月8日挂牌营业，注册资本2.16亿元，截至2020年年末，有员工12人，公司资产总额3.2608亿元，负债总额694万元，实现营业收入510万元，实现利润8.17万元。贷款余额为3.81147亿元，在贷客户258户，主要投向“三农”、个体工商户和中小微企业。其中“三农”贷款占24%、个体工商户贷款42.1%、中小微企业贷款占33.9%。公司从成立至2020年累计发放贷款2121笔34.4亿元，累计收回1863笔30.6亿元，较好实现普惠金融的总体要求，取得良好的社会经济效应。

【绵阳市中信融资性担保公司】公司注册资本金5000万元，职工7名，2020年新增担保贷款6930万元，年末在保余额2.0432亿元，资本金放大倍数为5倍，公司总资产5860万元，营业收入133万元。

【绵阳市惠东融资性担保公司】公司注册资本金15500万元，员工13人，2020年累计实现担保2945.8万元，担保发生额较上年度减少339.2万元，年末在保余额1.316012亿元，较上年压缩担保额度1553.88万元，全年累计为园区的工业企业提供担保贷款1704万元，占发生额的58%。

综合监管

审 计

【概况】2020年，游仙区审计局完成署、厅、市、区安排的各项审计项目23个（计划内审计项目21个、上级审计机关和领导交办审计项目2个），共查出主要问题金额1.8958亿元，发现非金额计量问题137个，提出审计建议75条，撰写审计要情、专报17期，移送问题线索3件，经区监察委立案处理1件，并对相关责任人进行政务撤职处分。深化游仙区投资审计“三个转变”示范建设工作，不断完善全国首个《乡镇（街道）领导干部自然资源资产管理离任（任中）审计评价指标体系》，创新探索建立自然资源资产审计信息数据支撑系统，并在省、市推广运用。两项创新工作先后被《人民日报》、“学习强国”平台、“四川审计动态”、《四川日报》等12种媒体宣传报道。

【预算执行审计】完成2019年区本级财政预算执行和其他财政收支审计、2019年区本级财政总决算草案审签、2019年区教体局、区科协、区红会部门预算执行及决算草案审签等8个审计项目。出具审计报告8份，向人大提交《2019年度区级预算执行和其他财政收支审计的工作报告》，提出审计发现问题32个，对财政局及相关责任部门提出工作建议18条。

2020年4月29日，2020年游仙区审计工作会召开

【专项资金审计】加强专项审计和调查，维护公共资金高效运行。完成游仙区应对新冠肺炎疫情防控和捐赠资金、2019年乡村治理和惠民惠农财政补贴资金“一卡通”专项审计调查，出具专项审计调查报告2份，审计发现问题8个，提出审计建议8条。

【政府投资审计】完成游仙区中国兵器装备集团自动化研究所家属老旧小区治理工程决算审计等3个工程决算审计项目，2020年省市重点项目新开工项目专项审计调查等2个专项审计调查项目，审计发现问题66条，涉及金额92万元，提出审计建议15条，对19个风险点位进行提示。

【经济责任审计】完成3个经济责任审计项目，出具审计对外报告和审计结果报告，发现问题43个，提出审计建议13条。配合做好省委巡视及省审计厅对游仙区委、区政府主要领导经济责任审计和自然资源资产审计的相关工作。

【稳增长政策跟踪审计】完成四个季度政策措施落实跟踪审计，出具审计报告4个，审计发现问题13个，提出审计建议13条。

【“三级联审”】2020年，组织实施对11个区级部门、3个镇、1个试验区、1家国有企业共计16家单位的财经纪律执行情况审计工作，出具审计报告16份。

【投资审计“三个转变”示范建设】省级投资审计“三个转变”示范建设经验做法在全国全省全市推广。探索跟踪审计常态化模式，利用信息化手段，对全区148个项目的建设过程进行全程动态监督，实现政府投资建设项目审计监督数据的实时跟进、适时分析、适时监管；紧盯项目审核质量，采用“两步骤八统一”核查模式以及“三三制”实施点位审计，规范社会审计力量依法依规审核，加强政府投资建设项目审计；在“四个负面清单”的基础上，印发《游仙区政府投资建设项目参建单位重点风险提示清单（试行）》，梳理建设、勘察、设计、监理、工程造价咨询及施工单位风险提示点共5类52项，梳理相关法律法规及政策文件22个，厘清政府投资建设项目推进过程中各环节的风险点、责任方及法律责任。

2020年1月16日，江油市审计局到游仙区交流学习投资审计“三个转变”示范建设工作经验

【自然资源资产管理离任（任中）审计】探索自然资源资产管理离任（任中）审计路径，压实乡镇生态环境保护责任边界。联合科研院所继续完善全国首个乡镇领导干部自然资源资产离任（任中）审计评价指标体系，运用指标体系对胡某、邱某自然资源资产离任（任中）审计项目进行审计，审计发现问题15个，移送案件线索2个。（向韵竹）

统 计

【概况】2020年，游仙区统计工作以提高统计数据质量为核心，以做好统计服务为目标，全面提升统计基层基础建设。准确、及时地完成工业、固定资产投资、商贸、服务业、GDP核算、城乡住户调查、劳动力调查等40余项统计专业及统计调查工作，真实准

确反映出游仙区经济发展状况。

【基本名录库数据质量核查】全年完成处理待新增单位1267家，待变更单位90家，核实修改审核错误300余条，核实日常工作任务中的比对结果共464条，并全部添加核查备注。对行政区划码进行全面调整，全区法人单位统一社会信用代码使用率99.9%，法人单位临时代码率为0.1%。

【第四次全国经济普查】完成第四次全国经济普查公报并审核、形成公报初稿由区政府常务会议审议通过后发布。作为省级“四经普”资料开发应用试点区，组建试点机构，加强培训、部门协同，利用“四经普”普查结果筛选符合一定条件的企业生成“四上”企业培育库，由各行业主管部门对“四上”企业培育库企业通过一系列政策进行扶持培育。根据“四经普”试点情况，反馈意见建议30余条，制作培训课件，形成资料汇编，为名录库工作提供参考。

【第七次全国人口普查】完成第七次全国人口普查前期的地图绘制、“两员”选聘及业务培训、入户摸底、短表登记、长表登记、比对复查和行职业编码工作。

【乡村振兴统计监测】指导录入监测平台数据，加强指标分析，研究各项考评指标计算方法。对接部门核实数据，合力制定工作方案、措施建议。通过统计监测平台数据录入，并在各项指标数据比对和核审的基础上，做好审核验收工作。（谢 瑶）

2020年5月21日，省统计局到游仙调研“四经普”资料开发应用试点推进情况

财经管理

【概况】2020年，全区地方一般公共预算收入年初预算安排为1亿元，全年实际完成10.75亿元，增长2.45%，其中税收收入完成8.54亿元，占一般公共预算收入79.43%，收入质量在全市前列；2020年全区一般公共预算支出预算为20.68亿元，全年实际完成公共财政支出33.43亿元，增长12.82%。

【保障镇村建制调整改革】以镇村建制调整改革为契机加强基层国有资产管理，制订和完善乡镇国有资产管理有关制度。对各级各类国有资产全面开展清理核实工作，督促镇（街道）做好资产管理。成立专班，开展闲置国有资产清查划转工作。清查统计出国有闲置资产共计43处，资产土地面积84亩约5.8万平方米。

【国资监管】督促企业依据发展战略规划编制年度投资计划，要求国有企业严格按照计划投资。规范企业融资担保行为，控制融资随意性，降低融资成本，达到企业发展良性循环。

【金融领域改革】建立政府性中小企业融资风险补偿机制，实施财政金融互动财政政策。2020年拨付财政金融互动首贷奖补资金33.69万元，累计为11家融资担保

2020年6月19日，区委财经委员会2020年第5次会议召开

公司发放担保费补贴67.02万元、为8家银行15家企业发放“战疫贷”奖补资金66万元。

【资金保障】积极开展对上争取工作，累计争取项目和资金37.99亿元。按照区政府决策要求，到省财政厅19次，把握上级资金动向，争取新增债券和抗疫特别国债资金15.02亿元，涉及项目28个，全部用于公益性项目建设，争取项目和资金均位居全市前列。（冉婷）

国有资产管理

【概况】截至2020年年末，全区行政事业单位资产总额113.62亿元，其中：流动资产48721465万元，固定资产12851564万元，在建工程4153323万元，长期投资10000万元，无形资产292520万元，公共基础设施47429646万元，政府储备物资986.68万元，其他非流动资产53.37万元，受托代理资产616.38万元。负债总额46330017万元，净资产67294144万元。

2020年5月20日，游仙区召开政策性农业保险推进工作会议

【资产管理制度体系】按照资产配置、使用、处置、清查核实等管理流程，初步搭建起从“入口”到“出口”的资产管理全周期的制度体系，有效遏制行政事业单位超编制、超标准配置国有资产，随意处置国有资产等现象，有效规范行政事业单位国有资产管理行为。

【资产管理主体责任】按照《行政单位国有资产管理暂行办法》关于建立“国家统一所有，政府分级监管，单位占有、使用”的行政事业性国有资产管理体制要求，全区各级建立由财政部门实施综合管理、部门负责对所属单位实施监督管理、各单位负责实施具体管理的分层管理体制，形成财政部门、主管部门、下属事业单位各司其职、齐抓共管的管理模式。

【资产配置、使用、处置和收益管理】执行通用办公设备家具配置标准，有效降低行政运行成本。严格资产使用管理，确保资产安全完整。规范资产处置行为，防止国有资产流失。实行“收支两条线”管理，加强资产收益管理。特别在资产处置过程中，不断优化资产处置审批流程，提高资产处置审批效率，及时解决单位账实不符的情况。涉及房地产处置、对外投资、出租出借以及其他重大或复杂资产处置事项需报区人民政府审批。

（冉 婷）

税 务

【减税降费】全面兑现系列减税降费和疫情期间新出台的各项税费优惠政策，当减必减、当免必免，全年减税降费1.42亿元，其中，新增减税8022万元、2019年年中出台政策在2020年翘尾新增减免6189万元。办理增值税增量留抵退税6户2391.67万元、出口退（免）税402.91万元，支持企业做大做强“走出去”。税务部门负责征收的社会保险费减免5074万元，非税降费1551万元。减税降费政策带动辖区涉税市场主体增至2.22万户，较年初增加3016户。

【组织收入】坚持组织收入原则，加强重点税源监管和外部协作互动，完善“一行、一税、一企一策”征管台账，统筹调度和入库各级次、各税种，形成纵向层级分级、横向部门共担的组织收入格局。2020年组织各项税费收入32.34亿元，其中税收收入24.12亿元，同比增长3.61%，税收规模列全市第3位，增幅列全市第8位。实现区本级税收收入8.54亿元，完成年度调减计划任务的101%，税收收入占地方一般公共预算收入79.43%，持续发挥保障辖区经济社会和民生发展的主力军作用。稳妥推进企业社保费和3批次6项非税收入项目划转，组织社会保险费收入7.02亿元，其中新划转企业社保费收入3.11亿元，非税收入1.19亿元。

【优化税收营商环境】围绕构建高效便捷的税费服务体系，积极承接4类29项83条便民办税春风行动具体任务，推动“24小时自助税银超市”再建升级，紧扣“网上办、掌上办、一次办”，实现涵盖纳税人申请的纳税申报、优惠备案、发票申领等6类91个事项“一网通办”，11类255个涉税事项“跑一次”办结，其中注销时间、新办纳税人发票申领时间分别较以往节省3个工作日和2小时。持续深化不动产交易部门合作，简化4项文书，推行2项简易申报，初步实现“一站办毕、全程网办”。搭建“6912366”纳税服务热线统筹询查、举报和投诉业务，实时回应办税缴费诉求、解答疑惑4000余人次。

【为民服务】在全市首开“非接触式”服务直播课，制作《发票网上领 免费送上门》《企业缴纳社保新途径》微视频，推出发票网上领邮寄办、容缺办、错峰办等服务，城乡村社全覆盖宣传办税缴费新方式、新指南，实现5大类55项业务“全程网上办”，“非接触式”办理税费业务整体率达96%。力保在第一时间将政策红利精准送达纳税人手中，为疫情防控重点物资生产企业、先进制造企业分别办理留抵退税913.22万元、106.40万元；直接减免支持疫情防控和经济社会发展税收优惠8022万元，分别办理延期申报、延期缴纳137户次和45户次，延期缴纳金额1.1938亿元，竭力为纳税人纾困解难。推动辖区内7家金融机构达成“银税互动”合作协议，累计为98户小

2020年2月3日，市税务局党委书记、局长晏飞（左二）到区税务局调研疫情防控工作

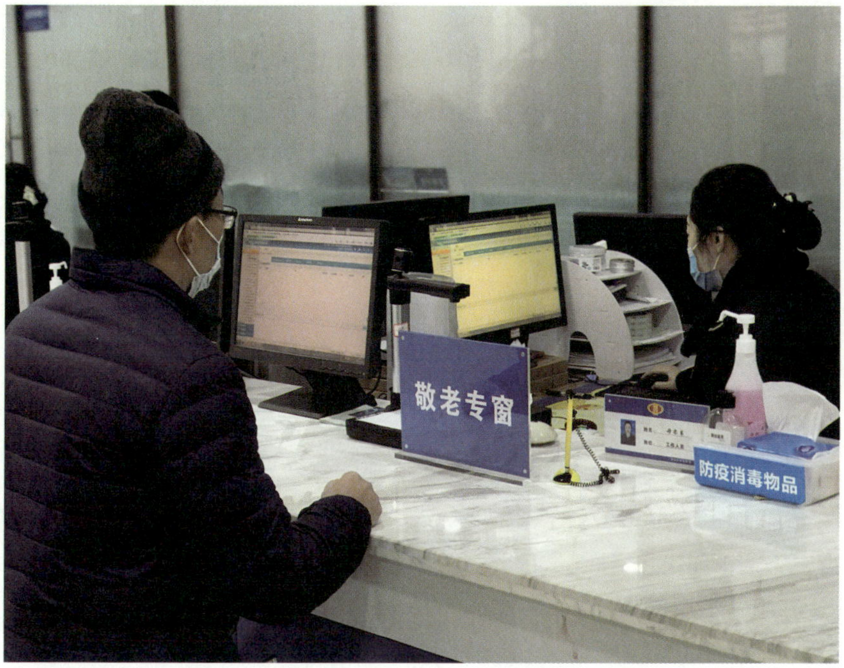

游仙区办税服务大厅开展适老服务

微企业在内的116户纳税人发放118笔、1.27亿元贷款。

【基础征管】围绕构建规范严密的税费征管体系，打造“1+2+N”征管新模式，发布“税控任务”18期1722次任务工单、涉及12个业务项目，初步实现征管事项“一盘棋”掌握。加强数据质量和征管质量指标5C管理，清理完善2批次132条征管数据。顺利完成首次综合所得个人所得税汇算、入库税款7536.59万元，同比减少17.21%。推行主税种与附加税费一体化申报管理，强化房地产税收全税种管理，完成2个房地产开发项目的土地增值税清算工作，补缴税款4.76万元。加强与住建、物价部门的存量房信息共享，落实存量房批量评估，实现“一房一价、按季调整”。

【风险管理】逐个梳理欠税成因并量身制定清欠对策，强化以票控欠、以退抵欠、留抵抵欠等催缴追缴措施，全年共清理新欠17978.39万元、陈欠659.56万元。评估房地产、建筑行业共4家企业、入库评估收入1578.1万元；完善增值税发票全链条监管，对84家新办企业、20户重点对象的发票进行核查。连续开展“打虚打骗”，完成17户受票企业、38份专票的调查处理。全年累计实现各项风险应对收入3480.58万元、超上级下达计划的138%，有力规范税收秩序、提升纳税遵从。

【依法治税】制定“征收”“强制”等8类行政行为的权责事项清单，出台“存量房交易”“发票管理”等7项实操指引，明确告知13大类214小项的税费事项办理流程、时限和要求，夯实执法基础。建立重大执法决定审核机制，全面推行“三项制度”，建好1个约谈室，“双公示”法定事项28个、行政许可信息755条，形成执法音像记录25条。自评自查自改2019年征收、处罚、检查3类58件行政执法案卷中存在的4类重点问题，强化执法督察、内审，落实10类问题整改，更正279条疑点数据。（刘建军）

工商行政管理

【年报与“双随机”工作】加强市场主体年报工作，张贴公告2800份，发送短信2万余条，接受咨询800余次，企业年报率为94.96%。全面实施“双随机、一公开”监管，制定双随机抽查事项清单，健全市场主体名录库和检查人员名录库，“双随机、一公开” 覆盖市场监管重点领域。完成区级部门联合双随机监管3次，涉及学校食品安全、养老机构食品安全、特种设备安全等重点行业，完成省级、市级双随机抽查任务9次，抽查企业277户次，组织实施部门内部双随机抽查10次，抽查企业（个体经营户）299户次。

【消费维权】加强“12315”网络体系建设，组织开展“3·15”“消费维权进校园”等主题活动。大力推进放心舒心消费环境建设，打造海悦银河城示范商圈、中环电影院示范影院、五里堆市场示范农贸市场等5个示范点建设。“红星美凯龙示范商圈”率先落实消费环节首问、赔偿先付和线下无理由退货制度，10家企业应用ODR在线解决消费纠纷，175家商户开通互联网快捷维权渠道。全年受理消费者申诉和举报1945起，发布电信诈骗、农村群体聚餐等消费警示5条。

【扫黑除恶专项斗争】以整治市场垄断、不正当竞争、制假售假等市场乱象为重点，加大对辖区各个市场的检查频率，建立扫黑除恶专项斗争线索摸排台账，动员经营者和市场开办者认真开展自查自纠，积极检举揭发“市霸”“菜霸”“行霸”行为，持续加大扫黑除恶专项斗争宣传力度，发放联系卡6000余张、宣传手册1000余本、宣传资料6000余份、告知书1万余份。

【价格监管】落实阶段性下调水电气价格切实降低企业用能成本政策，对11家用能企业采取集体约谈、集中检查等方式重点治理。开展价格减负惠民执法行动。以转供电、医疗服务、旅游等涉企收费为行动重点，共出动检查人员1800人次，检查各类市场主体4500户，立案查处价格违法案件11件。开展防疫物资产品质量和市场秩序专项整治，对全区319家零售药店进行排查，其中41家药店在销售医用口罩，查处未明码标价案7件。（覃敬）

质量技术监督

【食品安全监管】开展高中考等重大活动食品安全保障20余次，保障就餐人员6000余人次。开展疫情防控、农村假冒伪劣食品、校园及周边食品安全、网络食品安全、保健食品等专项检查10余次，行政约谈网络订餐平台2次，检查食品生产经营单位3000余户次，发现食品安全隐患300余条，下达责令整改通知书100余份。扎实开展食品抽检工作，在全区开展食品类抽检800余批次，收到不合格食品报告共计67批次，核查处置完成率达100%。落实企业食品质量安全主体责任。举办食品生产企业培训，签订《食品生产企业食品安全主体责任行政指导告知书》和《食品生产单位食品安全承诺书》140余份。

【药品、医疗器械、化妆品安全监管】开展执业药师“挂证”、中药饮片、问题疫苗等专项整治，检查药品、医疗器械、化妆品经营使用单位400余家次，发出责令整改通知书60余份，发放宣传资料1000余份，配合绵阳市市场监管局完成1个批次的医疗器械抽检工作，完成医疗器械3个批次的抽检任务。全年药品、医疗器械、化妆品不良反应监测目标数505条。办结药品、医疗器械、化妆品案29件。

【特种设备安全监管】开展安全生产大检查和特种设备安全隐患集中整治、特种设备“春安”行动暗访暗查、医疗卫生系统特种设备专项检查、液化石油气罐安全专项整治、大型游乐设施等五个专项行动。排查特种设备使用单位143家，发现整改安全隐患24项，下达《特种设备安全监察指令书》20份。组织开展《医疗卫生系统特种设备安全知识培

2020年6月28日，游仙区召开食品安全委员会2020年全体（扩大）会议

工贸行业特种设备安全检查

训》《游仙区电梯安全工作培训》《游仙区承压类特种设备安全知识培训会》等，参加培训人数共计180余人，以"为你和家庭的幸福，请关注特种设备安全"为主题发放宣传资料1500余份，全年无特种设备安全事故发生。（覃敬）

【计量器具监管】规范眼镜制配场所计量秩序，持续开展加油（气）机、民用三表等计量器具专项监督检查，开展集贸市场计量专项检查。累计发放各类计量宣传资料8000余份，出动执法人员256人次，共抽查集贸市场22家、加油（气）站20家、餐饮60家、商场超市40家、道路交通3个地段。

【质量品牌兴区建设】牵头制定并印发《游仙区2020年推进质量提升行动计划》，修订《绵阳市游仙区政府质量奖评审管理办法》。2020年，游仙区商标申请1204件，有效注册量达3434件。认真做好企业产品和自我声明公开工作，截至2020年年底公开的标准达到451个。鼓励优势企业参与国家标准、团体标准制修订，截至2020年年底已有团体标准1项，加快推进企业标准化、旅游标准化、农业标准化体系建设。充分发挥质量强区办的牵头作用，召开联席会，统筹部门联动，共同推进质量品牌兴区工作。切实开展2020年"质量月"活动，印发《2020年游仙区"质量月"活动工作方案》，营造浓厚质量氛围。实地走访企业开展质量提升指导服务和品牌培育工作，2020年先后走访调研湖山、雅化、太极、兴事发等30余

食品药品监督管理

【产品检测】盯紧社会关注度高、风险程度高、日常消费量大、涉及民生的重点品种，加大抽检频次，全面提升抽样检测的靶向性和实效性。全年完成抽检车用燃油，车用尿素，钢筋，各类水管、水龙头、洗衣溶液、农膜、化肥，普通口罩，一次性医用口罩等涉及民生产品114批次。配合省抽检钢筋8批次，配合市抽纤维制品、电线电缆、成人服饰等30余批次。

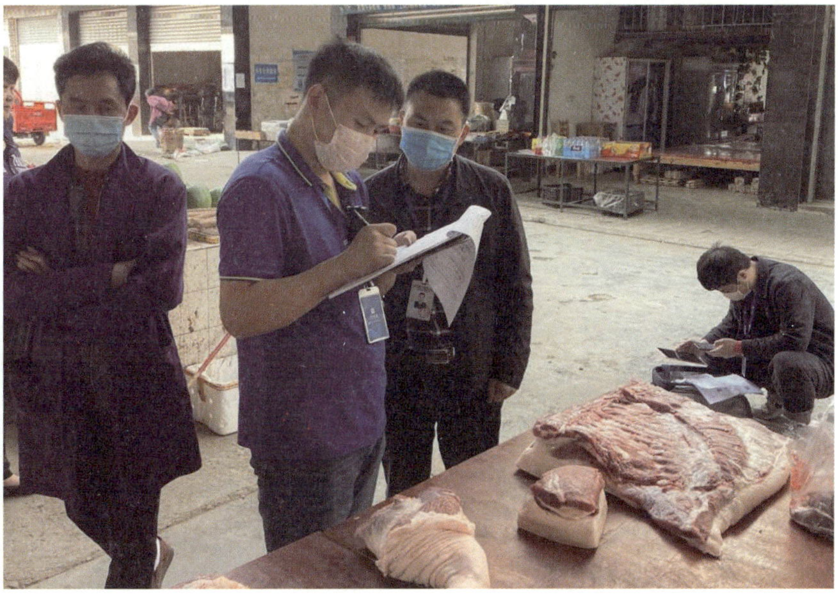
2020年4月16日，食用农产品抽检

家企业。举办卓越绩效培训会，提升企业质量意识，引导企业建立先进的质量管理模式，并编发10期《游仙区质量品牌兴区工作专报》。指导和协助雅化、太极等企业申报“第三届绵阳市政府质量奖”，其中雅化集团获得第三届绵阳市政府质量奖提名奖。开展第三届区政府质量奖评审工作。（覃敬）

国土资源

【第三次全国国土调查】严格按照“毫不动摇、寸步不让、虚报严惩、讲清原因”十六字方针贯彻落实，深入开展自查整改行动，对辖区内的调绘遗漏、错误图斑及重点地类进行两轮摸排和修正，采取区三调办抽查、委托第三方核查、逐村排查、监理单位检查、作业单位自查、专项工作小组抽查的“六查”方式极大提升“三调”成果质量，查找出2000余宗漏调宅基地，并纳入数据库。在整个自查自纠阶段，全区自提整改图斑2.6万个，促使作业单位派出80余人进行外业举证内业整改，至此，“三调”涉及图斑总量达到171395个。“三调”成果于2020年7月31日报省，10月25日通过国家质检，数据正式锁定。

【农村房地一体和集体建设用地确权登记颁证】2020年正式启动农村房地一体工作。8月14日，依据市自然资源和规划局下发《农村不动产确权登记颁证工作实施方案》，出台并印发《绵阳市游仙区农村房地一体和集体建设用地确权登记颁证工作方案》。按照四川省自然资源厅《关于扎实推进房地一体的宅基地、集体建设用地等农村不动产确权登记工作的通知》要求，游仙区大力推进农村地籍调查，农村宅基地和集体建设用地登记颁证等工作任务。截至2020年年底，实际完成农村宅基地和集体建设用地颁证率90%以上的目标任务。2020年12月3日，以公开招标的方式完成房地一体作业单位的选定，至年底作业单位已入场进行外业测绘，正按计划全力推进农村房地一体工作，落实“房地一体”工作安排并同步推进农村房地一体颁证。

【地质灾害防治工作】印发《绵阳市游仙区2020年度地质灾害防治预案》《绵阳市游仙区2020年度地质灾害防治方案》，进一步健全地质灾害防治制度。坚持“防范胜于救灾”理念，采取群众性排查和专业性排查相结合方式，对全区重点场镇、在建工程、人口密集区等重点地域开展拉网式排查，全面掌握隐患分布、危害程度和影响范围。严格落实属地管理原则，乡镇承担主体责任，确保地质灾害防治工作责任落实到位。结合隐患排查，逐点逐人明确，及时调整防灾责任人，按照“三个100%”要求，确定监测人员、完善防灾预案，及时更新基础数据库，健全群测群防网络体系，打通防灾链路。扎实推进地质灾害综合防治体系建设，完成专职监测任务72处、治理工程9处。依托汛期驻守服务单位，建立由专业技术人员、部门相关人员组成的6—8人应急救援技术保障分队。指导协助开展隐患排查、险情研判、提供应急救援技术指导。

2020年6月24日，游仙区第三次全国国土调查工作最新成果重点地类核实专题会暨业务培训会召开

【用地保障】截至2020年12月，审批21个建设项目使用林地手续，涉及林地25.46万平方米，其中永久11.25万平方米、临时12.16万平方米、直接为林业生产服务2.05万平方米。积极向省市争取生猪养殖使用林地指标，并协助企业到省市林业主管部门办理审批报件，至年底已有6家企业获得使用林地同意书。出台《游仙区关于进一步完善设施农业用地管理有关问题的通知》，指导各镇政府办理设施农业用地备案6宗，面积16.64万平方米。

【土地统征储备和整理】完成全区征收农用地区片综合地价相关前期准备、区片划分、地价测算和技术报告，做好相关听证、社会稳定风险评估及备案工作。现已发布全区征收农用地区片综合地价标准，并完成后续的数据库建设工作，相关成果已通过省自然资源厅和自然资源部审核。有序推进2020年度全区9个批次涉及的小城镇建设、统建房用地、中物院用地、一号街区建设、石马特色小镇建设用地项目、某重大装置供水保障设施建设用地项目、重大装置排洪沟建设用地项目、游仙高新区基础设施及公共服务设施建设用地项目等25个项目、176.8万平方米土地的报征工作，现已完成相关批次用地的征收土地启动公告、开展现状调查、社会风险稳定评估和后续征地补偿安置方案公告、听证告知送达等工作，着手相关批次用地的组卷报征。严格按照《绵阳市2020年度国有建设用地出让计划》实施土地出让，2020年出让土地16宗，总面积约46.73万平方米，实现土地出让金收入31.13亿元。推进以往有关项目批后实施方案编制工作，按照市委、市政府优化市与市辖区权责关系的相关规定，加快推进以往有关批次建设用地的后续实施工作，2020年完成二环路四期、一环路南北段东延线等项目涉及的12个批次38个集体经济组织的批后《征地补偿安置方案》编制。推动1个土地整理项目初验，2个项目设计及前期工作。

【不动产登记】积极开展各类便民服务业务，如绿色通道、上门服务、一次性告知单、公示继承等业务件共计61件。积极化解涉地涉房遗留问题，全年受理群众来信来访业务132件。实现抵押融资约26.5亿元，共受理不动产登记业务10567件。其中，转移登记4747件，抵押登记2403件，抵押注销登记1152件，查封业务403件，解封业务103件，不动产查询业务720件，遗失公告48件，数据关联及信息补录业务730件，自建房土地分割登记78件。为提升登记办理效率，不动产登记批量登记压缩到5个工作日办结，房屋首次登记压缩到4个工作日办结，转移抵押合同办理压缩到3个工作日办结，其他转移登记、抵押登记等高频登记业务均压缩到2个工作日办结，查询、查封、解封登记、注销登记等实现即时办结。参与绵阳市县市区（园区）营商环境评价测评，在绵阳市县市区（园区）参与测评的十个县市区中，游仙区登记财产指标完成任务目标34项（共 38 项），完成率为89.47%，与高新区（园区）并列全市第一。（段杨）

环境保护

【环境保护督察】2017—2020年，全区接办中央、省4批次环保督察反馈问题91件，全部完成整改。

【政务服务】全年审批建设项目22个，指导企业办理环评登记备案364个，填报排污登记600张。

【污染防治攻坚战】持续实施减排、抑尘、压煤、治车、控秸“五大工程”，加强区域联防联控，落实重污染天气应急各项措施；组织实施水污染防治攻坚联防联控、水质断面考核、河湖长制等制度，开展水环境专项行动；开展重点行业企业信息核实、疑似地块土壤污染状况调查和农用地污染调查和治理工作，规范转移危险废物51批次，妥善处置涉疫情医疗废物11.6吨。

【生态环境执法】开展专项检查、信访调处、生态监察等任务

246件，其中开展测管协同检查34次，办理环境违法案件16件，处罚金额38.93万元，移送公安机关行政拘留案件1件。全年共处理各类来信来电、绵阳市市长公开电话交办单、绵阳市生态环境局信访处理件转件等204件，处理率100%，群众满意率98%。

【环境信息公开】2020年，在绵阳市生态环境局门户网站区县动态发布信息133条；游仙区政务网发布工作动态96条、行政许可49条、行政处罚、行政命令、“双随机”公示共36条、部门文件23件；微信公众号发布信息78条。（许诺）

城乡建设

概述

【优化营商环境】全年主办两会提案、议案38件，协办13件，走访率100%、办结满意率100%。受理市数字中心派遣案卷14216件，已处置14184件，处置率99.77%。受理群众来电投诉64件，处置率100%。办理市长（区长）信箱、网格、舆情、市长公开电话、“12319”信访、局长信箱，省委巡视组交办件共计532件，办结完成率100%，办结满意率98%。分两次向区行政审批局移交行政权力事项39项。向乡镇及街道扩权赋能，下放乡镇和街道行政事项65项，制定《关于下放部分城乡建设领域管理权限的实施意见》，明确赋权方式，承接主体，责任划分，监督指导等，并组织承接经办人员开展专题培训。

【城乡环境综合治理】城乡生活垃圾无害化处置率达98%，全区行政村生活垃圾有效治理率达100%。开展辖区内餐饮企业监督检查，严查餐厨垃圾去向，开展秸秆禁烧及垃圾露天禁烧检查。完成游仙区智慧环卫升级采购等3个项目，投资1561.4万元。巩固高铁沿线外部环境治理成果，整改高铁、普铁问题125处。牵头推进芙蓉溪轻度污染水体整治，确保无污水直排。整改七星坝污水处理厂水质不达标问题。对全区57个重要点位进行改造提升。完成新改建公厕17座，新改建农村户厕1443座的目标任务。接收2座社会公厕、提升改造公厕2座。

【新冠肺炎疫情防控】成立局新冠肺炎疫情防控工作领导小组，制定新冠肺炎疫情防控措施。共收集废弃口罩1504.6公斤。对全区237个小区封闭式管理情况进行抽查，重点检查93个无物业小区及26个自建小区的封闭情况。全区32个建设工程项目、11个房地产项目在规定时间内全面实现复工复产。（李 松）

柏林压缩中转站

城乡规划管理

【城市综合防灾和安全设施建设】加大建设投入力度，加强设施运行管理。支持城乡老旧供水管网、燃气管道改造，强化城市供水、燃气等市政公用设施运营安全，督促供水、供气企业完善《安全生产应急预案》，每年开展不少于2次应急演练，并根据实际，适时修正应急预案。改造城区积水地段，提升防洪排涝系统，先后治理景福花园、虹云桥下、三汇绿岛桥洞等内涝点位，红星美凯龙内涝点临时排洪沟工程已投入使用。建立应急供水保障机制。健全城市抗震、防洪、排涝、消防、交通、应对地质灾害应急指挥体系，完善城市生命通道系统，加强城市防灾避难场所建设，增强抵御自然灾害、处置突发事件和危机管理能力。汛期前对城区市政管网全面清掏，避免因管网堵塞形成内涝。针对内涝隐患点，将城区划片区值守，落实责任领导和责任人，确保发现问题，迅速反应，最大限度排危除险。提升公共消防设施规划建设水平，加强城市安全监管，提升社会综合治理水平，形成全天候、系统性、现代化的城市安全保障体系。

【海绵城市建设】抓好城市水源地保护和修复，有效保护利用现状河流、湖泊、湿地、坑塘、沟渠，切实保护良好水体和饮用水水源。城市新区、园区、成片开发区全面落实海绵城市建设，鼓励社会资本参与海绵城市投资建设和运营管理；强化合同管理，严格绩效考核并按效付费。统筹推进新老城区海绵城市建设，治理城市内涝、雨水收集利用、黑臭水体，逐步实现小雨不积水、大雨不内涝、水体不黑臭。推进海绵型建筑和相关基础设施建设，促进城市排水防涝设施达标，改造和消除易涝点；实施雨污分流，建设和改造沿岸截流干管，控制渗漏和合流制污水溢流污染。推进公园绿地建设和自然生态修复。推广海绵型公园和绿地，通过建设雨水花园、下凹式绿地、人工湿地等，增强城市绿地系统的海绵体功能，消纳自身雨水，并为蓄滞周边区域雨水提供空间。严格实施规划，将建筑与小区雨水收集利用、可渗透面积、蓝线划定与保护等作为项目建设的前置条件，保持雨水径流特征在城市开发建设前后大体一致。（李松）

市政基础设施建设

【城建攻坚】推进城建攻坚重点项目28个，投资12.63亿元，其中新建项目12个，储备项目6个，续建项目10个，全年完成投资12.29亿元，按确保投资9.34亿元计算，全年完成目标任务的131.58%。全面完成一环路南、北段东延线、一环路北段匝道建设工程、二环路四期、省道205线接建小路匝道、建小路、小枧污水提升站等项目拆迁任务，完成乡村振兴旅游环线拆迁任务98%，东西第二干道完成拆迁任务20%，共完成拆迁总投资6000万元。

【项目争取】全年向上争取一、二环路拆迁资金10500万元、重点基础设施市财政补助资金2000万元、落实危改资金73.7万元、污水债券资金348万元、小城镇建设资金600万元、老旧小区协调市财政补助配套资金225万元、棚改补助资金930万元等，争取项目资金超过2亿元。（李松）

新型城镇化建设

【城乡统筹均衡发展】支持魏城镇、新桥镇培育创建省级中心镇。“百镇建设行动”扩面增量第三批新增试点镇盐泉镇，通过省级考核验收。探索、创新现代夯土技术，持续推进魏城镇铁炉村、信义镇曾家垭村农房建设试点工作，传承和发扬传统工匠技艺，保留乡土气息留住乡愁。建立健全污水处理行业监管机制，加强监管力度，确保规范有效运行，协调推进11座新建污水处理设施移交规范运行有关事宜，朝真污水处理厂1座已正式移交惠东公司。

【脱贫攻坚住房保障】2020年土坯房改造任务完成3903户并对3979户全区未享受中央和省级农村危房改造补助的农村3类重点对象住房安全情况进行鉴定。全面摸排全区唯一土坯房住户，专项督导检查住房保障，督促落实住房安全保障措施。（李松）

房产管理

【概况】2020年，全区商品房销售面积增速10.5%（区级目标5.6%），房地产从业人员工资增速12.6%（区级目标5.6%），房地产固定资产投资完成26.6亿元。剩余销售面积92万平方米（其中住宅58万平方米，商业、车位34万平方米）。

【房产交易】设立“一窗制”窗口，实行“办理模式、窗口设置、办理权限、申请材料、办理流程、承诺时限”六统一。对存量房买卖、新购商品房买卖（自办件）实现“就近可办，同城通办”，实行周六延时服务、预约服务，继续推行绿色通道和“上门服务”。建立房屋信息自主查询系统。办理商品房预售许可受理、初审37件，商品房合同备案注销、变更392件，一体化平台录入5876户。办理购买商品房契税补贴230户和农村居民购房财政补贴442户，兑现补贴金额约750万元。房屋信息查询8325件，房屋信息自助查询机查询1200余件，房屋新建面积测绘审核88件，不动产信息补录4676件。法院查封解封441件，商品房预售许可受理，一体化平台录入5456户，商品房合同备案6604套，存量房合同交易备案856户。

【物业管理】根据《绵阳市物业专项维修资金使用管理办法》规范使用维修资金。2020年维修资金使用项目立项20个，其中备案1个，正在投票13个。2020年度，物业区域划分12个，组织开展物业管理业务培训4次，消防知识培训2次。深入各小区开展《绵阳市物业管理条例》宣传50场次，向辖区居民分发《绵阳市物业管理条例》1000余本，设计制作《绵阳市物业管理条例》系列微海报500套。组织、指导辖区内小区进行各类安全检查80余次，发现问题16次，发出整改通知书7份，对发现问题要求各物业公司立即整改。开展“双随机、一公开”“物业品质提升年”品质带动活动。五八所等4个小区成功创建市级法治小区，区级法治小区2个。共收到各类信访件106件，其中市长信箱10件、网络舆情11件、“12319”数字中心85件，对各类信件均及时调查了解，在规定时限内进行解决和答复，确保百姓涉及的物业问题得到及时解决和满意答复。（李松）

城市建设与维护

【环卫绿化监管】承接下划清扫保洁面积258.4248万平方米，垃圾清运点202个、生活垃圾转运站4座、公厕19座。承接下划绿化管理面积136.98万平方米，将富乐后山周边道路5.6万平方米纳入清扫保洁范围。创新城区生活垃圾清运处理费收取方式，委托经济试验区和各街道进行征收。城市绿化实施一环路南、北段、二环路北段、省道205等道路配套绿化，芙蓉花溪乡村旅游环线、彩虹公园等建设项目新增绿化面积49.5万平方米。洪灾期间，清理倒伏树52棵、断枝11处，补植绿植240平方米，补栽乔木306棵，出动410人次抢险。

【市政设施维护】承接市级下划道路总面积179.58万平方米，沟、渠、排水管道19.66万米，人行天桥3座，隧道1条。累计修复东津路、剑南路等城市道路车行道4300平方米，更换人行道铺装9300平方米，更换检查井、雨水篦子510个，清理山体滑坡土方110立方米。疏通管道4900余米、清理边沟6200余米，清掏淤泥3200立方米，开展汛期抢险救灾，有效减轻主城区防汛压力。

【民生实事项目】全年完成老旧小区改造任务10个，改造面积17.1276万平方米，改造户数1703户，计划投资8056万元，已到位上级补助资金5040.56万元。实施既有房屋安装电梯35部。组织安全检查80余次，发现问题16个，发出整改通知书7份。迎接省、市老旧小区改造专题调研5次，并受到省住建厅、省财政厅、市人大领导的肯定。接待贵州省遵义市，犍为县、北川县、三台县等单位到游仙学习交流老旧小区治理经验。

【保障性安居工程】全年实施改造项目5个，改造任务数1000套（货币化650套、产权调换350套），计划完成投资7.84亿元。发放租赁补贴任务数60户。持续推进七姓坝片区棚户区（城中村），东林场镇棚户区（城中村），东兴路8号等棚改项目。朝阳片区国有工矿棚户区改造项目已签订协议1681户，正在进行二期还建房设计工作。中核绵阳退养服务中心棚户区改造项目主体已全部封顶。南星街6号地块正在进行搬迁协议签订工作。争取到位上级各类无息补助资金2700万元。完成租赁补贴发放94户，解决住房困难人数140人、发放住房补贴24万元。（李松）

老旧小区改造（游仙区神泉小区）

住建行业监管

【概况】截至12月底，全区有建筑施工企业245家，劳务公司40家。2020年完成建筑业总产值152亿元，同比增长12.7%。全年开展预拌砂浆和商品混凝土企业检查20次，发出整改通知16份。参与开标监督40次，处理招投标投诉6起。办理工程项目初步设计审查19项，施工图审查备案26项，施工许可18项，结算备案12项。

【施工现场质量监管】全年共监督在建工程42项，其中房屋建筑20项，市政工程22项。对全区受监督项目采取专项检查3次、巡查、抽查达180余次，处理信访投诉5件。通过检查，下达限期整改通知书13份，在建项目质量均在受控状态，建设工程项目整体质量良好，受监工程项目质量受检率达100%。

【初步设计审查】2020年共办理工程项目的初步设计审查 19 个，施工图审查备案26个。

【安全生产监管】健全安全生产责任清单制管理机制。开展建筑施工安全、消防安全、扬尘整治、汛期安全生产暨白蚁防治综合大检查。组织2020年在建工地

海天瑞府工程项目

防汛应急演练。对32个在建项目进行6次集中大检查，30余次不定期抽查，配合市、区部门联合检查8次。发出整改通知书52份，停工通知书9份，强制培训班通知书3份；约谈施工企业8家，监理企业8家；处罚无证施工、违反施工现场管理规定等违法行为9起、企业10家，处罚金额100.5万元。监管项目全年无安全责任事故。

【清理拖欠农民工工资】按照市住建委和人社部门要求，督促施工总承包企业在项目所在地银行开设农民工工资专用账户，及时纠正由劳务分包单位开设农民工工资专用账户等不合规做法。督促落实在建项目分包企业委托施工总承包企业，通过农民工工资专用账户直接向农民工代发工资制度，做实农民工工资专用账户。及时纠正对农民工工资专用账户“弃之不用”“偶尔使用”“突击使用”等现象。通过不定期巡查、季度综合大检查，与人社部门进行专项检查等方式对辖区建筑工地进行农民工工资专项检查。2020年，36个监管建设项目无拖欠民工工资现象。

（李松）

城乡规划

【国土空间规划编制】主动介入绵阳市国土空间规划编制工作，在做好资料收集等工作基础上，积极对接市自然资源和规划局、中规院拓展空间用地空间，争取到空间用地10.9平方千米。筹备启动镇级国土空间规划及控制性详细规划编制工作，配合市自然资源和规划局编制城区内《绵阳市小岛片区控制性详细规划》《绵阳市游仙区七姓坝片区控制性详细规划（修编）》等控制性详细规划（修编），启动绵阳师范学院（游仙校区）等地控制性详细规划研究，完成新桥镇控制性详细规划局部调整。启动20余个村规划编制工作，魏城镇牌坊村、新桥镇复兴社区、胜利村为首批通过省厅审查备案的村规划。

【建设工程规划审批】2020年审查（含预审）房屋类建设项目59件、市政类建设项目10件，办理建设工程规划许可证20件，建设工程竣工规划核实10件。做好重大招商引资项目、国防事业及融合事业的规划审批、服务工作，全力支持项目建设，完成中国(绵阳)科技城游仙融合产业园创新中心等项目的建设规划管理工作。全力服务公益事业，全年共办理绵阳富乐国际学校、绵阳市游仙区五里路小学等公共服务项目建设规划管理工作，促进游仙区公共事业的发展。积极推进重大民生工程，2020年完成绵阳市老龙山小区廉租住房建设项目、朝阳厂灾后重建项目30幢住宅楼的规划核实工作。进一步做好服务基础设施建设相关工作，完成科学城接小岛道路桥梁工程项目、科学城应急供水工程等市政道路、水电工程的建设规划管理工作。

【农村建设用地整理试点】认真贯彻实施乡村振兴战略，促进城乡融合和农村新产业新业态发展，在新桥镇启动农村建设用地整理试点，整理建设用地指标4.39万平方米，产生的节余建设用地指标30%主要用于农民集中安置建新区、农村集体公益事业项目，70%建设用地指标用于乡村振兴、农村新产业新业态等发展用地，将直接为村集体经济组织增收，同时为新桥镇产业发展等项目用地提供保障，为乡村振兴战略奠定坚实的基础。

（杜强）

城市管理执法

【市容秩序管控】按照“大街小巷一个样、白天晚上一个样、检查与不检查一个样、节假日与平时一个样”的工作要求，推进局管面、中队管片、人员管段、社区管店的工作模式，先后开展“市容秩序集中整治”“校园周边专项整治”“重点线路保障综合整治”“环保督察回头看”等各类集中整治100余次，开具各类文书500余份，规范商家跨门经营2000余起，拆除违规悬挂广告横幅1300余幅，拆除违规设置的店招店牌800余家，同时清理、规范9000余辆非机动车辆停放秩序。

【违法建设整治】制定《综合行政执法程序暂行规定》《综合行政执法过错责任追究暂行办法》等内部规范性文件，围绕群众关心强烈、影响市政民生、存在安全隐患、存在环境污染等重点方面，动真碰硬、真抓实干开展违法建设查处，进一步规范违法建设执法程序，加大内部责任追究力度。全年累计制止和拆除违法建设近39起11275平方米，没收违法建筑3267.86平方米，对1221.18平方米违法建筑责令改正并处罚款8.96万元，违建整治工作成效明显。

【餐饮油烟道路扬尘问题整治】积极推进综合执法领域生态环境保护专项行动，整治道路扬尘、餐饮油烟等大气污染问题，扎实推进油烟在线监测设备和监控平台安装工作。2020年，排查餐饮企业714家，发现建渣车未按照规定覆盖及抛、洒、滴、漏现象262起，立案查处涉及餐饮油烟、违规倾倒垃圾、道路扬尘污染案件28起，罚款3万余元。

游仙区综合行政执法局女子志愿服务队开展志愿服务

【信访办理】以“第一时间发现问题、第一时间派遣问题、第一时间处置问题”的总体要求，创新工作流程，完善运行机制，强化沟通协调，有效提升数字城市管理的科技化、标准化和精细化水平。受理区住建数字平台共同派出各类投诉件10858件，其中市容管理类10644件、执法案件类214件，处置率和办结率均得到上级平台好评。

【民生服务】女子志愿服务队坚持每周到街面开展文明劝导、法治宣传、孝亲敬老等志愿服务活动，并荣获“绵阳市三八红旗集体”“绵阳市十佳志愿服务组织”等荣誉称号。新冠肺炎疫情期间，合理设置临时便民服务摊点40余个，对城区5个市场进行值守，组织4支志愿服务队开展宣传引导、“两大一好”等志愿服务上百次。2020年防洪度汛期间，累计共出动巡查人数800余人次，及时排查城区汛情隐患并采取有效措施进行抢险救灾，保障群众生命财产安全。

【制度创新】出台《关于建立综合行政执法协作配合工作机制的实施方案》，建立综合行政执法协作配合工作机制和综合行政执法调度评价反馈机制，明确业务主管部门、行政审批部门、综合行政执法部门、镇（街道）等职责。以一体参与、把力量下沉，一张清单、把责任落实，一哨响应、把问题解决，一线评价、把业绩考准的“四个一”措施，全面推进改革“后半篇”文章。对于执法权限未下放的远郊农业镇，设置三个综合行政执法巡查大队，采取事前全域巡查、事中高效转办、事后及时回访“三阶一体”跨领域跨部门综合行政执法巡查连控模式。

【业务培训】2020年8月26日，游仙区2020年度执法人员业务培训班在游仙区委党校开班。经济试验区、镇（街道）综合行政执法协调办公室负责人、综合执法巡查人员、综合行政执法局一线执法人员等60余人参加培训。此次培训对危机管理和舆情应对、综合执法巡查、心理疏导、行政处罚法与行政强制法理解与适用、行政诉讼技巧及案例分析等课程进行深入讲解，旨在提升游仙区综合行政执法水平，增强全员法治意识和执法能力。（向林）

消防

【概况】2020年，游仙区消防救援大队紧紧围绕“提质强能年”“五个全力”的工作部署，周密谋划，科学指导，攻坚克难，精准抓建，火灾防控形势高度稳定，队伍战斗力全面提升，消防救援工作和队伍建设取得长足的进步。全年全区消防救援队伍共接警出动410次（火灾193起、抢险救援122起、社会救助95起），共计出动车辆756次、出动人员4928人（次）、抢救遇险群众237人，抢救财产559.5万元。开展日常检查697家次、督促整改隐患267处、临时查封13家、责令“三停”1家、罚款14.31万元。联合应急、教体、住建、文广旅、市场监管等部门成立联合检查组，开展消防安全联合检查14次。

【消防安全治理】全面推动消防安全责任制落实，按照“党政同责、一岗双责”要求，将消防工作纳入区委、区政府年度目标责任考核体系，区政府2次专题学习《消防安全责任制管理办法》，所有镇（街道）逐级签订消防安全责任书，构建起自上而下的消防责任网络。建立“四级约谈”机制，分级约谈政府领导、企业负责人和管理人177人。创新消防安全管理模式，全面推行“321”社区（农村）精准防火工作机制，8个镇完善“网格化”管理组织，发展网格员6000人。组织开展消防专项整治三年行动、城乡消防安全工作、消防安全清单制管理、消防产品质量监督抽查专项工作、科博会消防安全保卫、节日消防安全保卫等10余项专项行动，火灾四项指标大幅下降、执法六项指标全面上升。积极构建消防宣传教育体系，编发中小学消防安全教材1.5万册，启动“119”宣传月和“消防知识进社区·幸福生活进万家”活动，覆盖人群超过10万人。通过各级媒体、双微平台发送宣传信息200余条；组织师生5000余人参与消防演练、消防志愿者服务、科普教育基地开放等活动，消防宣传影响力深入人心。

【救援队伍建设】加强实战化训练，举行石化企业、大型城市综合体等全要素拉动演练9次，完善作战编成预案26份，队伍攻坚作战能力显著增强。组建3个专业攻坚队伍，将专职消防站、兼职消防队纳入作战调度体系，整体灭

游仙区魏城消防救援站

火实战能力显著增强。全力打造“一队三站”的灭火救援体系，组织召开全市小型消防站建设经验交流会，8个镇建立兼职消防力量，专兼职消防队伍建设走上稳步发展道路。积极参加市消防救援支队2020年消防综合应急演练暨大型商业综合体川北战区（绵阳）灭火救援实战演练、全省消防救援队伍第二届“火蓝尖兵”比武竞赛、全省“蓝色使命—B”地震救援拉动演练，全市2020年度全员岗位大练兵、游仙区森林火灾扑救暨火案查处演练、区消防救援大队结合全区火灾特点组织消防站按场所分类开展消防实战演练50余次，完成“科博会”、两会等安保任务。扎实开展作战训练安全专项整治工作和安全集中排查整治专项活动，深入开展年度安全创建工作，定期研判队伍安全工作形势，队伍保持高度稳定。

2020年8月16日，消防救援大队救助新桥镇被困村民

【基础设施建设】魏城镇小型消防站于4月20日投入执勤备战，招录政府专职消防员15名；石马镇小型消防站于12月完成建设，已招录政府专职消防员16名，购置泡沫水罐消防车1台、灭火药剂10吨、个人防护装备64套、山岳水域救援装备800余件、抢险救援器材200余件（套）。增配4G单兵图传设备1套、防爆对讲机10部，通信保障能力得到大幅提高，新增市政消火栓56个，完好率98%以上，满足灭火救援作战需要。（屈德鲜）

交通运输

概述

【执法监督】2020年，共办理行政处罚案件4件，罚款金额10100元。及时处置出租车投诉现场处置工作3次、参与协调解决网约车投诉调查、协调、处理会议工作7次。办理市“12345”热线和市、区信访部门交办的信访件及群众投诉共253件（含转“12328”）。配合公路管理机构处理行政赔补偿案件3件、配合区行政审批局处理行政许可案件2件。联合交警三大队在中绵路开展超限超载专项整治5次，共出动执法人员60人次、执法车辆15台次，共检测货车26台次（其中：未按规范装载5台次、超限1台次），有效遏制抛洒滴漏现象。开展公路扬尘防治专项检（巡查）18次，出动执法人员1000余人次，出动执法车辆466台次，发出整改通知书21份，检查货运车辆103台，现场整改103辆。组织全体队员学习各类法律、法规、

2020年12月1日，市人大到游仙调研交通攻坚大会战工作推进情况

游仙区交通运输执法队伍

重要文件10次，参学人数210人次，组织20余名执法人员参加2020年度全省交通综合行政执法培训考试，通过（线下）培训考试全部合格。走访砂石场、商混站、货运企业等15余家，并发宣传资料220份。组织召开安全会议5次，开展安全检查49次，发现并排除一般隐患90项，汛期安全检查8次，发放放安全生产等相关资料200余份，出动执法车辆70台次、执法人员189人次，全年无一起安全生产事故发生。在文明城市创建迎检过程中，共出动人员80人次，发放宣传资料3000余份，出动车辆27车次，纠正出租车规范停放20余车次，规范纠正不文明行为10起。

【路政管理】 2020年，开展路政宣传2次，清除非交通标牌36块，清障排障42处，清理公路垃圾300余立方米，处理违章建筑3处，处理路政赔补偿案件4起，收取公路(赔)补偿费22600元。全年，共处置打场晒粮3起，清障排障8次，维护路权2起。共处置污染公路货运车辆30台次，整治其他污染公路25起。组织安全生产法制培训2次，岗位练兵1次。开展扫黑除恶专项斗争工作，向公路沿线群众讲解扫黑除恶专项斗争重要性，发放宣传资料200余份，开展摸排工作10次。开展非洲猪瘟防控工作，共派出执法人员240人次，检查货运车辆1.3万台次。

公路建设

【概况】 截至2020年年末，全区公路通车总里程达到1888.04千米，其中，国道75.31千米，省道120.02千米，县道417.38千米，乡道610.08千米，村道665.25千米。公路密度185.47千米/百平方千米，33.24千米/万人。境内高速公路40.386千米，一级公路52.663千米，三级公路81.612千米，四级公路1710.149千米。每百平方千米公路密度185.47千米。

【国省干线公路】 省道205绕城改线（游仙段）三期工程于2020年5月底建成通车，全长13.57千米，路线为欧家坝至东林融合产业园段，道路宽24.5米（其中，融合产业园东林段道路长3.43千米，宽44.5米），按一级公路标准建设，总投资8.9亿元（其中，征地拆迁安置资金6亿元），涉及拆迁的有游仙经济试验区、游仙街道、石马镇，完成130户农房和15家企业拆迁。

【九绵高速】 九绵高速游仙段全长5.8千米（其中主线1.9千米、张家坪互通1.3千米、游仙互通2.6千米），占地57.6万平方米，全区境内总投资5.4亿元(其中征地拆迁投资1亿元），于2020年12月底建成通车。

【国道108线游仙段改线工程】 国道108线绵阳市城区过境段改线工程起于游仙区魏城镇关帝村，经仙海二环路，在小枧镇五星村接省道205线（在建）。全区境内新建约2.61千米，按一级公路标准建设，道路宽度25.5米，总投资约2.2亿元(其中征地拆迁投资1.2亿元），该项目由绵阳交发集团负责建设，游仙区负责征地拆迁安置工作。截至12月底，魏城镇基本完成房屋拆迁工作，小枧镇拆迁补偿工作有力推动。

【绵苍高速】绵苍高速游仙段起于魏城镇附近，经梓潼县至广元市剑阁县，止于苍溪县茶店乡，游仙区境内全长8.497千米（施工图初步设计阶段），路基宽度25.5米、双向4车道高速公路技术标准，征地面积约53.46万平方米，项目总投资12亿元，路线经魏城镇相关村社。截至2020年12月底，已完成青苗、林木等附着物补偿约26.67万平方米，移交施工用地20万平方米，推进房屋拆迁、住房安置用地选址和杆管线迁改工作，先期开工点“两隧一桥”已进入实质性施工建设。

【G5成绵高速扩容】G5成绵高速扩容游仙段起于魏城镇附近，止于成都绕城，全长127.7千米，其中游仙区境内全长15.76千米（施工图初步设计阶段），路基宽度41.5米、双向8车道高速公路技术标准，征地面积约149.47万平方米，项目总投资28.8亿元，路线经魏城镇、信义镇相关村社，设仙海互通、观太互通。截至2020年12月底，G5成绵高速扩容游仙段已完成青苗、林木等附着物补偿约165亩，移交施工用地130余亩。

【中玉路（原玉河镇—原梓棉乡）产业化道路】全长8.02千米，拟建为四级公路，水泥混凝土路面，路基宽6.5米，路面宽6米。计划总投资8837万元，主体工程已完工。

【朝真止语产业化道路工程】全长5.64千米，拟建为四级公路，水泥混凝土路面，其中：止语山庄停车场路基宽6.5米，路面宽6.0米；止语山庄与主线交叉口至梓潼卧龙界处路基宽度5.5米，路面宽4.5米，计划总投资3481万元，于3月全面完工。

【危桥改造项目】共涉及桥梁11座，位于游仙街道、新桥镇、信义镇、盐泉镇、仙鹤镇、忠兴镇6个镇（街道），计划总投资

游仙区“四好农村路”建设成果

834万元。

【国道108线路面中修工程】项目共分为两期，第一期游仙区国道108线2019年度养护工程项目（沉抗桥至芙蓉溪一桥）起点为沉抗桥，终点为芙蓉溪一桥，里程桩号K2061+000—K2073+000，全长12千米，于9月底全面完工。第二期游仙区国道108线2020年普通国道养护工程提前实施项目（魏城镇关帝村至新桥镇锦屏村）起于游仙区魏城镇关帝村K2056+000处，止于游仙区新桥镇锦屏村K2061+000，路线全长5千米，于10月底全面完工。

【省道公路桥梁安全防护能力提升专项养护工程】涉及游仙区内省道210、416线永和桥、广济桥、寇家拱桥、李家河堰、龙桥、罗家桥、麻石桥、齐心桥、双扇桥、兴凤桥、油房桥合计11座桥梁安全防护提升，计划总投资189万元。

【“8·11”洪灾公路水毁整治工程】第一批项目总投资662万元，其中胜黎路168万元、中绵路243万元、刘柏路251万元，第二批项目总投资487万元，其中魏城镇、信义镇、小枧镇、盐泉镇总投资280万元，新桥镇、忠兴镇、仙鹤镇总投资207万元。

【养护管理】公路养护总里程1847.66千米，其中县道417.38千米，县道优良率90%，互通公路的乡镇占乡镇总数的100%，112个村通达率100%，公路绿化90%。

运输管理

【城乡公交建设】对全区建制村通道路通客车状况进行摸底调查，瞄准制约老百姓出行的“最后一公里”，积极争取市交通运输局等部门的支持，协调市公交集团公司采取新增或延伸线路、迁移终点站等方法，新增4个村通公交车，协调市公交集团公司投入25辆小客车（统一车型、颜色、标识），以魏城、忠兴为基站，采取预约式、响应式、定制包车、赶场车、往返乡村等灵活、机动的非公交化的乡村片区运营模式，开行乡村短途道路客运，具体为魏城镇牌坊村等48个不通“通返不通”客车的脱贫攻坚建制村群众出行提供服务。

【道路运输】2020年，推进放管服改革和优化营商环境政策落实落地，取消“道路货物运输站(场)经营许可”和涉及道路运输行业的证明事项4个，不再为总质量4.5吨及以下的普通货物运输车辆配发道路运输证，实施货运车辆综检、安检、环检“三检合一”。全年新增普货运输经营281户、普通货运车辆339台，新增危货运输车辆2台，新增和更新驾驶培训教练车28辆、拓展驾培训练场地3.34万平方米，新增二、三类汽车维修共计21家。区内9所驾校执行落实“先培训后付费”等项综合改革，培训机动车驾驶员共11666人。依法受理并承办道路运输及道路运输相关服务业经营许可、备案共62件，办理运营车辆转籍过户152件，注销道路运输及相关服务经营户138户。

【海事管理】2020年，全区有各类船舶285艘，其中营业性运输船舶32艘、28艘采砂作业船舶、游乐船艇219艘、其他船舶6艘。同比2019年采砂作业船舶减少8艘，游乐船艇增加73艘。2020年组织开展“水上交通隐患大排查”“安全生产月”“百日安全专项整治”“安全知识七进”“安全生产集中专项整治”“火灾防控隐患专项排查整治”“船舶防污染专项整治”等活动。出动检查56次，检查人员168人次，检查各类船舶180余艘，印发安全宣传资料3800份，纠正和消除隐患6起。开展水路运输企业年度核查，管辖内的绵阳市好运旅游开发公司、绵阳市雷耀旅游开发有限公司、四川越王楼文化传播有限公司均通过年度核查。全年完成客运量2.7988万人，同比下降54.4%，周转量完成139.1832万人千米，同比增长62%。（李婷）

科学技术

工业科技

【知识产权】2020年，游仙区现有国家知识产权优势企业3家，省知识产权优势培育企业2家，省知识产权试点企业3家。全年游仙区专利申请2203件，授权1459件，其中发明专利申请995件，授权411件，实用新型专利申请1092件，授权946件，外观设计专利申请116件，授权102件，发明专利申请占专利总申请量的45.2%，职务发明创造专利申请1888件，占专利总申请量的85.7%，全区有效发明拥有量达1982件，居全市第一。绵阳铜鑫铜业有限公司获第二十一届中国专利优秀奖、2019年度四川专利奖二等奖。

【科技型中小企业招引和培育】2020年，游仙区建立完善科技型中小企业管理和招引机制，成立绵阳市游仙区科企发展领导小组，建立《游仙区百名成长性科技型小微企业信息动态库》，协调游仙区金融机构对在游仙区的8家中小微科技企业无抵押贷款500余万元，有效抵挡疫情冲击。全区有效科技型中小企业1249家，新增科技型中小企业67家，国家评价入库的科技型中小企业81家，新增升规入统科技型中小企业9家，技术合同登记总额7303.85万元。

【高新技术企业扶持】用好《培育高新技术企业奖励扶持办法》等多项支持高新技术产业发展政策措施，优先解决高企发展要素保障，2020年为高新技术企业争取各级资金3363万元。坚持疫情防控和高企培育“两不误”，在省市率先举办高企培育培训会，邀请省生产力促进中心专家为全区60余家企业进行高企认定指导。建立全区高企储备培育动态库，并坚持每年更新，全年新增高新技术企业15家，累计达50家，超额100%完成市下达任务，增幅居市内县区第一。高新技术产业主营业务收入完成128亿元，企业研发经费支出总额2.98亿元。

【科技服务业】 采取项目申报推荐、财税支持和业务指导等方式，助力其发展壮大。全年科学研究和技术服务业增加值完成65.43亿元，占服务业增加值（203.36亿元）的比重为32.2%，新增规模以上科技服务业1家。

【对上争取项目】 2020年，先后6次前往省科技厅汇报工作，争取到省、市科技计划项目69个，申报资金3622.55万元。其中已获得2020年省科技计划项目立项16个497.3万元，2021年省科技计划项目第一批立项8个400万元，立项经费居于全市县（市）区前列。

【“双创”活动】 10月15日，2020年全国大众创业万众创新活动周绵阳分会场在游仙区正式启动，中物院化材所全资子公司四川省科学城海天实业有限公司、中国燃气涡轮研究院、中国兵装集团自动化研究所有限公司以及西南大学、西南科技大学的专家分别进行新技术、新成果发布，游仙区对招才引智进行政策发布。

【科技交流】 3月5日、3月12日，游仙区促成西科大与兴事发、伦奇、嘉泰等企业分类开展“智慧门”“污水处理”“高分子材料”技术交流，汇总辖区中小微企业30余项检验检测设备和科研仪器，引导企业科研资源共享，助推科技企业优势互补、抱团发展。探索建立激光、核技术应用等重点产业产学研新模式，全区科技成果转移转化项目达17个。

【科技创新产业化体制机制改革集成试点】 抢抓成渝双城经济圈建设战略机遇，承担成渝地区双城经济圈建设县域集成改革试点，系统推进以科技创新产业化体制机制改革为重点的各项改革，助力打造成渝绵“创新金三角”和推动中国（绵阳）科技城建设。区级相关领导3次带队前往重庆北碚、成都考察学习，对接区域合作相关事项，促成游仙区与西南大学、游仙区与农科院签订院区战略合作协议。（张筱波）

农业科技

【游仙区与省农科院签署战略合作协议】 11月26日，游仙区与四川省农科院签署战略合作协议，将进一步发挥科研机构在高端人才集聚、产业发展集聚方面的优势，提升区域科技创新、解决实现农业农村现代化发展的重大瓶颈问题和关键技术问题，为创新型游仙建设提供科技智力及人才支撑，促进游仙农业高质量发展。

2020年10月15日，全国“双创”活动周绵阳分会场在游仙举行

2020年11月26日，省农科院与游仙区战略合作协议签约仪式

【特派员创业】游仙区科技特派员工作始终坚持以习近平新时代中国特色社会主义思想为指导，着力推进人才下沉、科技下乡，积极服务“三农”，为推动游仙区农业强、农村美、农民富提供有力科技支撑和智力支持。姜邻、刘旭两名专家被评为绵阳市科技特派员工作先进个人。（张筱波）

社会科学

【社科课题研究】2020年，区社科联积极组织单位及个人参加省市社会科学规划项目立项、课题研究和优秀社科评奖。《游仙文物》《游仙民俗》《游仙传说》《游仙歌谣》《游仙映像》在四川省第十九次社科奖（方志类）评定中分别获得二等奖、三等奖和优秀奖。《建设生态文明示范区的探索与实践》《传承竹文化打造特色校园的研究》《基层社会治理创新工作研究》等10项社科课题项目被绵阳市立项并按时结题。6项成果被绵阳市政府评为绵阳市第十七次社会科学成果奖，其中《鎏金叠翠曾家垭》被评为二等奖，《从苏易简的〈续翰林志〉看宋代的崇文尚武》《记忆小枧》等被评为优秀奖。区社科联精选汇编《游仙区2020年度市级社科研究规划结项项目和重点社科成果合集汇编》，印送游仙区领导、部门参阅，努力服务党委政府科学决策和地方经济社会发展。一批理论成果在《绵阳论坛》《绵阳智库》《绵阳市社科成果专报》《绵阳日报》等刊物分期刊发，展示游仙区社科研究的丰硕成果。

【重点调研】区社科联牵头完成《游仙区坚持问题导向统筹推进新时代文明实践全国试点》等一批调研文章，被“学习强国”平台刊用。其中：《“三抓三增强”文明乡风熏染绿水青山——新桥镇同福村调研报告》被省委宣传部评为全省“百城千县万村”调研

绵阳市第十七次社科奖获奖书籍《鎏金叠翠曾家垭》《记忆小枧》

活动优秀调研报告。牵头收集汇总历年信义游仙建设相关材料，组织相关部门召开座谈会，并进行实地调研，与市委党校联合完成《关于总结借鉴信义游仙建设经验的建议》的重点调研报告，被游仙区委办以工作通报第七期全文刊发，市政协主席李亚莲，绵阳市委常委、统战部部长经大忠先后予以批示，并送省、市宣传部门推广。

【社科普及】组织社科人士编撰《钟灵毓秀上方寺》《鎏金叠翠曾家垭》等多项社科读物。加大美丽游仙系列丛书：《游仙传说》《游仙民俗》《游仙文物》《游仙歌谣》《游仙风光》的社科普及力度，发放2000余册。与开展新时代文明实践科普宣传相融合，以深入学习宣传贯彻《四川省科学技术普及工作条例》等为载体，积极组织和参与全区文化科技卫生“四下乡”集中活动，持续开展科普进社区、进学校、进农村为内容的“三进”活动。各镇各基地围绕疫情防控、警示教育、传统文化、百姓故事开展科普宣传宣讲，讲堂文化遍布城乡。

【小小讲解员比赛】组织2020年度“爱国主义教育基地”和“社科普及基地”小小讲解员比赛。2020年10月，在富乐东原实验小学进行初赛，32名中小学生围绕越王楼、李杜祠、飞龙山、乡村博物馆、校园文化等进行精彩讲演。11月在越王楼进行决赛，并进行现场直播，7000余人师生观看直播，最终评选出5名特等奖选手、7名一等奖选手、15名优秀指导老师。

【社科组织体系建设】2020年,全区有社科类学会、协会、研究会19个。游仙区纪检监察学会坚持办好《清风游仙廉政文艺作品集》《党风廉政建设调研文章集》，游仙区法律服务工作者协会积极参与法律援助中心相关工作。切实发挥“联”的功能，基本形成重点部门、重点单位、特色乡镇、学会协会等组织与骨干精英汇聚联合的社科网络体系，会员单位和会员代表在全区各个领域发挥着积极作用，社科联干部和人才队伍不断壮大。

【交流学习】2020年，区社科联组织专家学者到小枧镇、魏城镇等开展多次学术交流指导，组织赴涪城区、江油市进行决策咨询工作考察学习，参与区委决策咨询委员会组建工作，盐亭县社科联等到游仙区进行考察交流。组织召开区社科联二届三次理事会，市社科联副主席姚辉、区政协副主席赵长兴出席会议，第二届理事会理事以及社科界的优秀代表参加会议。

【社科基地建设】2020年，游仙区已建成省市级社科普及基地3处，省级社科基地——越王楼与绵州文化普及基地开展“身在越王楼 心系黄鹤楼”捐赠物品、“大美绵阳、文明先行”新时代文明实践、“安逸四川•春回绵州”文化旅游、名家书画展演、小小讲解员比赛等主题活动。市级社科示范基地——民俗文化普及基地设在玉河博爱学校，已对近万人次免费开放，省、市、区各级领导多次到基地调研，《人民日报》等新闻媒体先后报道。2020年印制《承家风、立家训》读本1000册，制作民俗文化展板25张，多次在校内外展出。市级社科示范基地——飞龙山红军文化普及基地开展“走红路、践初心”红色主题活动，全年完成各类活动30场，发放书籍和宣传册3000余册，接待社会各界万余人次参观，现已成为绵阳市具有一定辐射力和吸引力的学习教育阵地。

文化·旅游

文化遗产保护

【概况】游仙区各级不可移动文物保护单位（点）共有506处，其中，2020年新增1处省级文物保护单位——飞龙山革命战斗遗址。截至2020年年底，游仙辖区内全国重点文物保护单位4处，分别是汉平阳府君阙、碧水寺摩崖石刻、鱼泉寺、马鞍寺；四川省文物保护单位9处，分别是李杜祠、宋哲元墓、白蝉朱家梁子崖墓群、魏城文风塔、绵阳圣水寺摩崖造像、石堂院石刻题记及摩崖造像、北山院摩崖造像及刻经、柏林王家旺天主教堂、飞龙山革命战斗遗址；绵阳市文物保护单位3处，分别是“滴米遗迹”题刻、宋李氏节孝坊、东宣乐楼；游仙区文物保护单位17处，分布在小枧、魏城、石马、仙鹤等镇。文物类型覆盖古民宅、古建筑、古桥梁、古墓葬、石窟寺及石刻、近现代史迹及代表性建筑和革命文物等。

国家级文物保护单位——鱼泉寺

【文物管理】坚持以“保护为主、抢救第一、合理利用、加强管理”的工作方针，坚持文物保护与文物综合开发利用相结合，依法加强文物保护和管理。全面落实文物安全管理责任制，区、镇（街道）、村（社区）三级层层签订落实《文物安全目标责任书》，全面落实文物安全管理责任，为文保单位安装制作安全直接责任人公示公告牌。加强日常检查巡查，建立文物安全检查记录和问题台账，并及时落实整改措施。强化文物保护基础工作，对辖区内区级以上文物保护单位的档案资料进行充实完善，对国保单位、省保单位的名录及基础信息数据进行清理、核实、上报。

【文物保护】鱼泉寺安防工程获国家文物局立项，编制方案通过省文物局消防专家库的专家评审，下达资金为421万元。鱼泉寺消防工程完成设计变更，5月开始施工，目前完成工程70%，8月因洪灾影响，部分已完成工程严重受损，正在抢修施工，确保早日完工。马鞍寺消防工程已获国家文物局立项，编制方案通过省文物局消防专家评审，下达资金485万元，完成招投标环节，11月开始进场施工，已完成工程70%。聘请有资质的公司对市保东宣乐楼抢险加固工程项目进行方案编制，争取市级文物保护专项资金20万元，5月完成竞争性谈判，同月开始进场施工，7月底全部完工，完成验收，投入使用。对存在险情的省级文物保护单位石堂院及时开展抢救性保护，聘请有资质的公司对现场进行勘察并编制应急排危修缮设计方案，设计概算经费400万余元，正在争取省级文物保护专项资金。（郭忠）

非物质文化遗产保护

【概况】2020年，游仙区现有非物质文化遗产名录共34项，其中省级2项、市级8项、区级24项（2020年新增2项）。有传承人共26名，其中市级传承人4名，区级传承人22名（2020年新增2名，取消1名）。

【“非遗”申报】组织《太极五子衍宗丸制作技艺》项目积极申报国家级“非遗”项目。完成2020年游仙区第八批区级“非遗”项目和第三批区级代表性项目代表性传承人申报工作。申报省级传习基地1个（太极五子衍宗丸）、市级传习基地2个（富乐实验中学、富乐国际学校）、市级第二批“非遗”扶贫就业工坊1个（翡翠凉粉制作技艺）。

【“非遗”保护与传承】加强游仙区非物质文化遗产保护，传承和弘扬中华民族优秀传统文化。游仙“非遗”助力疫情防控期间创作作品，美术类共计58幅、曲艺类原创3幅、传统技艺类古木造型原创2幅，捐资捐物折合现金共计约70万元；“六一”节，文昌年画开展慰问游仙困境儿童活动，免费捐赠图书价值10万元。结合“文化和自然遗产日”、全市“非遗”传承人技艺大赛及省“天府文创”大赛等活动开展丰富多彩的线上线下活动。组织《赵门武术》参加成都金牛区全国网络红拳传承人视频大赛，获得2金3银。参加第六届全国青少年网络红拳大赛，获得1金11银。全市“非遗”传承人技艺大赛，游仙传统美术类：王贞龙的《五毒驱尽吉祥生》获传承创新奖、刘准的《青山有约江中行》获创意设计奖、杨洪生的《鱼》获优秀作品奖。组织《太极五子衍宗丸》《翡翠凉粉》《米粉丝制作技艺》等“非遗”项目参加省“非遗”司联合淘宝、京东、拼多多等电商开展的“非遗”购物节，线上线下系列促销活动；组织《聋派指画》《太极五子衍宗丸》等项目，参加在三台潼川古城举行的全市文化遗产日系列活动。组织《富乐糖画》《聋派指画》进景区药王谷参加展陈。组织《太极五子洐宗丸》进五一广场，参加中医药法三周年义诊活动，以及进绵阳八角社区参加中医文化宣讲等活动，实现全年总销售额千余万元。组织“非遗”项目《聋派指画》《富乐糖画》走进七一剑南路小学、五里路小学，进行免费教学，参加全市“非遗”进校园专场演出。1月，“非遗”项目川剧变脸赴非洲三国参加欢乐春节演出。文昌年画邀请韩国驻成都领事馆张蹄壑到绵阳参观策划中日韩三国文化交流会。6月，上海东方卫视到绵阳拍摄《甜蜜中国》，记录“非遗”富乐吹糖人袁庆燕《邂逅街头儿时记忆》。8月，“高空杂技”参加CCTV—4《环球综艺秀》录制。组织越王楼、湖山音响、文昌年画、翡翠凉粉参加省首届“天府文创”大赛，越王楼的绵州记忆办公用品系列和湖山音响的“小月”多彩智能音箱，分别获得设计类和实物类铜奖。（谢菊蓉）

农村文化

【概况】 截至2020年年底，全区共建设完成21个镇（场）综合文化站、3个街道综合文化服务中心、172个村（社区）文化活动室设施设备标准化建设，并全面对外免费开放。

【文化阵地】 全区建成24个镇（街道、场）综合文化站，172个村（社区）级文化活动室，均配备电脑、音响、乐器、表演服装等文化设备，基本满足镇、村两级开展群众文化活动。2020年，投入公共文化服务体系建设、农村文化建设、文化免费开放等项目资金400余万元，实现区、镇（街道）、村（社区）公共文化服务项目全面实现对外免费开放，累计参与受益群众30余万人次。

【文化活动】 组织开展“2020年游仙区群众文艺调演”。结合春节、端午、重阳等传统节日，依托“红色文艺轻骑兵”志愿服务队，积极开展送传统戏曲下乡、传统文化读书会、读书分享、送儿童剧《哪吒》进校园等各类文化文艺活动40余次。国庆节期间，举办“迎中秋•庆国庆”书画交流笔会，游仙辖区的书画爱好者20余人参加此次活动；组织人物、山水、花鸟等70余幅书画作品进行线上展览；组织18支队伍“迎中秋庆国庆”群众广场舞展演暨第六届“幸福游仙”广场舞大赛。开展“线上好书品鉴、交流”“学雷锋感言”“最美家乡话评比”活动，号召读好书、学雷锋、爱家乡，相关活动共收集到群众投报读书心得30余份；推送线上“文艺慕课”活动20余期和读书推文30余期。

【文艺作品】 打造戏剧作品《山湾农庄的笑声》参加2020年四川省乡村艺术节群众文艺作品比赛荣获第三名，摄影作品《春天的“诗行”》入展。新冠肺炎疫情期间，通过网络平台积极组织全区文化志愿者开展“文艺抗疫原创作品征集”活动，共征集到音乐、美术、书法、文学、朗诵类原创作品80余件，并在“相约游仙”线上宣传平台将作品向广大群众发布、展示。

（张闰棋）

广播电影电视

【概况】 2020年，共投入资金750多万元，架设光缆主干线280多千米，安装有线电视用户2348户，新发展宽带用户2040户，完成辖区内广电网络双向改造。截至2020年年底，全区广播通过有线同频共缆传输方式已实现区、镇、村三级联控广播播控系统，区内8个镇、112个行政村，共建设广播点位2124处，安装喇叭4326只，广播网络干线达120千米，全面确保全区农村范围广播无缝覆盖。

【广播维护】 2020年，广播“村村响”运行正常，安排运维专项资金26.64万元确保全区境广播线路的畅通。建立省、市、区、镇、村五级应急广播体系管理平台，通过系统管理功能模块设计，实现上下系统联动、平台互联互通，使应急广播信号多渠道、多手段传输覆盖。游仙区被确定为2020年度首批应急广播体系建设项目省级支持地区，支持资金300万元。

【广电惠民】 建档立卡贫困户免收有线数字电视基本收视费。并对尚未接通有线数字电视信号的建档立卡贫困户免费接通电视信号，并配送数字电视机顶盒。全区共解决建档立卡贫困户467户，保障贫困户享受基本有线数

字电视服务。（李汶娣）

文艺创作

【概况】绵阳市游仙区文学艺术联合会（以下简称区文联），下有作家协会、美术家协会、摄影家协会、音乐舞蹈家协会、书法家协会、影视艺术家协会6个直属文艺协会，全区注册文艺会员400余人。拥有西蜀绣院、聋派指画文化艺术传承工作室、王贞龙年画大师工作室、王勇书法艺术工作室等一批文化艺术传承创作工作室。区文联团结各文艺协会，倾听协会会员和文艺工作者的意见、建议和要求，依法维护他们的合法权益。团结引领文艺家以习近平新时代中国特色社会主义思想为指引，围绕以人民为中心的服务大局，深入生活，扎根人民，把握时代主题，力推文学精品，反映新时代游仙精神面貌。

2020年11月6日，游仙区开展“到人民中去”文艺活动

【文艺作品】2020年，区文联出版散文集《心灵的旅行》《遐思迩想》、诗集《诗路绵州》，拍摄《幸福新村》《大山深处有人家》《欢聚平遥》《光雾风情 》《欢聚富乐山》《收萝卜》《你让我开心》，创作歌曲《游仙这个地方》《巡察利剑护航程》等一批文艺精品力作。1月新冠肺炎疫情发生后，围绕抗疫和复工复产创作主题鲜明的文学作品达上百件。其中，区作家协会抗疫作品陆续在“中国作家网”“中国诗词网”《四川作家》“四川作家网”《剑南文学》《绵阳日报》《绵阳晚报》等大型网站、杂志、报纸上刊发；区音乐舞蹈家协会同唱一首歌《坚信爱会赢》、创作并录制音乐朗诵作品《孩子，请记住2020年这个春天》、先后创作作品《逆风前行》《我们出征》《爱满家园》、创作歌曲《你是一个平凡的人》《你是我生命中牵挂的人》；区摄影家协会拍摄《我隔离我安全》《初一的人民公园没有人海》《节日的严查》等作品。

2020年11月20日，区作协第三次会员代表大会召开

【文艺活动】区文联充分发挥各协会和文化艺术传承创作工作室人才优势，广泛开展文艺惠民活动，丰富活动内容和载体，让文艺活动走进基层百姓学校、机关、社区，2020年举办各类文艺活动百余场次。11月6日承办“到人民中去”文艺志愿服务活动，活动内容包含文艺演出、书画创作笔会、书画捐赠仪式，形式丰富多样，获得群众一致好评；组织区音乐舞蹈家协会创作演唱抗疫歌曲，讴歌抗疫精神，在疫情期间，录制舞蹈、瑜伽线上课程，开通舞蹈教学直播课让大家宅在家也能锻炼；举办游仙区教体系统第二届教职工声乐大赛、游仙区第十届中小学生合唱比赛；组织参与天府百姓网络春晚八城大联欢暨2019年度“最美家乡人”颁奖典礼演出；参加绵阳市2020文化科技卫生“三下乡”活动，丰富基层群众的精神文化生活；组织区作协开展“美丽游仙·魅力新桥”文学创作大型采风活动；联合区作协、区语言文字工作委员会、区教育研究室一起开展新冠肺炎疫情防控征文活动。活动收到作品1274件。（沈 琴）

旅游业

【概况】2020年，游仙区全域旅游保持健康快速发展，旅游各项工作取得新进展。受疫情影响，全年实现旅游总收入76.3亿元，同比下降11.2%，接待游客920.4万人次，同比下降14.7%。

【酒店、旅行社】2020年，辖区内有星级酒店3家（富乐山九洲国际酒店5星级、富乐山开元酒店4星级、东津酒店2星级）、星级乡村酒店4家（5星级2家、3星级2家）、星级农家乐12家（5星级1家、4星级4家、3星级5家、2星级2家）、旅行社及服务网点共16家。

【景点、景区】辖区内有承载三国蜀汉文化的富乐山、唐代四大名楼之一的越王楼、全国唯一的诗仙李白和诗圣杜甫合祀的李杜祠、全国唯一的“两弹一星”博物馆。有蕴含科技文化的中华科学家公园、科技馆、娱乐风洞。全区有国家A级旅游景区3个(AAAA级2个、AA级1个)，国家生态农业旅游示范点1个，国家湿地公园1个，国家级森林康养基地1个，省级森林康养基地2个，四川省乡村旅游示范镇2个，四川省乡村旅游特色乡镇和精品村寨各1个，游仙区乡村旅游特色乡镇4个和精品村寨6个，AAAA级旅游特色商品购物点1个。

娱乐“风洞”

【文旅项目】截至12月，省市重点文旅推进项目11个，在建项目4个，总投资37.29亿元，其中省重点文旅项目4个（越王楼三江半岛景区、游仙区“芙蓉花溪”乡村振兴综合项目、川北野生动物乐园、朝阳时光项目）。市重点文旅项目2个（绵阳科技馆景区科普教育与科技旅游示范基地建设；鹤林绿洲休闲旅游基地）。加快前期项目3个（朝阳时光项目、云凤农业综合体新型康养示范基地、梦想田园建设项目）。储备项目3个（中国科技城桃李春风小镇、青龙山大型文旅综合体、绵阳市游仙区小枧生态湿地公园二期）。

【宣传营销】2020年，围绕“城市周末生活第二空间”主题定位，聚焦“线上+线下”推介；开通中国移动短信提醒，实施入境旅游精准营销；在学习强国、四川新闻网、绵阳观察等10余个网络媒体发布多篇推介报道；配合四川电视台公共乡村频道栏目组走进太乙仙山植物园、童话小镇、越王楼等完成《美丽乡村——走进游仙》专题节目录制，并于8月7日上线播出；在重庆、成都投放游仙旅游宣传片；“微信+抖音+微博+今日头条”新媒体矩阵持续联合发力，全年发布视频170余条，推文100余条，粉丝量达4.5万，传播量过千万，获赞量超21万次；依托新媒体平台开展“诗画游仙”摄影大赛春色篇、“云赏花”等线上特色活动，举办“耍嗨五一，玩转游仙”“五一”黄金周文旅活动，绵阳国际兰花园百花争艳文化旅游节、富乐花乡抖音打卡狂欢节等旅游主题活动持续聚人气、增商气，保持游仙旅游热度。（王钦　唐军　张闰棋）

教育·体育

基础教育

【概况】2020年，全区有幼儿园120所，在园幼儿14541人，区域3岁至5岁幼儿13950人，学前三年毛入园率105%；有义务教育小学30所，初级中学9所，九年一贯制学校3所，十二年一贯制学校1所（民办学校），完全中学1所。全区有省级示范幼儿园2所（民办1所），市级示范高中1所，市级示范初中、小学共16所，市级示范幼儿园11所。在校小学生26632人，在校初中学生20620人，在校普通高中学生2987人，小学、初中入学率均达到100%；有特殊教育学校1所，在校学生156人，残疾儿童随班就读209人，送教上门66人，入学率达100%；有民办非学历培训学校65所，年接受短期培训达1.8万余人次。

【主题教育活动】全面开展“扣好人生第一粒扣子 ”“我们的节日”“信义文化进校园”等主题教育活动。开展校园文化建设提升工程，抓实文化育人。举行游仙区教体系统第十届“文轩教育杯”中华经典诵读系列教育活动，不懈传承中华美德。推动形成少年宫“引领+发展”“普及+提高”健康发展模式，3所学校少年宫被分别授予

2020年9月8日，游仙区庆祝第36个教师节座谈会召开

2020年11月20日，游仙区“红色文化进校园”活动在魏城小学举行

“绵阳市示范学校少年宫”和“绵阳市特色学校少年宫”称号，游仙区教体局被评为绵阳市校外教育工作先进集体。环保教育活动全面开展，“芙蓉溪水流域保护项目”进一步深化，游仙区教体局荣获“绵阳市‘一木环保’公益活动优秀组织奖”。

【学前教育】完成魏城、高新幼儿园建设，新增学位720个，完成12所小区配套幼儿园治理并转为普惠性民办幼儿园任务，认定69所普惠性民办园，普惠性覆盖率88.46%，全区公办园在园幼儿人数占比50.94%，推进全区学前教育普及普惠发展，全面完成学前教育目标任务。

【保育教育】重视师培教研，提升保教质量。开展多种形式的培训活动，全区参培达1122人次；积极组织、引导教师参加各级各类比赛，获省级奖项24个、市级奖项48个、区级奖项156个；依托教科研究，丰富园本课程，已结题国家级科研课题、省级课题、市级课题各1个，区级课题3个；3个市级课题、1个区级课题在研，开展市、区、园级小专题研究41个。

【教育质量】新建富乐二中、富乐二小，新增学位3800个，改扩建五里路小学、开元中学等，新增学位600个，有效化解大班额问题。坚持小学教育“重基础、抓习惯、显特色”，初中教育“重能力，抓效益，铸品牌”的思路，积极探索“名校+民校”“城市学校+乡村学校”“优质学校+薄弱学校”办学模式，形成“一校七区”的富乐教育集团、“一校三区”的游仙中学优质教育办学格局。全区义务教育均衡、优质、特色、内涵发展，教育质量稳居全市前茅。2020年，学生参加各级各类竞赛获国家、省、市、区级奖励2万余人次，全区中考绵阳中学、南山中学升学人数再次实现历史性突破，富乐中学、游仙中学、富乐小学等7所学校被评为绵阳市义务教育先进学校。

【普通高中教育】普通高中坚持走特色内涵式发展之路，不断提升高中质量。开元中学秉持“开元修身，各美其美”为内涵的核心办学理念，积极探索教育规律，致力提升办学品位，立志打

富乐二中

造最好的“特长+特色+可持续发展”的人民教育。2020年高考，全区参考452人，本科上线269人。其中，重本上线42人，二本上线227人；文化本科硬上线151人，艺考本科上线118人，在全市普通高中综合评估中再获特等奖。

【特殊教育】依托特殊教育学校建立特殊教育资源与指导中心，成立由教育、残联、卫健、民政等部门及专业机构人员组成的残疾人教育专家委员会。在全区22所招收5人以上残疾学生的普通学校建立特殊教育资源教室。全面摸清适龄残疾儿童少年底数，初步构建“随班就读为主体、特殊教育学校为骨干、送教上门为补充”的特殊教育模式。保障适龄残疾儿童少年接受义务教育。2020年365名残疾儿童正常入学,其中送教上门66名，入学率达100%。深化特殊教育课程改革，探索“医教结合”模式，注重缺陷补偿和潜能开发，提高残疾学生义务教育水平。

学校选介

【绵阳市富乐实验小学】绵阳市富乐实验小学，依富乐山，傍三江水，独有的自然与人文资源成就学校清雅的治学环境和深厚的文化内涵。一校区位于沈家坝东街一号，占地15亩，建筑面积1.05万平方米，环境优美，设施设备齐全，是一所实验性、开放型城市示范小学；二校区毗邻一号桥，坐拥绵阳最美的城市环境，窗外是蓝天、绿树、青草、湖泊和浩渺的三江，占地面积约33亩，建筑面积21543平方米。

2020年末，学校有在校学生5076人，69个教学班，在职教职工203人，其中高级教师23人，一级教师72人。学校先后涌现出全国优秀教师、特级教师，省、市、区骨干教师95人。

富乐实验小学以发展学生核心素养为教育导向，以“君子风范，幸福人生”为办学价值取向，积极遵循“德育为魂，基础为优，能力为重，创新为上”教育目标，不断完善、优化育人体系（“一行两礼六节”），使教育更切合孩子心灵需要，促进学生全面、整体、和谐发展。学校以君子教育为发展引领，坚持“常规固本，文化铸魂”的治校原则，弘扬“追求卓越”校园精神，以主题教育奠定孩子做人基础，以多彩课堂夯实孩子成长基石，以综合实践激发孩子发展活力，以君子文化引领学校绚丽绽放，用一流业绩和可凸显的办学个性，促进学校全面、健康、稳定、可持续发展，让学校焕发出勃勃的生机与活力，真正办好人民满意的幸福教育。

近年来，学校先后被评为“宋庆龄少年儿童发明奖科技发明先进校”“全国篮球特色学校”“四川省文明校园”“四川省艺术教育先进学校”“四川省阳光体育示范学校”“四川省优秀少先队集体”“绵阳市基层党建AA级示范党组织”“绵阳市优秀教师团队”“绵阳市义务教育先进学校”“绵阳市未成年人道德建设先进单位”“绵阳市2020年度建设全国文明城市先进集体”“游仙区第三届名学校”。

职业教育

【概况】全区有中等职业学校4所，在校学生5320余人，在职教师420人，高中阶段入学率达98%。2020年，全区公民办中职学校招生2562人，位列全市前茅。2020年高考，游仙职业技术学校应届生本科文考硬上线22人，职教高考再次取得突破。

【职教技能大赛】游仙中职学校参加市职教成果展，获奖人数位列全市第一，组队参加市职业技能大赛获团体二等奖，30余人次分获市级一、二、三等奖。组织近50名教师参加国家级、省级和市级职教师资培训、校长培训，选派30名年轻专业教师到企业实践锻炼，16人次教师在国家、省级刊物上发表学术论文，12名教师在国家、省、市赛课或说课中获得等级奖。

【校地合作】2020年，全区深度实施产教融合、落实校企合作，扎实开展与北碚职业教育中心、绵阳职业技术学院等校地院地合作。与北方国际教育集团共建汽车运用与维修、烹饪专业，与北方钓鱼台烹饪学校共建烹饪专业，与北大青鸟集团共建计算机特色（UI设计、电子商务、程序设计）专业。各职业技术学校举办劳动预备役培训、技能品牌培训、扶贫培训、阳光工程培训等10余期，培训学员2500多人次，为地方经济建设做出较大贡献。

师资队伍建设

【概况】截至2020年年底，全区公办学校（园）教职工为2935人，其中专任教师2826人，行政管理及工勤、教辅人员109人。全区有在职四川省中小学特级教师7名，中小学正高级教师3名。

【师德师风建设】2020年开展以“铭记初心、立德修身”为主题的“师德师风建设年”活动，围绕师德师风开展学习讨论、师德宣誓、师德承诺等活动。加强师德师风的督（巡）查力度，坚决杜绝有偿补课、体罚或变相体罚学生等不良师德现象的发生，各学校（园）落实师德考核，师德考核不合格实行“一票否决”制。游仙区委、区政府举行2020年教师节庆祝活动，富乐实验小学获“教育工作先进集体”，廖聪寿等120余名教师获“教育工作先进个人”。全区大力宣传陈德勤、龚仙彦等优秀教师的先进事迹，积极营造尊师重教的良好社会氛围。

【名师工作室】2020年，游仙区人才办命名“董晋龙名师工作室”“牛会艳名师工作室”，2个名师工作室加上原来的“周文全名师工作室”“李筱华名师工作室”，全区共有4个名师工作室，游仙区教体局命名10个“名班主任工作室”。

体 育

【概况】2020年，全区中小学拥有400米标准田径场4个、200米塑胶环形跑道34个、小运动场14个、篮球场、排球场160余个，足球场40个，全区中小学拥有专职体育教师147人，全区体育教师学历达标率100%。游仙辖区现有225处村级（社区）体育健身设施，村级农民体育健身工程136个，体育场8个，室内体育馆5个，游泳池14个，有固定看台的球场5个，篮球馆3个，乒乓球、羽毛球馆10个，健身房3个，全民健身中心1个，覆盖城区市民“15分钟”健身圈基本形成，全区现有社会体育指导员3160余人，基本可满足群众的体育健身需求。

【全民健身】截至2020年年底，全区有足球、篮球、羽毛球、围棋、轮滑、信鸽、柔力球、武术、柔道、跆拳道等社会体育组织，会员上万人，共举办10余个群众喜闻乐见的单项体育赛事活动，参与群众达3万余人。全区增加83处村级体育健身设施，建成社区多功能运动场1处。全区学校全年体育场对外免费开放达3万人次，积极引导广大群众参加体育

2020年10月29日，石马镇三星博爱小学第二十六届校园艺术节暨运动会开幕

锻炼，全区常年参加体育锻炼人口比例达32%。8月8日，在开元中学举行2020年绵阳市游仙区“全民健身日”系列活动启动仪式暨职工羽毛球比赛，12月，在花样年华足球俱乐部电视塔足球场举行绵阳市五人制足球比赛。

【青少年竞技体育】10月，在绵阳江油市举行的2020年四川省青少年游泳冠军赛上，游仙区运动员夺得5金9银13铜；8月，在雅安雨城区举行的2020年四川省青少年轮滑冰球锦标赛上，游仙区运动员夺得甲组亚军、乙组第六名；8月，在宜宾举行的2020年四川省青少年跆拳道锦标赛上，游仙区运动员夺得2金1铜；8月，在达州举行的2020年四川省青少年田径锦标赛上，游仙区运动员夺得3铜；8月，在绵阳梓潼举行的2020年四川省青少年速度轮滑锦标赛上，游仙区运动员夺得1铜；在田径、足球、篮球、羽毛球市级锦标赛中共夺得团体冠军3个、团体亚军4个、团体季军3个。组队参加绵阳市青少年田径锦标赛，囊括初中组、小学组团体冠军，并打破两项市田径运动会记录，创造游仙区在市级田径运动会上的历史最好成绩。

【学校体育】2020年，全区各学校认真贯彻落实国家、省、市、区《强化学校体育促进学生身心健康发展工作方案》文件精神，扎实推进阳光体育，幸福教育活动，按国家课程标准开齐开足体育课，采取有效措施，积极开展阳光大课间活动，确保学生在校每天体育锻炼时间不少于1小时，校园体育已形成常态化。积极开展校园“三大球”活动，2020年游仙区开元中学、春蕾小学、东原小学、石马小学和玉河学校被教育部命名为“校园足球特色学校建设单位”。2020年，游仙区共有13个学校被教育部命名为“校园足球特色学校建设单位”。富乐中学、富乐小学被教育部命名为“校园篮球特色学校”，2020年由于新冠肺炎疫情影响，组织3次区级青少年体育比赛，区级校园三大球比赛只进行足球比赛，比赛场次100余场。万达学校、五里路小学、新桥小学的足球，富乐中学、富乐小学、开元中学的篮球，慈济中学、五里路小学的排球，剑南路小学的轮滑，富乐国际学校的游泳，富乐中学、万达小学的田径，富乐中学、富乐小学、慈济实验学校的健美操，徐家小学、富乐小学的花式跳绳，新桥小学的空竹，忠兴小学的棋类项目已成校园体育特色项目，全区各学校都在根据本校实际情况努力创建校园体育特色项目，“一校一品”的特色校园体育正在形成，体育后备人才不断涌现，学校体育工作呈现蓬勃向上的发展态势。

卫生与健康

概述

【概况】2020年，游仙区共有各级各类医疗卫生机构401个。其中：区级公立医疗机构4个［包括：区人民医院、区中医医院、区妇幼保健计划生育服务中心、区中心医院（属于四川省科学城医院的增挂牌子）；其他公立医院2个（科学城医院航空城分院、四川省川北监狱医院）］，4个社区卫生服务中心、8家中心卫生院，卫生院分院13家，社区卫生服务站14个，公立医疗机构门诊部3个，200个村卫生室；学校及事业单位医务室（卫生所）6个，民营医疗机构147个包括：民营综合医院3个（绵阳开元医院、游仙康耀医院、瓦子医院），民营综合门诊部7个，中医门诊部1个，口腔门诊部2个，诊所134个。

【构建医疗卫生服务新体系】通过推进镇域多点型医合体建设，形成以建制镇卫生院为核心的镇域医疗中心和推进区域紧密型医共体建设，形成以区级公立医疗医院为核心的片区医疗中心，以及推进市域共享型医联体建设，形成以辖区三级医院为核心的城市综合医疗中心，实施“六统一”（即：统一党建工作、统一人员使用、统一基本医疗、统一

2020年1月13日，游仙区镇域多点型医合体建设工作推进会召开

基本公卫、统一设施设备、统一财务管理）。完成8个镇域多点型医合体建设工作，基层医疗机构基本实现“三升两降一优化”的管理成效（“三升”指基层医疗机构服务能力持续提升、基层医务人员劳动报酬合理增长、患者满意度逐步提高，“两降”是指基层医疗机构运行成本减低、患者医疗费用支出降低，“一优化”指医疗资源布局不断优化）。

【健康扶贫】落实“九免三补助”“先诊疗后付费”等扶持政策，组织辖区各医疗卫生单位积极为贫困户修缮住房、购买家具家电、改善居住条件，提出健康扶贫+小规模养殖产业扶贫的方式帮助脱贫，每年集中为贫困户开展一次全面健康体检，家庭医生服务团队定期上门对贫困户进行健康随访，排查健康问题，进行健康生活方式指导，对于健康出现问题的贫困户做到早发现、早干预、早治疗，避免贫困户生大病、生重病。

【卫生健康项目建设】争取中国初保基金会捐赠医疗设备90台（件），储备卫生健康项目18个，累计向上争取各类卫生健康专项资金1.81亿元，完成率362.16%；总投资4亿元的区妇女儿童医院、区老年医学中心、区公卫医疗中心全部开工建设。区人民医院、中医院、妇幼保健院通过电子病历三级评审，忠兴中心卫生院通过电子病历一级评审。

【社会心理服务体系建设试点】梳理部门责任清单，明确镇、街道工作责任，重点研究辖区内高等院校、戒毒所和监狱试点工作推进。区教体局成立游仙区未成年人心理健康辅导站，配置专（兼）职心理咨询教师，采用团体辅导或个别辅导的形式，动态收集师生心理健康状况，定期对具有心理困扰的学生开展日常心理辅导和咨询活动，帮助未成年人解决心理困扰。区总工会成立游仙区“职工之家·心灵驿站”，为广大职工特别是新生代产业工人、异地务工人员提供心理咨询、心理疏导、心理援助服务，帮助其减轻压力，提高幸福感，开展心理咨询7000余人次。在残疾人康复中心设立心理健康咨询室，为康复人员提供心理咨询服务，已提供咨询服务20余人次，康复训练60余人次。区政法委依托基层综治中心，在原精神卫生综合管理小组职能基础上，率先在新桥镇综治中心建立心理疏导干预室，配备专（兼）职心理服务工作者，开展心理健康教育、健康咨询等服务。通过心理疏导干预，共排查调处各类矛盾纠纷376件，启动联调机制调处57件，引导司法诉讼途径8件，调处成功率99.2%，化解信访稳定历史遗留问题12件。

【全国健康促进县（区）创建】编制实行《健康游仙2020实施方案》《游仙区创建四川省健康促进区工作实施方案》，区财政先后投入1000万元用于疾控中心标准化建设及基层医疗卫生机构建设；投入500万元，用于健康绿道、健康步道、健康主题公园、体育锻炼场所等基础设施建设；投入2000万元用于学校操场改善；投入600万元用于举办各类全民健身活动开展，健康促进工作纳入财政预算立项。全区各类体育场所551个，其中公共健身场所247个，公共体育场地、设施开放率100%，人均体育场地面积1.72平方米，经常参加体育锻炼人口67%；区卫健系统开展大型健康知识讲座500余次、生活垃圾无害化处理达98%，工业企业污染

2020年10月26日，国家社会心理服务体系建设试点工作调研督导组到游仙区实地调研

物排放稳定达标率100%，集中处理率98.1%，全区建成污水处理厂（站）25个，城区生活污水集中处理率85%；全区在公路沿线、城区、镇乡分别实行“绿带工程”“绿肺工程”“拥翠工程”人均公共绿地面积17.18平方米以上；大中型建设项目“环评”和“三同时”执行率达100%，农村卫生厕所普及率达87.78%。无害化厕所普及率达80.85%，城区三类以上公厕100%。全区建成健康社区93个，健康家庭776户，建成健康主题公园2个，国家卫生乡镇2个，省级卫生乡镇16个；全区居民健康知识知晓率65.20%，健康行为率达25%。

疾控防疫

【传染病防控】2020年共报告法定传染病23种2079例，报告发病率582.35/10万，比2019年同期（6359例）下降67.31%。共处置传染病预警信息179条。现场处置传染病报告病例及群体突发事件38起，整理分析并撰写调查分析报告46期。对2例新冠肺炎确诊病例、3例新冠肺炎疑似病例、13例不明原因肺炎病例进行流行病学调查，对110名密切接触者进行追踪、定点留观医院集中隔离、核酸检测；发生流浪犬咬伤多人事件3起、疑似食物中毒事件10起、腹泻病人霍乱快检阳性调查3起、学校卫生群体事件5起（诸如病毒聚集性发病3起、流行性感冒聚集病例2起）、饮用水投诉6起，通过流行病学调查、事件现场控制、环境消毒技术指导，各类突发公共卫生事件均及时得到有效控制，未使疫情进一步扩散。

【血吸虫病防治】全年查螺61.3万平方米，查出有螺面积1.86万平方米，送检钉螺753颗，未发现阳性钉螺。完成血吸虫病监测点（小枧镇八龙村）现场查螺工作，实施查螺面积6.02万平方米，查出有螺面积1310平方米，压检钉螺37颗，未发现阳性钉螺。

2020年10月28日，全国健康促进县（区）国家技术评估组到游仙进行考评

【精神障碍患者管理】2020年，全区登记在册严重精神障碍患者2259人，检出率4.88‰，在管患者2148人，管理率95.09%，规范管理率94.91%，居家治疗患者1849人，体检率55.87%，稳定率92.60%；服药1882人，服药率83.31%，规范服药率59.54%；全年筛查疑似患者74人，新建档患者119人。健全精神卫生工作协作机制，积极与相关部门进行信息交换与共享，推进精神卫生综合管理小组及关爱帮扶小组建设，覆盖率达100%。

【慢病监测】2020年，共报告死亡3212例，报告粗死亡率650.11/10万；死亡漏报<5%，填卡率95%，及时率95%，多死因链填写完整率>67%。完成两轮肿瘤监测工作督导，肿瘤系统统计恶性肿瘤新发病例925例，年粗发病率189.52/10万，死亡739例，肿瘤粗死亡率151.41/10万，死亡/发病比0.79。组织开展心脑血管事件报告培训1期，全区共报告心脑血管事件2649例次，报告发病率542.76/10万，报告率94.39%，随访4146人，卡片填写完整率、准确率、及时率均大于95%，审核率100%。儿童伤害监测覆盖123所幼儿园、中小学校，覆盖率100%，覆盖学生57063名，全年报告儿童伤害91例，儿童伤害发生率140.13/10万。

【免疫规划】2020年共报告接种国家免疫规划疫苗90417剂次，较

2019年同期报告接种减少2655剂次，2020年国家免疫规划类疫苗累计报告接种率达99.57%。乙肝疫苗第一剂及时接种率96.84%，非免疫规划类疫苗共计报告接种117621剂次，较2019年同期报告接种增加27096剂次。协助市疾控中心完成随机抽取的涪江社区、新桥、仙鹤医联体、小枧和仙海风景区人民医院5个接种单位免疫规划疫苗接种率调查。游仙区继续维持较高的疫苗报告接种率，全区疫苗针对传染病发病持续下降，无疫苗针对传染病的暴发流行。

2020年全年应查验小学和幼托机构人数14228人，实际查验14228人，查验率100%，其中托幼机构查验9621人，查验率100%，小学查验4607人，查验率100%。2020年所查对象中，持证14215人，持证率99.90%；应补证13个，实际完成补证13个，补证率100%；全年各级幼托机构和小学漏种儿童219人，完成全程补种人数213人，补种率97%。全年各级幼托机构和小学219名漏种儿童漏种各类疫苗362剂次，实际完成补种352剂次，补种率97.23%，其中幼托机构应补种271剂次，实补种267剂次，补种率98.52%，小学应补种91剂次，实补种85剂次，补种率93.40%。

【艾滋病防治】严格按照“存活感染者和病人超过300人的县（市、区）”“及时将抗病毒治疗工作向乡镇卫生院、社区卫生服务机构延伸”的要求，在原设立的10个下沉工作试点医疗机构的基础上，将相关病人信息下沉至基层医疗机构。全年全区医疗机构共完成艾滋病检测149011人次，检测人数占全区常住人口（461601人）的32.28%（目标为25%）。初筛阳性352例，确诊阳性126例，确诊阳性率为0.085%。应检测的528人中完成艾滋病感染者和病人CD4细胞检测513人，检测比例为97.16%(目标为90%)。完成感染者和病人阴性配偶HIV抗体检测64人，完成率为100%（64/64，目标为85%）。接受抗病毒治疗505人，完成率为94.57%（505/534，目标为90%）。完成暗娼人群干预4198人次，完成检测444人；男性行为人群干预3852人次，完成检测641人。

【结核病防治】区疾控中心结防专业人员分别于4月、5月、9月、10月到游仙职业技术学校、西南科技大学城市学院等大、中专院校开展学校结核病专题讲座。将结核病筛查纳入新生体检，辖区寄宿制初中、高中、职业学校及高校入学新生结核病筛查率达100%，实现全覆盖。在“3·24”世界结核病日前后，分别通过健康游仙、游仙疾控公众号和直播游仙、抖音短视频等平台推送结核病和新冠肺炎防控相关知识，3月19日至24日，在“游仙疾控”公众号上开展结核病和新冠肺炎科普知识有奖知识问答，参与人数达1.5万人次。印制宣传海报和折页5000份下发给基层医疗机构。全年大疫情报告辖区可疑肺结核病患者380例，其中转诊到位106例，追踪到位88例，其他方式到位182例，未到位4例（其中死亡2例、查无此人1例、拒绝就诊1例），总体到位率达98.95%。

【卫生监测】完成城区武引自来水公司、各镇（包括农科区和仙海风景区）集中式供水单位基本情况调查和枯水期、丰水期出厂水、末梢水及每月城市龙头水监测，共计监测水样390个，监测结果值录入全国饮用水卫生监测信息网。对辖区内4家二级医疗机构进行4轮次、8家乡镇中心卫生院（医合体）及所管辖14家乡镇卫生分院、3家社区卫生服务中心进行2轮次、73家个体诊所（包括私立医院）进行2轮次、54家个体诊所（包括私立医院）进行1轮次的消毒效果监测。因新冠肺炎疫情防控需要，特增加所有卫生院发热门诊消毒效果监测以及8家乡镇中心卫生院、区人民医院、游仙区中医医院、区妇幼保健计划生育服务中心转运救护车消毒效果监测。第二季度对4家县级医疗机构进行消毒效果监测，监测结果上报区卫健局和市疾控中心。新冠肺炎疫情防控期间，对绵阳市第三人民医院开展疫源地消毒效果监测和评价。全年对116所托幼机构开展消毒效果监测2轮次，监测结果上报区卫健局、区教体局和市疾控中心。完成蚊类，蝇类，蟑螂等病媒常规监测工作。协助区卫生执法大队对辖区36家公共场所进行卫生监测，对

18所中小学校进行教学环境监测。监测辖区医疗机构污水44份（包括仙海医院3份）。完成绵阳市疾控中心、安州区疾控中心、红原疾控中心、红原水务局、仙海自来水公司等单位的委托水样监测395个。完成区教体局委托的40所公立学校教学环境监测。

妇幼保健

2020年6月12日，游仙区2020年预防艾滋病、梅毒和乙肝母婴传播项目技术暨技术培训会召开

【预防母婴传播】调整游仙区预防艾滋病母婴传播管理办公室，配齐专职人员4名，实行领导和专职人员分片包干，责任到人。加强三线管理机构工作协同，每月定期参加市级、区级三线管理机构工作沟通协调会，确保信息互通共享。细化2020年游仙区预防母婴传播工作要点，建立阶段性重点工作清单，通过培训、督导及日常管理，督促辖区机构落到实处。下发《游仙区乡镇艾滋病防治专职人员预防艾滋病母婴传播工作手册》《村级妇幼保健工作资料汇编》等工具书，供辖区工作人员参考学习。下发《关于建立孕情第一时间发现工作机制的通知》，要求各机构结合实际，制定或建立好相关工作制度和工作流程，并抓好督促落实。与辖区所有民营医疗卫生机构（156家）签署2020年预防母婴传播目标管理责任书。组织区级培训6次，489名相关工作人员接受培训。开展预防母婴传播工作专项督导与考核和“三线”管理联合督导2次共计4次。梳理重点人群，建立感染育龄妇女及男性单阳家庭育龄妇女台账，进行专案管理，应管尽管，管理率达到100%。对感染孕产妇及其所生儿童“一对一”专人管理，落实综合干预，对感染儿童个案进行评审，梳理管理服务漏洞，完善服务流程，做到无缝衔接。落实三线管理机构每月交换信息工作机制，每季度核查项目咨询检测登记册、育龄妇女登记册等台账与报表数据，提高信息质量。制发《预防艾滋病、梅毒和乙肝母婴传播知识》《消除艾滋病、梅毒和乙肝母婴传播公众应知应会十条》等宣传折页4种，宣传专栏2种，2020年，共891人参与扫码答题，知晓率为91.92%。统一采购医用一次性防护服160套、防雾防溅面罩510个，满足临床工作需要。

【农村妇女两癌检查】印发《游仙区2020年农村妇女两癌检查项目实施方案》；召开2020年农村妇女两癌项目检查协调会；举行农村妇女两癌项目检查外送检查招标竞争谈判会，现场确定中标公司；开展两癌项目工作综合线上培训1次；统一印制下发两癌筛查宣传折页5000份。2020年，宫颈癌任务数5000人，检查5391人次，任务完成率107.82%；阴道镜344人，组织病理学检查175人。乳腺癌筛查任务数1000人，检查1085人，完成率108.5%。

【孕产妇保健】举办孕产期保健管理培训1次，基公项目孕产妇培训1次，2020年四川省儿童健康管理集中网络培训1次，培训人员686人次。开展督导4次、绩效考核与指导2次。落实高危孕产妇和高危新生儿筛查、分级管理和分级转诊制度；紧盯重点环节早孕建卡、住院分娩、产后访视、新生儿访视，重点人群高危孕产妇、高危儿、体弱儿、流动孕产妇、流动儿童的筛查和管理，全面规范孕产妇、儿童健康管理服务，切实提高孕产妇、儿童健康管理率。2020年度基本公卫市级绩效考核，游仙妇幼持续稳居全市第一。全区产妇数4404人，孕产妇系统管理1388人，系统管理率98.58%；筛查并管理高危孕产妇1885例，高危产妇发生率42.80%。孕产妇死亡1人，孕产妇死亡率为22.47/10万，省、市、区评审结论为不可避免死亡。

【0—6岁儿童保健】开展托幼机构卫生保健管理暨0—6岁儿童眼保健和视力检查培训1次，0—6岁儿童健康管理、整改、提高培训1次，制定《游仙区0—6岁儿童眼保健及视力检查工作方案》《关于深化0—6岁儿童残疾筛查工作实施方案》，落实早产儿保健、儿童眼保健及视力检查工作。2020年全区0—6岁儿童23786人，保健管理23416人，保健管理率98.44%，眼保健和视力检查率96.91%，6岁儿童视力不良率4.16%。5岁以下儿童死亡14人，死亡率3.15‰，婴儿死亡9人，死亡率2.02‰。

【托幼机构卫生保健】下发《关于做好2020年春季、秋季儿童入托前健康体检工作的通知》，举办托幼机构卫生保健管理线上培训1次，培训人员483人。开展综合评估及业务指导31家、卫生保健工作调查102家。全区托幼机构现有专兼职卫生保健人员126人（专职20人、兼职106人），保教人员2006人，全年取得健康合格证1788人，健康持证率89.13%。在园儿童15860人，健康体检15734人，健康体检率99.21%。新入园儿童4526人，入园体检4505人，入园体检率99.55%。

【叶酸项目】培训32个机构86名工作人员，培训后考核合格率100%，统一印制《给准妈妈的一封信》《国家妇幼惠民政策有哪些》宣传折页1万份，全年机构活产数3976人，死胎、死产3人，出生缺陷29人，出生缺陷率72.94/万，较2019年100.89/万有较大幅度下降，下降率27.70%。目标人群服用叶酸人数3477人，任务完成率119.90%。

【自愿免费婚检】结婚登记3017对，免费婚检2915对，婚检率96.62%（目标≥95%），较2019年同期上升0.74%。全年微信公众号发表优生优育科普保健文章49篇，优生优育健康指导25030人次，覆盖率达96.7%。全年全区孕优检查任务为3140人，实际完成孕前优生健康检查4446人，其中男性2083人、女性2363人，完成率达141.6%，全市排名第一。

【新生儿疾病筛查】继续扎实推进新生儿疾病筛查及听力筛查工作，全区新生儿疾病筛查3962例，筛查率99.65%；串联质谱筛查1917例，筛查率48.21%；新生儿听力筛查3877人，筛查率97.51%；培训13个机构66名工作人员，考核合格率100%；辖区13家机构30名采血人员参加市级新生儿遗传代谢病筛查技术培训班，并取得培训合格证书。

【医联体建设】加强与四川大学华西附二院对接，远程会诊、人才培训、手术示教成为常态，全年开展远程会诊21人次，绿色通道转诊7人次，专家到院教学培训8次，派出轮训进修7人，连续2年开展党建共建活动。

【项目建设】区妇幼保健院第二院区业务综合楼项目于2020年11月15日施工进场，计划总工期540天，2022年5月完成建设并投入使用；小枧镇紫阳村托育服务项目预计2021年6月完成建设；月子中心托育项目，至年底处于方案设计和专家论证阶段，计划引入第三方资本进行高标准打造和运营。围绕妇女儿童生命全周期医疗保健服务的“一院三址”（医院本部、第二院区、托育月子中心）发展格局基本形成。

健康教育

【健康宣传】结合新冠肺炎疫情防控工作，通过翻印、编制和发放《新型冠状病毒肺炎公众预防指南》《新型冠状病毒肺炎预防知识问答》等健康教育宣传单、手册、海报等15万余份，制作专题宣传栏近300期。结合各类卫生主题日，通过“健康游仙”“游仙疾控”等微信公众号和手机短信，及时推送健康教育知识以及各类健康促进活动信息，全年累计发送健康教育知识120余条，开展全民健康素养提升直播讲堂8期。进一步完善富乐山健康主题公园、游仙西路健康一条街、小枧新华社区等健康支持性示范场所硬件设施，及时归档各类创建工作资料，通过国家级健康促进区现场技术评估。全年，开展辖区基层医疗卫生机构基本公共卫生健康教育服务项目培训2次，培训人员160余人次，进行工作督查、指导、考核5轮次。各医疗卫生机构全年共发放健康教育宣传印刷资料近70种562781份，播放健康教育音像资料365种43512小时，设置和更新健康教育宣传专栏287个1807期，开展卫生主题日健康咨询活动337次，现场参与人数达31342人次，开展健康讲座472次，参与讲座人数达56922人次。

【卫生创建】2020年创建省级卫生乡镇1个（小枧镇），省级卫生村21个、省级卫生单位2个、省级无吸烟单位4个、市级卫生单位19个、市级无吸烟单位4个，健康细胞3个。推进新桥镇创建国家卫生乡镇。

【健康体检】2020年新冠肺炎疫情期间，在绵阳滞留人员和就近从业人员急剧增加，全年共办健康证17849人次，较上年度增长约10%。深入推进学校体检工作。全年开展入校新生PPD筛查2万余人，胸部X线检查并出具报告6000余人，抽血化验检查6000余人。

人口和计划生育

【概况】2020年，全区总人口为425569人，已婚育龄妇女71512人，出生人口2280人，出生率为5.31‰，与2019年同比减少405人，一孩出生1294人，一孩率56.75%，二孩出生984人，二孩率43.16%，多孩2人，死亡人口2493人，死亡率为5.8‰，人口自然增长率4.977‰，政策生育符合率99.9%，出生人口性别比为104∶100。

【计生三金】2020年，落实农村部分计划生育家庭奖励扶助对象共25180人；计划生育家庭特别扶助对象1135人，独生子女父母奖励对象共24688人。全年发放计生奖扶、特扶资金共计3556.7万元，开展计生特殊家庭免费体检、家庭医生服务，落实双岗联系人的走访联系制度，为每户送上200元慰问金，发放走访联系慰问金29万余元。

医院选介

游仙区中医医院

【概况】绵阳市游仙区中医医院（绵阳市第三人民医院游仙分院）是由游仙区人民政府主办、绵阳市第三人民医院全面经营管理的一所中医特色鲜明、学科重点突出、技术实力雄厚的二级公立医院。医院于2019年12月5日被正式授予“二级甲等中医医院”，是四川省中医药信息学会会员单位、绵阳中医医疗集团副理事长单位、游仙区医疗联合体副理事长单位、游

2020年10月14日，游仙区召开全区人口监测及家庭发展、妇幼健康推进会

仙区中医药学会会长单位、游仙区涪翁中医药发展促进会会长单位、游仙区医学会副会长单位、四川省数字化医院及爱婴医院，市级法治示范医院、市级平安医院。医院位于游仙区游仙西路87号，占地面积1.5万平方米，建筑面积2万平方米，编制床位120张。医院有人员182人，其中：编内员工20人，编外员工145人，返聘专家7人，试用期10人；高级职称22人（其中正高2人、副高20人），中级职称29人；研究生5人，本科97人，专科56人。

【业务工作】医院开设有门诊部、急诊科、针灸科、口腔科、治未病科（体检中心）、内科、儿科、老年病科、妇产科、外科、骨伤科、血液透析中心、手术室、麻醉科等10多个临床专业学科，其中骨伤科、针灸科、肛肠科为市级重点专科。医技科室有药剂科、医学检验科、超声诊断科（心电图室）、放射科、胃肠镜室等，配备有超导磁共振、德国西门子螺旋CT、骨密度测定仪、经颅多普勒、移动C臂X光机、德国进口腹腔镜、电子胃肠镜（日本）、体外震波碎石机、前列腺电切镜、膀胱镜、迈瑞彩超、血液回收机、美国贝克曼全自动生化分析仪等大型先进医疗设备。2020年12月，医院成立血液透析中心，由市三医院一体化管理。医院设有中医名医馆，秉承“仁心仁术，至精至诚”的中医文化传统，常年聘请中国科学院院士邓稼先的保健医师、泌尿外科专家李锦秀主任医师，西南地区肛肠专家陈德辉副主任医师，绵阳市名中医专家文国刚、张晓华副主任医师，绵阳市名中医、儿科专家羊裔文副主任中医师等省、市名老中医到院坐诊，将中医传统理论与现代医学技术有机结合。

【人才培训】2020年组织职工院内业务培训11次，开展专业技术考试、考核2次，选送7名优秀医护人员到院外进修；2020年申报并开展院内新技术11项；举办省级中医药继教项目《中西医治疗慢性疼痛》、市级继教项目《疼痛护理质量管理与能力提升》培训。

【医疗工作】与绵阳市强制隔离戒毒所、绵阳市拘留所、绵阳市禁毒办、游仙区派出所等签订医疗合作协议，改造吸毒病残特殊病房，托管市强戒所医务室；完成游仙区学生高招体检、绵阳市军分区2020年度征兵体检及绵阳职业技术学院、英才学校、仙海公安局警训基地等体检工作，体检人次合计1.39万人次；与游仙7个中心卫生院、3个社区签订医共体建设合作协议；与周边社区共建“健康社区”，开展社区健康知识讲座20次、义诊9次；积极配合游仙区卫健局，调派人员参与疫情防控等医卫保障工作；2020年门、急诊诊疗59426人次，入院4954人次，出院4978人次，手术1075台（次）。（龙 旭）

绵阳市游仙区富乐街道社区卫生服务中心

【概况】绵阳市游仙区富乐街道社区卫生服务中心（以下简称中心）是2008年4月与绵阳市游仙区东方医院（前身为原朝阳机器厂职工医院，2002年移交游仙区）整合而成，位于游仙区仙人路二段三号，下设2个社区卫生服务站和1个预防接种门诊，是四川省示范社区卫生服务中心、绵阳市中医医疗集团成员单位、绵阳市中医院定点指导医院、全科医学社区培训基地。中心占地面积5932.74平方米，业务用房面积4208平方米，编制床位60张。2020年有职工45人，中高级职称专业技术人员21人，设有内科、外科、妇科、中医科、口腔科、预防保健科、全科医疗科、康复理疗科、药剂科、检验科及医学影像科及公共卫生科等10余个科室，承担着辖区1个街道和4个社区居民共计5.6万余人的基本公共卫生服务和基本医疗服务工作。

【基本医疗】与绵阳市中医医疗集团签订医疗合作协议、与绵阳市第三人民医院签订科院联盟协议及远程医疗合作协议、与绵阳市四〇四医院签订分级诊疗制度、医联体远程诊断项目——心电图协作协议、与游仙区中医医院签订双向转诊协议及医联体合作协议。市级、区级专家对中心疑难重症病例进行远程医疗、在线会诊，同时，定期到中心开展临床查房和理论教学；开展分级诊疗，建立双向转诊绿色通道，执行分级诊疗优惠政策。通过与上级医院建立医疗合作、科院联盟，实现资源共享，互惠共赢、共同发展、实惠百姓目标。2020年受新冠肺炎疫情影响，基本医疗业务量较2019年同期减少，门诊诊疗人次12181人次，住院503人次。未出现医疗事故及不良事件。

【公共卫生】全面推行基本公共卫生“无纸化”服务工作，对辖区31069人建立健康电子档案。高血压管理1376人，随访7154人次；糖尿病管理624人，随访4746人次；重精管理95人，随访557人次；孕产妇规范管理339人；0—6岁儿童管理2224人；中医健康管理1612人；健康体检1634人次。组建8个家庭医生服务团队，居民签约6407人。8个家庭医生服务团队由二级以上医疗机构专家、全科医师、社区护士及公卫人员组成，不定时到各社区开展健康教育宣传、义诊、健康咨询、体检等服务，使基本医疗和基本公共卫生信息互通和有效联动。

【人才培养】2020年，选送业务骨干1名参加四川省骨干医师培训；选派3名执业医师参加四川省全科医师岗位培训；选派1名主管护师到上级医院进修护理专业。有绵阳市中医药专家库专家及游仙区中医药专家库专家1人；担任绵阳市中医医疗集团心血管专委会成员及游仙区内科质量控制专委会副主任1人。

【基础建设】2020年，中心投资4.42万元对综合楼过道地板及发热病人通道进行改造提升，改善病人的就诊环境，规范发热病人通道管理。（陈 勤）

社会民生

城乡居民生活

【概况】2020年，游仙区克服新冠肺炎疫情带来的不利影响，扎实做好“六稳”工作，全面落实“六保”任务，经济运行持续恢复向好，全年居民收入稳中有升，消费支出逐步恢复。

【城镇居民生活】2020年，游仙区城镇居民人均可支配收入46584元，同比增长6.0%，其中：工资性收入29832元，同比增长7.6%，经营净收入3645元，同比下降5.5%，财产性净收入3649元，同比增长3.4%，转移性净收入9458元，同比增长7.1%。全年城镇居民人均消费支出29757元，同比增长0.9%，其中：食品烟酒支出9571元，同比增长8.0%，衣着支出2392元，同比下降1.7%，居住支出5957元，同比下降0.6%，生活用品及服务支出2082元，同比下降2.2%，交通通信支出3918元，同比增长14.6%，教育文化娱乐支出3159元，同比下降17.5%，医疗保健支出1727元，同比下降5.0%，其他用品和服务支出951元，同比下降5.2%。

【农村居民生活】2020年，游仙区农村居民人均可支配收入20628元，同比增长9.0%，其中：工资性收入8772元，同比增长8.1%，经营净收入7566元，同比增长9.4%，财产性净收入755元，同比增长5.8%，转移净收入3535元，同比增长10.8%。全年农村居民人均消费支出16028元，同比增长7.9%，其中：食品烟酒支出5514元，同比增长5.3%，衣着支出953元，同比下降2.5%，居住支出2957元，同比增长10.3%，生活用品及服务支出1021元，同比增长14.5%，交通通信支出2868元，同比增长20.1%，教育文化娱乐支出1103元，同比下降3.9%，医疗保健支出1311元，同比增长7.6%，其他用品和服务支出301元，同比下降4.2%。（邓琳）

社会福利

【概况】2020年，游仙区落实儿童福利、“两残”补贴、农村留守儿童、困境儿童、事实无人抚养儿童和孤儿保障等福利政策，对10个镇（街道）的12个“儿童之家”进行阵地改造提升，全年

2020年12月12日，游仙区“守护花蕾”留守困境儿童关爱项目活动在信义镇开展

发放“两残”补贴595.972万元，发放事实无人抚养儿童、孤儿基本生活保障金34.83万元。

【残疾人“两项补贴”】2020年，游仙区通过个人申请、村评户议、镇（街道）核实、残联审核、区民政局审批方式，发放困难残疾人生活补贴26550人次，265.5万元。发放重度残疾人护理补贴52131人次（其中一级23271人、二级28860人），330.47万元。全年“两残”补贴共计发放595.97万元。

【儿童保护保障】2020年，游仙区严格落实未成年人保护工作，进一步完善相关数据信息收集和录入，全面落实监护协议书的签订，定期走访散居事实无人抚养儿童、孤儿和困境儿童家庭，全面消除和巩固辍学适龄儿童上学、困境儿童上户问题。统筹资源和资金，采取政府购买服务方式，引进社会组织全力推进儿童关爱保护保障网络建设，开展“迎新春暖万家”春节慰问、“百镇千村·助爱牵手”儿童关爱服务和“六一”慰问等活动。构建农村留守（困境）儿童社会保护网，按照局部布点、整体联动思路，打造关爱网络，维护未成年人合法权益。全年通过低保方式救助满16周岁未成年人273人。协助海南成美慈善基金会为66名事实无人抚养儿童发放生活费10.36万元。为4名年满18周岁大专和本科生申请孤儿助学金，发放经费3.25万元。解决6名事实无人抚养儿童实行补差基本生活补贴2.93万元。发放临时价格补贴1.03万元，累计解决全区26名孤儿基本生活费30.86万元。投入60万元对10个镇（街道）的12个“儿童之家”进行阵地改造提升。设立8个镇（街道）救助服务点，有效履行政府临时监护职责，落实家庭困难农村留守（困境）儿童保障政策。（吴曙东）

婚姻

【概况】2020年，游仙区结合疫情防控形势要求，积极开展婚姻登记、档案整理移交和规范化建设工作。全区共办理结婚登记3117对，办理离婚登记1914对，补发结婚证1914对，补发离婚证119人，查询婚姻登记档案900余人次，完成2007—2015年共计66750份婚姻档案移交工作。

【婚姻登记规范化管理】2020年，游仙区坚持依法行政、创先争优，严格按照“首问责任”“一次性告知”“限时办结”等制度，提供快捷、优质、文明、高效服务，确保婚姻登记工作有序进行。常态化做好疫情防控，落实婚姻登记场所消毒措施和疫情防控知识宣传。持续开展“延时服务”、上门服务、预约登记、档案整理移交等工作。积极组织民法典学习和婚姻登记业务培训，对宣传栏、相关表格和婚姻登记证件等设施设备、资料及时更新，为民法典施行做好充分准备。（吴曙东）

民族宗教

【民族工作阵地建设】2020年，全区有36个少数民族5000余人，其中城市社区少数民族常住人口3600余人，属于少数民族散杂居地区。结合游仙各民族分布状况，根据全区城区少数民族聚居区域布局，采取中心社区示范引领，辐射带动周边区域，全面覆盖城市社区的方式，开展以区统战群团中心为主阵地，打造剑南路东段沿线开元场片、绵盐路线沈家坝片和绵梓路线游仙街道试验区片，形成“一点三线三片”的城市民族工作新格局。以区统战群团服务中心为主阵地，设立城市民族工作服务窗口，打造城市民族工作规范化建设“同心基地”。以富乐街道东街社区为示范点，辐射带动绵盐路沿线，建设民族团结进步沈家坝示范片。以游仙东路社区为示范点，辐射带动绵梓路沿线，建设民族团结进步游仙街道经济试验区示范片。以涪江街道开元中街社区为示范点，辐射带动剑南路东段沿线，建设民族团结进步开元场示范片。

【民族团结进步创建】编制《打造民族团结进步示范街区实施方案》，打造经济试验区东路社区民族团结进步示范街区。巩固东街社区民族团结进步工作法，民族工作站协理员余富强被省人民政府评为民族团结进步模范个人。开展开元中街社区党派结对共建，针对该片区少数民族经商居家较多的特点，在抓好融合上下功夫，推行城市民族工作日常积分管理服务办法，由中街社区牵头探索形成辖区居民围绕城市民族工作“三制度一办法”，采取“社区评定、积分累计、以分换物、共促融合”方式，通过建立民族团结“同心超市”兑换积分。

【少数民族群众服务】按照《绵阳市新时代城市民族工作星级社区评定办法》有关指标，构建各民族相互嵌入式的社会结构和社区环境，建成一批星级社区。完善就业服务机制，充分利用游仙职业技术学校和就业局资源，对少数民族群众进行职业技术培训，定期举办集中招聘会4次，适当优先聘用少数民族人员。完善就学帮困机制，选派名优教师负责辖区内少数民族学生的教育工作，通过选派支教教师、人员交流、送培送教等方式对藏族、彝族学生进行教育对口帮扶，组织辖区内各界爱心人士捐资捐物，帮助少数民族学生解决生活上的后顾之忧。完善救危扶弱机制，设立医疗服务直通车，与民政、医保部门合作，组织就医政策讲座，发放政策宣传单，开辟就诊绿色通道。

【宗教领域突出问题治理】健全完善宗教场所各类规章制度，依法开展宗教领域突出问题专项治理。加大对宗教场所疫情防控的监督和指导，积极组织各宗教场所参加卫生培训，各场所疫情防控常态化。全年召开区宗教工作领导小组扩大会议2次、小庙治理专项工作推进会4次，督导检查6次。对发现的问题及时通报，明确整改责任人、整改措施、整改时间。深入开展宗教领域有关问题专项治理工作，多次深入重点镇督促检查，对“宗教搭台、经济唱戏”、违规乱建小庙、抽签卜卦、假僧假道等行为进行治理。按照“四个一批”要求，滥

游仙区新时代城市民族试点工作展示墙

建小庙治理工作全部完成。联合区级相关部门对全区各宗教活动场所开展疫情防控工作明察暗访、专项督查，督促宗教活动场所和相关部门及时落实整改。组织各宗教场所进一步摸清各场所用地基数，核实用地范围，全区开放宗教场所全部完成现状测绘，纳入全市国土空间规划。

【宗教事务管理】全面推行教务公开，坚持制度上墙、人员上墙、财务上墙、工作安排和执行实施情况上墙。建立健全民主管理制度，开展经常性地监督检查，确保场所和团体规范管理。推进法治化，坚持定期深入宗教场所普法、讲法，广泛深入开展法治宣传教育，积极组织宗教场所创建“文明和谐寺观教堂”和“法律进寺庙示范点”。依法开展文明燃香、宗教领域突出问题专项治理等工作。保障规范化，制定宗教团体、场所重大事项报告制度；开展宗教团体和宗教场所负责人年度工作述职，对场所和团体年度工作情况进行考核；指导宗教团体和场所在政策法律范围内开展宗教活动。

【“三大提升”主题活动】在全区宗教领域持续开展以“提升教职人员综合素质、提升宗教场所管理水平、提升宗教领域社会形象”为主要内容的“三大提升”主题活动。持续在宗教领域开展“社会主义核心价值观”学习宣传活动，充分调动宗教界自身积极性，提升教职人员综合素质，引导宗教与社会主义社会相适应。支持宗教团体自身建设，进一步给予团体工作要素保障，切实发挥好联系信教群众的桥梁和纽带作用，提升宗教场所管理水平。举办法律知识讲座、培训班等20余场次，教育引导教职人员全面加强对新修订的《宗教事务条例》《四川省宗教事务条例》及相关法律法规和教规教义的学习，积极组织开展线上知识问答活动。积极引导宗教界参与社会服务，充分发挥宗教界代表人士“品行影响”作用，鼓励支持宗教界代表人士开展社会慈善服务、化解矛盾纠纷，引导宗教界政协委员参政议政，在宗教界和社会中产生积极影响，提升宗教领域社会形象。

移民工作

【概况】截至2020年12月，全区实有移民4403人。其中沉抗移民2239人，瀑电移民1195人，三峡移民259人，其他移民710人。2020年收到下达大中型水库移民后期扶持直发直补资金预算指标265.64万元，通过“一卡通”实际直发直补265.62万元。

【移民后扶项目】2020年，移民后扶项目资金共安排美丽家园建设项目10个（其中：新建、硬化道路4.07千米，堡坎40米长、1.5米高，硬化广场1028平方米），移民增收项目37个（其中：新建、改造提灌站2处70千瓦，新修、精修堰塘22口，硬化渠道9条4.71千米）。通过项目建设，移民的生产生活条件大为改善，移民的生产用水问题得到缓解、交通条件得到较大改善，库区移民安置区基础设施和经济发展建设进入全面发展阶段。

【移民信访工作】区级领导多次带领区级相关部门深入瀑电移民家中走访看望，仔细了解他们的家庭和生产生活情况。镇、村社的干部也经常到移民家中拉家常，联络感情，设身处地帮助他们解决生产、生活中的困难，及时有效化解一批民生诉求，合理民生诉求及时得以推动解决。开展矛盾纠纷排查化解，实行台账管理、超前介入，掌握不安定因素动态，把矛盾控制在萌芽状态，化解在本镇和本部门内。健全完善预防和处置各类群体性、突发性事件的工作预案和应急机制，加强部门之间联动协调，提高应急处置能力，及时掌握发现引发大规模集访等群体性事件的苗头和倾向，努力抓早、抓小。

扶贫工作

【概况】2020年，游仙区聚焦“责任落实”“两不愁三保障”。强化脱贫户“两不愁三保障”，坚持“脱贫不脱责任、不脱帮扶、不脱政策、不脱监管”，对378户797名区级建档立卡脱贫户继续开展帮扶，严守帮扶纪律，保持帮扶力量不变、帮扶力度不减，继续落实医疗、教育、住房、低保、公岗、就业等兜底保障政策，有效防止发生返贫现象。对40户82名区级非建档立卡特殊困难户配备帮扶力量、制定帮扶措施，切实做好补短工作，有效防止出现新的贫困。

2020年6月19日，游仙区城东公司为脱贫户送去鸡苗，帮扶发展养殖

【致贫返贫预警处置】 2020年1月2日，游仙区脱贫攻坚领导小组印发《绵阳市游仙区脱贫攻坚致贫返贫预警处置基金使用管理办法》，由游仙区人民政府筹集建立100万元致贫返贫预警处置基金，对有返贫致贫风险的脱贫户和边缘易致贫户救助，防止返贫致贫现象发生。

【贫困对象动态管理】 为让贫困对象及时得到政策和帮扶力量支持，游仙区移民和扶贫开发服务中心自2020年9月开始将贫困户动态调整周期由一季度一次调整为一月一次，并及时将动态调整结果在全区公布，让贫困对象及时享受医疗、教育、低保、住房等救助政策，同时利用好致贫返贫预警处置基金，对贫困户、边缘贫困户等困难家庭给予及时有效救助，防止致贫返贫现象发生。

【脱贫攻坚普查】 2020年11月24—27日，由区纪委、区委绩效办、区移民和扶贫中心及各行业部门成立6个普查工作组在全区开展脱贫攻坚普查，聚焦“一超六有”，对所有区级建档立卡贫困户、边缘易致贫户全覆盖入户走访调查，对游仙脱贫攻坚工作进行一次全面体检，建立工作台账。截至2020年12月底，所有问题全部完成整改。

【社会扶贫】 充分发挥各类市场主体、社会公益组织和社会各界的作用，为贫困村、贫困户提供资金、项目、信息、技术等方面的帮助。在市第四届“脱贫达人”评选中，游仙区仙鹤镇龙文村村民李玉斌获绵阳市第四届“脱贫达人”奋进奖称号，辖区

2020年5月29日，游仙区决战决胜脱贫攻坚推进会暨脱贫攻坚业务培训会议

企业海上海酒店有限公司董事长文健军、科航商品混凝土有限公司赵小平两人获奉献奖称号。组织帮扶部门和个人开展多种形式的走访慰问活动，各帮扶部门和个人共为贫困户送去价值近10万元的物品，以高于市场价20%以上购买贫困户家禽粮油等近15万元。2020年10月16日，组织辖区爱心企业、集中办公区全体干部职工开展第七个“扶贫日”募捐活动，共募集现金40余万元，获得定向捐赠100余万元。

退役军人事务

【概况】2020年，区退役军人事务局以“让退役军人和其他优抚对象成为全社会尊重的人、让军人成为全社会尊崇的职业”为工作目标，稳步推进退役军人服务保障体系建设，建成全市首个示范化区级退役军人服务中心，实现区、镇（街道）、村（社区）退役军人服务中心（站）三级全覆盖，促进各项退役军人事务顺利开展。游仙区连续6年获评省双拥模范区，区退役军人局被评为双拥工作先进单位。

【优待抚恤】完成部分退役士兵社保接续工作全国试点预定目标任务，办结率100%，社保补缴合计2000余万元。按照新标准足额为全区优抚对象发放抚恤金和生活补助金，按程序上报伤残审批资料，接收办理其他县市区及部队退役伤残抚恤关系转移。对全区重点优抚对象逐一进行年审，通知并收集伤残人员的户口簿、伤残证等资料进行伤残换证工作。完善退役军人困难帮扶系统，将全区建档立卡贫困户中退役军人和特困军人全部录入系统。除重大节假日对困难退役军人进行慰问外，还帮助解决困难退役军人生活补助共计3.5万元，协助困难退役军人申请公共租赁房，解决住房困难问题。

【褒扬纪念】在清明、“八一”“9·30”、春节等重要节点积极开展大规模烈士祭扫活动和走访慰问，慰问退役军人代表和重点优抚对象、烈属家庭。召开退役军人座谈会50余场，送上慰问信、慰问金和慰问品。按照“简朴、庄重、肃穆”的要求，组织做好抗洪英雄黄强烈士骨灰接送及安放仪式。重视立功受奖褒扬工作，做好纪念章发放及光荣牌悬挂，全面梳理审核抗美援朝老兵资料，发放由中共中央、国务院、中央军委颁发的“庆祝中华人民共和国成立70周年”纪念章。开展立功受奖送喜报活动，全年为二等功、三等功家庭送上喜报，营造拥军优属浓厚社会氛围。改扩建魏城光荣院办公房、功能房和住房共计约280平方米。

【移交安置】按照“4321”工作法，在国庆、抗美援朝纪念日等时节组织军休干部开展文化教育活动，在春节、“八一”、干部生日等节点进行关怀慰问，每半年组织1次外出参观学习，每年进行1次体检。

【就业创业】鼓励退役军人参加高职扩招，办理退役军人身份核实手续。联合游仙富乐驾校、游仙职院等机构举办退役士兵培训班，对退役军人进行全员适应性培训，对部分有需要的退役军人进行职业技能培训。组织举办各

游仙区退役军人参加抗疫志愿服务

类招聘会共16次，其中退役军人专场招聘会2次，帮助企业发布人才招聘信息20余期。为经商办企业退役军人减税，提供创业贷款。参照公益性岗位帮助解决下岗失业退役人员再就业，发放再就业补助。树立同人精工、中科国兴等一大批创业典型，同人精工总经理杨琳被评为2019年度全省“退役军人就业创业之星”，中科国兴在2020年度退役军人创业创新大赛中获全省一等奖、全国优胜奖。

【防疫抗洪】新冠肺炎疫情期间，协助镇街、社区开展志愿服务，动员退役军人参与疫情防控，发起捐款4.83万元、蔬菜25吨。汛期全体党员干部主动筑堤巡防，并动员退役军人志愿者参与抗洪抢险。脱贫成果不断巩固，选派第一书记1名，下村帮扶12次，落实帮扶资金1.6万元。

（易敏）

农民工服务

【概况】2020年，游仙区外出农民工11.01万人，其中省外就业4.76万人、省内就业6.25万人、市内就近就业4.25万人，外出务工人员较2019年新增1万人。2020年，游仙籍农民工参加省第二届农民工运动会（云健身），获得优秀组织奖，参加四川省第四届“中国创翼”创业创新大赛获得优秀组织奖，获得绵阳市第七届中国（绵阳）科技城国际科技博览会科技人才交流活动先进集体。

【疫情防控】做好新冠肺炎疫情防控宣传，发布疫情防控知识1万余条，宣传新型冠状病毒可防、可控、可治。解决农民工就业，收集区内疫情期间企业用工信息2900余个，向返乡农民工发送疫情防控及招聘求职信息短信33083条、发放宣传单3万余份。助力农民工返岗，对需返岗农民工进行统计分类，专车返岗送达，共组织农民工乘坐专列6趟88人，乘坐专车3趟60人。开展广泛送岗，专业送岗，重点送岗的“春风送岗”活动，着力推动游仙企业复工复产。对从湖北武汉返乡的农民工开展“5+1服务”工作，被四川省农民工服务保障工作专报第44期刊载，开展的“春风助岗”助力农民工有序返岗工作，被游仙区委《改革与实践》第三期刊载。对外出农民工进行免费健康检查，通过现场走访督察，确保各地卫生院对农民工体检时不扎堆、不拥挤，2020年共对91288外出务工人员进行免费健康体检。联合区农村信用联社开展“政银有爱送春风，千里返工保平安”活动。在新冠肺炎疫情结束前采取“不见面办贷”，助推低息小额贷款，提供金融政策咨询服务800余人次，授信200余人，发放外出务工贷款450余万元，开通手机银行200余户，预约办理贷款100余人、金额400余万元。赠送价值10万元防范传染病保险，免费提供一份外出务工生活用品。与区信用联社携手开展的外出务工农民工安全返岗专项金融服务活动，被游仙区应对新型冠状病毒感染肺炎疫情工作简报第22期刊载。

【培训就业】2020年，依据《绵阳市职业培训实施办法》文件精神，遵循以“产业发展和市场需

2020年8月5日，游仙区返乡农民工创业培训开班典礼

求为导向”的原则，本着结合各类群体培训需求、特点和意愿的原则，进行量身倾斜式培训，做到技能培训与市场需求相结合，对辖区900余名农民工开展有针对性和实效性的品牌培训，增强农民工的就业能力。多形式组织开展招聘会（会招、网招、社招、微招），在绵阳科技馆、五里梁等地开展涉及农民工多场招聘会，2400余人实现就地就近务工，助推游仙企业复工复产；常态化提供辖区就业岗位信息，同时引进专业的劳务公司为有需求的农民工提供就业帮助。为向广大外出务工人员提供回引、创业、就业等服务，经多方走访了解调研后，与聚点人力资源公司签订西部产业合作协议。计划在春节前后农民工返乡期间，开展农民工专场招聘会5场。

【农民工创业】2020年，为方便农民工学习掌握关于农民工的各项政策，使政策家喻户晓，收集整理游仙区关于农民工就业创业、社会养老保险、医疗保障、子女就学、权益维护等相关政策，发放游仙区农民工服务指南口袋书2.4万份。为吸引优秀农民工返乡创业，依据《绵阳市游仙区关于大力实施优秀农民工回引培养工程的实施意见》，为300余名农民工开展创业培训，教他们返乡创业的方法。通过多种形式走访慰问外出农民工和返乡农民工，深入各镇召开优秀返乡农民工座谈会，了解他们的实际情况，为下一步精准回引打下坚实基础。区政协赴西安参加游仙在外人才联谊会，为西安建立游仙籍农民工服务站打下基础，筹备建立游仙区重庆农民工服务站，为绵阳市深度融入成渝经济圈做好前期准备。2020年，共回引优秀农民工272人。创业初具规模40余户；鼓励支持返乡创业，对首次创办小微企业或从事个体经营，自工商登记注册之日起正常运营6个月以上的，给予一次性创业补贴1万元，至年底登记25人，已向4人发放创业一次性补贴。

【关心关爱农民工工作】2020年年初，以短信形式向农民工发送“一封家书”1万条，宣传游仙经济社会发展概况，传递党委、政府对农民工的关心关怀。慰问全区优秀返乡农民工22名。分别在儿童节、中秋节等传统节日期间，慰问游仙区工作在一线的农民工90余人次。前往广东、河北、凉山等游仙籍农民工集中地并在外农民工所在企业、工地等开展“探望游子”走访慰问，看望慰问农民工300余人。开展“不忘初心、牢记使命”游仙区新时代文明实践系列活动“科技、文化、卫生、法律”“四下乡”暨关爱农民工乡村行22场，不断丰富返乡农民工的文化生活。配合相关单位对坚守岗位人员、农村留守老人、留守儿童、农民工妇女进行“留有温暖”关爱活动，帮助他们解决生产生活的实际困难。协调组织召开游仙区返乡创业农民工恳谈会，畅通政府与农民工之间的信息交流渠道，引导优秀农民工返乡创业。扎实做好春冬两季农民工服务保障工作，成立“返乡农民工全覆盖走访慰问行动工作专班”等5个工作专班，为辖区农民工提供集中代购票服务、预留车船票等服务，解决农民工购票难问题。在南郊机场、火车站、汽车总站等地设立返乡农民工服务站，提供茶水药品、交通资讯、车辆检修、道路救援等高效便捷服务，并在交通要道和集散地张贴欢迎标语。在

2020年1月21日，2020年游仙区返乡农民工专场招聘会召开

返乡农民工聚集地组织专场招聘会2场，协助246名农民工实现工资兑付214万元。（冯建海）

殡葬

【概况】 2020年，游仙区按省、市工作部署，加强殡葬改革宣传和服务质量提升，强化公墓和农村公益性公墓监管，推进节地生态安葬、惠民殡葬、安全祭祀和农村公益性公墓建设规划等工作。解决符合惠民殡葬政策城乡低保户、城镇“三无”人员、农村五保户“一站式”减免对象236人殡葬基本服务费11.62万元。落实绿色惠民殡葬资金160万元、3123人的审核、发放工作。

【安全祭祀】 2020年，按照省、市民政部门有关文件精神，制定出台《游仙区2020年春节清明节期间群众祭祀工作实施方案》，在清明节期间紧紧围绕“生态祭扫，平安清明”主题，有效应对新冠肺炎疫情，以防控病毒，便民利民为出发点，着力抓好“安全责任、协同机制、隐患排查、服务水平”工作，开展以“平安祭扫，节地生态”为主题的殡葬政策执法宣传活动，巩固禁燃禁烧成果。通过检查和宣传的形式，大力宣传殡葬改革，促进生态文明建设，加强殡葬行风建设，确保祭扫安全有序。

【“节地生态葬”公益活动】 2020年，全区推进“节地生态葬”公益活动，指导殡葬服务机构设置便民服务站，采用“鲜花换纸钱”“丝带换香烛”“描碑寄哀思”等新型文明生态祭扫方式，免费为群众赠送鲜花、祈福丝带、擦墓毛巾和墓碑描字的毛笔和油漆。大力宣传国家殡葬改革方针政策，教育引导群众文明祭扫、生态殡葬，积极推广树葬、花葬、草坪葬等节地葬法。2020年全年向社会公示捐赠鲜花树草葬墓穴30个，清明节期间向社会捐赠鲜花树草葬墓穴2个。

【惠民殡葬】 2020年，游仙区出台《绵阳市游仙区调整绿色惠民殡葬政策实施细则（试行）的通知》，从2021年1月1日起，全面实施绿色惠民殡葬，对遗体接运、冷藏（冻）、火化、寄存四项基本殡葬服务项目所产生费用，由市殡仪馆与丧属直接结算减免，每半年由区民政局与市殡仪馆结算惠民殡葬费用。针对低保等困难群众，继续实施惠民殡葬基本服务费减免“一站式”结算服务，全面落实惠民殡葬普惠制度。2020年，全区3123人享受绿色惠民殡葬，减免费用160万元。

【规划建设经营专项摸排】 出台《绵阳市游仙区开展违法违规私建硬化大墓、活人墓专项整治工作方案》《关于加强农村公益性墓地建设管理的通知》和《游仙区安葬（放）设施违规建设经营专项摸排工作实施方案》等文件，对全区安葬（放）设施违规建设经营开展专项摸排清查，共上报全国民政政务信息系统2处经营性公墓、1处农村公益性公墓、4处集中安葬点，共7处安葬（放）设施。上报县级确认单1个，乡级确认单14个（含科学城春雷街道、沉抗、松垭），村级确认单194个。经过专项摸排，全区安葬（放）设施无新增违规建

2020年9月3日，游仙区召开违法违规私建硬化大墓、活人墓专项整治工作会召开

设经营情况。

【农村公益性公墓建设】2020年，游仙区全面启动农村公益性公墓建设，统筹全区公益性墓地的长短期规划，编制《绵阳市游仙区公益性公墓建设总体规划（2020—2040年）》，积极发展城乡公益性骨灰存放设施，并纳入“十四五”规划五个重点建设项目，规划建设时间点为递进式开工。（吴曙东）

老龄工作

【概况】2020年，游仙区完善基本养老服务体系，争取养老服务体系项目资金1247.37万元，其中福彩公益金超过50%，全面完成项目建设。全区共有各类养老机构30个（敬老院22个、光荣院1个、社会福利中心1个、区社会福利院1个、民办养老机构5个），共有养老床位3937张，每千名老人拥有床位38张；建有区域性养老服务中心5个，社区养老服务中心3个，城乡社区老年人日间照料中心160个，农村幸福院45个，养老设施建成覆盖率达72%。为城乡老年人提供居家养老服务覆盖率达40%。

【高龄津贴】2020年，游仙区通过个人申请、镇（街道）核实审批、区民政局备案核查的方式，发放高龄津贴147474人次，发放资金498.12万元。

【居家养老服务】2020年，省、市、区三级投入资金344.88万元，通过政府采购公开招标方式确定专业养老服务机构为全区11496名老人提高居家养老服务。严格居家养老服务标准，限定服务价格，严格采用第三方机构考核服务结果，确保规范高水平养老服务。

【养老机构适老化改造】2020年，游仙区投入资金963万元，对石马、凤凰、朝真、徐家、石板、梓棉、玉河7个敬老院的601张床位进行适老化改造，超额完成省、市目标任务32张。区社会福利院完成床位适老化改造362张，超出省、市目标任务75张。

【养老机构服务质量专项行动】2020年，游仙区民政局联合区住建局、区卫健局、区应急管理局、区市场监管局和区消防救援大队成立专项行动领导小组，开展为期一周的全面排查，对30个机构下发“一院一策”整改通知，压实责任，限期整改，全区服务质量基本达标，养老服务环境得到优化，养老服务水平得到提升。

【养老服务人才培育】2020年，游仙区分别选送3批80余人次工作人员参与卫生员培训，增强养老机构应对新冠肺炎疫情能力。组织动员辖区养老机构参加2020年“百千万养老人才队伍建设工程”培训，进一步提升辖区养老护理员专业服务能力，构建综合素质高、专业素质强的养老人才队伍。

【养老服务体系建设试点】2020年，游仙区开展“建设一个养老综合体，探索物业服务+养老

2020年11月，区社会福利综合服务中心开展消防演练

服务模式，完善社会组织、专业社工、志愿服务联动模式，构建独居老人安全巡防体系、建设一个智慧养老社区”五项试点工作。试点分别在涪江街道韩家脊社区、游仙经济试验区和新桥镇开展。试点期间，通过管理统一化、资源集约化和服务社会化，解决“均衡”问题。通过优化队伍结构、提升人员素质和强化激励保障，解决“服务”问题。通过民政项目投放、院办经济支撑和闲置资源盘活，解决“保障”问题。通过智慧管理、线下联动和“联盟”服务，解决“短板”问题，全面提升民政养老机构服务质量，增强民政服务对象获得感、幸福感、安全感。

【社区养老服务综合体建设】 2020年，游仙区投入资金200万元，在经济试验区建立游仙路社区养老服务综合体。整合社区卫生院资源，建立为老服务平台，深度对接辖区老人服务需求，为老人定制个性化服务。整合近距离服务资源，在老人生活照料、健康管理、文化娱乐、精神慰藉等方面提供机构养老、社区养老和居家养老服务，满足社区老年人多层次、多样化需求。

【运营补贴和疫情防控补贴】 2020年，游仙区从严做好养老机构疫情防控，购买疫情防控物资，确保机构入驻老人身体健康和生活安全，下拨疫情防控补贴25.41万元。通过系统填报和每月核实，全年发放5家民办养老机构运营补贴28.92万元。通过严格考核，对运营管理良好的45个日间照料中心发放运营补贴资金99万元。（吴曙东）

社会保障

【概况】 2020年，游仙区城镇职工基本养老保险在职职工参保7.05万人（其中：执行企业制度在职职工参保6.41万人，执行机关事业制度在职职工参保0.64万人），工伤保险参保3.60万人，完成目标任务的100.56%。失业保险参保2.51万人，完成目标任务的109.13%。建筑业新开工建设项目8个，按政策建设施工项目工伤保险参保率100%，基金征缴44.02万元。完成被征地农民社保欠费清欠2311.66万元，完成目标任务的100%。社会保障卡持卡人数45万张，完成率100%。与工商银行游仙支行、商业银行游仙支行、邮储银行和农村信用合作联社4家银行签订《绵阳市游仙区社银一体化网点建设合作协议》，建设标准化社银服务网点17个，区级“社银一体化”网点化覆盖率100%。

【社会保险扩面征缴】 深化“园区扩面征缴”和“乡镇扩面征缴”专项行动，新增参保企业388家，企业新增参保职工1678人，灵活就业人员新增参保750人，全区现有参保企业1579家。为13个批次被征地农民项目完成预存款测算，涉及资金3.1亿元。持续做好降低社会保险费率工作，为1754家单位（含机关事业单位）降费约3581万元。对机关事业单位6411名职工及时调整缴费基数。

【社会保险待遇支付】 2020年，办理职工基本养老保险正常退休审批1440人，审批特殊工种提前退休18人，为31289名退休职工发放养老保险金67510万元，为

2020年1月20日，游仙区社保降费减负政策宣讲及业务培训会召开

6.29万名城乡居民发放基本养老保险金8786万元。受理城乡居民基本养老保险死亡待遇2900人、城镇职工基本养老保险死亡待遇70人，支付丧葬抚恤金279.34万元。为26人发放病残津贴22.14万元，为48名失地农民发放生活补贴99.96万元。确定忠兴中心卫生院等5家医疗机构为新增工伤保险定点医疗机构，受理工伤认定申请148件，待遇享受人员1009人次，支出工伤基金600万元。

【社会保险基金管理】办理劳动者投诉企业未缴纳社会保险费信访件25起，督促企业为237人补缴养老保险费。编制《社会保险经办工作风险点及控制措施》《业务经办内部控制制度》，严格开展社保内部审计稽核。设立社保基金财政专户，实行收支两条线，实现财政监管，审计监督的长效监管机制。对离退休人员领取养老金进行资格认证，与卫健、民政等部门建立人员生存状况的协调工作机制，探索与法院、检察院、司法等部门建立刑拘人员情况交流机制，追回死亡冒领、服刑人员违规领取城镇职工基本养老保险金43.7万元、城乡居民基本养老保险金5.94万元。

【养老保险转移接续】2020年，受理各类企保转移接续业务2167件，转入资金1548.86万元，转出资金216.57万元。推动养老保险无障碍转移，受理通过“国家社保公共服务平台”或“掌上12333”手机App进行网上转移业务447件。全面开展2015—2019年退役军人养老保险转移接续清理工作，完成部分退役士兵社会保险接续。

【退休人员社会化管理】2020年，为4万余名退休人员提供待遇领取资格认证服务。依法开展死亡冒领、服刑违规领取养老待遇追缴，追回违规领取多发养老金12.6万元。完成国有企业退休人员退管关系接收，38家企业的2846名退休人员移交游仙区，纳入统一管理。

2020年1月20日，游仙区在海悦银河城广场开展社保政策宣传

【“免、减、缓”政策】2020年，根据省市关于社保“免、减、缓”惠企政策，为5家大型企业、1271家中小微企业、67家民办非企业和社会团体、57家个体工商户等参保单位减免养老保险7903.1万元，失业保险330.28万元，工伤保险186.77万元。为202家企业办理延长缴费期，涉及延缴金额600余万元。

【社保综合柜员制】2020年6月1日，社保综合柜员制正式实行，人社35大项业务实现“一窗办理、一表通办”，办事群众不再需要重复填写表格信息，已实名制校验的人员不再需要提供身份证复印件。与以往的一项业务需经多窗口办理相比，综合柜员制避免群众排长队、重复排队的现象，可以为办事群众节约30%的时间，受到办事群众一致好评。（徐鹏）

劳动就业

【概况】2020年，游仙区始终坚持把“稳就业、保就业”作为重要任务来抓，强化落实好就业优先政策，统筹推进疫情防控和稳就业工作，全面强化援企、减负、稳岗、扩就业举措，有效促进全区就业形势稳定和经济社会健康发展。全年城镇新增就业6528人，失业人员再就业1145人，就业困难对象再就业424人，城镇登记失业率2.49%。

【特殊群体和就业困难人员就业】将高校毕业生、失业人员、就业困难人员作为就业保障对象的核心，千方百计促进就业。通过全区建有的8个就业见习基地，鼓励企业对离校两年内未就业的高校毕业生、16—24岁失业青年提供见习岗位，完成就业见习34人。组织召开高校毕业生、失业人员、退役军人和农村转移劳动力等就业求职招聘会28场，累计为3万余人次推介工作岗位。建立“区、乡镇、村（社区）”三级用工和政策信息发布体系，“零距离”就业创业服务，组织“专题”宣传，开辟公示“专栏”，开展“专门”服务。利用3个创业孵化基地和创业导师资源，开展“一对一”就业创业指导，“点对点”为645名高校毕业生提供就业创业服务。积极开发公益性岗位，兜底解决零就业家庭人员和特殊困难人员就业72人。

【就业创业培训】以调研精准掌握基层培训需求，按需制定培训学习计划，通过公开招投标确定10家定点培训机构承担全区职业技能培训任务，配备优秀师资，跟踪进行“三送一办”宣传服务。建立健全就业专项资金联审制度，就定点培训机构申报补贴资料内容完整性进行审查，全面强化培训补贴资金监督拨付。2020年，开展技能培训4808人，其中创业培训505人。

【失业保险管理】建立健全风险管理制度，规范制度建设、岗位设置、人员配置，强化系统权限管理，形成责任明确、相互制约的内部制衡机制。2020年参加失业保险25105人，办理失业保险金支付3135人次，支付失业保险金423万元。为3135名领取失业保险金人员办理医保接续，缴纳医疗保险费154.82万元，为4名领取失业保险金未接续医保人员报销医保费0.99万元。

【援企稳岗】全年为812人发放疫情失业补助金209.04万元，向199人支付技能提升补贴29.35万元，为302家企业拨付普通稳岗补贴297.58万元、惠及职工10395人。支持暂时经营困难企业稳岗补贴59家，补贴金额3094.34万元，惠及职工3907人。

【构建和谐劳动关系】全面落实行业主管部门监管责任，督促企业落实农民工工资支付主体责任，切实从源头上防止发生拖欠农民工工资行为。坚持监督监察常态化，主动深入劳动密集型企业及在建工程项目，检查劳动用工56次。畅通群众举报投诉渠道，受理群众来电来访142起、信访案件260件，协调处理369件，立案处理33件，共为劳动者成功追讨薪金6400余万元。按照“办案有机构和场所、调解有人员和规范、工作有制度和保障”的目标，完成全区8个镇和3个街道基层调解组织重新组建或调整。提升劳动人事争议仲裁质量，立案受理119件，调解（撤诉）62件，裁决结案49件（终局裁决23件）。全区基层劳动人事争议调解组织处理劳动争议31件，调解成功31件。（徐 鹏）

民政事务

【概况】2020年，游仙区在全市率先下放救助审批权限，在镇设立应急救助站，实现救助力量下沉，不断提高社会救助质量和水平。开展“建设一个养老综合体，探索物业服务+养老服务模式，完善社会组织、专业社工、志愿服务联动模式，构建独居老人安全巡防体系，建设一个智慧养老社区”等5项试点。加快601张敬老院床位及游仙路社区养老综合体、社会福利院287张床位适老化改造。推进村级建制调整改革和村民小组优化，开展村（居）民公约“榜会制”、积分制、“红白理事会”和议事、评议等工作，启动村（居）民委员会换届。积极创建“全国儿童关爱保护保障示范区”，开展“百镇千村·助爱牵手”儿童关爱服务活动。完成政府购买服务政策制定，社会组织培育纳入党建目标考核，区级部门释放项目数量纳入绩效考核，被省民政厅2次专题调研。慈善“助困、助医、助学”等活动救助困难群众170余人次。先后荣获“扶贫之星”“绵阳市2020年法治化营商环境典型案例”“全市民政工作绩效管理特等奖”第一名等各类荣誉和奖励30余项。镇村建制调整两项改革、救助体系建设、社区治理、养老服务、社会组织建设等工作均走在全市前列。

【低保管理】2020年，游仙区调整低保标准，按照农村低保标准410元/月，城市低保标准610元/月执行。全年有城乡低保4493户6137人，其中，城市低保824户1064人，农村低保3669户5073人。累计发放城乡低保资金2184.11万元。其中，发放城市低保资金551.42万元，人均救助414元。发放农村低保资金1632.69万元，人均救助267元。全年新增城乡低保185户281人，其中，城市低保19户24人，农村低保166户257人。

【临时生活救助】2020年，游仙区安排首批45万元临时救助备用金分拨至各镇（街道），提高临时救助时效性。全年累计救助1884人次，发放临时生活救助资金115万元，人均救助610元。

【城乡特困救助】2020年，游仙区有城乡特困供养人员1548人，其中，农村特困942人，城市特困606人，累计发放城乡特困供养资金1140.73万元，全年新增城乡特困供养人员89人。城乡特困人员基本生活标准低限按照调整后的全市城乡居民最低生活保障标准低限的1.3倍执行（即，城市特困793元/月，农村特困533元/月），并制定和印发提标文件。

2020年4月27日，游仙区在小枧镇建设项目现场宣传《保障农民工工资支付条例》

【社会救助审核审批改革试点】2020年6月，游仙区印发《游仙区社会救助审核确认机制改革试点方案工作的通知》，将城乡最低生活保障、特困人员救助供养、1000元及以下临时生活救助、高龄津贴等审批权限全部下放至镇（街道）。6月23日，召开事权下放业务培训会，各镇（街道）分管领导、各场负责人、具体经办人员共50余人到会，集中学习城乡最低生活保障、临时生活救助、特困人员供养和80周岁以上高龄老人津贴政策，进一步明确权责事项，规范业务流程，提升镇（街道）工作人员政策水平和工作能力。

【区划地名】2020年，游仙区开展行政区域界线勘定相关工作，确保乡镇行政区划调整后区域内界线毗邻地区社会和谐稳定。配合梓潼县完成梓潼县和游仙区行政区域界线第四轮联合检查，加强行政区域界线领域风险防范化解，维护边界地区和谐稳定。配合省民政厅和市民政局编制完成《县级行政区划界线详图集》《行政区划简册》和所需行政区划图。出台《关于开展辖区内道路桥梁等地名命名清理工作的通知》文件，规范道路命名工作流程，开展不规范地名分类整治活动，对道路标与规范名称不相符问题进行清理，对城市和农村门牌编码和设置查漏补缺，上报市政府新增街道、桥梁命名60余条。2020年，游仙区共编撰地名故事30余个，完善地名信息入库3372条（陆地水系类37条，陆地地形类401条，行政区域类28条，群众自治类304条，非行政区域类94条，居民点类1171条，交通和运输设施类540条，水利、电力和通信设施类616条，纪念地和旅游景点类20条，建筑物类25条，具有地名意义的单位136条）。

【未成年人关爱保护】出台《2020年游仙区儿童关爱保护保障工作十件实事工作方案》，对联席会议成员单位和职责进行调整，形成区民政局牵头、区级各部门参与、乡镇分级负责的一体化运转体制和整合资源、齐抓共管、综合施策的联动性运行机制的工作大格局，确保关爱保护保障工作落到实处。建立农村留守儿童普查登记制度、乡镇家访探访随访制度、学校领导和任课教师结对帮扶制度、辍学登记劝返复学报告制度等五项制度，并建立农村留守儿童、困境儿童动态监测机制，运用儿童工作信息平台实现动态管理。在全区60个社区全部建立儿童服务中心，在112个村设立“儿童之家”，25所农村寄宿制学校全部建有儿童关爱场所，超过省定90%乡镇和80%村（居）农村寄宿制学校的完成标准。困境儿童分类保障有序实施，孤儿得以全额保障，重病儿童的大病保险政策性保障到位，重残儿童的康复训练满意率100%、显效率85%以上，特困儿童和贫困儿童实行政策性兜底。

【收养登记】2020年，游仙区加大收养宣传力度，严格收养程序、法律审核和家庭走访工作，确保被收养孩子的合法权益得到最大保障，全年共办理收养登记6人。

【流浪乞讨人员救助】印发《生活无着落的流浪乞讨人员救助管理服务质量大提升专项行动实施方案》，严格按照“依法救助、自愿受助、无偿救助”原则，围绕十七项具体任务，积极开展六大专项行动，切实维护流浪乞讨人员合法权益，保障其人身安全和基本生活，救助管理服务水平明显改善和提升。2020年，全区共救助流浪乞讨人员87人，161次。其中，特殊群体救助未成年人4人次、老年人21人次、残疾人2人次、危重病人26人次、精神病人20人次、智障人员1人次。自主返乡16人次、护送返乡26人次、临时安置16人次，站外救助29人次。

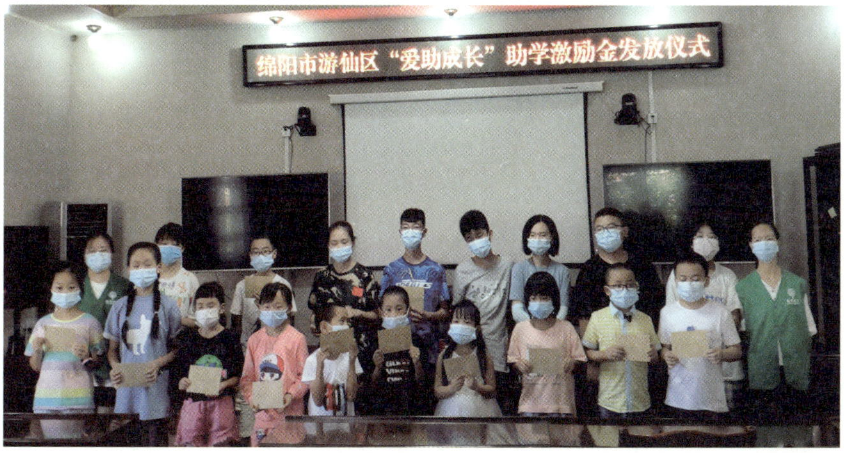

2020年8月28日，区民政局为事实无人抚养等困难儿童发放“爱助成长”助学激励金

【村级建制调整改革】2020年，游仙区开展村级建制调整改革，调减110个村，减幅49.55%，超额完成市领导小组下达的目标任务。同时，完成特别信用代码赋码工作。全区有201个村涉改，其中有95个因产业相融合并为44个、73个因地缘相亲合并为36个、24个因历史沿革合并为11个，合并到社区6个、村改居3个。改革后设置112个建制村，其中二合一的81个、三合一的10个、不涉改村21个；平均辖区面积7.56平方千米，平均户籍人口2572人。

【村民小组调整优化】2020年10月20日，游仙区全面完成村民小组调整优化改革工作。调整前，全区设1864个村民小组，其中，100人及以下的364个，101—150人的627个，150人以上的873个。调整优化后，全区设置1327个村民小组，调减537个，调减比例28.8%，超过调减25%的预期目标任务。其中，100人及以下的31个，101—150人的181个，150人以上1115个；二合一405个，三合一63个，四合一2个。

【**非户籍常住居民换届选举试点**】2020年，游仙区狠抓选民登记、候选人提名、投票等关键环节，确保非户籍常住居民换届选举试点工作顺利进行。全区6个试点城市社区全部完成试点工作，参加投票选民8904人，其中非户籍常住居民1388人，占15.59%。选出社区居民委员会成员共36名，平均年龄43岁，其中非户籍常住居民当选19名，占52.8%；女性成员18名，占50%；高中及以上文化程度33人，占91.7%。

【**村（居）民委员会换届选举**】2020年，游仙区作为全省村（社区）“两委”换届整县（区）试点单位，率先印发《绵阳市游仙区村（居）民委员会换届选举工作实施方案》，明确换届选举工作要求和纪律要求，落实各项工作具体时间节点，换届选举工作顺利推进。

【**村级干部队伍结构调整**】2020年，游仙区加强村级党员干部选拔培养，新成立的91个村全面实现书记、主任“一肩挑”，91名工作委员会主任大专以上学历49人，占53.8%。配备村常职干部570人，平均年龄46.3岁，高中以上学历367人，占64.4%，进一步选优配强村“两委”班子，推动“好人治村”向“能人治村”转变。结合“三化一型”工作，将特别优秀的社区专职干部优先选为社区“两委”成员。

【**基层协商制度建设**】2020年，游仙区指导各村（社区）建立健全协商议事机构和制度，将协商内容格式化、程序规范化、履职制度化，弘扬法治之风 。建立健全“红白理事会”，约束居民攀比炫富、铺张浪费的行为，引导树立勤俭节约的文明新风，实现社会风气的进一步好转。全面推行“榜会制”（规约+履约评议会+红黑榜制度），制定和完善相关制度，通过“群众说、乡贤评、榜上亮”的形式，进一步深化社会治理，推进社会主义核心价值观落地生根，引导居民崇德向善、见贤思齐，将“治德”与“德治”有效结合，逐步养成讲文明、树新风的良好民风，全区172个村（社区）完成村（居）民公约修订完善工作。

【**社区准入制**】2020年，游仙区为切实减轻基层负担，有效提升基层治理水平，拟定《基层群众自治组织依法履行职责事项》《基层群众自治组织协助政府工作事项》《负面清单》三张清单，并印发《社区公共服务事项准入办法》，进一步减轻社区工作量，让社区干部更多为社区居民开展服务。

【**城市社区补短板工程**】2020年，游仙区争取市级社区发展专项资金80万元，用于8个社区阵地标准化建设。落实区本级预算50万元社区发展专项资金用于2021年社区治理工作。同时，结合争取的省级试点项目320万元资金，在韩家脊社区、五里堆社区、仙人路社区和沈家坝北街社区进行阵地提升改造，进一步增加社区的服务能力。对于辖区内有国有闲置资产的社区，由区财政局、惠东公司与街道办、社区完善相关手续，无偿划拨给社区使用。继续积极落实和利用好辖区内开发商移交给社区的公益性服务用房，全年共签订用房协议11份，协议面积3049.66平方米。落实资金42万元用于社区阵地亲民化改造，按照“办公区域不超过阵地总面积三分之一”的原则，撤销书记、主任办公室，所有村干部实行集中办公，打破“一人一间房”的用房习惯，同时，拆除隔断、柜台，设置“共享角”，免费提供茶水、充电、纸笔等服务，并采取“一人一桌一椅”开放式布局，让干部与群众面对面、“零距离”，营造亲民、轻松、清爽的办公环境。2020年，涪江街道、富乐街道和经济试验区所辖21个社区完成亲民化改造。

【**福彩公益金使用**】2020年，游仙区进一步健全福彩公益金管理机制，及时上报养老服务体系项目资金1247.37万元，福彩公益金集中用于养老服务体系超过50%。按照项目建设要求，规范程序、加强监管，落实验收机制并全面公示，全面完成项目建设任务。

【社会组织规范化建设】2020年，游仙区加强社会组织规范化建设，依法撤销48家社会组织登记，将20个未参与年检的社会组织纳入“活动异常”社会组织名录。社会组织违法违规查处率和取缔率均达100%。开展社会组织等级评估，强化慈善组织监管，采取政府购买服务方式，确定一家服务优质的社会组织在全区开展社会组织等级评估。全区2个具有公募资格的慈善机构均能线上线下公开募捐信息，接受社会监督。落实社会组织抽查制度，区民政局牵头联合市场监管局依法抽查31家社会组织，抽查率达16%。

【社会组织培育】2020年，游仙区率先在全市制定《社区社会组织备案管理办法（试行）》，将社区社会组织纳入监管、使用、培育范畴。将政府购买社会组织服务纳入财政预算，实行“无预算不购买、未购买不支付”，把社会组织党建工作纳入地方党委抓党建考核重要内容，社会组织党建工作实现全覆盖。2020年，游仙区通过“社区嘉年华”活动发布社会组织承接项目24个，政府购买服务资金750余万元。游仙区社会组织培育和发展工作，被市委宣传部、市委全面依法治市委员会办公室评为“绵阳市2020年法治化营商环境典型案例”。

【脱贫攻坚】2020年，游仙区引导区慈善总会、春天社会工作服务中心、常青藤颐养苑、万鸿颐养院、温馨社会工作综合服务中心、孝道居家养老服务中心、一凡公益、新媒体联谊会、民办学校等社会组织积极开展志愿扶贫工作。全区社会组织参与脱贫攻坚志愿服务400余次，参与人员7000余人次，投入资金70余万元。

【社工人才队伍建设】2020年，游仙区投入社工人才培育经费10万元，举办“2020年社会工作职业资格考前培训暨社会工作者继续教育”培训。线下培训学员60余人，线上培训1500余人次。

【志愿服务】2020年，游仙区推进志愿者、志愿队伍全覆盖工作，加强志愿服务团队规范化运作。全区志愿者126185人，志愿服务团体530个，发布项目3074个，参与活动98070余人次。

【慈善捐赠】2020年，游仙区慈善总会共接收各类捐赠资金396.09万元，其中争取上级各类资金19.7万元。全部捐赠款物已按捐赠者意愿拨付到位。完成各类定向捐赠接收和发放工作，其中，绵阳中魏公司定向捐赠魏城镇人民政府2.6万元，石马镇组织27家企业定向捐赠石马公益事业2.39万元，全部按照捐赠意愿拨付使用。成都博瑞健培科技有限公司向游仙区各镇、敬老院、福利事业单位无偿捐赠54台长虹智能网络液晶平板电视，已全部安装完成投入使用。2020年，区慈善总会开展各类助学活动，通过富临困难儿童基金、“四个一万”救助、金秋助学、福彩助学等共救助困难学生63人，发放资金14.14万元。开展肾病救助、医疗救助以及因新冠肺炎导致家庭生活困难救助等活动，共救助困难群众47人，发放救助资金13.5382万元。区慈善总会荣获市“扶贫之星”荣誉称号。

（吴曙东）

2020年12月31日，区慈善总会在韩家脊社区开展“爱心卡”发放活动

残疾人事业

2020年5月26日，省人大常委会到游仙区调研残疾人康复工作

【康复救助】全面落实残疾儿童康复救助制度，投入资金134.6万元，为92名残疾儿童提供康复训练和手术救助；扎实推进辅具适配全覆盖工作，投入资金36.93万元，为789名残疾人免费适配辅助器具922件，27名残疾人进行假肢装配和维修;加大视力康复工作力度，投入资金9.48万元，为30名盲人进行定向行走技能训练，184例白内障患者实施手术救助；持续开展肢体残疾人康复训练，为101名肢体残疾人提供机构、社区康复服务及康复指导；稳步推进精神残疾康复工作，为30名孤独症儿童开展机构康复训练，22名困难精神病患者落实门诊服药救助和临时医疗救助，149名精神残疾人开展托养服务，举办4期心理健康知识讲座，引导残疾人群众科学理性认识疫情，增强自我防护意识；加强残疾预防宣传，以“世界孤独症日”“全国残疾人预防日”等为契机，线上、线下齐发力，开展主题鲜明、内容丰富、形式多样、互动感强的科普宣传活动8次，发放宣传资料3000余份，切实提高广大群众残疾预防意识。

【教育就业扶持】全覆盖开展6—14岁适龄残疾儿童少年入学情况摸底核查工作，238名残疾儿童通过普通学校随班就读、特殊教育学校就读和送教上门方式实现入学，适龄儿童入学率达99.58%；大力开展“金秋助学”，为12名残疾大学新生和困难残疾人家庭子女大学新生发放助学金3.7万元；为97名残疾儿童送去“六一”儿童节慰问；并为有需求的残疾学生提供就近就便入学服务。全面促进残疾人创业就业。常态化开展残疾人求职登记，通过微信、QQ群等发布企业招聘岗位信息5000余个，推荐残疾人就业10人；大力开展残疾人职业技能培训，为50余名残疾人进行盲人按摩、插花等个性化培训服务；为65户自主创业残疾人争取3000—10000元不等的市级自主创业补贴；为387人发放居家灵活就业补贴资金19.35万元；创建“残疾人扶贫基地”1个，安置残疾人就业19人，辐射带动周边50余名残疾人发展增收；投入资金22.5万元，为450名残疾人提供农村实用技术培训，切实帮助残疾人发展增收；大力开展居家托养，探索推进机构托养，投入资金33.6万元，为410名残疾人提供居家托养、为30人提供机构托养服务。

【文体宣传】紧扣“助残脱贫，决胜小康”主题，组织12个镇（街道、园区）同步开展第30次“全国助残日”线上、线下宣传活动。大力宣传残疾人先进典型事迹，“轮椅上的养鸡人”宋兵、“养蜂达人”顾永久等残疾人先进事迹先后被中残联、“学习强国”、中新网、《绵阳日报》等主流媒体宣传报道。2户最美残疾人家庭、2名基层优秀残疾人专委专干、2名残疾人创业达人和1家助残爱心企业获得市残工委表彰；充分利用全国特奥日、残疾人健身周等节点，开展盲人跳绳、趣味运动会等活动，切实丰富残疾人文体生活；组织残疾儿童参加“中国智协2020年第十四届全国特奥日线上特奥联谊竞赛活动”，10名残疾儿童获得8金2银的好成绩；加大残疾人特色文化产业培育力度，成功创建首批市级“残疾人文化创意产业基地”1个，有力推动残疾人文化就业创业。

【社会权益保障】积极开展残疾人温暖万家行活动，为全区1120名贫困残疾人进行开展春节慰问；深入推进残疾人二代证办理，为263名新办证残疾人发放办证补贴39450元，为96名残疾人申请机动车燃油补贴并发放补贴35040元，为8名残疾人申请C5驾照补贴；大力推进残疾人无障碍环境建设，为25户残疾人家庭进行无障碍环境改造，投入资金9.7万元；与多部门协调在公共服务场所落实残疾人专用停车位5个；高度重视残疾人信访维权工作，建立以接访、登记、督办、反馈等为主要内容的残疾人信访工作责任制，帮助残疾人解决生产生活中的实际困难和问题，累计接待来访残疾人38人次，协调解决各类问题30件。

【精准扶贫】做好对口帮扶，开展走访慰问活动8次，为贫困精神残疾人张定美置办桌椅板凳、锅碗瓢盆、棉絮、被套等家居用品，安装自来水等生活设施，并为其办理残疾人证，申请贫困残疾人重度护理补贴，确保基本生活有保障；针对贫困户张国富房屋安全隐患，为其落实农村廉租房；农忙时节，组织帮扶干部开展“春粮抢收”，切实解决贫困群众的实际困难。推进行业扶贫。制定《区残联2020年推进残疾人脱贫攻坚的实施意见》，细化帮扶措施，明确工作内容，定期分析研究脱贫攻坚工作。配合住建部门完成4户贫困残疾人危房改造。协助民政部门做好困难残疾人生活补贴和重度残疾人护理补贴的审查工作，确保应补尽补。协助医保部门落实4740名重度残疾人医保代缴。投入资金32.8万元，扶持656名困难贫困残疾发展生产，实现脱贫增收。督导各镇、街道落实一、二级重度残疾人社会养老保险优惠政策，确保应享尽享。

【疫情防控】及时成立疫情防控工作领导小组，先后召开19次专题会议，全面加强对康复、就业、托养机构和各类助残机构疫情防控的统筹指导。成立党员志愿服务队，开展走访摸排、环境大整治等活动，帮助重度残疾人家庭消毒除菌，助力社区联防联控。制发《游仙区残联致全区残疾人朋友及家人的一封信》和《新冠疫情防控知识（手语版）》宣传视频，实现防疫宣传全覆盖无死角无盲区。组织康复机构有针对性地开展线上康复指导，确保残疾人的康复需求不受影响。认真做好残疾人的关心关爱，帮助残疾人企业复工复产，先后为基层一线工作人员、残疾人企业、下属机构、残疾人送去口罩1500余只及酒精、消毒液200余公斤。（谭小霞）

社会捐赠

【组织建设】2020年5月，召开第六届理事会第二次会议暨党风廉政建设工作会议，42名理事参加会议，会议中听取并审议通过《游仙区红十字会2019年度工作报告》《游仙区红十字会2019年度救灾救助财务报告》，依法选举区红十字会新一任常务副会长及对卸任理事成员进行增补，完善红十字会专职工作人员入会手续。深入经济试验区、忠兴镇等地开展“博爱送万家”“红十字博爱周”等活动20余次，广泛招募红十字志愿者，至年底已在中国红十字信息化系统新增注册志愿者49名，开展志愿者救护员专班培训100余人。利用节日契机充分发挥红十字志愿服务队的作用，开展形式多样的人道主义志愿服务活动30余次。疫情期间，魏城镇桂花社区红十字会组织100余名志愿者，对辖区内5264户常住人口及辖区出租户逐一排查，建立登记台账，开展“五送”服务和“三大一好”专项行动，形成联防联控无死角、群防群治全覆盖的强大合力。

【宣传工作】建立社会化的宣传机制，把红十字文化工作贯穿于备灾救灾、卫生救护、社区服务、项目建设、红十字青少年等各项工作的全过程，强化宣传意识，创新宣传内容与形式。先后发动富乐街道、小枧镇等地的社区、医院、学校开展防灾减灾、卫生健康知识普及、“红十字博爱周”系列宣传活动20余次，摆放宣传展板36张次，发放宣传资料8000份。开展以应急救护体验、新冠肺炎防控和急救知识有奖问答等群众喜爱的“安全宣传咨询日”等活动。拓展宣传渠道，借助新媒体对工作开展情况进行全方位的报道，被“学习强国”、《中国红十字报》、四川机关党建网等各级新闻媒体采用信息50条，其中，《人道教育“从娃娃抓起”》被《中国红十字报》宣传报道。游仙区红十字会专题拍摄“抖音”急救小视频，在本地官方媒体播出后，点击率突破4000人次，被省红十字会媒体采用。通过游仙政务网、微信群及时公示、公开红十字业务工作，提升区红十字会工作的公信力。积极探索在幼儿及青少年中开展红十字精神传播的新路子，组织在梓棉场等地的3000余名幼儿中开展红十字知识宣讲活动7场，赠送爱心气球2900个。幼儿园爱心捐款6475.5元，开展“红会气球连连串”等系列红十字文化传播活动，呼吁更多公益组织和爱心人士加入关爱贫困儿童的队伍中来，相关信息被《中国红十字报》报道。党员干部撰写《新时代红十字工作进校园》《凝心聚力 以初心映童心 关于携手关爱重点青少年的对策建议》理论调研文章上报省红会及区委党校。

【防疫抗洪】规范开展疫情防控工作，新冠肺炎疫情发生后，成立应对疫情工作领导小组，取得慈善组织公开募捐资格证书，依法有序接受捐赠，本级红会接收捐款149.92万元及物资5笔，已按照捐赠意愿使用，及时向社会进行14次捐赠公示，并进行专项审计。联合区教体局组织1万名学生等开展抗击新冠肺炎疫情暨红十字应急救护知识竞赛51场次，受益群众3万余人。富乐街道、经济试验区积极开展防灾避险演练，为提升区内防灾减灾能力贡献红十字力量。在抗洪救灾中主动作为，争取到援助区内家庭包、棉被、饮料等救灾物资，价值约8万元。

【人道救助】开展博爱助学，通过民建绵阳市委、爱心企业等帮扶学生31人，资金6万元，传统节日前携手爱心企业慰问白蝉场帮扶学生及家长。开展博爱助医，为市中心医院捐赠价值1.5万元的设备，申请“小天使基金”“天使阳光基金”“四川省人道救助金”援助9人约19万元，申请“新冠肺炎疫情防控一线医务工作人员及家属人道救助”救助3人，获得救助1人3万元，发放区人道救助金5.24万元，帮扶困难群众22户。开展博爱助困，爱心居士为凉山州山火捐款1.8万元。开展以敬老院、贫困村弱势群体为重点的“红十字博爱送万家”关爱活动，募集8万余元的资金（物资），慰问困难群众370户560人。救助“受新冠肺炎疫情影响特殊困难群体人道救助”7人，下拨资金0.48万元。

【应急救护】打造“救在身边”应急救护新品牌，采取线上线下相结合的方式普及“人人学急救，急救为人人”的理念。“最美急救员”成功救护晕倒市民被广泛点赞。开设特色专班培训，为机关、企业、社区、学校、乡村开展普及性宣传培训27场次3929

2020年11月27日，游仙区红十字会召开2020年人道救助金评审会

人，开展红十字救护员培训18期，获得“红十字救护员资格证”1100人。专场开展“第二届应急救护员大赛”，8支队伍24人参赛，以赛促训。专题拍摄急救小视频3个，用幽默、风趣的方式向群众普及急救知识。在海悦银河城、西南科技大学城市学院等地张贴“熊猫救护员”等宣传画报100余份。为街道办、社区、集中办公区赠送急救包8个、急救箱1个。极大地提高广大群众面对意外伤害时科学的自救、互救能力。

【“三献”工作】善破造干捐献的“瓶颈口”，造血干细胞捐献工作实现“零的突破”，爱心捐献者系游仙区第1例、绵阳市第17例，因疫情影响，也是省内造干捐献体检过程中有史以来程序最复杂的一例。利用“世界献血者日”等契机在市人民公园、徐家场等地开展宣传活动。采集造血干细胞捐献血样入库15份，开展无偿献血2005人，献血约60万毫升。遗体器官捐赠登记383人，游仙区境内实现器官捐献3人，积极履行精神文明建设责任。

【项目工作】开展项目“清盘”工作，对援助项目进行清理，下拨日本红会援助游仙区人民医院剩余资金77.4万元，完成日本红会灾后重建项目剩余资金使用。完成香港红会援助盐泉镇梓棉场博爱家园社区项目尾款下拨。做好“生计金”督导工作，下拨原柏林镇洛水村、原朝真乡石龙村，原白蝉镇王家寨子村生计金32万余元，达到前期使用目的，召开专题会议对“生计金”进行回收，再次确定新的使用方式，待批复后执行。实施健康促进项目，经前期项目选点，完成在民安社区、建华社区执行红十字社区健康促进项目2个，筹集资金6万元。（岳丽蓉）

医疗保障

【概况】 2020年，全区城镇职工基本医疗保险累计参保44390人（含退休人员5667人）；生育保险累计参保28913人（其中女职工参保13804人）；居民医保参保360634人，超额完成市上下达的目标任务（35.2万人），任务完成率102.4%。合并实施职工基本医疗保险和生育保险（以下简称两项保险），实现两项保险参保同步登记、基金合并运行、征缴管理一致、监督管理统一、经办服务一体化。启用《国家基本医疗保险、工伤保险和生育保险药品目录（2019版）》，纳入单行支付的谈判药品由原来的36个品种增加到97个品种，近两万名参保群众纳入门诊慢性病、门诊特殊重症疾病保障范围。组织辖区定点医疗机构集中采购国家中选药品共143种，累计采购金额346.05万元，药价平均降幅60.7%；启动疾病诊断相关分组（DRG）支付方式改革，选取4家定点医疗机构参与首批试点，新增医保定点医药机构11家。

【基金收支】2020年，全区城镇职工基本医疗保险基金征缴收入2.1亿元(含生育保险)，累计支出14684万元，享受待遇22.53万人次，当年结余6316万元。其中：生育保险支出739万元；个人门诊账户上卡9782万元；门诊统筹支出403万元；住院统筹支出3760万元，住院政策范围内补偿比79%。城乡居民基本医疗保险收入2.77亿元，医疗待遇累计支出23453万元，享受待遇66.29万人次，为参保人员购买大病医疗保险支出2163.80万元，当年结余2083.2万元。其中：门诊支出2777万元，住院统筹支出20676万元，住院政策范围内补偿比54%。

【基金监管】开展“打击欺诈骗保维护基金安全集中宣传月”活动，印发《打击欺诈骗保 维护基金安全倡议书》，公布举报电话，发放宣传资料5000余份。对辖区260家定点医药机构开展全覆盖专项治理检查，严查“三假”（假病人、假病情、假票据）欺诈骗保行为。建立医保基金预警通报机制，落实“总额控费”管理，定期通报医药费用增长异常机构名单，并约谈主要负责人。开展重点行业突出问题治理，全面治理高值医用耗材。2020年累计下发《定点医药机构违规（约）处理意见通知》119份，扣减定点医药机构违规（约）金

803.48万元。约谈定点机构负责人13人次，暂停定点机构医保刷卡结算43家，取消医保定点资格12家，区纪委移交案件线索1件、移交区公安3件（已立案判决1件），暂停2名医生医保服务资格3个月。严格医疗费用审核，重点审查外伤、手术、住院时间较长患者及费用增长异常单位。2020年审核扣减定点医药机构违规（约）资金累计154.5万元，拒付参保群众不符合医保报销政策资料13份，涉及医疗总费用26.29万余元，避免医保基金流失约8.8万元。

【医疗救助】2020年代缴城乡居民医保个人保费15588人，代缴总金额339.78万元。完善严重精神障碍患者医疗救助政策，落实分类精准救助。2020年累计救助城乡困难群众1.53万人次，支付医疗救助资金705.36万元。其中：救助建档立卡贫困户2965人次，支付医疗救助资金63.11万元；救助严重精神障碍患者424人次，支付医疗救助资金48.88万元。

【医保经办服务】全面落实“一窗受理”“最多跑一次”“互联网+”政务服务和“好差评”制度，认领一体化政务服务平台公共服务事项共40项，其中即办件占比60%，全程网办占比97.5%，“最多跑一次”占比100%，承诺提速率达92.3%。推行“网上、电话、预约、即时”的“四个办理”有效方式，疫情防控期间通过网上、电话办理的业务占比达63.4%；设立退役军人医保接续“绿色通道”，落实周六延时服务，梳理并下放医疗救助、参保登记等6项权责事项到乡镇（街道）。2020年累计受理异地就医备案565人次，办理医保关系转移1384人次，特殊待遇支付备案2290人次。严格执行省医保局下发的《医疗保障经办政务服务办事指南》，统一办事流程、办事资料和办结时限，进一步简化异地就医备案手续和流程，大力推广微信小程序“国家异地就医备案”“四川医保”App，方便群众异地就医备案；落实证明事项告知承诺制，清理并取消证明事项2项，实现零证明事项。严格执行《关于完善我省“互联网+”医疗服务价格和医保支付政策的实施意见》《关于公布四川省第一批“互联网+”医疗服务项目试行价格和医保支付政策的通知》，实现辖区二级及以上定点医疗机构“门诊诊查费”互联网医保支付。

【异地就医联网结算】截至2020年年底，有109家定点医药机构开通异地就医直接结算，其中住院7家，门诊个人账户刷卡102家。2020年累计在院结算异地参保住院患者928人次、424.52万元；异地参保门诊患者10208人次，总金额130.56万元。

镇、街道

游仙街道

【概况】游仙街道位于绵阳城区东（游仙区西部）城乡接合部，东邻小枧镇和仙海风景区，西邻石马镇，南邻富乐街道与中物院科学城相连，北与新桥镇接壤，距市区中心（临园路）8千米。辖区内交通便捷，绵遂高速、国道108线穿境而过，一环路北段东延线、二环路、省道205线正在建设中。游仙街道辖区面积约44.5平方千米，下辖游仙观、芙蓉、龙申、吴家4个城市社区，长明、金山、文胜、石垭4个行政村、37个村民小组、22个居民组。

【镇域经济】2020年，全年完成固定资产投资8亿元，完成率160%；规模以上工业，实现产值3000万元；规模以上服务业产值8.6亿元；限上社消零5.1亿元，新增限上社消零企业2家；全年完成招商引资到位资金8.5亿元。

【项目拆迁】推进二环路四期、一环路北段东延线、省道205线三期、旅游环线、0902排洪沟等6个拆迁项目，拆迁面涉及8个村（社区），共计拆迁农房5户，安置19人，青苗、附着物、山林、林果拆迁面积达750余亩。

【项目建设】实施石垭二期统建房建设项目，九院二所科研用房（含库房）建设即将竣工，重大项目带动辖区发展成效显著。

绵遂高速（游仙街道段）

【基础设施】加强农村生活污水管网建设，投入80余万元，完成文胜村生活污水管网建设，完成石垭村张家嘴路段农户生活污水管网接入新桥污水处理站管网。

【城乡环境治理】对芙蓉溪河岸线14.8千米白色生活垃圾、漂流物等卫生问题开展强力整治，累计清理白色垃圾10余吨，投入约25万余元，对各村（社区）清运生活垃圾130多车。

【社会事业】2020年计划生育奖扶享受对象855人，特别扶助对象42人，全年发放资金120余万元。新增计划生育奖励扶助对象152人，特别扶助对象2人。新增参保110余人，发放待遇1207人。全年新增就业登记600余人，失业登记20人，就业困难人员再就业10人，办理就业失业登记证32本，就业困难人员认定13人，公益性岗位就业11人，落实大学生创业补贴3人，开办就业培训班1次，落实公益性岗位补贴资金83万余元，落实就业困难人员社保补贴3万余元。

【社会治理】全年接待群众来访35批次2100人，办理、回复信访件、市长热线118件、网络问政32件，回复省委巡察组交办件54件，调解各类矛盾纠纷48件；严格按照“一岗双责”原则，积极处置涉稳事件，成功化解多年遗留的芙蓉世纪阳光办证案、芙蓉社区小区修建遗留问题等重大安全稳定事件，确保辖区内安全稳定，积极化解重要敏感时段的维稳工作，协助区卫建局化解医疗纠纷1件。积极组织和参与对重点人员的稳控，实现在重要敏感时段“零到省”“零进京”非法上访的目标。

【基层党建】围绕改革“后半篇”文章等重点目标，完成龙王等6个村（社区）建制调整改革。8个村（社区）共产生党组织班子成员42名，其中女性13人，大专以上学历25人，平均年龄41.1岁。完成游仙观社区、长明村、文胜村3个党群服务中心“亲民化”阵地改造，打造“易进入、可参与、能共享”的群众服务阵地，拉近干群关系，完成金山村阵地改造提升。11月底，完成8个村（社区）村规民约制定、上墙工作，着力增强村规民约自治功

表7　2020年游仙街道各行政村（社区）基本情况统计表

村(社)名	面积(平方千米)	户数(户)	人口(人)	农村/集体经济收入(万元)	农民(居民)人均纯收入(元)
长明村	8.23	998	3433	53.1	21423
文胜村	4.89	447	1346	170.37	21517
石垭村	3.72	520	1568	41.1	21398
金山村	8.80	800	2580	16.88	21481
游仙观社区	2.50	2860	3850	0	21423
龙申社区	7.45	618	2245	5.0	17250
吴家社区	2.50	443	1321	193.8	18000
芙蓉社区	4.00	1057	1769	20.8	20000

能，推动健全乡村治理体系，促进农村和谐稳定。金山村村规民约制定试点工作经验在“学习强国”刊载。（刘明辉）

涪江街道

【概况】涪江街道东邻富乐街道，北靠游仙经济试验区、绵阳科学城，西面、南面与涪城区隔涪江而望，辖区面积8.25平方千米，辖区人口14万人。街道下设8个社区，7个党委和1个党总支。辖区内有党员1300余名。有93个小区，普通高中、初级中学、小学及幼儿园等各类学校6所，社区卫生服务中心（站）4个，企事业单位98个，市场主体603个。国家三级甲等医院绵阳市第三人民医院、国家AAAA级旅游景区——越王楼景区和省级文物保护单位碧水寺位于涪江街道辖区。

【经济工作】围绕健康发展，经济运行稳中向好。2020年，街道固定资产投资额1.51亿元，完成101%；社销零8.62亿元，在全区镇、街道中排位第1位，完成率110%；电子商务交易额3.15亿元，完成105%；网络零售额1.5亿元，完成100%；限上企业入库工作扎实有力，调查走访14家，报审10家，最终新增限上商贸企业1家（四川华庭酒店管理有限公司），规上服务业企业4家（绵阳市美家美户家政有限公司、四川省科学城九龙汽车服务公司、四川省科学城九龙保安服务有限公司、绵阳玉洁物业服务有限公司），完成辖区规上、限上企业入库任务。

涪江街道亲水栈道

【社会治理】多措并举化解信访矛盾。成功化解涉及120人的原二纺厂职工宿舍楼拆迁补偿款纠纷，群众到街道送锦旗表示感谢。成功处置“208”棚改560户功能性改造群体、香榭里业委会换届群体到省委巡视组集访，完成省委巡视组交办信访件13件，全年办理各类信箱信访交办件160余件。组织人员参与重点人员劝导、情报信息收集，做好“208”棚改、开塑拆迁打围纠纷等重点维稳工作，街道信访工作获得2019—2020年度化解信访积案工作先进团体。多点发力做好综治禁毒。突出矛盾纠纷化解，坚持和发展新时代“枫桥经验”，完成省级规范性司法所创建工作。完成“七五”普法检查验收，组建100余人的平安巡防队伍，常态化开展社情民意与扫黑维稳信息搜集、排查化解矛盾纠纷、协助打击违法犯罪。2020年，联合公安部门对10人实施强制戒毒，实现全区最大涉毒群体的有效管理，完成禁毒重点警示地区降级的工作目标。

【民生工作】重塑便民服务体制。深入推进两项改革“后半篇”文章，健全首问负责、大厅巡察等制度，着力提升服务水平。在剑南路东段、开元路社区实施社区阵地亲民化改造，建立志愿服务、共享厨房、心理咨询等多功能服务中心，优化“街道—社区”两级便民服务体系。认真梳理并细化下放事项，逐一落实到人头，强化责任落实。强化“全国一体化政务服务平台”推广运用，实现政务服务“一网通办、异地可办”。做实帮困救助工作。坚决贯彻低保工作“应保尽保，应退尽退”的工作原则，2020年，清理低保户24人，新增2人，累计发放低保救助金121.86万元，发放医疗救助金2.3万元，临时救助金2.1万元。认真做好老龄和“三无”特困人员帮扶工作，发放高龄补贴36.2万元、特困人员救助金6.8万元。打造五里堆路日间照料中心，完成1100名高龄老人的居家养老购买服务。增强就业帮扶力度。多方借力，主动作为，积极开展形式多样的就业帮扶，组织下岗人员参工参训，帮扶高校毕业生创业就业。2020年，实现公益性岗位就业36人，下岗再就业60人。开展城镇居民医保服务和公共住房配租工作，完成1.4万人的医保扣款，发放8.79万元的住房补贴，实现25户公租房实物配租。

【城市管理】加大对业委会建设的指导力度，强力推进香榭里、花果山等小区业委会矛盾化解，富临原山小区业委会建设正按程序推进，所有小区实现家委会、业委会等组织的全覆盖。2020年，完成观岭8号、开元一二期等6个小区业委会换届选举工作。研究细化城乡环境综合治理方案，深入开展“两大一好”活动，出动2000余人次开展专项治理11次，清理死角12处，小区管理更加规范有序。采取广泛宣传、分解任务、法律兜底等多种手段，从思想上、行政上、法律上多措并举，积极开展城区垃圾清运费收缴。推进第七次全国人口普查。采取组建机构、拟定制度、细化方案、组织实施等步骤，坚持严把时间节点、严肃工作纪律、严控工作标准的原则，截至11月底，街道完成摸底74392人，短表登记68845人，长表登记5716人，登记进度和完成情况均位居全区前列。

【抗疫防洪】新冠肺炎疫情发生后，街道党员干部勇挑重担，全力奋战在人员排查、复工复产等疫情防控主战场。在2020年“8·11”洪灾中，广大党员干部发扬人民利益高于一切、人民生命重于一切的精神，奋战在三桥下堵塞管涌、小区群众转移、下水道清理工作中，最后，洪峰顺利过境，未造成一人伤亡。2020年，街道党员干部团结一致，完成全国文明城市复审、省级安全社区复评等重大工作，强力推进开塑小区排危、“208”棚改攻坚等重大任务。

表8　　2020年涪江街道各社区基本情况统计表

序号	社区名称	面积（平方千米）	户数（户）	人口（人）	集体经济收入（万元）	人均纯收入（元）
1	东材社区	0.45	1617	3472	0	19800
2	韩家脊社区	1.20	4183	15059	2	39680
3	剑南路东段社区	1	4332	12034	0	30000
4	开元路社区	0.50	1358	6758	2.2	19800
5	开元路中街社区	1	2133	6659	0	14820
6	绵山路社区	1.50	3800	9819	1.5	30000
7	五里堆路社区	0.80	3764	12848	1	26400
8	治平路社区	2	4200	11358	2.35	18000

【基层党建】完成省级非户籍常住居民和党员参与社区“两委”换届试点任务，完成社区“两委”换届。按照“街道社区提需求、区级部门做回应、区级领导抓推动”，组建区域化党建大联盟，集中解决一批矛盾问题。社区阵地亲民化改造、闲置空间再次利用、兴趣社团培育等党建特色工作亮点纷呈。开放社区阵地服务夜间经济，韩家脊小广场、剑东夜市、开元路夜市街、五里堆路颐天夜市等夜间经济生意火爆。以温馨小区红色物业建设为基础，将三汇绿岛、滨湖花园、银峰小区一并纳入全区党建领航红色物业建设工程，经验做法被《人民日报》、“学习强国”、四川在线、《绵阳日报》等主流媒体报道，迎接巴中、资阳等代表团参观学习。在韩家脊社区建设“1921”爱心列车、“爱社区大学堂”，整合闲置资源建成三汇绿岛“共享小区”，典型事迹在《四川党的建设》上刊发。撰写的《经营性社区经验探讨》工作经验在全市转发推广，《闲置空间利用报告》《城市小区党组织建设的问题及其对策》入选全区科研决策咨询研究项目库。

（何媛）

富乐街道

【概况】富乐街道办事处是游仙区人民政府的派出机构，组建于2000年10月，由涪江河滩地开发建设而成。辖区面积5.6平方千米，地理坐标为北纬31° 27′ —31° 28′ 、东经104° 45′ —104° 47′，东起沈家坝，与小枧交界，西至芙蓉溪，北至朝阳厂，南至芙蓉溪左岸，呈带状地形。富乐街道驻游仙区东津路20号。辖区内有李杜祠、桃园三结义广场、中华科学家公园、富乐山景区。辖区人口6万余人，共设李杜祠、沈家坝东街、沈家坝北街、仙人路、五八5个社区居委会。

2020年3月30日，涪江街道开元路中街社区红色物业服务中心揭牌仪式

【经济工作】2020年，完成固定资产投资2.87亿元，完成率达115%；完成新入库项目1个，项目投资额2000万元；完成京东游仙馆上线企业1个；完成科技型中小企业新增1户；完成社消零企业总额6.5亿元，完成率100%；完成社消零限上企业新增3家；完成对上争取项目资金690万元，完成率138%。

【疫情防控】成立富乐街道服务业企业服务专班，结合疫情期间国家、省、市、区出台的相关政策、支持经济运行措施，制成工作指南，带领区人社局、区自然资源局、区税务局等部门专班成员，分别到家福来实业集团、西川会议有限公司、东津酒店等企业上门拜会，送服务、送政策，重点解决疫情期间企业面临的困难和问题，落实企业社保及稳岗政策，申请延长社保缴费期限、申报失业保险稳岗返还，协调税务部门，同意疫情期间延期缴税或税收减免49家。深入贯彻党中央、国务院关于夺取疫情防控和经济社会发展双胜利的系列指示精神，“五一”期间，举办以“耍嗨五一、玩转游仙、美食美刻富乐风”为主题的系列促销活动，承办全区“五一”黄金周促销活动启动仪式，为辖区重点服务业企业现场拍短视频20部，推荐发布，开展文艺会演。协助辖区企业策划“五一”黄金周促销活动方案、计划，帮助限上、规上企业建立公众微信平台，免费注册“游仙电信”App，免费宣传

表9　2020年富乐街道各社区基本情况统计表

社区名称	面积(平方千米)	户数（户）	人口（人）	集体经济收入（元）	居民人均纯收入（元）
仙人路社区	1.70	2509	10270	0	25500
李杜祠社区	1.30	6845	23890	50000	31000
沈家坝北街社区	0.90	5692	17072	660000	25600
沈家坝东街社区	0.60	5686	13231	50200	8800
五八社区	1.10	521	1693	0	36500

购物及消费指南，免费在富乐街道公众微信平台和“游仙直播”上推送。重点打造沈家坝北街（6号路）餐饮美食一条街。引进网红入驻、设置网红打卡点，邀请区融媒体中心全方位进行宣传，帮助企业扩大知名度、信誉度，搭建企业与消费者信息互动平台，助推商家企业多渠道营销创收。

【企业复工复产】统一制作企业复工复产工作指南，组织发放张贴宣传资料3000余份。深入辖区企业、超市、商场、市场，现场督促检查指导疫情防控工作，强化企业责任意识。指导企业复工复产填报申请表1500余份，制定疫情防控方案1500余份，签订疫情防控承诺书1500余份，填报员工信息表5000余份，建立往来人员实名登记制，坚持每日体温测量，定点定时消毒记录、确保员工防控无死角，疫情防控大局安全稳定，企业复工复产有序推进。

【人口普查】成立富乐街道第七次全国人口普查领导小组办公室，召开人口普查动员会，组织辖区“两员”参加市、区、街道三级培训，建立建筑物标绘7000余幢，摸底核实住房单元数2万余套，指导划分普查小区298个，上报人口普查指导员、普查员124人。调查统计户籍人口31680人，常住人口47751人。

【环境综合治理】适时组织开展森林防火专项检查，督促森林防火重点单位严格执行野外火源管理制度，在辖区重点区域增设提示牌80个，并开展辖区森林防灭火演练7次，修编完善森林防火应急预案；发放违法建设整治宣传资料800余份，拆除亨利市场占用消防通道搭建的彩钢房1处，面积144平方米。拆除陶瓷市场7处，面积295平方米；对主干道、市场周边进行管控，劝导游商3000余人，规范门面100余次，下发责令整改通知书33份、调查通知书5份；严格落实“雨前排查、雨中巡查、雨后核查”工作要求，严格执行24小时防汛值班制度和信息及时报送制度；开展专项整治“散乱污”企业“回头看”，严防已完成治理的4家企业死灰复燃。处理“固体废物”13处并进行填埋及清运。对辖区餐饮企业进行全面摸排，共计摸排餐饮企业136家；对广大居民的宣传引导，执法人员进行网格化管理，相关部门定期在一级街巷长的带领下会同网格员，发动群众、商户对小区、责任区内的市容秩序进行管控，全面实施全街道街巷长制工作；改造老旧小区6个，申报2020年改造7个；电梯加装完成41部，新增通过规划审批24部。宣传新版《绵阳市物业管理条例》，积极建设红色物业，引导小区按规定程序成立业主委员会。组织开展物业企业专题培训1次，新成立业主委员会4个，处理物业管理矛盾纠纷13件；协调区住建局、惠东公司等完成城市

2020年9月29日，游仙区在富乐街道开展第二届社区嘉年华活动

道路隐患整治30余处，更换雨箅子17个，整修人行道20余处，疏通雨污水管网300余米。垃圾清运费征收工作，已征收63.2万元，完成目标任务80%以上，完成率暂居全区第一。

【社会治安综合治理】富乐街道5个社区已全部建立综治中心，街道建立平安巡防大队，社区建立平安巡防中队，累计开展平安巡防1000余次，平安宣传活动100余次，发放宣传资料4000余份；全年共收到上级交办信访事项6件，市长热线受理70件，市长信箱17件，全部回复处理完成。全面落实信访积案攻坚战行动，积极与信访群体沟通交流，力促息诉息访；全年网格员化解矛盾纠纷录入随手调158件，发现治安隐患168件，上报事件1.8万余件。到辖区9个快递物流点进行安全、物流寄递、实名登记等检查108次。组织网格员开展业务培训14次，网格员走访特殊人群400余人次；加强辖区吸毒人员、社区戒毒社区康复人员管理、服务和平安关爱行动，对吸毒人员进行登记管理，督促定期参加尿检。对辖区7处重点场所开展全面排查，辖区未发现制贩毒品窝点。开展“扫黑除恶广场宣传”等活动4次，深挖线索，对辖区重点场所、重点行业、重点区域开展无缝隙排查；协助相关职能部门开展社会乱象治理30余次，收到显著效果。以依法治区、“七五”普法工作为主线，深入开展普法宣传。街道法律服务站接待来访咨询法律方面问题的群众达303人次、提供法律援助3件。共调解各类纠纷46件，随手调158件。

【应急管理】采取“三化” 联动模式，全面提升街道应急管理水平，该模式工作经验被区应急管理局专期刊发；多措并举，推进“安全生产工作”。强宣传、强排查、强演练“三强”工作模式，6月在绵阳电视台《安全生产》栏目进行为期4天的展播；在疫情防控初期，组织基干民兵值班，确保24小时值班不间断，完成小区封闭管理任务。在复工复产期间，组织派出所、市场监管所、综合行政执法中队对辖区200余家餐饮企业进行拉网式督查，确保严格按照疫情防控要求复工复产。在“8·12”“8·15”洪灾期间，组织社区干部、民兵、志愿者紧急转移群众1000余人，运送沙子4000余袋；加强疫情期间市场活禽宰杀、防疫物资、餐饮等行业的监管。开展红盾春雷行动，检查各类经济主体500余户，查处各类案件60余件。与区教体局和社区联合检查等方式，共计检查学校食堂与校内食品经营户50家次、规范1家。

【便民服务中心建设】完善便民服务中心管理运行制度，整合街道社区阵地12处、清理牌子13块、清理制度56项，集中梳理各项制度78项。创新打造“一室多用”等多功能融合的社区服务共享空间20余处。新增科普驿站1个、诗韵文化茶园1处、简易休闲茶吧2处、拆掉传统服务窗口柜台5个。筹集资金30余万元，推动社区便民服务点亲民化改造。承接工商办证事项，下半年完成个体工商新办、变更等320余件。街道便民服务中心和社区便民服务站接待中央、省、市等各级参观调研12次。

【社会事务服务】办理生育服务证137个，孕前免费优生优育检查196人，为42户65名计生家庭特别扶助对象发放特扶奖励金68.78万元。加强病媒物防治工作力度，投放鼠药860袋、毒饵盒300个；加强低保规范化管理，全年有102户136人享受低保；为特困供养、困难残疾人、重度残疾人等发放资金109.72万元；承接省民政厅、财政厅2020年城乡社区治理试点“三社联动”机制创新试点工作；制定《居民公约》和实施细则，持续推进居务公开；全面完成社区便民服务站亲民化改造；依法推进社区居委会换届选举工作；完善退役军人服务体系规范化建设；完成“中国人民志愿军抗美援朝出国作战70周年”纪念章登记、审核和发放，发放纪念章27枚；发放定期抚恤优待补助金、医疗补助金、义务兵优待金、立功受奖奖励金、就业援助补助金等各项资金136.26万元；完成军队退役人员和其他优抚对象信息采集，“光荣牌”悬挂完成率达100%；做好地名门牌管理工作，完成行政区划勘界、新建道路命名；对城镇困境儿童进行详尽登记，对孤儿、事实孤儿、困难儿童分类进行扶助和救助；及时对流浪乞讨人员进行救助和劝返；坚持深化殡葬改革，落实惠民殡葬政策，死亡火化率达100%；对40余名文体骨干进行培训，加强文化服务中心的运行管理，设置图书阅览室，各社区书屋藏书共近1.2万余册，免费供群众借阅。免费开放培训室、多功能排练室，开展免费培训40余场次。

【朝阳棚户区改造】成立项目专班，挂牌成立现场项目部，制定2020年棚改拆迁项目作战图，明确八大任务，建立攻坚阶段每周例会制度。完成所有资料归档，向科发天达公司移交腾房搬迁钥匙522把。开展入户调查，摸底，收集问题诉求415条，按类别梳理汇总16条。完成一期安置房1、2号楼热水管网加装工程和电梯加装工程，已通过验收并交付使用。完成钉子户签约3户，整栋签约14栋，实现零的重大突破，整栋房屋腾空8栋，已移交科发天达公司实施拆除。2020年组织两次集中时间段，水、电、气、销户618户，累计1248户；累计完成签约1681户。

【基层党建】实行“一社一品”，切实抓好小区党建，网格党建，成立海悦银河城商圈党支部等两新支部，选派党建指导队9支27人到小区党支部和两新组织开展联系服务工作。探索全市首个“社治培训沙龙”，首个“小区分类治理工作指导指标体系”。举办第2届公益创投大赛、第2届社区嘉年华、音乐党课等活动。做实党建大联盟6大类43项服务项目，以有温度的党建带给居民有质感的幸福。与重庆北碚区天生街道结对共建，成为绵碚合作以来第一个签约的基层单位。加强社区干部后备人才培养，本届社区党组织班子成员平均年龄比上届降低4岁。建成社工人才培训中心，引进和培养专业社工人才35人。组建40余支兴趣社团，基本实现每户有人参与，“党员+社团”做法被《人民日报》刊发。成立心悦红色物业服务有限公司，解决辖区30余名弱势群体就业和弃管小区管理难的问题。完成高诚尚峰、虹云桥下街头小游园等近10个闲置空间打造利用。完成老旧小区电梯安装22部。拆除亨利市场违法建设1处144平方米，陶瓷市场违法建设7处295平方米，虹云桥处废弃淘沙房及相关设施347.48平方米。解决长达十余年30幢房屋分房、沈家坝北街长达20多年林地征地款支付等重大历史遗留问题。相继承接食品经营许可、个体工商户注册审批权限，下半年已办理个体工商户登记等行政许可393件，协同综合执法、市场监管处理违建、虚假宣传等居民投诉1588件。聚焦作风问题开展社区现场问廉2次，全年对3名违纪违法党员给予党纪处分。创新学习强国积分兑换制，打造网红打卡点“我和祖国合影”统战同心广场。

【人大工作】按照“亲民、便民”的原则和“十有”标准建设，建成富乐街道人大代表之家，为区人大代表在闭会期间开展活动、联系选民群众搭建平台。创新开展人大代表履职“五个一”（讲一堂专业知识、办一

2020年10月23日，富乐街道沈家坝北街社区与商业银行开展“健康科普进社区活动”

件民生实事、提一条发展建议、发一张便民联系卡、开展一次调研视察）活动和居民议事制度。组织开展区人大代表参与2020年度区级民生实事票决项目和区级重点项目调研工作，反馈给牵头单位建议意见3条。街道创新开展人大工作得到市人大主要领导现场调研的肯定，居民议事制度工作经验在《绵阳日报》、“学习强国”上刊载。

【群团工作】成立85人基干民兵队伍，组织应急排30人点验，发起“认捐一瓶水　情暖文明城”倡议书，组织辖区爱心企事业单位和个人为户外劳动者捐赠资金1600元、矿泉水50余件；积极承接区总工会成立工会等审批权限事项，已审批7个单位入会；建立社会领域团组织51个，团员350人。组织开展童乐园、同伴之家、夏令营等活动，提升儿童综合素质。组织青年团员志愿者参与疫情防控等工作；广泛开展最美家庭、道德之星、孝敬之星的评选活动，营造家风好、党风正、政风清的良好社会氛围。深入开展社区“妇女之家”“儿童之家”示范点创建；开展妇女儿童解贫扶困活动，有效缓解38户家庭实际困难；为辖区3名困难家庭大学新生提供帮扶资助，为辖区21名困境儿童登记建档；市妇联在东街社区开展“家政进社区”项目，为有就业愿望的妇女群众400余人开展“家政、月嫂”“香月儿”刺绣、女红、西点制作等技能培训；东街社区民族工作协理员余富强获得“四川省民族团结进步模范个人”称号。（张芳芳）

石马镇

【概况】石马镇地处绵阳城北，涪江东岸，东靠新桥镇、游仙街道办，南接科学城，北邻江油龙凤镇，西隔涪江与西南科技大学相望，辖区面积56.33平方千米，属浅丘地貌，耕地面积2153.8公顷，林地面积1673公顷，是绵阳科技城新区重要组团、科技城集中发展区“一体两翼”之北翼、全国重点镇。辖区交通十分便利，是绵广、绵遂、绵九高速的交会点，拥有2个高速路出口（绵广高速科学城出口、绵九高速游仙出口），城际铁路、宝成复线贯穿全境，距绵阳市中心9千米，距绵阳南郊机场15千米，已形成“铁、公、机”综合交通网，具有辐射西部各省、市的区位优势。全镇总人口5.7万余人，下辖9个行政村、6个社区居委会。

【经济运行】全省重大项目集中开工仪式绵阳分会场在石马举行，湖山电器总部建成已进入上市培育期，西奥电梯二期、聚合新材料二期建成运行，飞腾精密、德迪普、浩东食品二期等项目全面启动。完成升规企业3户，招引科技型企业3户、限上社消零企业入库3户，均提前完成全年目标任务。全年实现工业总产值90亿元、固定资产投资19亿元、工业投资2亿元、招商引资到位资金11亿元；限上社消零实现5.2亿元，完成全年目标任务150%；规上服务业完成增加值1446万元，财税收入1.24亿元。农业经济总收入1.8亿元，实现农民人均纯收入20536元。

【城镇规划建设】启动百胜村等5个村村庄规划编制。省道205线过境段、二环路四期、二环路石马立交绿化全面贯通，九绵互通加快建设；投入8400万元的国家某重大装置项目配套基础设施建设专用道路即将提前竣工，科技城大道（游仙段）启动；特色小镇完成8万余平方米场镇建筑功能改造和2.8千米滨江路道路管网建设，储备土地600余亩已具备上市条件，通江街、望江街、玉泉街3条街道改造全面铺开。争取市以上项目拆迁安置补偿资金2800万元（完成率112%）。坚持依法推进公平公正“阳光”拆迁，完成房屋协议签订700余户、倒房550余栋，搬迁企业7户，解决个性、共性问题60余个，中物院春蕾小学如期完成拆迁攻坚，中物院大周界、特色小镇、飞腾精密等20余个项目推进有力。

【社会事业】全镇15户45人建档立卡贫困户全面脱贫。全面完成村级集体经济组织赋码，争取80万元补助资金支持省级试点的张家坪村壮大集体经济。投入近100万元用于镇卫生院购买疫情防控物资、救护车及硬件提升，支持基层卫生事业提档提质，获评绵阳市无偿献血先进单位。落实20余万元支持辖区教育事业发展；开展“爱心助力·让心安家”关爱行动，募集21家爱心企业的爱心资金2万余元和慰问品关爱留守儿童。抓好“慧眼”工程建设和“雪亮工程”的运行保障；筑牢国家安全人民防线，以高度政治自觉抓好中物院周边环境整治。调处各类矛盾纠纷62件，成功追讨劳动争议民工工资2件、金额20余万元。以解放社区和横山社区为试点，石马镇通过开展9个村的村规民约和6个社区居民公约的制定，进一步提升基层治理水平。

石马镇东林月季博览园

【环境治理】争取省级污水整治资金300万元，完成场镇污水管网整治。纵深推进污染防治“三大战役”，组织日常排查和专项检查100余次，整治水、土壤、大气及环保信访等问题40余件；建立三级网格化环境监管体系，全年派出各级网格员120人次，排除大气风险管控平台烟雾报警30余起；常态化开展“散乱污”企业整治、饮用水源保护等，市区督查反馈52个问题全面整改到位。全面加强垃圾治理，创新开展人居环境整治“大比武”，努力保障“一组一保洁员”，全镇共配备保洁员133名、村级垃圾收集车20辆，投放垃圾桶600余个，镇财政每年拿出60万元专门用于农村垃圾收集转运等农村垃圾治理工作；务实落实游仙创建乡村振兴省级示范区各项部署，完成户厕改造147户，新建农村公厕1座，全镇卫生厕所普及率达到99%。

【基层治理】全镇15个村（居）共商共谋“村规民约、居民公约”，做精评议践行自治。镇退役军人事务站“4+N”服务模式用心用力打造“退役军人之家”，先后多次接受国家和省退役军人事务厅调研肯定。村级阵地“亲民化”改造实现67%，提升群众获得感和满意度。紧绷“安全弦”，督促辖区企业履行主体责任，安全经营生产；强化“法治石马”建设，深入化解各类信访积案，辖区群众尊法学法守法用法意识不断提高，扫黑除恶专项斗争成效显著，全镇社会大局保持平安和谐稳定。（李仕杰）

表10　　2020年石马镇各行政村（社区）基本情况统计表

村名	面积（平方千米）	户数（户）	人口（人）	经济收入（万元）	经济总费用（万元）	经济净收入（万元）	人均纯收入（元）
中科社区	2.20	1026	2876	4213	912	3301	20623
涪江社区	1.89	366	1015	3482	730	2752	20618
横山社区	1.489	392	1102	2091	161	1930	20615
翠屏社区	1.21	770	2603	251	111	140	20620
解放社区	4.12	1893	5004	2411	180	2231	20619
东林社区	5.78	792	2600	1983	182	1801	20423
紫府村	5.18	716	2597	1108	650	458	20618
文峰村	3.84	425	1331	1818	653	1165	20602
百胜村	3.77	571	1729	3011	90	2921	20598
天林村	2.99	687	2314	2904	91	2813	20620
石锣村	2.90	415	1217	3412	203	3210	20400
飞凤村	2.38	322	961	3512	211	3301	20398
狮院村	5.52	480	1467	6704	300	6204	20441
张家坪村	6.66	766	2396	6373	414	5959	20428
金树村	5.15	586	1801	6480	452	6028	20424

魏城镇

【概况】魏城镇地处游仙区中心腹地，距中国科技城（绵阳）市区28千米，距梓潼城区17千米，与仙海区、梓潼县2区（县）和信义、仙鹤、忠兴、新桥4镇接壤，全镇面积180.8平方千米，是全市除少数民族地区外最大的镇，下辖徐家场、东宣场2个场，22个行政村，2个社区居委会，291个村（居）民小组。全镇总人口近8万人，是三个市辖区人口最多的镇，是典型的人口大镇、农业大镇、商贸重镇。先后获得“全国重点镇”“全国小城镇建设示范镇”“全国村镇建设先进集体”等国家级荣誉称号11个，获得“四川省百镇建设示范行动试点镇”“四川省文化艺术之乡”“四川省生态乡镇”等省级荣誉称号22个。2020年，在全区重点单项工作中，获一等奖14个、二等奖10个。

【基层党建】升级打造铁炉村张勇精神文化广场及桂花社区、飞龙村、白鹤村、铁炉村等新时代文明实践站（所），巩固意识形态阵地。全面完成村级建制调整改革，44个村合并成为22个村。全面完成26个村(社区)“两委”换届选举工作，26名党组织书记全面实现一肩挑，领导核心作用进一步突显。完成12个村（社区）纪委换届和14个村（社区）纪检委员的任命，不断完善全镇纪检监察体系。加强监督执纪问责，2020年党纪监察立案审查调查10件12人，其中党内警告处分7人，党内严重警告处分3人，开除党籍处分1人，责令辞职1人。

【项目建设】魏城工业园全面启动征地拆迁工作，东莞精耐模具、川杰PE管材项目、新材料智能加工产业园、光彩石材城、漫昊加沙石加工厂已签约入驻，协议资金24.5亿元。推进国道108改线、绵苍高速、G5高速、“锦绣魏都”等项目拆迁工作。完成东宣场文风街人行道、污水管网、排洪沟整治工程，启动文风街十字路口至文风桥头、东岳街（敬老院）至桥头污水管网整治，完成徐家场污水处理厂和垃圾中转站项目建设，场镇承载能力和功能更加完善。2020年共开展招商引资工作10次，组织人员到北京、上海、广州等城市开展大型招商活动。四川崇豪建材有限公司、广东惠迪投资有限公司、中海外国融实业绵阳有限公司、甘肃星达房地产公司等9家企业正式签约，签约资金达50亿元，为今后魏城的发展积淀后劲。

【农业产业】完成七里产业园、龙大路绣山段、鹤林绿洲产业道路硬化，精修塘堰12口，硬化沟渠7400米，硬化入户路4000米。完成1400亩耕地高标准农田建设。农村道路、水渠、塘堰、水库等基础设施不断完善。建成现代农业产业融合示范园区3个，市级以上农业产业龙头企业7家。建成44个家庭农场，84个专业合作社，润隆种养殖专业合作社被评为第十四批国家级水产健康养殖示范场；建成以红岩村、铁炉村等村为核心区域的“万亩果园”，主产葡萄、青梅、柑橘、猕猴桃、白枇杷、书房柚、荣发大枣等精品水果；建成以青云村、星光村等村为核心区域近6000亩有机蔬菜的“生态后厨”；建成以科旺、八品等为龙头的规模养殖企业，年出栏生猪9.7万头。全市知名农产品品牌进一步提升，市场认可度进一步提高。2020年，魏城镇创建为市级乡村振兴示范镇，红岩村创建为市级乡村振兴示范村，典型引领效应明显。

【乡村旅游】依托鹤林绿洲、东方田园、金炉谷等田园综合体，构建“飞龙山+东方田园—鹤林绿洲—铁炉村”为节点的文旅发展“大三角”和“铁炉村金炉谷山湾农庄—宣化村良栖农场—白鹤村柚子基地”为节点的农业产业“小三角”格局，打造“魏城一日游”精品乡村旅游线路，年均吸引游客30万人次以上。举办魏城镇首届乡村文化艺术节暨名优特商贸博览会，交易额达1100余万元。群益村打造800余亩红枫基地，仅23天的红叶观赏期累计吸引游客5万余人次，配套举办农家坝坝宴、土特产市场等，企业创收100余万元，村集体分红20余万元，带动周边农户办宴席、卖土特产增收70余万元。

【生态环境】全面推进农村垃圾、污水、厕所专项整治“三大

魏城镇飞龙山红军纪念碑

表11　　2020年魏城镇各行政村基本情况统计表

村 名	面积(平方千米)	户数（户）	人口（人）	农村经济收入（万元）	农民人均纯收入（元）
红岩村	5.50	900	2468	4503.45	18247
绣山村	7.30	947	3030	5348.7	17652
青云村	9.30	1134	3589	6344.1	17677
牌坊村	8.00	1215	3462	6235.95	18013
铁炉村	8.00	868	2849	4945.5	17359
七里村	7.30	950	3175	5701.5	17958
关帝村	4.60	1162	3385	6195	18301
青陆村	10.40	685	2062	3598.35	17450
莲花村	7.00	1192	3935	7107.45	18062
群益村	13.90	1166	3790	6678	17620
文圣村	10.60	820	2619	4726.05	18045
金华村	2.80	438	1431	2765.7	19327
宣化村	7.60	858	2964	3571.89	15962
白鹤村	12.40	1153	3460	4358.03	16292.1
安乐村	11.10	1092	3797	4487.28	16817
和阳村	9.70	1110	3830	4733.61	16665.5
竹柳村	6.40	746	2196	2641.74	15936
星光村	5.80	589	1809	2361.98	17949.8
栖凤村	7.20	689	2125	3349.29	17318.5
飞龙村	2.20	564	1767	2421.3	17517
永乐村	6.60	632	2017	2512.65	16998
鱼泉村	9.60	921	2764	3411.87	17559

革命”，固定村、镇保洁员队伍，整治农户前庭后院480户，配备1000组分类垃圾桶、20辆垃圾清运车。建成徐家场、东宣场污水处理厂，关帝村、宣化村、七里村农村污水处理站；完成三联通沼气池210户，改建户用厕所908户，田间储粪池27口，配发抽运一体机21台。新建村公厕4座。大力开展魏城河综合整治，河道清淤720米，处理污水直排口93处，修建大小污水收集池15口，新建污水支管5000米，强化污水直排防治，将城镇沿岸直排口全部接入污水收集管网，魏城河水由过去的Ⅴ类甚至劣Ⅴ类水质，转变为目前枯水期稳定保持Ⅳ类水质，丰水期达到Ⅲ类水质，相关经验先后被省、市两级《河长制工作简报》专刊推广，镇党委书记张剑被省河长办评为优秀河长。常态化开展秸秆禁烧巡逻检查，查处焚烧秸秆现象2起，秸秆焚烧现象得到有效遏制。坚决取缔禁养区畜禽养殖场，禁止肥水养鱼；开展魏城河、徐家沟河等河道清漂行动200余次，辖区水环境得到优化。加强农业面源综合治理，减少农药化肥使用量，鼓励发展有机绿色农业，不断改善土壤环境。

【民生保障】坚决保障各项民生支出，城乡低保、社保、医保基本实现应保尽保，发放民政各类补贴、补助、救助资金1253.12万元，发放计生三金及特扶家庭慰问金702.1万元，发放残疾人两项补贴115.2万元。脱贫攻坚任务全面完成，实现建档立卡贫困户99户197人全部脱贫，4个贫困村摘帽。大力开展移民诉求矛盾化解及房屋处漏等工作，发放移民后扶补助资金44.36万元。

【安全稳定】快速应对新冠肺炎疫情，扎实做好疫情防控和“两码”申领，全镇社会环境安全稳定，实现零确诊。“七五”普法圆满收官，扫黑除恶专项斗争、平安游仙和智慧社区（小区）建设成效明显。安全生产责任制全面落实，开展非煤矿山、道路交通等专项整治42次，食品药品安全形势稳中趋好，全年未发生重特大安全生产事故。2020年，铁炉村被评为全国民主法治示范村，金华村、飞龙村被评为省级平安村。

【社会治理】全力推动“自治、法治、德治”三治融合，组织修订完善《村规民约》等制度，“永乐规”被四川电视台“点赞”。定期开展法治培训班、村规民约履约评议会等活动，多举措化解矛盾纠纷，加强基层治理，红岩村被评为省级乡村振兴示范村。（李鑫）

魏城镇童话小镇

新桥镇

【概况】新桥镇位于绵阳科技城东北部，芙蓉溪中游，与游仙镇、魏城镇、沉抗镇、忠兴镇等多镇相邻，国道108线纵贯全境，绵梓公路横卧东西，“芙蓉花溪”乡村振兴综合项目即将建成。距离城中心9千米，交通区位便利。相传在三国时期，芙蓉溪双桥村段原有一座桥，后新建一座木桥，桥竣工之日，刚好有一对新人结婚路过，新娘从花轿里出来，从桥上走过，留下“新人踩新桥，千古万年牢”的美丽传说。在当地，流传着凡结婚的新人，都到此踩新桥的习俗，故“新桥”地名由此而来。

新桥镇辖区面积89.75平方千米，总人口4.43万人。辖14个村民委员会，4个社区居委会，135个村（居）民小组。新桥镇人民政府位于新桥镇虹桥路东段2号。2020年财政总收入3138.52万元，同比增长63.99%，其中，地方财政收入3138.52万元；上缴国税、地税7116.7万元，增长40.84%。

【镇域经济】2020年度完成税收7116.7万元，向上争取资金0.61亿元，固定资产投资完成16亿元，完成全年目标任务114%，其中工业投资8.87亿元，完成全年目标任务161%。招商引资到位资金7亿元，完成全年任务的140%。限上社消零共完成15564万元，完成比例181.4%；批发总额50405万元，完成目标任务的100.1%，电子商务交易规模达到2.43亿元，完成全年任务比例115.9%，网络零售20392万元，完成全年任务比例104.6%。

【农村经济】2020年，农村经济总收入7.68亿元，试点开展宅基地“三权分置”改革，至年底，街子场盘活利用闲置宅基地可利用的集体建设用地指标65亩，街子场片区5个村（社区）集体收益达520万元，全镇农民人均收入2.11万元。

【工业发展】2020年，工业总投资8.87亿元，全镇17家规模企业总产值实现63亿元，同比增长12.5%。培育1户规模工业企业，完成科技型中小企业认定2户。

【项目建设】2020年共策划包装入库项目12个，投资额17.8亿元。建立镇内重点项目库，共计21个重点项目，其中市级2个，区级1个，总投资约38.8亿元。投资1.2亿元的众福食品米粉丝及红酱制品生产项目一期加工厂房建成投产。投资3.8亿元的仙特米业粮食加工项目一期建成。完成中小微产业园区打围、电力迁改工作，园内基础设施正在加紧建设，一期48.7亩土地摘牌正在进行。申报仙特冷链物流项目及汽车下乡项目。完成仙特200万元冷链物流项目，6个汽车下乡项目。

【特色产业】不断延伸农业产业链条，在蓝港、众福米粉、川仙渔村等企业的带领下，蓬勃发展农产品加工业，年加工泥鳅、黄颡、羊肚菌、双苞菇、米粉、火锅底料等产值达到1.2亿元，为一产增质增效奠定基础。以国际兰花园、富乐花乡、月畔湾花木乐园等为载体，大力发展乡村旅游，通过举办赏花节、采摘节、露营、户外拓展等活动，年接待游客200万余人次，2020年实现旅游经营收入9.5亿元。

【基础设施建设】以现有国省干线、农村公路为依托，布局连接建制村、自然组，通达支撑镇域发展的交通节点，编制完成含县

新桥工业园

道20.4千米、乡道25.6千米、村道156.1千米的新桥镇农村公路路网规划。新增新桥场镇至东林、云凤和胜利桥至云凤场3条318公交支线，新云路云凤段完成提档升级。实施9个村267户户厕改造，新建改造公厕4座，农村户用卫生厕所普及率达到100%。

【社会民生】全年发放低保资金195.34万元、特困资金81.54万元、优抚金381.4万元、高龄补贴42.6万元、残疾补助61.36万元。发放计划生育家庭扶助资金340.6万元，其他特别扶助资金142.27万元，独子奖励资金13.74万元。整合辖区内敬老院、日间照料中心等公有和社会民政服务设施，结合新桥镇医合体、各村（社区）卫生室，构建“1中心+N站（点）”的综合养老服务体系，优化民政从业人员队伍结构。配合做好教育试点改革，撤销瓦子小学，新建新桥镇中心幼儿园，在新桥镇3所小学设立联席会议制度，统筹辖区内教育资源，对辖区学校实行一体化管理。

【“两项改革”试点】完成镇、村、社合并调整工作，调减14个建制村，减幅比例达到50%，调减村（居）民小组109个，减幅比例

表12　2020年新桥镇各行政村基本情况统计表

村名	面积（平方千米）	户数（户）	人口（人）	农村经济收入（万元）	农村经济总费用（万元）	农村经济净收入（万元）	人均纯收入（元）
双河村	5.605	952	2411	4967.9	1735.31	3232.59	20956
同福村	5.998	714	2022	4790.12	1866.09	2924.13	22572
玉泉村	4.031	669	1733	3188.86	1242.26	1946.6	20177
铜华村	4.831	709	2014	4518.17	1760.11	2758.1	21763
胜利村	7.119	1374	4321	8524.3	3320.75	5203.6	23139
新民村	8.624	1322	3927	8059.81	3139.80	4920.01	21462
王家坝村	4.343	960	3067	8265.39	3219.88	5045.5	21700
石庙村	3.685	521	1649	4012.7	2212.58	1800.12	21262
高意村	7.632	755	2328	6339.57	2769.69	3569.9	21692
红星村	5.928	707	1944	4641.13	1808.01	2833.12	20674
柏龙村	7.582	947	2723	4677.09	1822.02	2855.1	20790
胜旗村	4.786	687	1861	4354.03	1692.66	2652.4	19674
兴泉村	6.866	821	2286	4514.12	1758.53	2755.6	19718
新龙村	9.513	1297	3659	5924.11	2307.81	3616.3	20047

达44.67%，调减比例为全区第一。以优化资源配置、提升发展质量、增强服务能力为行动指南，敢于创新、勇于探索，将全市两项改革“后半篇”文章11项试点任务与全区40项改革任务同步推进落实。“编好用活村规划助力乡村振兴”“整合规范提升亲民便民利民”“建设‘六有’工作体系 提升基层应急管理能力”等改革经验作为全市改革经验向全省推广，承办省、市两项改革“后半篇”文章经验现场会60余次。

【社会治理】先后投入200余万元提升综治中心，建成全省首个镇级“社会治理调度平台”，通过“终端+平台”，受理群众投诉举报、政策咨询、困难救助等服务需求，形成群众“线上点单”、干部“线下跑腿”的社会治理“智治”新模式，作为经验在全省推广。建立健全“三色”预警矛盾纠纷处置机制，深化“1+3+N”工作体系，形成新时代“枫桥经验”新桥版——“五治”工作法。

【人居环境】在打包购买社会服务完成垃圾清运的基础上，建立常态化清扫保洁队伍，落实环境整治包干责任制，实行网格化管理，“定人、定责、定岗、定效”。常态化开展“小手拉大手”志愿服务活动，营造“人人参与、家家行动、户户整洁”的人居环境治理良好氛围。抓住旅游环线建设、省级乡村振兴先进镇建设、百镇建设等机遇，推动基础设施提档升级，完善公共交通、防洪防涝等设施，继续提升新云路、魏街路、老省道108线、胜黎路道路绿化水平，完成胜利村景区道路黑化3千米，整治胜利村排洪渠1千米，完成胜利村、王家坝村、新民村、柏龙村、铜华村干道沿线800余户农户庭院美化，安装路灯480盏，拆除复垦破损农房，整治主干道沿线的乱搭乱建。完成镇域内14.5千米污水主管网的改造提升。

【重点企业】绵阳海龙饲料有限公司位于绵阳市游仙区新桥镇川陕路西段43号，是广东海大集团有限公司下属直管公司。项目规划畜禽、水产饲料年30万吨产能，项目分两期进行，首期租赁10万吨产能，截至2020年年底投入技改资金700万元。

（梁静怡）

忠兴镇

【概况】忠兴镇位于绵阳市游仙区东北部，交通位置便利、自然资源丰富、文化底蕴深厚，是绵阳城市居民休闲的后花园，着力打造生态颐养小镇和区域性中心城镇。东临魏城镇、仙鹤镇，南接新桥镇，北连江油市大堰镇，忠兴镇辖区面积140.1平方千米，距绵阳城区25千米，境内有胜黎路、安梓路、瓦凤路等7条县乡主干道贯穿全镇，通行98路、99路公交车，是区域乡镇交通枢纽，距AAAA级旅游景区——仙海风景区5千米，距江油大堰高速出口7千米。2020年，忠兴镇先后荣获省级百镇建设扩面增量试点镇、全省颐养特色小城镇、乡村振兴示范镇、武装工作先进单位、化解信访积案工作先进团体等荣誉，卢家桥三国冬枣获中国绿色食品博览会金奖，土地托管中心“全

中国国家地理标志产品——忠兴镇木龙观红萝卜种植基地

程托管'345'为农增收添动力"被农业农村部推荐为全国农业社会化服务先进典型案例。

【历史人文】忠兴镇因驻地集市忠兴场而得名，是原绵阳市市中区四大古镇之一，原名白家坝，是明代官至南京按察司副使白翱的故乡，后因清代兰大顺义军经过于此，乡绅聚众抵抗，场镇被毁，后修新场于原址西南1千米处，取"效忠国家，祝愿兴旺"之意，改名忠兴。辖区内有县级文物保护单位宋氏祖墓群及建于清嘉庆四年（1799）的龙珠禅院，有中国本土宗教道教蜀中道教圣地木龙观等历史名胜遗迹100余处。

【建制区划调整】村级建制调整后，行政村由32个合并为15个，减幅53.13%，撤减比例全区最高。村民小组减少到222个，减少28%；辖区人口共15541户、45151人，人口自然增长率1.2‰。

【主要经济指标】全年完成固定资产投资6.5亿元，完成率130%；工业投资完成1.3亿元，完

表13　2020年忠兴镇各行政村基本情况统计表

村名	面积（平方千米）	户数（户）	人口（人）	农村经济收入（万元）	农村经济总费用（万元）	农村经济净收入（万元）	人均纯收入（元）
龙安村	7.52	785	2336	4500	2200	2300	19300
鑫龙村	9.25	1001	2860	3133	2049	2031	20147
明龙村	6.39	1025	2935	3277	880	2396	20218
双鱼村	8.20	861	2566	6520	1289	5231	20189
龙泉村	5.47	956	2731	4402	1121	3281	20198
兴合村	9.70	1333	4073	3198	2146	2375	20474
永佛村	12.30	1054	2900	2454	799	1655	19476
五兴村	14.86	1350	3740	3654	1604	2653	19688
福林村	7.32	652	1940	3913	1174	2739	19500
酒店村	8.77	757	2159	1211	2692	4487	20168
南桥村	10.58	1205	3321	1189	4376	7520	20860
凤凰村	9.94	1068	3122	7500	2954	4545	16000
木龙村	7.63	805	2435	1988	1080	1879	20022
紫气村	5.32	706	2022	6749	3000	3749	18500
乜家村	5.02	595	1630	1467	978	1336	20065

成率65%；工业技改投资完成1.3亿元，完成率65%；规模工业企业生产总产值达到1.4亿元，完成率82%；完成500万元以上的招商引资项目7个，招商引资到位资金3.8亿元，完成率127%；招引科技型中小企业1家，完成科技型中小企业评价入库2家，完成率100%；社消零限上企业入库2家，社消零规模服务业营业额达到741万元，完成率83%；电子商务实现交易规模1.8亿元,网络零售1.4亿元，完成率86%。辖区内现代农业企业达87家，工业企业达26家。

【项目及基础设施】引进“正邦现代农业循环产业园”“速冻食品生产包装”“调味品原料加工生产基地”等10个新项目落地建设；在谈的“芙蓉春畔农旅颐养产业园”“芙蓉溪观光带农旅综合体”“4万立方米储存量冷链物流基地”等6个项目，计划总投资约10亿元以上；新发展蔬菜、中药材、林果等种植产业基地2000余亩，打造山湾农庄15处；第二批百镇建设示范镇正在施工，乡村旅游环线、场镇雨污水管网改造、街道硬化提升基本完成，太平至江油界农业观光旅游公路项目建设主体已通车，实现“忠兴场镇—太平场镇—凤凰场镇”镇域内三角交通循环，打通京昆高速双向连接；危桥改造项目4个已全部完工，正在建设7个；芙蓉溪河道治理工程正在有序推进。全年共计新建道路16.7千米，硬化道路4.7千米，扩宽道路9.5千米，硬化沟渠4千米、精修塘堰15口、维修水库2座，维修提灌站4座，新建提灌站1座，镇内交通条件和农业设施逐步提升。

【经济发展】坚持绿色品牌兴区战略，大力发展特色绿色种植，继续加大对游仙区唯一绿色地标产品木龙观红萝卜推荐展示，现核心种植面积已达1200多亩，实现销售收入400多万元；扩展羊肚菌、猕猴桃、藤椒等特色种植面积3000亩以上，实现产值3亿元。逐步推动企业规模化发展，绵阳市唯一一家获得出口认证的休闲食品公司紫东食品公司年产值可达1.5亿元；四川八品、任洪食品厂、春怡泡菜厂等农产品加工企业蓬勃发展；以凯沃盛、正邦为基础的现代循环养殖基地即将正式投产；挖掘文化资源，打造特色颐养小镇积极打造山湾农庄，以修建乡村旅游环线为契机，完善乡村道路网，依托芙蓉溪水域，提升乡村旅游体验，旅游业产值达5000万元。

【社会事业发展】全年共计对上协调争取项目资金2700余万元投入民生改善，持续深入开展贫困户动态监测及救济帮扶行动，2个贫困村，建档立卡贫困户52户、126人脱贫。在疫情防控工作中创新建立群防群控“一户一卡、两证同查、三级合力”防扩散模式，科学防控，精准施策，全镇无一人疑似或感染新冠肺炎；“8·11”洪灾中，救出被困群众10人，紧急转移安置1000多人，多方积极协调灾后资金，重建房屋82户，加固45户；结合“两大一好”环境卫生专项整治工作，党员干部带头，群众共同参与到环境卫生整治工作40余次，清理河道垃圾杂物40余吨，新建垃圾压缩中转站2个，大力提升农村生活垃圾治理能力，全方位洁净乡村环境。扎实推进农村“厕所革命”，全镇新建农村公厕2座，改造村部公厕14座，完成农村改厕1987户，任务完成率100%，农村村容村貌明显改善；通过新开线路、延伸线路等方式对公交线网进行科学合理优化整合，破解乡村群众出行难问题，增设公交线路2条，实现“村村通”线路与县际线路的无缝衔接，全镇18个行政村100%达到通车标准。（罗成名）

盐泉镇

【概况】盐泉镇位于游仙区东南部，东依三台县，北邻梓潼县，场镇距离绵阳市区53千米，地形以浅丘为主，自然生态资源丰富，魏城河自北向南穿境而过。镇政府驻地设置在玉河社区。同时设立梓棉场、白蝉场，场所在地均设有场党组织和便民服务中心，全面加强党的领导和方便群众办事。盐泉镇历史底蕴深厚，从西魏到元朝的时间，先后为魏城县和盐泉县的县治所在地。在北宋时间又培养出科举时代以来的绵州第一状元——苏易简（958—996），官至参知政事（副宰相）。因此，盐泉镇也素有“状元故里、古县治所”之称。

盐泉镇辖区面积110.46平方千米。全镇下辖14个行政村和3个社区居委会、177个村（居）民小组。全镇总户数15120户，其中，农业户14075户；总人口40630人，其中，农业人口38059人，有外来人口2183人。人口自然增长率5‰。山林面积3609.32公顷；耕地面积4222公顷，其中，水田1731.3公顷，旱地2730.7公顷。

2020年9月29日，盐泉镇开展“迎中秋 庆国庆”文艺会演 活动

【农村经济】完成农业总产值8.7亿元，农业增加值24986.83万元，农民人均纯收入19593.68元。全年累计发放农村耕地地力补贴448万余元，林业补贴31.62万元，新成立农业专业合作社6个。新招引业主18个，涉及全镇14个行政村，集中流转土地（含林地）累计达3200亩，发展林果产业1000亩。完成粮食生产扩面513.49亩，新增粮食产量515吨，生猪出栏38000头，出栏小家禽909803羽。规划建设现代农业种养循环产业园，已建成能繁母猪基地1个，标准化生猪育肥规模场16个（正在建设7个），标准化小家禽养殖场4个，循环消纳种植基地2万亩，形成“生猪、小家禽+桑园、中药材”种养模式。可实现年出栏优质仔猪15万头，育肥猪20万头，小家禽100万羽，实现年产值10亿元。

【基础设施建设】2020年，争取项目资金986余万元，道路修建7.3千米，沟渠维修16.8千米，技改提灌站5处，塘堰水库整治14口127万元。总投资3200余万元的中玉路、总投资3000余万元的状元大桥已投入使用，省水利厅投资3430万元魏城河盐泉镇场镇段治理工程，已进入设计阶段。投入316余万元新建农贸市场、增设污水管道、维修场镇街道、绿化亮化，场镇功能得到改善。全省百镇建设试点镇通过考评验收。

【社会事业】建立“大巡防，大化解，大评价”三大工作体系，形成“1+3”社会风险防范化解工作机制，完成息诉息访任务5起，网信16起，防范化解各类风险40余起，全年辖区无重大安全事故发生。科学推进应急防控，确立新冠肺炎疫情防控工作“网格化管理机制”，常态化开展各项防控措施，有序组织复工复产复学，“红色货郎”党员志愿服务队事迹被《光明日报》等中央、省、市媒体广泛报道。弘扬苏易简家族家风家训文化和重要历史贡献，秉承多年社会各界的研究成果，依托状元文化广场打造苏易简纪念馆（包括文房四宝陈列馆和状元大讲堂），该馆建筑面积1200平方米，以宋代建筑风格布置，主要展示苏易简生活成长、求学成才、治国理政、清廉自守的真实过程和历史功绩，介绍苏氏家族家风家训家教经典故事和世代家道兴盛的情况，引导广大党员干部和群众以古圣先贤为榜样，重视家教家训，涵养家国情怀，牢固树立爱国思想，进而形成家庭文明和谐、社会风清气正的良好氛围。

【民生工作】盐泉镇建档立卡贫困户61户132人，边缘贫困户5户12人，均已达到“两不愁三保障”工作目标。2020年，发放各类救助补助资金924.17万元，其中优抚金335.06万元、低保资金425.51万元。2020年全镇共出生537人，死亡295人，兑现“三金”应发尽发共计265.15万元，其中奖扶资金158.4万元，女性健康检查监测服务对象人数达5128人（次）。全面完成全民参合、参保计划，“城乡居民医保”、居民养老保险参保率98.78%。全面落实521名重度残疾人护理补贴和364名贫困残疾人生活补贴，残疾人无障碍设施改造4户。

【环境整治】聘请203名村（社区）保洁人员进行日常保洁；在金蝉村试点开展农村人居环境物业化管理，组织开展全镇城乡环境秩序专项大检查20余次；大力开展“两大一好”活动30余次；关闭违规养殖场1家。

（杨晓琴）

信义镇

【概况】信义镇位于游仙区东部，东邻盐泉镇，西抵小枧镇，南接中太镇，北与魏城镇接壤，距市区中心36千米，是全区重点工业乡镇之一，政府驻地为石板社区双兴街49号，辖区面积136.30平方千米，镇域内设观太

表14　　2020年盐泉镇各行政村基本情况统计表

村 名	面积（平方千米）	户数（户）	人口（人）	农村经济收入（万元）	农村经济总费用（万元）	农村经济净收入（万元）	人均纯收入（万元）
玉溪村	10.2	1128	3012	6063.69	1182.17	4881.52	19385.88
宝山村	16.686	1537	4238	8443.65	1451.24	6992.41	19217.65
长林村	10.026	1080	2928	6686.61	1668.70	5017.91	19070.13
上方寺村	8.367	1180	3174	8402.91	2739.12	5663.80	19378.68
雨台村	10.403	1488	4170	11218.53	3382.77	7835.76	19943.19
广兴村	5.082	793	2040	5775.89	2387.97	3387.92	19303.13
通远村	5.211	815	2250	6676.53	2655.17	4021.36	19971.18
黎红村	5.016	716	1994	6636.95	2950.50	3686.45	19248.99
光明村	7.829	1184	3206	6946.04	1683	5263.04	19438.87
盐井村	5.476	872	2161	5937.33	2196.02	3741.31	20209.01
新和村	4.648	678	1822	3704.15	1131.96	2572.19	19015.8
清溪村	5.486	604	1637	3845.41	1283	2562.41	19236.59
圣谕村	6.273	706	1919	5399.97	1996.02	3403.95	19638.86
金蝉村	9.412	1294	3508	7881.79	1231.97	6649.83	20768.61

场，刘家场。村级建制调整改革后，辖区共有18个行政村及3个社区，辖4个党委、16个党总支、5个党支部，1865名共产党员。辖区总户数18309户，其中，常住户数11993户；总人口49933人，其中，常住人口18221人；耕地面积5373公顷，其中，水田3344.1公顷；森林面积1394.46公顷，森林覆盖率达33%，属游仙区第二大乡镇。

2020年，全镇完成税收收入255.9万元，完成社会固定资产投资7.28亿元，完成区目标任务的145.6%；有工业企业15家，其中规上企业7家，全年实现规模工业总产值3.5亿元，同比增幅15%；招引中小企业3家总投资约6亿元，对上争取项目资金2330余万元；农村经济总收入72436万元，农民人均收入20012元。

【农业产业】以“一园两带”为抓手，以李花村、段家桥、福星村和仙山村这一线为重点，实施“菜篮子”工程，打造“川菜硅谷—信义镇蔬菜产业带”1万亩，粮油、林果初加工产业带和特色林果及经济作物种植带8000亩；先后发展蔬菜制种2000亩、花椒1800亩、莲藕1500亩、羊肚菌1000亩和常规商品蔬菜1万余亩。形成初具规模冷链物流1处、粮油及蚕桑等加工企业2处，有农业企业17家、合作社43家、家庭农场101家。同时加强农业改革，引进发展信义刘皇叔小蜜薯、大米、水果等生态绿色农业产业。

【工业产业】全年以争取省级财政300万元资金复兴“白马工业园”为起点，设计规划未来G5高速至信义场镇和G5高速出口至观太场镇两个工业园区，通过3个工业园区强力推进工业强镇建设。2020年，引进双胞胎集团投资8亿元1万头母猪扩繁场项目、建章秸秆回收项目、宇琦服装公司、800亩莲藕种植项目等15家一、二、三产企业；招引久远高新技术装备公司，成为区融合企业入驻乡镇第一家。

【乡村振兴】创建乡村振兴战略市级示范村1个（福星村），申报区级乡村振兴战略示范村1个(白马村)，完成曾家垭村、仙山村、李花村、卢家坪村、金桥村、白马村的山湾农庄建设方案制定工作，并有序推进。以文化振兴为引领，着力打造“文旅兴镇”信义新名片，以曾家垭村国家级文物马鞍寺为核心打造桑梓禅缘山湾农庄旅游产业园，以李花村紧靠绵阳城区打造水果采摘近郊休闲观光体验乡村旅游产业园，以仙山村紧邻仙海和省道416线的优势打造研学观光为主题的结庐仙山山湾农庄乡村旅游产业园。

【生态环境】扎实推进以农村厕所、垃圾、污水整治“三大革命”为主的农村人居环境治理工作，完成厕所革命1290户、公厕4座，其中：厕所革命947户、公厕2座，人居环境整治重点县沼改厕343户公厕2座。集中整治出店经营、占道经营，清理小广告、杂物，私划机动车位、非机动车位，完成第六届全国文明城市复评迎检任务。落实“散乱污”企业整治行动，对辖区饮用水水源保护区农村面源污染、生活面源污染、交通穿越加大整治力度，完善标识标牌。建有生活污水处理设施且正常运行8615户，治理率97%。2020年，曾家垭村、福星村获评市级文明村。

国家传统村落——信义镇曾家垭村

【社会民生】全年共发放低保金245.87万元、高龄老人津补贴136.03万元、重度残疾人护理补贴43.25万元、困难残疾人生活补贴30.57万元、大病医疗救助47.10万元，定恤定补、优待金458.75万元。发放临时救助金47.41万元，灵活就业577人、享受农村计划生育家庭奖励扶助对象2442人、农村计划生育家庭特别扶助对象114人，共计发放资金337.8万元。完成全镇城乡居民养老保险续费27514人，新增参保人员304人。完成辖区内14829人城乡居民养老保险待遇发放，核查冒领人员23人，追回养老金1835元。开展城乡居民医疗保险收缴工作，完成缴费47458人。因户施策做好医疗救助、产业扶持、贫困户租房和建房等工作。2020年，实现全镇68户140人建档立卡贫困户全面脱贫，5户9名边缘贫困户脱贫摘帽。

表15　　2020年信义镇各行政村（社区）基本情况统计表

村　名	面积(平方千米)	户数（户）	人口（人）	经济收入（万元）	人均纯收入（元）
红广村	6.847	827	2320	3792.11	19739
白马村	5.831	800	2159	3311.62	20261
龙园村	8.230	854	2476	4248.02	19732
曾家垭村	5.617	475	1360	2294.23	20977
家合村	8.157	985	2831	4370.08	20105
凤鸣村	6.953	945	2834	4574.80	19207
金桥村	7.21	1095	3080	3843.24	21716
莲水村	6.066	916	2629	3925.72	21794
双兴村	8.066	1194	3606	5316.09	19066
卢家坪村	6.607	1082	3049	3438.10	19694
群丰村	8.218	1026	2754	5141.53	20318
李花村	8.846	707	1817	3357.80	19233
段家桥村	6.071	633	1774	2457.81	19531
福星村	5.318	798	2376	3461.34	20464
铧柏村	6.773	832	2344	4243.06	19485
仙山村	8.86	790	2118	4076.26	20226

续表15

村　名	面积(平方千米)	户数（户）	人口（人）	经济收入（万元）	人均纯收入（元）
柳垭村	7.281	1001	2976	3855.93	19462
信义村	10.332	1241	3460	5205.59	19472
石板社区	0.958	764	1617	1082.37	20191
刘家社区	0.967	1054	1914	440.74	20086
观音桥社区	1.25	402	2050	800.03	21000

【疫情防控和抗洪抢险】疫情防控期间，率先探索“村落物业化”防控管理模式、率先与邻近县村支部成立临时联合党支部，深入开展拉网式走访排查，创新“暖心轻骑兵”代购服务，全镇没有出现1例疫情，工业企业、农业企业复工率100%。2020年，信义镇被市委、市政府表彰为“绵阳市抗击新冠肺炎疫情先进集体”。防汛期间，组织全镇党员干部投身抗洪抢险第一线，抢通道路116处，疏浚沟渠553处，紧急转移368人，集中安置26人，以最快最好的行动维护好人民群众利益。

2020年8月，信义镇干部参与一线防汛抢险

【森林防灭火】建立健全重大风险、突出问题、整改任务和完善制度“四个清单”，与各村（社区）签订森林防灭火责任书，村（社区）与每户签订森林防灭火责任书，探索实行“山长制”工作机制。森林火灾发生高风险点位设立森林防火第一桶水；在村（社区）建立森林防火微型消防站，配备灭火器、防护服、运水箱、防火手套、铁锹、铁扫帚等必需的防灭火物资。向群众宣传森林防灭火政策法规、森林防灭火基本常识和应急避险知识，发放安全宣传单1.2万份，落实镇村社三级应急防灭火物资包括：灭火器166个、防护服20余套、警报器3台、铁扫帚320把、砍刀45把、割草刀40把、油锯2台、兵工铲67把、载水火三轮（水罐）37辆、喷雾器370余个以及抽水泵74个（套）等，落实专人负责管理防灭火物资，做好应急灭火准备。

【村级建制调整改革工作】成立村级建制调整改革工作领导小组及21支专项工作指导组，建立党政领导班子成员包片、驻村干部包村的工作机制，以政策解答、座谈走访、开展培训会、制定风险防控预案等形式，确保全镇村级建制调整改革各项重点工作的平稳推进。2020年，改革后由原来的34个行政村及3个社区合并为18个行政村3个社区、332个村民小组合并为264个村民小组，并实现平稳过渡。（吴霖）

小枧镇

【概况】小枧镇位于绵阳城市东南部，地处美丽的涪江东岸，距绵阳市中心城区仅7千米。辖区面积54平方千米，辖7个行政村、9个城市社区，1个农村社区，75个村民小组、81个居民小组，户籍总人口48863人，常住人口66740人。林地2499公顷，耕地面积2388公顷。

【主要经济指标】2020年，小枧镇经济社会发展主要目标任务全面完成并好于预期，实现财政总收入8615.45万元，同比增长14%，其中，地方财政收入2415.45万元；上缴国税、地税6200万元，同比增长12.7%。农村经济总收入39781.39万元，增长11.7%，村级集体经济总收入335万元，增长6%。

【党的建设】不断夯实基层组织建设，完成村级建制调整改革，推进村级党组织换届，选优配强带头人，全面落实"一肩挑"，整顿提升软弱涣散党组织，升级改造村级活动阵地。大力推进"3+2"书记项目，组建基层治理党建联盟，不断发展村级集体经济，进一步强化"党建带工建，工建促党建"，努力构建大党建大群团工作格局，形成"一建两带三服务"党工共建模式。持续开展作风建设，强化正风肃纪，持续发力推进惩贪治腐，2020年全镇党政纪立案10件10人，给予党政纪处分10人。

【重点项目】2020年，小枧镇完成重点区域、重点项目、重点点位拆迁250户，供地269亩，出让土地价值13亿余元。强力推进一环路南北段东延线、笔架路、创智路延长段、彩虹路、油坊河改道和惠泽路、经一路利民村段、8、9号地块的拆迁任务，推进国道108线改线拆迁，富乐二中2020年9月建成使用，富乐二小、川北野生动物园正在建设。推进笔架路、彩虹路箱涵、彩虹城市运动公园、学院路、创智路、东环路B、康健路、成才路建设，完成安国寺街道路改造、安国寺桥扩建、建小支路建设，省道205线全线通车，彩虹路、经一路全面

表16　2020年小枧镇各行政村基本情况统计表

村　名	面积(平方千米)	户数（户）	人口（人）	农村经济收入（万元）	人均纯收入（元）
遇仙村	8.91	986	2379	5363.56	25986
高乐村	8.94	795	2340	4783.86	20478
天池村	10.36	889	2246	4876.77	21829
雨凤村	6.6	673	1542	3218.11	20869
洪垭村	10.13	1093	2738	4428.07	21086
五星村	3.7	541	1318	2708.16	20578
八龙村	4.5	610	1416	2956.53	20588

建成通车，推进拆迁建设建小路，年底达到通车条件。城南新区11条、总长12.5千米的规划道路建成通车。101地块、163地块、大河ABKJ、三星I及绵投等地块的扫尾拆迁及交地任务全面完成，完成太极地块拆迁。完成经开区一期三批次和二期一、二批次1276套统建房的建设和分配。推进城市二环路、油坊河改道624段、川北通道、川北监狱二期生活基地、南城水岸、绵州水郡、人和逸景、枫叶绿洲、仙山植物园、朴康养老中心、国康牡丹园等市区重点项目建设。

【乡村振兴】2020年，小枧镇依托“四园两山”，加快推进太乙仙山植物园、川北野生动物园、国康牡丹园、全兴菜博园“四园”建设，打造一批环境优美、宜居宜游、各具特色的生态农旅观光项目，乡村振兴全面推进，农村特色产业实现新发展，带动周边群众增收致富。在遇仙村发展特色柑橘产业3000余亩，获得全省唯一的“四川省特色产业品牌示范村”荣誉称号，正积极争创省级乡村振兴示范村，大林湾山湾农庄建设成为区级示范山湾农庄，燕子湾山湾农庄加紧推进中，小枧镇已实现向“景区”的美丽蝶变，成为绵阳旅游休闲新地标。推进污染防治“三大战役”，吹响文明城市创建及农村人居环境治理号角，开展“两大一好”环境整治，城乡环境焕然一新。林业保护成效明显，林业工作被评为全市先进，通过国卫复审和文明城市验收。

【社会民生】小枧镇建档立卡贫困户全部脱贫退出，贫困村石垭子村摘帽。惠民资金及时全额兑现，及时救助困难人群，城镇居民医疗保险参保率达100%。游仙高新区拆迁范围、省道205线到龄人员社保安置以及一环路等重点项目建设损毁道路、沟渠恢复等群众关心的热点难点问题得以解决。丘区村农业基础设施建设不断加强。农村集体产权制度改革工作基本完成。非洲猪瘟防控、草地贪夜蛾防控等动植物重大疫情防控工作取得阶段性成效。完成第四次全国经济普查工作，进行第七次全国人口普查，“文化惠民”工程深入推进，节庆期间大型文化活动深入人心，社会风尚积极向上。领导班子坚持一线指挥、靠前作战，联防联

湿地公园

控、群防群治，抓紧抓实抓细新冠肺炎疫情防控，开展防洪抢险等急难险重工作，保障人民群众生命财产安全。

【基层治理】小枧镇整合辖区场镇管理、综合行政执法、高等院校、律师事务所、巡防队、物业、医院、中小学校等党建及治理资源，组建基层治理党建联盟，各党组织共商共治共建，构建“资源共享、共驻共建”新型基层党建治理格局。在党建联盟阵地规范化建设新时代文明实践所及全区首个社工服务站，打造“枧·爱”公益品牌及“枧·爱”系列文史传播堂、“五老”堂、科通法治讲堂、悦读悦享中心、雏雁之梦·少儿辅导中心、禁毒防艾宣传教育中心、共建共治共享协同中心、新时代妇女“半边天”互助共享中心、平安巡防大队“枧·爱”铸魂建队培训中心，开展系列活动30余场，辐射1万余人，并根据群众需求动态调整项目内容，提供更加优质的服务。

【依法行政】2020年，小枧镇“雪亮工程”“慧眼工程”全面覆盖，完成市级挂牌重点地区禁毒整治任务，安全稳定工作扎实有效开展。深入开展“法律七进”活动，加强对辖区重点信访人员的稳控与盯守工作，认真排查矛盾纠纷，辖区信访积案全面化解，小枧司法所建成全省首批“省级规范化司法所”，荣获“全国模范司法所”称号，基层司法所规范化建设和人民调解工作被20余家中央、省级媒体考察采访报道。全面推进亲民化阵地升级改造，打造互动式、开放式办事环境，为群众提供更加温馨的办事氛围。开发“智慧小枧”智慧政府办公App，实现便民服务事项网上办理、无纸化办公、发布惠民政策、倾听社情民意，为群众提供更加高效便捷的服务。（任玲）

仙鹤镇

【概况】仙鹤镇位于游仙区东北部，与梓潼县、江油市接壤，距绵阳科技城中心区42千米，辖区面积79.8平方千米，辖9个村、2个社区，118个村（居）民小组，共有8381户、2.57万人，耕地面积52805亩，其中田33419亩、地19386亩、林地33837亩。辖区内农田水利基础设施配套齐全，武引涪梓干渠、红岩分干渠、魏城分支渠、柏梓斗渠、柏卫斗渠、柏红斗渠贯穿全境，拥有小（1）型水库3座、小（2）型水库7座、塘堰587口，公路通车里程达41.8千米。仙鹤镇是游仙区乡村振兴“果满山川”产业带核心区、万亩优质粮油产业基地、绵阳市生态循环示范园区、绵阳市现代农业园区、四川省现代农业示范产业园、全国农村创业创新基地。

【主要经济指标】2020年，全镇对上争取资金3638万元，完成全年目标任务的363.8%；全社会固定资产投资46256万元，完成年度目标154%；完成招商引资21.8亿元，到位资金1.5亿元；农民人均纯收入达到20881.2元，同比增长9.2%。旅游收入8750万元，发展科技型中小企业3家。税收收入实现64.33万元，土地流转达5600亩。

仙鹤镇新农村

【产业发展】培育市级以上龙头企业3家，农民专业合作社28家，涌现出“洛水葡萄”“杂交水稻制种”等一批优质农产品，引进四川浩东粮油、四川丑小鸭农业科技公司在青龙村、石龙村流转土地5000亩，建设丰谷酒业专用粮基地，招引康丰源投资1.8亿元智能化畜禽养殖基地已建成投产，柠玉农业有限公司在洛水村规划万亩柠檬种植基地，已招引入住1000余亩。2020年10月19日，承办全市现代农业产业园区建设现场会，相关工作受到绵阳市委书记刘超高度肯定，先后6次在会上点名表扬。2020年，共有省级、市级领导32批次共1000余人次赴仙鹤镇考察调研。

【项目建设】对上争取投资1480余万元建设高标准农田项目，投资15亿元打造梦想田园综合体项目，投资2000余万元建成止语产业化道路。通过对上争取项目资金，2020年，新建道路10千米，加宽道路20.5千米，整治塘堰19口、精修塘堰1口，整治河渠道9.3千米，建设高端葡萄种植示范基地180亩，整理土地2800亩，改造农村厕所838户，新建公共厕所3座。

【集体经济】成立镇级经济合作总社1个、村级集体经济组织9个、社级集体经济组织153个，盘活闲置村部5处、闲置砖厂3处，到位资金1.5亿元，积极开展集体建设用地指标清理，聘请专业公司在各村实施集体建设用地整理工作，重点清理一户多宅、建新未拆旧现象，2020年，全镇60%的村集体经济年收入3万元以上。

【脱贫攻坚】坚决落实好“两不愁、三保障”措施，制定政策清单、帮扶清单、收入清单“三张清单”，对25户贫困户量身制定“一户一策”帮扶措施，责任落实到镇、村帮扶干部，向区扶贫开发中心争取90余万元，用于建设崇林村碎石路1800米，青龙村窄路加宽

表17　2020年仙鹤镇各行政村基本情况统计表

村名	面积（平方千米）	户数（户）	人口（人）	农村经济收入（万元）	农村经济总费用（万元）	人均纯收入（元）
柏林社区（含柏林村）	5.5	1214	3197	59.16	37.92	25375
崇林村	7.5	625	2053	13.15	11.42	20307
朝真村	7.8	672	2052	50.39	39.70	20532
金柏村	7.44	610	1762	25.47	27.18	24213
金龙村	11.2	957	2884	92.88	59.81	22682
洛水村	9.6	1080	3154	192.80	188.17	27896
孟津村	7.2	860	2503	60.68	40.77	23958
青龙村	8.5	757	2270	194.96	186.93	20603
石龙村	14.9	849	2842	71.38	57.86	21125
云水村	8.4	877	2522	58.31	54.56	25836

233米，孟津村新建道路1700米，协调商业银行、兴事发集团定向捐款10万元实施水毁村道修复工程，为脱贫攻坚打下坚实基础。

【人居环境】常态化开展“两大一好”专项整治活动，实施“厕所革命”838户，安装三格化粪池312户、改建农村公厕10座，新建农村公厕3座，做到应改尽改。全面抓好秸秆禁烧和综合利用工作，通过腐熟还田、饲料加工等方式有效处理秸秆，建成全市最大的农作物秸秆加工利用基地-富乐国兴秸秆纤维丝加工厂，年处理秸秆20余吨。承办2020年全省农作物秸秆综合利用重点县建设工作现场会。关停非正规垃圾填埋场2处，垃圾压缩中转站全面投入使用，农村生活垃圾综合治理能力大大提高。

【社会事业】以“两项改革”为契机，规范村级阵地建设，投资200余万元，打造社区之家、廉政文化长廊，建成新时代文明实践所1个、新时代文明实践站11个。免费开放文化站、农家书屋、远程教育等文体设施，图书借阅量达2600余人次。抓住农村“一老一小”这个关键，各村（社区）成立舞蹈队、志愿服务队等群众组织22个，开展重阳节敬老活动12场，成立暑期儿童辅导班，招募志愿者开展留守儿童关爱活动11场。2020年，发放各类救助补助资金568万余元，其中高龄老人补助28万元、低保资金203万元、特困资金74万元、奖扶资金242.9万元、重度残疾护理补助20万元。2020年，发放重点优抚资金185万元。2020年全镇共出生430人，死亡181人。

【综合治理】全面落实安全生产责任制，建立健全突发事件应急处理机制，投入5.5万元在全区率先建成11个村级应急物资储备室。在全镇范围内开展安全隐患大排查大整治工作，开展企业生产、食品药品、森林防火等领域安全检查32次，投入115万元集中整治区级挂牌的道路交通安全隐患点10处。严格执行领导班子成员信访值班制度，加强矛盾纠纷排查调处工作，正确处理群众矛盾，维护社会治安稳定，2020年调解各类矛盾纠纷326件，有效稳控涉军领域、民办教师等群体，化解信访积案5件，全年无一例越级上访。投入5万元升级改造镇综治中心，完善矛盾纠纷多元化解平台。持续推进扫黑除恶专项斗争，成立仙鹤镇综合行政执法和平安巡防中队，落实专门人员和场所，开展专项检查和巡防44次。

【新冠肺炎疫情防控】全镇组织成立23支240人的党员服务队，挂图作战，连夜开展走访摸排，入户宣传疫情防控措施。根据镇域特殊地理位置，创新与梓潼县黎雅镇、卧龙镇成立临时党支部，联合开展边界防控，疫情联防联控工作被中央、省、市、区主流媒体报道6次。主动出击抓好企业复工复产，组织开展农民工专场招聘会送工入企，通过“点对点”输送返岗就业213人，其中省内就业121人，省外返岗就业92人。

【抗洪抗汛】“8·11”暴雨洪灾发生后，仙鹤镇立即启动应急预案，统筹130名镇村干部，成立统筹协调组、安全隐患排查组、灾情核查组、应急抢险组、宣传报道组等5个工作组，对辖区内道路交通、农户住房、地质灾害点等进行逐一核查，全体镇村干部连夜深入每一户受灾群众家中，转移安置54人次，帮助受灾群众排危解难，并做好劝导解释。切实抓好灾后恢复重建，最快速度统计上报灾情，申报72户受灾群众住房重建，申报重建资金200余万元，统筹协调落实受灾农作物的赔付工作，全力以赴为受灾群众解难题强信心渡难关。

【乡村振兴】2020年投入2740万元，加快实施高标准农田、产油大县、产粮大县等一批重点项目。新建道路8千米，道路加宽7.5千米。新建田间生产道路3600米，田间排灌沟渠5500米，整治硬化河道5400米，平整土地7800亩，改造农村厕所838户。连续作战25天，分6组开展环境综合治理，日夜督促高标准农田建设、道路加宽、厕所改造等乡村振兴项目建设，11月26日完成省级实施乡村振兴战略先进区示范创建验收。（江佳倩）

人物和先进

2020年游仙区党政群团机关及其工作部门领导名录

中共绵阳市游仙区第六届委员会

书　记　江　彬

副书记　陈华斌

何守君（2020年1月至2020年3月）

杨守贵（2020年5月至2020年12月）

常　委　杨守贵（2020年1月至2020年5月）

王　兵（2020年1月至2020年9月）

冯科敏（2020年11月至2020年12月）

唐兴万

陈晓霖

肖龙明

姚　军

陈　政

邓海涛

熊华明（挂职）（2020年6月至2020年12月）

杨新铭（挂职）（2020年8月至2020年12月）

林　檬（2020年9月至2020年12月）

绵阳市游仙区第六届人民代表大会常务委员会

党组书记

袁玉国（2020年1月至2020年9月）

何守君（2020年10月至2020年12月）

主　任　袁玉国（2020年1月至2020年3月）

何守君（2020年3月至2020年5月主任提名；2020年5月至2020年12月主任）

副主任　陈　勇

冯忠卫

徐丽娟

王　政（2020年3月至2020年5月副主任提名；2020年5月至2020年12月副主任）

绵阳市游仙区第六届人民政府

区　长　陈华斌

副区长　杨守贵（2020年1月至2020年5月）

姚　军（2020年7月至2020年8月副区长提名；2020年8月至2020年12月副区长）

熊华明（挂职）（2020年6月至2020年12月）

杨新铭（挂职）（2020年8月至2020年12月）

林　檬（2020年1月至2020年9月）

李彦君

张明东

李万庆

薛清泉（2020年7月至2020年8月副区长提名；2020年8月至2020年12月副区长）

刘　辉（2020年11月至2020年12月副区长提名）

政协第六届绵阳市游仙区委员会

主　席　姜　曦

副主席　赵长兴

　　　　代锦芳

　　　　高红梅

　　　　岿金玲

绵阳市游仙区人民法院

院　长　杨小平

绵阳市游仙区人民检察院

检察长　张　涛

绵阳市游仙区高新技术产业园区

书　记　蔡顺利

主　任　罗鉴明

副书记　刘　辉（2020年1月至2020年11月）

　　　　益西降措（挂职）（2020年11月至2020年12月）

副主任　李晓升

纪工委书记

　　　　安明洪（2020年7月至2020年12月）

区纪委

书　记　王　兵（2020年1月至2020年9月）

　　　　冯科敏（2020年11月至2020年12月）

副书记　张映海（2020年1月至2020年4月）

　　　　魏　威（2020年7月至2020年12月）

　　　　田　容

纪委常委

　　　　王丹帆

　　　　左　兵

　　　　张忠琴

　　　　康　键（2020年1月至2020年9月）

　　　　魏　巍（2020年11月至2020年12月）

区监委

主　任　王　兵（2020年1月至2020年9月）

　　　　冯科敏（2020年11月至2020年12月主任提名）

副主任　张映海（2020年1月至2020年4月）

　　　　魏　威（2020年7月至2020年8月 副主任提名；2020年8月至2020年12月副主任）

　　　　田　容

监委委员

　　　　王丹帆

　　　　左　兵

　　　　赵智强

　　　　罗云峰

区委办公室

主　任　薛清泉（2020年1月至2020年7月）

　　　　姚永强（2020年9月至2020年12月）

区委组织部

部　长　唐兴万

常务副部长

　　　　杨　鹏

区委宣传部

部　长　陈晓霖

常务副部长

　　　　廖中建

区委统战部

部长　陈　政

常务副部长

　　　　王　科

区委政法委

书　记　肖龙明

常务副书记

　　　　刘庆甫

区委编办

主　任　岳　灿

区军民融合发展委员会办公室

主　任　刘明宇

区委目标绩效管理办公室

主　任　王子勇

区委巡察办

主　任　杜树林

区人大常委会机关

办公室主任

　　　　邓文太

财政经济委员会主任

　　　　龚晓蓉（2020年1月至2020年4月）

　　　　黄宇翔（2020年4月至2020年5月主任提名；2020年5月至2020年12月主任）

社会建设委员会主任

　　　　刘正西（2020年1月至2020年5月主任提名；2020年5月至2020年12月主任）

监察和法制委员会主任

　　　　谢德琼（2020年1月至2020年5月）

　　　　邱　欣（2020年4月至2020年5月主任提名；2020年5月至2020年12月主任）

农业与农村工委主任

　　　　邓兴伟

城建环资工委主任

　　　　刘正西（2020年1月至2020年3月）

　　　　邓　蓉（2020年1月至2020年3月主任提名；2020年3月至2020年12月主任）

人事代表工委主任

　　　　肖　丹

教科文卫工委主任

　　　　李　婷

研究室主任

　　　　白　剑

区政协机关

秘书长　胡宗文

办公室主任

陈　瑛

提案委主任

何　洲（2020年1月至2020年3月主任提名；2020年3月至2020年12月主任）

经济委主任

张桂林

文化文史和学习委主任

严显勇

教科卫体委主任

秦顺英

农业委主任

蒋明国

委员工作委主任

董清华

社会法制委主任

邱　欣（2020年1月至2020年4月）

龚晓蓉（2020年4月至2020年5月主任提名；2020年5月至2020年12月主任）

区政府办

主　任　姚永强（2020年1月至2020年9月）

任　伟（2020年9月至2020年12月）

区发改局

局　长　刘家军

区工信局

局　长　赖庆松

区教体局

局　长　蒋世界

区科技局

局　长　常代兵

区公安分局

局　长　李彦君

政　委　樊远平

区民政局

局　长　刘新生（2020年1月至2020年3月党组书记；2020年3月至2020年12月党组书记、局长）

区司法局

局　长　李　昶

区财政局

局　长　赵　林

区人力资源社会保障局

局　长　陈自信

区自然资源局

局　长　肖　天（2020年1月至2020年5月市城乡规划局游仙规划分局局长/区自然资源局主要负责人；2020年5月至2020年12月）

区住建局

局　长　任　伟（2020年1月至2020年9月）

胡晓明（2020年9月至2020年12月）

区交通运输局

局　长　魏　威（2020年1月至2020年6月）

孟　林（2020年6月至2020年12月）

区农业农村局

局　长　吴先强

区商务局

党组书记

金国强

局　长　张　静

区文广旅局

局　长　王　庆

区卫生健康局

局　长　樊远兵

区退役军人事务局

局　长　池祥富

区应急管理局

局　长　唐永川

区审计局

局　长　王　荣

区市场监督管理局

局　长　倪永贵

区统计局

局　长　杨先斌

区信访局

局　长　袁　飞

区经济合作局

局　长　邓文杰（2020年1月至2020年3月党组书记；2020年3月至2020年12月党组书记、局长）

区医疗保障局

局　长　严　蓉

区行政审批局

局　长　周　贵

区综合行政执法局

局　长　孟　林（2020年1月至2020年6月）

董　勇（2020年6月至2020年12月）

区委党校

校　长　唐兴万

常务副校长

龙　梅

区档案馆

馆　长　刘　建

区公务服务中心

主　任　陈　丹（2020年3月至2020年12月）

区委党史研究室

主　任　易成利

区融媒体中心
主　任　杨竹梅（2020年1月至2020年9月）

区供销合作社联合社
主　任　于术强

机关后勤保障服务中心
主　任　董　勤

区农民工服务中心
主　任　夏全松

区水利建设发展中心
主　任　张礼兴

区武都引水工程管理局
局　长　张礼兴（2020年4月至2020年12月）

区移民和扶贫开发服务中心
主　任　张　梁

区总工会
主　席　陈　政
常务副主席
　　　　唐　春

团区委
书　记　向　玉（2020年1月至2020年9月）
　　　　李立国（2020年9月至2020年12月）

区妇联
主　席　邓　艳

区工商联
副会长　刘子江

区残联
主　席　李万庆
理事长　郜雪岚

区科学技术协会机关
主　席　殷成品（2020年1月至2020年7月主席提名；2020年7月至2020年12月主席）

区红十字会机关
会　长　李万庆
常务副会长
　　　　王冬砚（2020年3月至2020年5月常务副会长提名；2020年5月至2020年12月常务副会长）

区社科联
主　席　蒋　辉

区文联
主　席　白金花

经济试验区
书　记　王定富
主　任　龙浩宇

涪江街道
书　记　袁宗聪
主　任　王　波

富乐街道
书　记　董　勇（2020年1月至2020年6月）
　　　　陈　静（2020年6月至2020年12月）
主　任　陈　静（2020年1月至2020年6月）
　　　　何昇林（2020年9月至2020年12月）

游仙街道
书　记　胡晓明（2020年1月至2020年9月）
　　　　钱　钧（2020年9月至2020年12月）
主　任　邱　浩

石马镇
书　记　贾　东
镇　长　魏爱军（2020年1月至2020年3月镇长提名；2020年3月至2020年12月镇长）

小枧镇
书　记　张　金
镇　长　何　广（2020年1月至2020年3月镇长提名；2020年3月至2020年12月镇长）

新桥镇
书　记　吴鸿飞
镇　长　董光明（2020年1月至2020年3月镇长提名；2020年3月至2020年12月镇长）

忠兴镇
书　记　蒋　睿
镇　长　骆　涛（2020年1月至2020年3月镇长提名；2020年3月至2020年12月镇长）

仙鹤镇
书　记　任俊洁
镇　长　魏　甦（2020年1月至2020年3月镇长提名；2020年3月至2020年12月镇长）

魏城镇
书　记　张　剑
镇　长　陈　洁（2020年1月至2020年3月镇长提名；2020年3月至2020年12月镇长）

信义镇
书　记　钱　钧（2020年1月至2020年9月）
　　　　唐容云（2020年9月至2020年12月）
镇　长　唐容云（2020年1月至2020年9月）
　　　　向　玉（2020年9月至2020年10月镇长提名；2020年10月至2020年12月镇长）

盐泉镇
书　记　吴　强
镇　长　龚士杰（2020年1月至2020年3月镇长提名；2020年3月至2020年12月镇长）

2020年游仙区获得先进集体和先进个人名录

表18

2020年游仙区获得先进集体名录

序号	获奖单位	获奖名称	授奖单位
1	游仙区	四川省促进服务业发展工作先进单位	中共四川省委 四川省人民政府
2	游仙区	2020年度四川省乡村振兴先进县（市、区）	中共四川省委 四川省人民政府
3	游仙区	全省2020年度政务信息报送工作先进单位	四川省人民政府办公厅
4	游仙区	第三批节水型社会建设达标县(区)	水利部
5	游仙区	2019—2020年度全国健康促进县(区)	国家卫健委
6	游仙区	抗击新冠肺炎疫情暨红十字应急救护知识竞赛单位组织奖一等奖	中国红十字会总会
7	游仙区	第七届中国（绵阳）科技城国际科技博览会先进集体	中共绵阳市委 绵阳市人民政府
8	游仙区	2019年度市级实施乡村振兴战略先进县（市、区）	中共绵阳市委 绵阳市人民政府
9	游仙区	2019年度“三农”重点工作先进单位	中共绵阳市委 绵阳市人民政府
10	游仙区	2019年生态环境保护工作先进集体	中共绵阳市委
11	游仙区	促进服务业发展工作先进集体	中共绵阳市委 绵阳市人民政府
12	游仙区	2019年度全面深化改革工作先进单位	中共绵阳市委
13	游仙区	国务院第六次大督查迎检工作先进集体	中共绵阳市委 绵阳市人民政府
14	游仙区	绵阳市优化营商环境先进集体	中共绵阳市委 绵阳市人民政府
15	游仙区	第八届中国（绵阳）科技城国际科技博览会先进集体	中共绵阳市委 绵阳市人民政府
16	游仙区	2019年全市全社会固定资产投资工作先进单位	绵阳市人民政府

续表18

序号	获奖单位	获奖名称	授奖单位
17	游仙区	2019年全市项目管理工作先进单位	绵阳市人民政府
18	游仙区	2019年度交通建设攻坚大会战投资工作先进单位	绵阳市人民政府
19	游仙区	2019年度运输管理工作先进单位	绵阳市人民政府
20	游仙区	2019年度高速公路建设征地拆迁工作先进单位	绵阳市人民政府
21	游仙区	2019年度审计工作先进单位	绵阳市人民政府
22	游仙区	2019年度审计整改工作先进单位	绵阳市人民政府
23	游仙区	2019 年度全市工业和信息化发展先进集体	绵阳市人民政府
24	游仙区	2019年度保障性安居工程工作先进单位	绵阳市人民政府
25	游仙区	2019年度科技城集中发展区基础设施建设攻坚行动先进单位	绵阳市人民政府
26	游仙区	2019年度城建攻坚行动先进单位	绵阳市人民政府
27	游仙区	2019年度建筑业发展工作先进单位	绵阳市人民政府
28	游仙区	2019 年度统计工作先进县（市、区）	绵阳市人民政府
29	游仙区	2019 年度全市医改工作先进单位	绵阳市人民政府
30	游仙区	四川技能大赛第四届“四川工匠杯”职业技能大赛 选拔赛暨第四届绵阳市职业技能大赛优秀组织奖	绵阳市人民政府
31	游仙区	2019年度全市维护安全稳定工作目标先进单位	中共绵阳市委办公室 绵阳市人民政府办公室
32	游仙区	2019年度信访工作先进集体	中共绵阳市委办公室 绵阳市人民政府办公室
33	游仙区	2019年度生态环境保护党政同责工作先进单位	中共绵阳市委办公室
34	游仙区	2019年度安全生产党政同责工作先进单位	中共绵阳市委办公室

续表18

序号	获奖单位	获奖名称	授奖单位
35	游仙区	2019年度食品安全党政同责工作先进单位	中共绵阳市委办公室
36	游仙区	2019年度政务信息报送工作先进单位	绵阳市人民政府办公室
37	游仙区	2019年全市政府系统办公室工作绩效评价先进单位（公文处理工作）	绵阳市人民政府办公室
38	游仙区	2019年全市政府系统办公室工作绩效评价先进单位（政务信息报送工作）	绵阳市人民政府办公室
39	游仙区	2019年全市政府系统办公室工作绩效评价先进单位（电子政务工作）	绵阳市人民政府办公室
40	游仙区	2019年度爱国卫生工作先进单位	市爱国卫生运动委员会
41	游仙区	2019 年社会信用体系建设工作先进单位	绵阳市社会信用体系建设领导小组
42	游仙区	2019 年度全市贯彻落实粮食安全省长责任制考核优秀单位	贯彻落实粮食安全省长责任制考核工作组
43	游仙区	2019年科技城集中发展区建设先进单位	科技城集中发展区建设领导小组
44	游仙区	2019年无偿献血先进集体	市卫生健康委员会
45	游仙区	2020年绵阳市预防接种技能竞赛团体三等奖	市卫生健康委员会
46	游仙区	2020年度粮食畜牧业统计调查数据归口管理工作先进县（市、区）	国家统计局四川调查总队
47	区检察院	全国文明单位	中央精神文明建设指导委员会
48	区检察院	第五届检察微电影微视频微动漫作品征集展播活动微电影十佳作品（《较量》）	最高人民检察院
49	区人武部	2019年度征兵工作先进单位	省人民政府 省军区
50	区委政法委	“平安高铁”科普普法宣传活动先进单位	国家铁路局
51	区劳动监察大队	2020年全国清理整顿人力资源市场秩序专项执法行动取得突出成绩单位	人社部办公厅 国家市场监管总局办公厅
52	区疾病预防控制中心	2004—2019年中国死因登记报告工作区县级先进集体	中国疾控中心慢病预防控制中心

续表18

序号	获奖单位	获奖名称	授奖单位
53	区卫健局	四川省抗击新冠肺炎疫情先进集体	省委 省人民政府
54	区行政审批局	2020年度首届全国公共资源交易百强县	中国公共资源交易跨区域合作联盟
55	区红十字会	抗击新冠肺炎疫情暨红十字应急救护知识竞赛单位组织奖一等奖	中国红十字总会
56	区人武部	2019年度践行强军目标先进单位	省军区
57	区政协	全省政协新闻宣传先进单位	省政协
58	区法院	2019年度全省法院思想政治工作先进集体	省高院
59	区法院	2019年度全省法院执行信息调研宣传工作先进单位	省高院
60	区法院	庆祝新中国成立70周年系列活动中做出突出成绩的相关集体	省高院
61	区法院	“基本解决执行难”工作中表现突出的先进集体	省高院
62	区法院	2019年单项工作成绩突出的集体 （信息工作先进单位、档案规范管理工作先进集体）	省高院
63	区法院	集体二等功	省高院
64	区法院	四川省法院系统先进集体	省高院
65	区法院	2019年全省法院司法警察执法规范化建设先进单位	省高院
66	区检察院	全省第四届平安中国看四川“三微”比赛 暨优秀政法文化作品征集评选活动微电影类二等奖	省委政法委
67	区检察院	四川省检察系统先进集体（2016—2019年）	省检察院 省人社厅
68	区检察院	“中国梦、劳动美——决胜小康有我”四川省第六届职工微电影大赛故事类铜奖	四川省总工会
69	区检察院	“网聚职工正能量争做四川好网民”主题活动网络正能量微电影作品征集三等优秀作品（《较量》）	四川省总工会 中共四川省网信办
70	区委宣传部	“百城千县万村”调研活动优秀调研报告	省委宣传部

续表18

序号	获奖单位	获奖名称	授奖单位
71	区社科联	全省社科组织先进集体	省人社厅 省社科联
72	区法学会	全省法学研究工作先进集体	省法学会
73	区发改局	2019—2020年度全省价格认定工作先进单位	省价格认证中心
74	区生产力 促进中心	四川省生产力建设工作先进集体	四川省生产力 促进中心
75	游仙公安分局 游仙派出所	省级“枫桥式公安派出所”	省公安厅
76	游仙区公安分局 出入境管理大队	2018—2019年度四川省青年文明号	共青团四川省委
77	游仙区公安分局	2019年度执法质量考评优秀县级公安机关	省公安厅
78	区人社局	第四届“中国创翼”创业创新大赛四川选拔赛优秀组织单位	省人社厅
79	区就业创业 促进中心	2019年度全省失业动态监测工作成效突出经办单位	省就业服务管理局
80	区住建局市政 工程维护中心	2020年全省住房城乡建设系统防汛救灾工作突出单位	省住房和城乡建设厅
81	区统计局	四川省第四次全国经济普查先进集体	省统计局 省人力资源和社会保障厅
82	区市场监管局	2019年度市场主体年报公示工作先进单位	省市场监管局
83	区行政审批局	四川省文明单位	省文明委
84	区综合行政 执法局	四川省大学生社会实践活动优秀实习基地	四川省“逐梦计划”项目办
85	区农民工 服务中心	省第二届农民工运动会（云健身）优秀组织奖	省农民工运动会组委会
86	区妇联	2020年度新闻宣传阵地建设先进单位	省妇联
87	区妇联	四川省家庭工作先进集体	省妇联
88	区社科联	全省社科组织先进集体	省社科联

续表18

序号	获奖单位	获奖名称	授奖单位
89	区农民工服务中心	四川省第四届"中国创翼"创业创新大赛优秀组织奖	省人社厅
90	区税务局	省级最佳文明单位（复查继续保留）	省精神文明建设委员会
91	区消防救援大队	先进基层单位	省消防救援总队
92	经济试验区	四川省安全社区	省安委办
93	新桥镇	复查合格，继续保留"四川省文明村镇"称号	省精神文明建设委员会
94	新桥镇	四川省安全社区	省安全生产委员会
95	小枧镇	四川省保障退役军人工作先进集体	省退役军人事务厅
96	区委宣传部	绵阳市2019年度建设全国文明城市先进集体	市委
97	区公安分局	2019年度征兵工作先进单位和个人	市人民政府
98	区住建局	绵阳市优化营商环境先进集体	市委 市人民政府
99	区疾病预防控制中心	2019年全市疾病预防控制工作优秀单位	市疾病预防控制中心
100	区统计局	绵阳市第四次全国经济普查先进集体	市人民政府
101	区行政审批局	绵阳市优化营商环境先进集体	市委 市人民政府
102	区综合行政执法局	生态环境保护先进集体	市委 市人民政府
103	区综合行政执法局	绵阳市2019年度建设全国文明城市先进集体	市委 市人民政府
104	游仙生态环境局	2019年度生态环境保护工作先进集体	市委
105	经济试验区	绵阳市第四次全国经济普查先进集体	市人民政府
106	新桥镇	第二批绵阳市"四好农村路"示范乡镇	市政府

表19　　2020年游仙区获得先进个人名录

序号	姓 名	工作单位	获奖名称	授奖单位
1	王冬砚	区红十字会	“抗击新冠肺炎疫情暨红十字应急救护知识竞赛活动”个人组织奖三等奖	中国红十字会
2	刘晋宏	省政协	全省政协新闻宣传工作先进个人	中国红十字会
3	魏　凯	区法院	“基本解决执行难”工作中表现突出的先进个人	省高院
4	张倏越	区法院	2019年单项工作成绩突出的个人（信息工作先进个人）	省高院
5	张　敏	区法院	2019年单项工作成绩突出的个人（司法技术工作先进个人）	省高院
6	叶佩林	区法院	四川省法院系统先进个人	省高院
7	张毓陈	区法院	在防汛救灾中表现突出的个人	省高院
8	龚传茹	区法院	全市法院系统“十佳优秀司法警察”	省高院
9	杨小平	区法院	四川省服务业发展法治论坛获奖作者	省法学会
10	李　林	区法院	四川省服务业发展法治论坛获奖作者	省法学会
11	成　玉	区法院	四川省服务业发展法治论坛获奖作者	省法学会
12	汪晓强	区法院	2019年全省法院司法警察执法规范化建设先进个人	省高院
13	赵　倩	区法院	全省法院 2020 年度优秀庭审标兵	省高院
14	张智容	区法院	四川省法院系统第二十二届学术讨论会优秀奖	省高院
15	叶佩林	区法院	四川省法院系统第二十二届学术讨论会优秀奖	省高院
16	叶佩林	区法院	2020 年度全省法院信息工作先进个人	省高院
17	冯维宝	区委政法委	重大危安案件优秀参战政法干警	省委政法委
18	李雪莲	区委政法委	2020年度铁路护路防汛抗灾先进个人	省铁路护路联防领导小组

续表19

序号	姓 名	工作单位	获奖名称	授奖单位
19	李　志	区发改局	2019—2020年度全省优秀价格认定人员	省价格认证中心
20	高仕春	区公安分局	新中国成立70周年大庆安保维稳工作个人二等功	省公安厅
21	白小凡	区人社局	全省人力资源社会保障系统2020 年度优秀服务标兵	四川省人力资源和社会保障厅
22	李晓斌	区住建局	四川省2020年度环卫会员单位先进个人	省市政市容协会
23	王冬砚	区红十字会	参与新冠肺炎疫情防控先进个人	省红十字会
24	余　聃	经济试验区	省级优秀消防网格管理员	省消防总队
25	陈晓霖	区委宣传部	2019年度建设全国文明城市先进个人	市委 市人民政府
26	廖中建	区委宣传部	2019年度建设全国文明城市先进个人	市委 市人民政府
27	王　千	区委宣传部	2019年度建设全国文明城市先进个人	市委 市人民政府
28	焦春华	区委政法委	城镇困难职工解困脱困工作"先进个人"	市总工会
29	刘家军	区发改局	绵阳市第二次全国污染源普查表现突出的个人	绵阳市第二次全国污染源普查领导小组
30	陈　坤	区公安分局	个人嘉奖	市公安局
31	陈治信	区人社局	绵阳市优化营商环境先进个人	市委 市人民政府
32	陈伟华	区住建局	绵阳市优化营商环境先进个人	市委 市人民政府
33	王　欢	区市场监管局	绵阳市优化营商环境先进个人	市委
34	张海波	区市场监管局	2019年度全市脱贫攻坚先进个人	市委
35	周　贵	区行政审批局	绵阳市优化营商环境先进个人	市委 市人民政府
36	冯小平	区综合行政执法局	绵阳市2019年度建设全国文明城市先进个人	市委 市人民政府

续表19

序号	姓 名	工作单位	获奖名称	授奖单位
37	金振江	经济试验区	绵阳市建设全国文明城市先进个人	市委
38	刘 英	经济试验区	绵阳市建设全国文明城市先进个人	市委
39	夏 炜	石马镇	第四次全国经济普查先进个人	绵阳市政府
40	任丽军	新桥镇	优秀援建干部人才	市对口帮扶壤塘县前线工作指挥部
41	唐容云	信义镇	2019年绵阳市河长制湖长制先进个人	
42	向 玉	信义镇	绵阳市优秀团委书记	
43	何欣忆	仙鹤镇	第四次全国经济普查先进个人	市人民政府